技術基準と官僚制

技術基準と官僚制

変容する規制空間の中で

村上裕一
Yuichi Murakami

岩波書店

はしがき

規制の政策プロセス、制度、運用、様々なアクター、各々の規範、態度、アイディア、コントロールの多様なメカニズム。それら全てが「規制空間」というものを構成しているとしよう。

この規制空間において近年見られる規制の国際調和化、技術情報の分散化、官民関係の多元化といった動きは、ますます政府・行政機関の規制活動の自由度（裁量）を制約するようになっている。それと同時に、政府・行政機関は、行政需要の拡大や責任追及気運の高まりといった社会的要請の下にも置かれている。

本書では、行政機関が、このようなジレンマ状況の中でいかなるツールやメカニズムを用い、どのように能動的に規制活動を行おうとしているのかを、我が国の産業を代表する三品目、すなわち木造建築、自動車、電気用品の規制策定・実施プロセスの事例研究により明らかにする。このように、官民が相互に作用・依存し合う規制空間の変容と、その中での行政機関（官僚制）の裁量行使戦略、さらにそれらの関係を明らかにすることは、現代の規制空間の構造を知る上で極めて重要である。その際、本書では、行政機関と民間アクターとの官民関係や国内外の規制機関間関係、民間アクター間関係のみならず、その中での規制行政機関による課題（アジェンダ）の再フレーミング、規制策定の場やプロセスの管理、官民が参画する規制システムの規制（「メタ規制」）といった具体的な裁量行使戦略を実態から見出し、それらに理論的にもアプローチする。

本書は理論、事例、分析の三編から成る。

理論編のうち序章では、規制行政機関を取り巻く行政資源の制約と行政需要・責任追及の高まりの中で、官民協働が以前にも増して多く見られ、実務・学界においてその類型化や評価等への注目度が高まっていること、また、新たな官民協働のレジームの出現を唱える研究が近年登場してきていることを論じた上で、本書で官民が協働する規制空間の構造とその変容を分析することの行政学的意義を説明する。

第一章では、本書における事例分析の枠組みを設定し、具体的な論点の整理を行う。すなわち、まず、規制空間における行政機関固有の存在意義を認める先行研究の内容を踏まえつつ、「ガバメント」と「ガバナンス」との接点（「シャドウ・オブ・ヒエラルキー」）における両者の相互作用を考察対象にする旨を述べる。そして、規制における官民関係を論じた囚虜（キャプチャ）理論などを手掛かりとして、(1)規制における業界団体の活動でこれまであまり十分に描き出されてこなかった、技術情報発見の場としての被規制者コミュニティ内部の状況、(2)規制の官民関係論でこれまで看過されがちであった、規制者コミュニティ内部の調整と官民関係との関連性、(3)従来の行政裁量論や行政指導論が必ずしも捉えきれていなかった、規制者から被規制者に対する様々な裁量行使の方法とその変化、さらに、(4)国内外に広がる規制者・被規制者関係の多元化とその中での規制機関の裁量行使戦略、といった論点を抽出する。

事例編のうち第二章では、本書が採用する行政研究の方法を説明する。本書では、質的・量的研究手法各々の長短を踏まえた上で、本研究の目的に沿う形で質的・事例研究手法を採ることとする。それは、異なる技術基準の設定・運用の仕組みを持つ三規制分野の制度運用実態、及び、その経年的変化を観察し、それらを相互に比較することにより、右記の諸論点について検討し、それらに共通する傾向を明らかにするというものである。これにより、質的・事例研究手法の強みを活かすことができる。

第三章では、木造建築規制について分析する。同規制は、災害対策、軽量鉄骨の普及、建築学会の「木造禁止の決議」等を受けて徐々に強化されていく時代から、様々な要因により緩和される時代へという流れを辿った。その規制緩和は、確かに日米林産物協議を一つのきっかけとするが、これには同時に、住宅需要を受けた供給者側での新工法への流れ、土地の有効利用や木への愛着、国内の林業・大手製材業の慢性的不況からの脱却と地域振興に向けた動き、木造技術の進展により、その規制課題が再フレーミングされ、木造建築が復権していくという流れも伏在していた。木材市場開放等を求める外圧と木造建築を再評価する動き、さらに国内の規制実態等が相互に作用し合う中で、住宅局は、法令体系への新工法の組み込み、申請に基づく大臣認定、民間との協力による実証実験での安全性等確認により自らの裁量を維持した。それは、建築確認による規制の実質化、建築確認義務付け類型や検査機関資格要件の設定、住宅金融・性能評価・保険を組み合わせる制度の設計と運用、基準設定の体制構築等により、拡大してさえいる。

第四章では、自動車衝突安全規制について分析する。同規制は近年、国際調和化を求める国内外の圧力が強まっていること、設定すべき技術基準の範囲が広がりそれが細部にまで及ぶようになったことにより、参照すべき技術情報が高度に専門化し、また、技術基準設定に係るステークホルダー間の利害調整の必要性が高まった。これに対して自動車(交通)局は、民間から技術情報の提供を受けるなどリソース面での依存関係を築くと同時に、基準設定に係る行政部局間・官民・民間の利害対立とその調整メカニズムを意識的なプロセス管理により組み込みつつ、基準の国際調和化に向かうアクターのインセンティブを戦略的に利用して、その規制目的を達成しようとした。このとき、余力あるメーカーは、安全基準を充実させる世界的な趨勢を奇貨として弱小メーカーとの差を広げようと国内での規制強化を求め、それは結果として弱小メーカーにも技術開発を強制した。自動車(交通)局はそのようにして国際調和化の潮流やメーカーの支持を用いて、衝突安全規制導入を進めた。

第五章では、電気用品の安全・障害に関する規制について分析する。一九八〇年代に普及してきたコンピュータの安全・障害規制をめぐって、郵政省と通商産業省の権限が競合する中で、電磁妨害波規制を行う財団法人が設立された。それは業界自主規制の形を採り、電波法の枠外で行われたことで結果的に郵政省の規制権限が実質的に弱められたため、通商産業省が迅速に国際基準へ対応し自由度ある政策展開をすることが可能になった。規格の国内化プロセスにおいて、自主規制の母体である業界団体は、経済産業省と総務省との狭間で、事あるごとに両省と連携することが求められている。その後の電気用品安全法制度改革では、経済産業省が率先して、同法令体系の中に民間自主規制を位置付けたり、民間規格の是認スキームに自ら関与していく仕組みを構築したりした。

分析編の第六章では、以上の事例研究を踏まえ、変容する規制空間を分析する。木造建築の場合、かねてより現場大工の専門性や運用が尊重されがちであるが、最近では、より高度な技術を使った大規模木造建築物の出現に伴って、官民協働プロジェクト型の技術開発・実証実験によって安全性等の確認を行うとともに、大臣認定により新工法等に対して柔軟な規制実施を行うようになっている。また、建築確認と各種誘導制度との併用により建築規制の実質化も進められている。自動車の場合、技術基準設定プロセスが「審議会型」から「フォーラム型」へと変化している。すなわち、かつてはメーカーのエンジニアがデータを基準設定の場に持ち寄り、規制者はそれをかなり尊重して最終決定を下していたのに対して、最近では民間メーカーと規制者とが双方向的に情報をやり取りしながら基準設定をするようになっている。この要因としては、国際調和化のほか、官民関係の変化や審議会改革が考えられよう。電気用品の場合、規制緩和の流れの中で自己責任型規制への移行が進んでいたが、近年では、規制対象品目の多様化等を受けて、自己・第三者認証を含む法規制と業界自主規制との協調が模索されている。電気用品安全法では、規制行政機関による事後的・間接的な関与が重要性を持つようになってきているのに対し、自主規制団体には、同規制法令体系の中で、具体的仕様や性能規定解釈指針の策定といった役割を果たすことが期待されるようになっている。

その上で、三事例の横断的な分析により、規制空間の構造が変容してきていることと、その中で規制行政機関の裁量行使戦略が変化してきていることを論じる。すなわち、規制行政機関は、自らに課されたミッションを果たしていくに当たって、政策や規制に直接働き掛けるよりもむしろ規制プロセス全体を見渡し、官民・民間にある協調・対抗関係を利用しつつ、規制システムを管理・制御する役割を果たしている。そうして、規制行政機関の役割や裁量は質的に変化し、むしろ大きくなってさえいると結論付ける。

本書の特長として、まず、三つの規制分野それぞれについて、国際的な規制策定から国内での規制実施にまで至る規制システムを幅広く描写・分析しているという点がある。それと同時に、本書では、規制システムの構造が当該分野の産業構造等、社会的諸条件とどういった関係に立つかといった分野横断的な検討をも行うことで、行政学研究としての一体性・体系性を保つよう努めている。また、本書では、規制行政や官民協働に関する先行研究を包括的に再検討した上で、規制空間の構造を分析する新たな視座の構築を試みており、その点において理論的な意義もある。そして何より、変容する規制空間の中での官僚制の裁量行使戦略を明らかにした点を本書の意義として強調したい。すなわち、規制行政機関による技術情報の能動的収集、外圧や民間における競争・対立関係の利用、規制課題の再フレーミング、ステークホルダーの範囲の操作といった手法について、臨場感ある形で規制の実態を描いている。

主要略語一覧

ＢＲＩ　Building Research Institute　独立行政法人（現・国立研究開発法人）建築研究所

ＣＩＡＪ　Communications and Information network Association of Japan　通信機械工業会（現・一般社団法人情報通信ネットワーク産業協会）

ＣＩＳＰＲ　Comité International Spécial des Perturbations Radioélectriques　国際無線障害特別委員会

ＥＥＶＣ　European Enhanced Vehicle-safety Committee　欧州自動車安全性向上委員会

ＥＩＡＪ　Electronic Industries Association of Japan　社団法人日本電子機械工業会

ＥＭＣ　Electromagnetic Compatibility　電磁両立性

ＥＭＩ　Electromagnetic Interference　電磁妨害波

ＦＣＣ　The Federal Communications Commission　米国連邦通信委員会

ＦＤＩＳ　Final Draft International Standards　最終国際規格案

ＦＭＶＳＳ　Federal Motor Vehicle Safety Standards　米国自動車安全規格

ＧＡＴＴ　General Agreement on Tariffs and Trade　関税及び貿易に関する一般協定

ＧＴＲ（ｇｔｒ）　Global Technical Regulation　世界技術基準

ＩＣＡＯ　International Civil Aviation Organization　国際民間航空機関

ＩＥＣ　International Electrotechnical Commission　国際電気標準会議

ＩＨＲＡ　International Harmonized Research Activities　国際調和研究プロジェクト

ＩＩＨＳ　Insurance Institute for Highway Safety　米国道路安全保険協会

ＩＳＯ　International Organization for Standardization　国際標準化機構

ＩＴＡＲＤＡ　Institute for Traffic Accident Research and Data Analysis　公益財団法人交通事故総合分析センター

ＩＴＥ　Information Technology Equipment　情報技術装置

ITU-R　International Telecommunication Union Radio-communications Sector　国際電気通信連合無線通信部門
JABIA　Japan Auto-Body Industries Association Inc.　一般社団法人日本自動車車体工業会
JAF　Japan Automobile Federation　一般社団法人日本自動車連盟
JAIA　Japan Automobile Importers Association　日本自動車輸入組合
JAMA　Japan Automobile Manufacturers Association, Inc.　一般社団法人日本自動車工業会（自工会）
JAPIA　Japan Auto Parts Industries Association　一般社団法人日本自動車部品工業会
JARI　Japan Automobile Research Institute　一般財団法人日本自動車研究所
JASIC　Japan Automobile Standards Internationalization Center　自動車基準認証国際化研究センター
JATA　Japan Automobile Transport Technology Association　公益財団法人日本自動車輸送技術協会
JBMA　Japan Business Machine Makers Association　社団法人日本事務機械工業会
JBMIA　Japan Business Machine and Information System Industries Association　一般社団法人ビジネス機械・情報システム産業協会
JEIDA　Japanese Electronic Industry Development Association　日本電子工業振興協会
JEITA　Japan Electronics and Information Technology Industries Association　一般社団法人電子情報技術産業協会
JET　Japan Electrical Safety & Environment Technology Laboratories　一般財団法人電気安全環境研究所
JISC　Japanese Industrial Standards Committee　日本工業標準調査会
JNCAP（NCAP）　(Japan)New Car Assessment Program　自動車アセスメント
JNES　Japan Nuclear Energy Safety Organization　独立行政法人原子力安全基盤機構
JNLA　Japan National Laboratory Accreditation (system)　試験所認定（制度）
JQA　Japan Quality Assurance Organization　一般財団法人日本品質保証機構
JSAE　Society of Automotive Engineers of Japan　公益社団法人自動車技術会

MOSS　Market-Oriented, Sector-Selective　市場志向型分野別

MOU　Memorandum of Understanding　覚書

MRA　Mutual Recognition Agreement　相互承認協定

NGO　Non-Governmental Organizations　非政府組織

NHTSA　The National Highway Traffic Safety Administration　米国運輸省道路交通安全局

NICT　National Institute of Information and Communications Technology　独立行政法人(現・国立研究開発法人)情報通信研究機構

NITE　National Institute of Technology and Evaluation　独立行政法人製品評価技術基盤機構

NPG　New Public Governance　新公共ガバナンス

NPM　New Public Management　新公共管理

NTSEL　National Traffic Safety and Environment Laboratory　独立行政法人交通安全環境研究所

P-A　Principal Agent　プリンシパル・エイジェント

PA　Public Administration　行政・公共管理(学)

PFI　Private Finance Initiative　民間資金を活用した公共施設整備

PPP　Public-Private Partnership　官民連携

SCEA　Steering Council of Safety Certification for Electrical and Electronic Appliances and Parts of Japan　電気製品認証協議会

TABD　The TransAtlantic Business Dialogue　環大西洋ビジネス対話

TBT　Technical Barriers to Trade　貿易の技術的障害

TELEC　Telecom Engineering Center　一般財団法人テレコムエンジニアリングセンター

TSO　Technical Scientific & Support Organization　技術支援機関

UN／ECE　United Nations Economic Commission for Europe　国連欧州経済委員会

ＶＣＣＩ　Voluntary Control Council for Information Technology Equipment　情報処理装置等電波障害自主規制協議会（現・一般財団法人ＶＣＣＩ協会）
ＶＦＭ　Value for Money　金額に見合う価値
ＷＧ　Working Group　ワーキング・グループ（作業部会）
ＷＰ　Working Party　ワーキング・パーティ
ＷＴＯ　World Trade Organization　世界貿易機関

目次

Ⅱ　事例編

Ⅲ 分析編

I 理論編

序章　はじめに——本研究が注目する現象、検討課題

第一節　考察の対象とする現象

第一項　「官民協働」による「社会管理」のシステム

政府・規制行政機関を取り巻く、行政資源の制約と行政需要・責任追及の高まりというジレンマ状況にいかに対処していくかということは、現代行政(学)に突き付けられた中心的課題と言っても良い。「社会管理 public management」(1)を第一義的な責務とする規制行政機関は、こうしたジレンマ状況に対処するべく、民間(ときに、被規制者)との連携・協働という手法を模索してきた。本研究ではさしあたり、こうした「官民協働 public-private collaboration」を「政策の策定と実施における、行政と民間の行政資源(人的・財政的資源、オーソリティ、情報)についての相互依存関係」(3)と定義しておこう。

こうした「官民協働」による「社会管理」は、歴史的にも地理的にも決して珍しい現象ではなく、むしろ多用され、それを考察の対象とする行政学研究もこれまで数多く存在してきた。(4)とはいえ、「官民協働」を外部委託等も含め広く解した場合、(5)政府の行政活動に占めるその割合は、以前に比して増してきているのも確かである。(6)

規制の現場でも、そこでの非効率が新たな「官民協働」の形、そしてマクロな規制改革を動機付けてきた。すなわち、許認可申請の手続が煩雑であったり、非公式な「ルール」の存在により被規制者からの予測可能性が低くなった

表1　規制の基準設定と実施における「官民協働」の類型

規制の基準設定＼実施	a.「官」による	b.「民」による
A.「官」による	①政府による規制	②「官民協働」
B.「民」による	③「官民協働」	④自主規制

出典：筆者作成.

り、あるいは、手柄を挙げたい規制行政官が違反行為を過剰に摘発したりすることにより、規制者(「官」)と被規制者(「民」)との敵対的な関係が依然として残っており、それは両者が協力的に問題を解決していこうという志向の欠如、そして規制全体としての非効率にも繋がっている。そうしたことから、規制行政機関は状況に応じて行使できるはずの裁量幅を却って縮小せざるを得ず、規制行政機関が果たすべき使命・責務の実現可能性も脅かされている。さらに、被規制者に権限を委譲することがあるとしても、それが必ずしも最適には行われず、規制の責任の所在も官民間で不明確な状態となり、規制そのものの正統性が揺らいでさえいるとの観察もある。[7]

こうした課題認識も、本研究の、規制における官民協働への注目・関心へと繋がっている。すなわち、ここで規制活動をその基準の設定と実施とに分け、それらを行う「主体」に着目し単純化した**表1**のような整理によれば[8]、規制において今、②や③の領域がますます拡大している。さらに、「官」によるものと考えられている規制にさえ「民」の活動が何らかの形で組み込まれており、現実には、規制の作用や関与主体の性格・属性を捉えること自体も困難になってきている。[9]

表1の②には、規制を一律に課すのは現場それぞれの状況にそぐわず合理的ではないので、現場ごとに任命する監督者に一定の権限や裁量(ここではさしあたり、これを「活動の自由度」と定義しておこう)を与えることによって、彼らにいわば規制行政の手足としての役割を付与する手法[10]や、政府による規制を前提とし、またその遵守を報告する義務を被規制者に課す一方で、第三者的な立場にある者や業界・地域等のコミュニティにモニタリングや監査を行わせる手法[11]等がある。③には、法令で民間の規格や技術基準を承認し引用する手法[12]や、法令遵守の具体的手法に関する裁量を被規制者に残す形で基準を定め、被規制者にその裁量行使の追加的コストを回収できるだけの経済的インセンティブを持たせる手法[13]等がある。④のように「自主規制」の形式を採っていても、実質的にはある社会問題を解決するため

に政府が選択・利用する政策手段として機能しているものが多数存在しており[14]、これも本研究で言う「官民協働」の一形態である。

規制の合理化に向けて、規制行政機関から被規制者等へと権限や裁量を単に委譲するだけではなく、官民のコミュニケーションの場を設けること[15]、規制のアウトカムを以後の規制の改善へと活かす情報のフィードバックや開示等のルートを整備すること、そのタイミングやアジェンダ設定の仕方を模索すること等、様々な「官民協働」のあり方が、検討すべき論点として浮上してきている[16]。

第二項　「ポストNPM」の公共管理の形？

ところで、このような官民（公私）連携・協働は、一九八〇年代以降多くの先進諸国に波及した、結果主義の導入、市場メカニズムの活用[17]、顧客中心主義を三本柱とするニュー・パブリック・マネジメント（NPM）の中で[18]、一つの要素をなしていた。それから三〇年近くを経た今、いわば「ポストNPM」の形を探求することが行政学には求められている。本研究も、根本的な動機は、NPMの波が先進諸国に押し寄せた後において、その現状を踏まえできるだけ科学的な方法でそれを評価する必要性を認識したところにある[19]。

そうした中、S・オズボーンらが「ポストNPM」の新たなレジームとして提示する「ニュー・パブリック・ガバナンス（NPG）」モデルは、先進諸国で近年観察される行政現象を想定しつつ演繹的に導き出されたものの一つである[20]（すなわちそれは、今世紀の公共政策の実施やサービス提供の現実を評価したり理解したりするのを助ける概念モデルとして、提示されている[21]）。

我が国においても、NPMは「政策遺産」にも影響されながら独特の文脈の中で解釈・移入されたものと考えられるが[22]、このNPGモデルは、いわば日本型「ポストNPM」における行政の形態、あるいは、本研究で特に注目する

表2 「ニュー・パブリック・ガバナンス(NPG)」の諸要素

鍵となる要素＼パラダイム	Public Administration (PA)	New Public Management (NPM)	New Public Governance (NPG)
時期	19世紀後半～1980年代初め	～2000年	2000年～
理論的起源	政治学・公共政策論	合理的公共選択論・管理論	制度論・ネットワーク論
国家の性格	単一	規制国家	多元的（アクター・プロセス）
焦点	政治システム	組織そのもの	環境の中にある組織
強調点	政策の形成と実施	組織の資源やパフォーマンスの管理	価値・意義・関係性の交渉
資源配分メカニズム	ヒエラルキー	市場・(新)古典的契約	ネットワークと関係的契約
サービス・システム	閉鎖的	開放的・合理的	開放的・閉鎖的
基本となる価値	公共セクターのエトス	競争と市場の効果	拡散・それ自体が議論の対象

「規制空間」の構造を検証する際にも、念頭に置いておくに値する(23)。現代社会は複雑さを極めており(24)、かつてのPAやNPMのモデルではそれを捕捉しきれないとの限界を踏まえてS・オズボーンが提示したのが、このNPGモデルである(25)(**表2**)。

NPGモデルが前提にするのは多元性 plurality であり、それが描き出す社会においては、独立した多様なアクターが公共サービスの提供に寄与し、多様なプロセスが政策形成のシステムを構成している。それゆえに、多元的なアクター・組織間関係やプロセスの相互作用に主たる興味・関心が注がれる。資源は組織間ネットワークのメカニズムの中で配分され、組織・個人間での交渉を経て責任も分担される(26)。そこでアクターの持つ「権力」の強弱は様々で、それらのネットワークが総体として政策目的の達成に向けて動いていくことになる。そうした中にあって、価値も多元化している。

このNPGモデルにおいて、政府活動の関心事はステークホルダーの管理、越境と境界保持、公共政策とサービスの持続可能性である(27)。NPMでは(狭義の)行政組織の資源やパフォーマンスの「管理」に重きが置かれてきたが、NPGでは、S・オズボーンらの言うように、アクターとプロセスとが多様化・多元化する中で、公共管理におけるステークホルダー(の加入・脱退)、交渉の場やそこでのアジェンダ設定等という意味での「管理（枠付け）」が問題となっている。規制行政機関は、自らの裁量を行使するための政策情報を調達するためにも、また、ステークホルダーの合意を取り付け公共管理を穏便に遂行していくためにも、そうした「管理」をしながら民間や被規制者と連携・協働していく必要性を認識しつつある[28]。こうして官民協働・連携という手段が採られることによって、従来の官民二分論も実態と乖離しつつあり、その意味において「越境」は進んでいると言える。しかし、規制行政機関は、そうした中にありながらも官民（規制者・被規制者）の境界や互いの不可侵性のようなものを維持することによって、正統性に裏打ちされたそれ固有の裁量や自律性を保持していかなければならないと考えており、そうした問題意識は近年、却って際立ってきているようにも思われる。また、社会管理のための資源不足と国民から高まる行政需要・責任追及のジレンマ状況は先進諸国でかなり共通したものであるが[29]、そうした中でいかにして持続可能な政策・規制（及び、その決定プロセス）を形成・展開していくのかという問題意識も、かなりの政府・規制行政機関の間で共有されているものと考えられる。

第二節　行政学研究上の課題――「規制空間」の構造とその変容

「規制の政策プロセス、制度、運用、様々な主体、各々の規範、態度、アイディア、コントロールの多様なメカニズムの総体」を「規制空間 regulatory space」と呼ぶならば[30]、「ポストＮＰＭ」において、その構造はどのように変容してきているのだろうか。

この「規制空間」において、第一義的に社会管理の使命・責務を負った規制行政機関はまず、多主体間の調整の必要性を強く認識することになる。その中で本研究が注目するのは、規制行政機関自体の裁量行使のあり方、及び、実質的に協力して規制を策定・実施する「エイジェンシー agency」との関係である。ここで言う「エイジェンシー」

には、イギリスの行政改革で想定された各政策庁に対応した実施庁のような規制行政機関のみならず、非政府組織（NGO）とも総称される民間の諸組織・個人（すなわち、業界団体、自主規制機関、基準設定機関[31]、及び、規制実施権限が委譲された民間人）をも含むが、そもそも規制空間に誰が参画するようになってきているのかということ自体が、本研究において考察すべき課題である[32]。現代の規制の実態においてはますます、規制行政機関と「エイジェンシー」との役割分担、分業関係が観察されるようになっており[33]、これは規制能力の所在とも連動しながら[34]、規制空間内の規制権力の拡散・断片化[35]、さらには委任者・受任者のプリンシパル・エイジェント関係の多元化を惹起していると思われる。そうした中で、社会管理の責務を負った規制行政機関をプリンシパルと捉えるとすれば[36]、それはエイジェンシー・スラックを極小化するべく規制空間をいかに管理するのか[37]、隣接する規制行政機関といかなる調整を行うのか[38]、規制のための情報（とりわけ、規制行政機関がその創出と利用に関して優位に立っていない技術情報）の収集をどのようにするのか、多数決原理や組織化された利益による囚虜（キャプチャ）にどのように対処するのかなどといった、社会管理の戦略的手法の問題が、認識されるようになっている。

もっとも実際には、（狭義の）規制行政機関を取り巻くプリンシパル・エイジェント関係が多元化・複雑化する中で、規制の「主体」と「客体」も相対化してしまっていると言って良い。高い専門技術性や問題対処の迅速性、先進技術への即応性等が求められる安全規制では特に、「官」による社会管理の大きな枠組みの中にあって、例えば、法制度上は被規制者とされる事業者等が規制の基準設定・実施の実質的役割を果たす一方、「官」がそれに監査的・間接的・事後的にしか関与しないという場合が見られる。こうした実態からすれば、これまでのように規制行政を官と民との二分法で捉え、規制者・被規制者の単純な対応関係に単純化することは必ずしも実態にそぐわず、規制空間にはいわば官民協働による社会管理（規制）の「システム」が出現していると言うべきである[39]。

このように規制空間の実態を捉えると、規制行政機関が規制体制を管理する活動の範囲は、実質的に社会全体ともかなり近似・同化してくるものとも考えられる[40]。行政の活動領域、及び、それを担う「主体」の外延は広がり[41]、それを「（広義の）規制行政組織」と捉えてその管理のあり方を研究の対象とするならば、行政組織の管理の問題が規制空間の政治過程論とも実質的に近づいてこよう[42]。前者は、行政学がその制度・組織・活動の観点から研究の対象としてきたテーマに他ならない。本研究では特に、被規制者が文字通り規制者（狭義の規制行政機関）によって規制される「客体」であると同時に、規制者と連携・協働して規制する「主体」にもなり得るというように両面的な性格付けができること、そしてこれに起因して、通常一元的に捉えられがちな「主体」と「客体」の関係が多元化・複雑化しているというところにも着目する。ＮＰＭでは基本的に、一元的・固定的な「主体」・「客体」関係が前提とされていた。

このとき、例えば、法令による政府の規制が自主規制以上の実効性を発揮し得ない場合、規制行政機関とその協力者との間にあるプリンシパル・エイジェント関係は崩壊し、社会管理者としての政府・規制行政機関は不要になるのだろうか[43]（あるいは、「政治」のミッションを受けながらもあらゆる方法で裁量を行使してきた規制行政機関は[44]、そうした外部環境の変容に対して、いかにしてその裁量を確保しようとするのだろうか）。これについては、自主規制の機能面にも注目し、法規制と自主規制の、調整、責任の所在特定と追及、外的圧力への対応の制度としての長短、産業界の「倫理」の特徴、規制行政機関と第三者機関等民間との役割分担や連携手法の実態等について、まず分析することが必要になろう[45]。

このようにして本研究では、前述の「ＮＰＧモデル」が提起する問題にも応答していきたいと考えている。すなわち「ＮＰＧモデル」は、公共管理におけるアクターとプロセスとの多様化・多元化を指摘するものであるが、次の三つの問題を提起しているように思われる。これを本研究の考察対象にしたい[46]。

第一に、ＮＰＧと「多元論 pluralism」との関係について。ＮＰＧ論は、現代の行政に関わるアクターとプロセスがこれまで以上に多元性や複雑性を帯びるようになっていると指摘する。他方、日本の行政学では以前から行政システムの「多元的」構造が概ね通説的な理解であり、「規制空間」は放置すれば自ら多元化するものでもある。そこで、その複雑な現代社会に何らかの法則を見出し、これまでの議論との異同を探ることが求められる。「ＮＰＧモデル」では、例えば「メタガバナンス」というモデルが提示されており、そうした中での政策運営者（規制行政機関等）によるマネジメント手法とその機能条件や、政策実施における官民の役割分担の構造変容については、日本の状況との異同も含め、実態に即したさらなる考察を要する。

第二に、ＮＰＧと行政実務との関係について。基本的にアクターの顔があまり見えず、時に敵対的でさえある市場・競争のメカニズムを重視するＮＰＭに対して、ＮＰＧは、調達や民間委託等に係る（商）取引や契約における「関係性 relationship」に注目する点で特徴的である。すなわちＮＰＧは、一時期軽視されてさえいたアクター・組織間の信頼・調整・協力という「関係性」を重視する方向への揺り戻しを捉えているのではないか。そうだとすれば、求められるのは「政策」の次元におけるその「関係性」とは一体どういうものかやその長短（翻って、その中でも不可侵な価値の考察）、「ドクトリン」として説かれる「関係性」の分析、そして、さらに体系性を備えた何らかの「理論」の生成といったことだと言えよう。(47) 個人や組織相互の行動の予測可能性、癒着や馴れ合いといった「関係性」を孕む「鉄の三角形」の議論は、後でレビューする通り我が国にも存在してきた。事例に即して実務の潮流を検証することは、理論的にも有意義である。

第三に、ＮＰＧの実証研究について。ＮＰＧ論は、政策実施に最適で持続可能な組織設計とそれを補強する価値、「関係性」構築に必要な能力、アカウンタビリティやパフォーマンスの評価手法、等の論点を新たに提起している。これらの問題について、いかなる事例を採り上げいかなる方法によって研究・実証していくかというのはこれ自体難問であるが、本研究では、国内外に広がる規制がダイナミックに観察される、技術基準の策定・運用プロセスを採り上げて検討する。もっとも分野によってＮＰＧ色への染まり方も様々であり得るので、ＮＰＧと政策分野・事例との相性を規定する条件の抽出作業をまず経ることが、ＮＰＧの輪郭をより的確に捉えることを可能にすると思われる。

第三節　本研究の構成と特徴

第一項　本研究の構成

本研究は、理論編(第一章)、事例編(第二〜五章)、分析編(第六章)から構成される。

本章では、先行研究にも倣いつつ、本研究における「官民協働」、「規制空間」といった用語を定義しながら、現実に観察される、規制における官民協働の例とそれをめぐる行政学研究の課題(すなわち、「ポストＮＰＭ」の公共管理のあり方を模索する理論的・実務的検討課題)、そして本研究の関心事項(すなわち、規制空間の構造とその変容、及び、その中での規制行政機関の活動のあり方)を、導入の趣旨で論じてきた。

理論編(第一章)では、まず、規制空間における規制行政機関の位置付けを、先行研究を引用しながら論じた上で、規制空間の中で、旧来のガバメント構造と新生のガバナンス構造との接続点(「シャドウ・オブ・ヒエラルキー」)において観察される両者の相互作用(「交渉」や「取引」のあり方)等、諸現象を考察対象にすることを述べる。そして、それを検討するため、規制の政治学理論として通説的なキャプチャ理論を端緒としながら、規制者と被規制者との関係の背後にある、①被規制者コミュニティ内部の利害状況(技術情報を創出・利用する規制空間における民民の関係)、②規制者コミュニティ内部の調整手法(省庁間関係)、③規制者から被規制者に対する様々な裁量行使のあり方(考慮事項の重み付けによる裁量行使、民間(被規制者)との共有物としての「裁量」、再フレーミングによる裁量行使、システムとしての行政指導)といった分析視角を提示し、先行研究においてあまり検討されてこなかった論点を整理する。その上で、そうしてそれぞれ複数の者として捉えるべき規制者と被規制者との関係が多元化し、またそれが連鎖し合うとともに、規制の策定・運用において主張・考慮される価値が多様化する中で、規制行政機関が政策目標の実現に向けてどのようにしてその主体性を維持するのかという本研究の着目点を明確にしていく。第一章での理論的検討内容をまとめると、本研究の根源的な問いは、国際調和化、技術情報の分散化、官民関係の多元化によって規制行政機関の活動の自由度が縮小しているようにも見える中で、それがどのような「裁量」確保戦略を採っているか、というものとなる。

事例編は、木造建築、自動車、電気用品の安全等に関する規制の技術基準の設定・運用プロセスの事例研究である。そのうち第二章では、採り上げる三事例の位置付け・互いの位置関係と方法論上の問題について述べる。本研究で用いる事例研究の方法にも確かに一定の限界があるが、それぞれ異なる制度的枠組みを持った三つの規制分野を一定の時間幅を持って観察し、それらを相互に比較・検討することにより、そうした方法論上の限界をできるだけ克服しながら、むしろ新たな理論の創出等、事例研究の強みを引き出しながら進めていく。技術基準に注目するのは、その基になる技術情報が規制空間に分散し、国内外の規制動向のダイナミクスの中で規制行政機関の活動の自由度が相当縮小しているため、規制行政機関が被規制者等と「連携」していくべき必要性が高い典型例だと考えるからである。

分析編では、三事例を横断的に比較・分析し、各規制行政分野に共通する制度・組織・活動のあり方、構造、及び、その変化の特徴を明らかにしていく。そのために、まず第一節で、事例編で整理・抽出した観点について、各事例の構造とその変容にある程度共通する傾向が見られることを具体的に示す。それは、技術基準の設定において、基準の国際調和化の波が押し寄せていること、規制の基になる技術情報が民間に分散して創出・利用され技術情報の「流れ」にも変化が見られること、こうした環境変化に対して、規制行政機関は、専門技術者から構成される合議体やTSO（技術支援機関）の利用のほか技術情報の法令への取り込みや諸外国との交渉等において、自らの裁量を行使するルートを戦略的に確保していること、である（第一項）。そして、技術基準の実施において、規制の実効性担保のため直接的規制以外の手法も用いられているが、直接的規制も依然として一定の意義を持っていること（第二項）、そうした枠組み作りと規制の実施に関して規制行政機関が一定の裁量を維持・強化する一方、民間にもある程度の規制能力が備わって官と民との役割分担が見られること、である（第三項）。これらは、技術基準の設定・運用プロセスの構造変容と規制行政機関の役割、裁量行使の方法の変化としてある程度一般化して論じることができ、また、本研究の冒頭で定義した「社会管理」や「官民協働」の概念についても、実態との関係で改めて検討する必要が出てくる（第二節）。本研究ではさらに、事例に共通するそうした傾向の中で、三分野の規制空間の構造とその変容や規制行政機関の裁量行使戦略を規定する条件について、主として官民関係の特性という観点から考察する（第三節）。終章では、本研究のまとめと結論、そして、本研究に関連する今後の研究課題を述べる。

第二項　本研究に特徴的な点について

技術基準の設定・運用プロセスはそれ自体、諸アクターの資源や権力の分布によっても規定されるため、確かに政治・政策過程論的な捉え方もあり得る。しかし、そこに規制行政機関が第一義的に責務を負う社会管理、及び、規制のための体制・組織の管理・運営という行政学特有の「技術」の観点を加え、それらが互いに影響し合って規制空間や規制行政機関の裁量行使の戦略がいかなる特質を帯びるのかという視点で実態を観察・分析するのが(48)、本研究に特徴的なところである。

技術基準は、最も広義には、技術者が物を設計するときに従う基準（技術・設計・基準・規格・標準・指針）を指し、JIS（日本工業規格）等、工業標準化法に基づく国家規格もその一つである。これ自体、工業製品の多様化の調整（互換性の確保）や品質の明確化（製造物責任を果たすための一手法）といった機能を果たしている。

もし技術基準を法令体系の中に位置付けるならば、国会から行政（規制行政機関）に設定・策定が委任される行政立法の一つであり、法令体系で言う「告示・通達」に当たる。それは、司法権・立法権との一定の分業関係を前提とする行政権（すなわち、行政による裁量行使）としての特徴を有し、それを行政の「技術」を表出する準則の一つとして捉えるならば、それ自体やその定立過程を公開・明示することは官僚制の有効な裁量統制にも資すると言えよう。他方、規制をめぐって様々な価値体系や思惑を持った被規制者やその他のステークホルダーとの合意形成（社会的意思決定）の段階を経る（そのことが、規制の実効性を高める一つの条件となる）という意味において、それは「政治」的な性格を帯びることにもなる。[49] こうして行政を取り巻く「技術」と「政治」とが様々な意味において交錯する技術基準が行政学の研究対象として明示的に採り上げられることは[50]、これまでにあまりなかった。

なお、本研究において社会管理システムをあえて「規制空間」と言い換えて分析することは、官（規制者）や民（被規制者）をアクター（個人・組織）の集合と捉え、その集合の中、あるいは、集合の間における、アクターや各種資源・制度・規範といった要素同士の距離（遠近）や繋がり（その強弱や形態）、それらが作用し合う「場」の特性、それらの軌跡・流れ（その質と量、方向性）、時間の経過に伴う連続と断絶、収束と拡散、等に注目して分析を行う本研究の趣旨とも親和的であり、大きな意味を持ってくる。

（1）　森田朗（一九八八）『許認可行政と官僚制』岩波書店、二三〜六頁にあるように、「社会の一定状態を維持し、社会をよりよくしていくこと、社会を管理運営していくこと、社会という複雑な構造を持つシステムが適切な状態を保つように、現実にその要素に働きかけて制御を行う活動」である。
クリストファー・フッド（森田朗訳）（二〇〇〇）（原書一九八六）『行政活動の理論（*Administrative Analysis: An Introduction to Rules, Enforcement and Organizations*）』岩波書店の内容も含めて考えるならば、実際の「社会管理」は、被規制者に対する、行動の自由や権利・利益の制限といった負のインパクトばかりではなく、金銭や情報の提供、「官」によるデモンストレーション等、給付や調達による被規制者へのインセンティブ付与をも組み込んだ複雑な行政活動のプロセスであり、何らかの手段によって一定の方向へと被治者・私人の行動を誘引する作用である。

（2）　Breyer, S.（初出 1982）. Typical Justifications for Regulation. In Baldwin, R., Scott, C., & Hood, C.（eds.）.（1998）. *A Reader on Regulation.* Oxford Univ. Pr. pp. 59-92. では、市場の失敗等、政府の規制的な介入が正当化される根拠が検討されているが、本研究では、法令（目的規定）によって規定される行政の責務としての「社会管理」を、ある程度前提にしている。内山融（一九九八）『現代日本の国家と市場：石油危機以降の市場の脱「公的領域」化』東京大学出版会、一〜一〇頁にもあるように、政治学の多元主義論 pluralism では「利益」がアクターの合理的行動の中心的インセンティブだとされているが、利益にも私的利益と公的利益があり、行政官や政治家には「社会管理」を行うことが自らの責務であるとの認識があり、現に、次の選挙で当選することや予算の拡大といった自己利益のためだけでなく、公共の利益を実現するための活動を行っているとひとまず想定する。

　しかし「社会管理」にも、いかなる理由付け、いかなる手法でそれを実現していくのか（あるいは、その中での優先順位をどう付けるのか）等について、必ずしもステークホルダーの認識が一致するわけではなく、前提とすべきでないところもあるので、それについても研究の対象にしなければならないと考えている。

（3）　村上裕一（二〇〇九）「官民協働による社会管理――自動車安全のための技術基準策定プロセスを素材として」『国家学会雑誌（第一二二巻第九・一〇号）』一二六六〜一三三〇（一一六九）頁。

（4）　木村琢麿（二〇〇八）『ガバナンスの法理論――行政・財政をめぐる古典と現代の接合』勁草書房、一五頁曰く、フランスの法学者モーリス・オーリウ（一八五六〜九二九）は、行政管理（gestion administrative）を「公役務（＝行政）の執行のために行政と私人の間で確立された協働関係」と定義し、行政の本質を公と私（官と民）の協働にあると解している。これは、公私（官民）の対立関係を強調するルソー＝ジャコバン原理と対置される。

（5）　Hodge, G.A., & Greve, C.（2007）. Public-Private Partnerships: An International Performance Review. *Public Administration Review,* 2007（May, June）. Vol.67（3）. pp. 545-58. は、官民のパートナーシップを類型化し、①共同生産とリスク共有のための制度的協力関係（van Buuren, A., Edelenbos, J. & Klijn, E.（2007）. Interactive Governance in the Netherlands: The Case of the Scheldt Estuary. Marcussen, M. & Torfing, J.（eds.）, *Democratic Network Governance in Europe.* New York: Palgrave Macmillan. pp. 150-73.）、②インフラの整備、管理に関する長期的な契約関係、③政策ネットワーク、④パートナーシップが

⑤　②

	←強い　金銭的(financial)関係　弱い→	
↑強い	ジョイント・ベンチャー会社	建設・所有・運営・譲渡(BOOT)
組織的(organizational)関係	官民出資会社	建設・運営・譲渡(BOT)
	官民協働プロジェクト	セール・アンド・リースバック
↓弱い	政策コミュニティ	イシュー・ネットワーク

①・③・④

旧共産圏社会からの変化の象徴となる市民社会とコミュニティ(Perez, B.J.(2004). *Achieving Public-Private Partnership in the Transport Sector.* iUniverse, Inc.)、⑤アメリカの貧困地域における都市再開発と、五つを挙げる。G・ホッジらはさらに、金銭面financialでの関係性の強弱と組織的organizationalな関係性の強弱によって四つの象限からなるマトリクスを描き、表のように官民のパートナーシップを類型化した。なお、「政策コミュニティ」と「イシュー・ネットワーク」の特徴については、Marsh, D. & Rhodes, R.A.W.(1992). *Policy Networks in British Government.* Clarendon Pr. p. 251. を参照。

(6) Kettl, D.F.(2009). The Key to Networked Government. In Goldsmith, S. & Kettl, D.F. *Unlocking the Power of Networks: Keys to High-Performance Government (Innovative Governance in the 21st Century).* Brookings Inst. Pr.

例えばBardach, E.(1998). *Getting Agencies to Work Together: The Practice and Theory of Managerial Craftsmanship.* Washington D.C.: Brookings Institution Pr. は、様々な職人がそれぞれの専門領域で仕事をした結果として家が完成するプロセスに政策過程をなぞらえ、アクター間協働の有効性を指摘した。Kettl, D.F.(2002). *The Transformation of Governance: Public Administration for Twenty-First Century America.* Johns Hopkins Univ. Pr. は、事例分析を通して、政府がとりわけ私企業や非営利組織と責任をますます分担する方へと向かいつつあり、近年、より基本的な行政活動への営利・非営利組織の浸透が著しいと指摘している。こうして官民のパートナーシップは行政活動の標準的な手法になりつつある、という中長期的な変化が指摘されている(Salamon, L.M.(2002). The New Governance and the Tools of Public Action: An Introduction. Salamon, L.M.(ed.). *The Tools of Government: A Guide to the New Governance.* Oxford: Oxford Univ. Pr.)。

(7) Freeman, J.(1997). Collaborative Governance in the Administrative State. *UCLA Law*

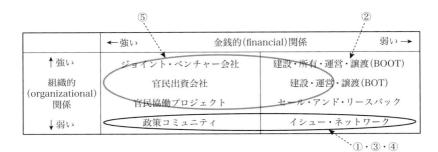

Review.

（8）村上裕一（二〇一一）「官民協働の手段選択の条件等についての分析：電気用品の安全・障害に関する2つの規制の比較を通して（http://shakai-gijutsu.org/vol8/8_124.pdf）」『社会技術研究論文集（Vol.8）』一二四～三七頁。

（9）参照、Truchet, D.(2000). La Structure du Droit Administratif Peut-elle Demeurer Binaire? *Clés pour le Siècle.* pp. 443–64.

（10）Bardach, E., & Kagan, R.A.(2002). *Going by the Book: The Problem of Regulatory Unreasonableness.* New Brunswick, N.J.: Transaction.

（11）Freeman・本章注（7）論文。

（12）城山英明（二〇〇六）「民間機関による規格策定と行政による利用――原子力安全分野を中心として」『ジュリスト（No.1307）』七六～九〇頁。なお、村上裕一（二〇一二）「『法規制化』と業界自主規制の遷移」『計画行政（第三五巻第二号）』四四～五一頁では、これを官民の役割分担の一形態として整理している。

（13）Michael, D.C.(1996). Cooperative Implementation of Federal Regulations. *Yale Journal on Regulation.*

（14）原田大樹（二〇〇七）『自主規制の公法学的研究』有斐閣は、「自主規制」を団体自律モデル、団体参画モデル、監査認証モデル、誘導モデルの四つに分類する。同書は、例えば、米丸恒治（一九九九）『私人による行政』日本評論社をはじめとする、公法学における公私協働論研究の一部とも位置付けられ、多くの「自主規制」を採り上げることにより、行政法学が従来、研究の対象としてきた公権力の行使や公私二元論の枠組みを超えて（参照、山本隆司（二〇〇八）「日本における公私協働」稲葉馨＝亘理格編『行政法の思考様式（藤田宙靖博士退職記念論文集）』青林書院、一七一～二三二頁）、新たな行政法総論の枠組みを打ち立てている。

（15）城山英明（二〇〇七）「リスク評価・管理と法システム」城山英明＝西川洋一編『法の再構築Ⅲ　科学技術の発展と法』東京大学出版会、八九～一一四頁には、原子力、交通、医療分野が例示されている。

（16）Freeman・本章注（7）論文。

（17）特に環境規制における市場メカニズムの利用について、Lane, J.-E.(2009). Ecology and Policy: How to Combine the

Two? *State Management: An Enquiry into Models of Public Administration and Management*. Routledge. pp. 139–48。

(18) Hood, C.(1991). A Public Management for All Seasons? *Public Administration*, 69(Spring). pp. 3–19. ＮＰＭでは、統治構造に民間的・市場的手法を持ち込むという視点が重要な位置を占めている(Ouchi, W.G.(1980). Markets, Bureaucracies, and Clans. *Administrative Science Quarterly*, Vol.25, No.1(Mar. 1980). pp. 129–41. や、Stoker, G.(1998). Governance as Theory: Five Propositions. *International Social Science Journal*. や、Kooiman, J.(1993). Social-Political Governance: Introduction. *Modern Governance: New Government-Society Interactions*. Sage Publications Ltd. 等)。Marsh ほか・本章注(5)書は、サッチャー政権以降のイギリスにおいて、本来、行政が行ってきた業務を企業や非営利組織(ＮＰＯ)を巻き込んだネットワークが担当するようになってきている、という変化を捉えた。

(19) 官民協働手法に共通する長所・短所を抽出・評価する論考は、それに対する理論的・実践的関心を受け、多く見られるようになってきている(Osborne, S.P.(ed.)(2000). *Public-Private Partnerships: Theory and Practice in International Perspective*. London: Routledge.)。Hodge ほか・本章注(5)論文五四五～五八頁は、パブリック・プライベート・パートナーシップ(ＰＰＰ)による政策の科学的な(他の事例との厳密な意味での比較や、「投資」と「利潤」のバランスを見ることによる)評価方法を確立する必要性を主張している。また Kettl, D.F.(1993). *Sharing Power: Public Governance and Private Markets*. Washington D.C.: The Brookings Institution. は、政府調達において、行政は競争重視でコスト削減のみを至上命題にするのではなく、質の高い財やサービスを民間から調達できる「賢い買い手」となるべきで、そのために、行政職員の買い手としての能力を養成する必要性を説いている。ＮＰＭの影響を強く受けた官民協働手法は、サービスの質や連携による外部性、そしてバリュー・フォー・マネー(ＶＦＭ：支払に対して最も価値の高いサービスを供給するという考え方)など、あらゆる要素に関する評価を受けるようになっている。例えば、Rosenau, P.V.(2000). The Strengths and Weaknesses of Public-Private Policy Partnership. Rosenau, P.V.(ed.). *Public-Private Policy Partnerships*. Massachusetts Institute of Technology. p. 234. は、公共サービスを民間アクターに委ねる場合、それ自体でコスト削減を図れたとしても、社会的弱者に対する公共サービスの質をモニタリングする追加的なコストでもってそれが相殺されてしまう可能性もあると言い、ＰＰＰによって規制が緩和されるのか、より行政責任が果たされるようになるのか、より根元的には、社会的弱者に対する政策上のスタンスに関して官民間で意識の一致を見るのか、等の問題を提起する。そして、①コスト削減が主要な関心事である、②外部性が最小限に抑えられる、③政策が短期的見通しによるものである、という三条件が満たされない限りPPPは最良の政策手法ではない、という結論を導く。

(20) Peters, B.G.(2010). Meta-governance and Public Management. In Osborne, S.P.(ed.). *The New Public Governance? Emerging Perspectives on the Theory and Practice of Public Governance*. Routledge. pp. 36–51.

(21) Osborne, S.P.(2010). Conclusions: Public Governance and Public Services Delivery: A Research Agenda for the Future. In Osborne, S.P.(ed.). *The New Public Governance? Emerging Perspectives on the Theory and Practice of Public Governance*. Routledge. pp. 413–28.

(22) Lane, J.-E.(2009). The Comparative Challenge: Are There Different State Models? *State Management: An Enquiry into Models of Public Administration and Management*. Routledge. pp. 149–65.

(23) Kagan, R.(2000). Introduction: Comparing National Styles of Regulation in Japan and the United States, *Law & Policy*, 22.

(24) Kettl, D.F.(2009). The Key to Networked Government. In Goldsmith, S., & Kettl, D.F. *Unlocking the Power of Networks: Keys to High-Performance Government(Innovative Governance in the 21st Century)*. Brookings Inst. Pr.

(25) 表2は、Osborne, S.P.(2010). Introduction: The(New)Public Governance: A Suitable Case for Treatment? In Osborne, S.P.(ed.). *The New Public Governance? Emerging Perspectives on the Theory and Practice of Public Governance*. Routledge. pp. 1–16. を基に作成した。表中のPAの終焉については、Dunleavy, P.(1985). Bureaucrats, Budgets and the Growth of the State: Reconstructing an Instrumental Model. *British Journal of Political Science*, 15. pp. 299–328. や、Rhodes, R.A.W.(1997). *Understanding Governance: Policy Networks, Governance, Reflexivity, and Accountability*. Open Univ. Pr. 等の指摘による。

(26) Osborne, S.P.(1997). Managing the Coordination of Social Services in the Mixed Economy of Welfare: Competition, Co-operation or Common Cause? *British Journal of Management*, 8. pp. 317–28.

(27) Osborne・本章注(21)論文。

(28) Kort, M., & Klijn, E.-H.(2011). Public-Private Partnerships in Urban Regeneration Projects: Organizational Forms or

Managerial Capacity? *Public Administration Review*, 2011(July, August), Vol.71(4). pp. 618–26. は、官民連携・協働という組織形態ではなく、それを管理する能力の有無が当該政策のアウトカムを規定することを、イギリスやオランダの都市再開発政策を事例に実証している。

（29） 行政責任については、かつて不可抗力と見られていた自然災害や急激な景気変動などまでも、科学技術や専門知識の進歩により統制可能な行政の責任問題として持ち上がり（西尾隆（一九九五）「行政統制と行政責任」西尾勝＝村松岐夫編『講座行政学（第六巻）』有斐閣、二七二頁）、予測可能性や結果回避可能性を根拠にして行政責任を問う事例（裁判例）も見られるようになるなど、時代によって変化が見られる。人間がコントロール可能ならばコントロールすべきというのが「社会通念」になり、それをコントロールし得ずに発生してしまった事故の責任は、事業者や規制行政機関が問われることになる（Stone, D.A.(1989). Causal Stories and the Formation of Policy Agendas. *Political Science Quarterly* 104(2), pp. 281–300.）。

（30） Scott, C.(2001). Analyzing Regulatory Space: Fragmented Resources and Institutional Design. *Public Law* (Summer 2001). pp. 329–53.

（31） Scott, C.(2003). Organizational Variety in Regulatory Governance: An Agenda for a Comparative Investigation of OECD Countries. *Public Organization Review*, Vol.3, No.3. Springer Netherlands.

（32） 参照、Lane, J.-E.(2009). Independent Agencies: Maximising Efficiency? *State Management: An Enquiry into Models of Public Administration and Management.* Routledge. pp. 55–63.

（33） Hood, C., James, O., Peters, B.G., & Scott, C.(2005). *Controlling Modern Government: Variety, Commonality and Change.* Edward Elgar Pub.

（34） Reichman, N.(初出 1992). Moving Backstage: Uncovering the Role of Compliance Practices in Shaping Regulatory Policy. In Baldwin, R., Scott, C., & Hood, C.(eds.).(1998). *A Reader on Regulation.* Oxford Univ. Pr. pp. 325–46. は、被規制者の活動に規制法（の趣旨）を課す能力を指す言葉として、「規制権威 regulatory authority」を提示し、それを有するものとして証券会社等を例示する。

（35） Braithwaite, J., & Drahos, P.(2000). *Global Business Regulation.* Cambridge Univ. Pr.

(36)　このように、国家(政府)の役割を再評価する潮流をドイツ公法学の中に見出し、日本公法学に対する示唆を検討する公私協働論研究として、参照、板垣勝彦(二〇一三)『保障行政の法理論』弘文堂。
(37)　Macey, J.R.(1991). Separate Powers and Positive Political Theory: The Tug of War over Administrative Agencies. *Georgetown Law Journal*.
(38)　Hall, C. Scott, C. & Hood, C.(2000). *Telecommunications Regulation: Culture, Chaos and Interdependence inside the Regulatory Process*. Routledge.
(39)　Hancher, L. & Moran, M.(初出1989). Organizing Regulatory Space. In Baldwin, R., Scott, C., & Hood, C.(eds.).(1998). *A Reader on Regulation*. Oxford Univ. Pr. pp. 148-72. は、規制を私益と公益の対立する場面として捉えており、「協働」にはこの要素も含めて検討すべきと考えられる。
なお、そうした中にありながら、政府固有の役割を認める研究(Davies, J.S.(2002). The Governance of Urban Regeneration: A Critique of the 'Governing without Government' Thesis. *Public Administration*, 80(2), Summer 2002. pp. 301-22. や、Hysing, E.(2009). Governing without Government? The Private Governance of Forest Certification in Sweden. *Public Administration*, Vol.87, Issue 2. pp. 312-26.)もある。
(40)　金井利之(一九九八)「空間管理」森田朗編『行政学の基礎』岩波書店の言う、組織管理としての行政側の組織・内部・主体的側面と、それが実際に対象環境に作用を及ぼす社会管理としての対象・外部・客体的側面とが融合している、ということでもある。
(41)　大橋洋一(二〇一〇)「政策実施論と行政組織」『政策実施』ミネルヴァ書房、四〇頁。
(42)　西尾勝(二〇〇一)『行政学〔新版〕』有斐閣、三六四～五頁に指摘にあるように、表裏一体の関係にある社会管理の活動と組織管理の活動とが近似してくる、と捉えることもできる。西尾勝(一九七九)「管理技術の発展と行政」『季刊行政管理研究(No.6)』四〇～五頁では、行政管理(administrative skill)と管理技術(managerial technique)との密接不可分性としても、論じられている。
(43)　Scott, C.(2002). Private Regulation of the Public Sector: A Neglected Facet of Contemporary Governance. *Journal of*

Law and Society, Vol.29, No.1, March 2002. Wiley-Blackwell. pp. 56-76. は、自主規制の方が正統性を備え得ることを指摘する。

(44) 森田・本章注(1)書三〇一頁以下。

(45) Gunningham, N., & Rees, J.(1997). Industry Self-Regulation: An Institutional Perspective. *Law & Policy*, Vol.19, Issue 4. Blackwell Publishers Ltd. pp. 363-414. さらに本研究では、公私(官民)協働関係における両者の具体的な資源状況や影響力関係、規制の実効性とその問題点等を、事例研究によって明らかにしたい。

(46) 村上裕一(二〇一二)「学界展望(書評：Stephen P. Osborne,(ed.). *The New Public Governance? Emerging Perspectives on the Theory and Practice of Public Governance.*(Oxford & New York: Routledge, 2010, xv+431 pp.))」『国家学会雑誌(第一二五巻第五・六号)』二七五〜八頁)での整理による。

(47) 枠組みについて、牧原出(二〇〇九)『行政改革と調整のシステム』東京大学出版会から示唆を得た。

(48) 参照、西尾勝(一九九〇)「行政裁量」『行政学の基礎概念』東京大学出版会、三〇五〜四三頁。こうした観点からの研究は、官僚制研究としても有意義であり得る。すなわち、牧原出(一九九四)「官僚制理論」西尾勝＝村松岐夫編『講座行政学(第一巻)』有斐閣、二六一〜九八(二九六)頁が問題提起をしているように、環境変化の中での官僚制の「内部装置」の変化、及び、その、官僚像や対外的機能への影響は、官僚制を理論的に検討する上でも重要な論点である。

(49) 西尾・本章注(48)書三三一〜六頁。

なお近年、自治体と市民との「協働」も注目されているが、金井利之(二〇一〇)『実践 自治体行政学——自治基本条例・総合計画・行政改革・行政評価』第一法規、一一五頁によると、ある特別区の基本計画においては、市民の、「担い手」としての「労働」の側面が表れてしまう「協『働』」よりも、その主体的な意思に基づく「活動」や「行動」を前面に打ち出す「協『動』」という用語法で、「(仮称)協動推進ガイドライン」の策定が謳われている。官民がそれぞれの意思で取り組む規制活動における、両者の協力関係と権力関係、及びそれらの相互作用に着目する意味においては、本研究の「官民協『働』」は、「官民協『動』」にも似たニュアンスを持つことになる。技術基準設定プロセスが高度に専門技術的であるため政治家が立ち入りにくい領域である反面、そこに残された行政の専門技術裁量的判断の領域がある意味において政治性を帯び得ることについて、第一章第二節第一項(2)①を参照。共に参照、辻清明(一九五〇)「行政における権力と技術：現代行政学の理解のために」

『思想(三〇九)』岩波書店、五四～六〇頁。

高木光(一九九五)『技術基準と行政手続』弘文堂、三〇～八四頁(第二章)は、環境規制に関する裁判例の日独比較を通して、不確定法概念を具体化するものとしての技術基準、「予めなされた専門家鑑定」としての技術基準、法的安定性を確保しつつ政策的決定や価値判断を技術的に表現する方策としての技術基準、法律と個別的行政決定の中間段階で設定される技術基準といった観点から技術基準の法的性格を論じ、「法」と「専門技術性」とが交錯するそれを多角的に分析する必要性を説いている。

(50)　行政学は「公的な官僚制組織の集団行動に焦点を当て、これについて政治学的に考察する学」と定義され、また、制度学・管理学・政策学という三つの視点を抱え込むとされる(西尾・本章注(42)書五〇～一頁)が、そのイメージは漠然としている。とはいえ、本稿に言う「行政学的観点」は、政治学的観点に対して次の意味において特殊であり、隣接する諸分野に対して固有の存在意義を有している。

まず、西尾・本章注(42)書四七～五〇頁は、行政学のアイデンティティが官僚制組織の集団行動に焦点を当てて考察するというところにあることから、アクター間関係をすべて組織間関係の一般的枠組みに還元して説明するのではなく、行政活動において組織内に混在する統制、調整、協働関係に注目する。行政学研究には、こうして通常の政治現象との相違点を描き出し、狭義の政治学研究を補完することが求められる、と述べている。森田朗(二〇〇〇)『現代の行政(改訂版)』放送大学教育振興会は、活動、組織、制度の観点から行政を体系的に捉えている。

金井・本章注(49)書七～八頁は、「自治体行政学とは何か」を論じる中で、行政学的観点を「《民主主義体制のなかの非民主主義的な主体》がどのように組織され、活動しているのかを研究教育する」もの、「さらにいえば、『あるべき論』を展開することもある」とし、「実態から解明されたメカニズムを踏まえて処方箋を考察し、その処方箋を適用した結果、改善されたのかどうかも含めて検討し、フィードバックする必要がある」と述べている。

第一章　事例分析の枠組みと論点整理
――「規制空間」をどう捉えて分析するか

本章では、まず、本研究において前提とする、規制空間における官民の基本的関係と、その中での規制行政機関の位置付けを、先行研究にも触れながら明確にしていく。すなわちここでは、「ガバメント（政府）による一元的な権力的統治」から「自立的な多数の主体が相互に協調し、多元的な調整を行うことによって安定した社会秩序が作り上げる社会」[(1)]への移行（「ガバメントからガバナンスへ」）は認めながらも、その中で社会の舵取り、政策分析や大きな枠組み作り、多元化した価値・利害の調整やプロセスの管理等において政府・規制行政機関固有の役割があることをもある程度採り入れたいくつかのモデルに依拠して、旧来のガバメント構造と新生のガバナンス構造とが併存して相互に作用し合う官民関係の中（「シャドウ・オブ・ヒエラルキー」）で見られる「交渉」や「取引」のあり方等、様々な現象に着目することを述べる（第一節）。次に、そうした官民関係を論じる囚虜《キャプチャ》理論から導かれる、現代行政分析の具体的な論点を整理する（第二節）。すなわち、本研究では、第一節で論じた現代の規制空間の構造を実態に即して捉えるに当たって、「キャプチャ理論」、及び、その他の官民関係に関する「業界団体論」や「行政指導論」といった先行研究の観点からは看過されがちな、①民間・被規制者コミュニティを含む、規制空間での「事実発見」プロセス、及び、その中で顕在化し得る利害関係（第二節第一項）、②省庁間関係と規制者コミュニティ内部の調整手法（同第二項）、③規制者から被規制者に対する様々な裁量行使のあり方とあらゆる環境変化の中でのその変容（同第三項）といった問題を提起する。このように、技術基準の設定・運用プロセスにおいて規制空間は事実発見の場と化し、いわばプリンシパルとエイジェントの関係は複数化・多元化している。そのことにより、規制行政機関をプリンシパルと捉えた場合、それはエイジェンシー・スラックを最小化するための新たな手法を模索しているのではないかという問題を、本章の総括的な位置付けにあるとも言うべき第三節で提起する。本研究で着目する技術基準の設定・運用のプロセスにおいては特に、その諸アクター間の政治・政策過程論的な面と、規制行政機関による規制体制・組織の管理・運営という行政学特有の技術的な面とが互いに作用し合って、規制空間がいかなる特質を帯びるのかが問題となる。

先行研究では、(規制)行政機関が、いわば「政治」からのミッションを、ただ淡々とではなく様々な裁量的判断を伴いながら実行していっていることが明らかになっている。[(2)] しかし、特に技術基準の設定・運用を伴う政策領域においては、国際調和化、技術情報の分散化、官民関係の多元化といった、行政活動の自由度を小さくし得る環境変化を受けて、規制行政機関が戦略的に、「裁量」行使の方法を変えてきているのではないかと考えられる。

第一節　規制空間の構造——官民関係の捉え方と規制行政機関の位置付け

第一項　「舵取り人 steerer」等としての規制行政機関

R・ロウズらは、自律性あるアクターが相互の信頼と調整によって共存するネットワーク型社会において、政府はその固有の存在意義を失っているとして、「ガバメントからガバナンスへ」の変容を最も極端な形で唱えた。[(3)] それに対してD・オズボーンらは、一九九〇年代における行政改革のパラダイムの中で、「漕ぐ row」(実際にサービスを提供する)のではなく「舵を取る steer」(サービス提供の企画を担当する)政府・規制行政機関像を描いた。[(4)]

「舵を取る」政府像の具体例として、W・キッカートらの「ネットワーク・マネジャー」としての規制行政機関像が、まず挙げられよう。[5] また、M・ヘイヤーらが注目するのは、政府の政策分析者としての役割である。すなわち、合意形成が様々なステークホルダーの参画してくるネットワークによる政策過程へと変化するにつれて、政策分析は、ネットワークを構成するステークホルダー各々による複雑な評価や政治的・政策的判断を対象とするようになる。そこでの政府の役割は、効果的・効率的な解決策を提示して政策的議論を終わらせることではなく、一般市民や自らの顧客が主体的な議論や学習をする能力を育成・促進し[6]熟議による政策形成を実現する、というものになっていく。[7]

A・ダンサイアは、ガバナンス論における均衡状態に着目する。[8] すなわち、社会は一定条件の下で、競い合うあらゆる圧力の「均衡点」に（良くも悪くも）自己調節的に落ち着く。[9] そこでの政府・規制行政機関の仕事は、そうしたバランス化が行われるような基盤を整えることや、ある「均衡点」を志向しながら情報や金銭（補助金・課税等）といった政策ツールでもってそこに働き掛けることである。[10] もっとも、ここで政府には、「均衡」状態をあえて崩してある別のところに社会を誘導するような役割も期待されることが示唆されているようにも思われる。

第二項　「メタガバナー metagovernor」としての規制行政機関

それに対しE・ソレンセンらは、ガバナンス・ネットワーク自体の枠組みを形作るメタ・レベルのガバナンスにおいて、他の政策との間で政治的に優先順位をつけ資源配分をしたり、そのガバナンス・ネットワーク自体の構造や仕組みに変更を加えたりすること、あるいは、「ガバナンス構造」の中でそのガバナンス・ネットワークがある政策目標に向かって「うまく機能する」よう管理、運営、調整を行う規制行政機関像を提示し、これを「メタガバナンス metagovernance」と呼んでいる。[11]

E・ソレンセンらは、ガバナンスは効率的・効果的かつ民主的であるべきという規範的意識に基づき、[12]「メタガバナンス」を担う行政官（規制行政機関）や政治家（＝「メタガバナー」）の役割として、①「ネットワークをデザインし、枠組みを作ること（ネットワークの範囲、特徴、構成、手続などの制度を定める。同時に、政策目標を設定し、財政的条件、法的基盤を整備し、目標達成に向けた推論のあらすじを描く）」と②「ネットワークのマネジメント、それへの参加（アジェンダ設定から始まる合意形成過程における構成員間の緊張感を和らげ、起こり得る紛争を解決し、場合によっては資源を投入して一部アクターを援護するなどして、交渉の中で生じる各種コストを下げる）」の二点を掲げる。ここでメタガバナーは、①においてネットワークの自治から一定の距離を置いた立場にあるのに対し、②においてネットワークと密接に相互作用し合うような関係にある。

一九八〇年代以降のNPMでは①に重きが置かれるきらいがあったが、(13) E・ソレンセンらは①と②とをバランス良く結合しており、その意味において、「ポストNPM」の、ネットワーク型ガバナンス論における新しい政府機能の捉え方であると評価できる。(14)

M・ベヴィールは、メタガバナンスの主たる三つのアプローチとして、①フレーミング（諸アクターがその行動においで則るルールを枠付ける）、②ストーリーテリング（諸アクターがその行動において則る意味、価値、アイデンティティを引き出す）、③サポート（諸アクターが行動しやすくするためのインフラ整備や金銭的支援をする）を挙げている。(15) すなわち、メタガバナンスの枠組みにおいて、規制行政機関は規制空間そのものの仕組みや構造、価値の体系（ただし、後述〔第二節第三項〕の「フレーミング」は②に近い）に変更を加える「規制・行政改革」の主体としても、性格付けが可能となる。(16) 行政改革のプロセスにも規制空間と同様の様々なアクターが参画してくることを考えると、ガバナンスにメタ・レベルのガバナンス構造が存在することになり、それらが多元的に積み重なっていると考えることもできる。(17)

そうした中で問題となるのは、「メタガバナー」（個人・組織）としての規制行政機関の関与の仕方が実際にはどのように観察されるのかという点であり、具体的には、規制行政機関の裁量はどう行使されていくのか、その自律性をいかに維持していくのか、という点である。

実際には、程度や方法の違いこそあれ、規制行政機関（あるいは、官僚制）が、何らかの方法で自律的に、行政裁量を行使している（政策手段の選択をしている）ことを実証する研究も少なからず存在している。例えば、官僚制がアジェンダを設定して政策プロセスを枠付け、運営を主導する場合[18]や、政治家との関係性を受動的・能動的に利用しつつ、社会にＰＲ活動を展開してネットワークを形成するなどして政策実施を正統化していく場合[19]、等がある。Ｊ・ブラックは、金融に関する諸アクター、なかんずく、イギリスの金融監督制度に見られるようなゲートキーパー gatekeeper を巻き込んだダイナミックな規制体制の活動実態を描き出している[20]。同論文はまず、規制を含めた公共サービス提供に見られるガバナンスの断片化と官民のハイブリッド化（外部委託、ＰＰＰ、プライベート・ファイナンス・イニシアティブ（ＰＦＩ：公共施設等の建設、維持管理、運営等を民間の資金、経営能力及び技術的能力を活用して行う新しい手法））が、アカウンタビリティの危機を招いていると指摘する[21]。そして同論文が喚起するのは、規制能力の問題と「巻き込み enrolment」（実際には誰が誰を巻き込んでいるのかという問題）、さらに、規制のシステムを構築するために、問題と目標の特定、情報収集、行動の修正といった規制の基本的機能、ゲートキーパー等の諸アクターの持てる規制能力や資源を改めて評価した上で、これらを「適正に」関係付ける「メタ規制（規制システムの規制原理）」への注意である[22]。そうした関与が政府・規制行政機関固有の存在意義を高める可能性は、確かにある[23]。

第三項　シャドウ・オブ・ヒエラルキー——ガバメントとガバナンスの接点

このように、規制空間は官民連携・協働の場としてネットワーク化しているとはいえ、依然として旧来の官僚制的なヒエラルキー構造も消滅しておらず[24]、むしろ民主的正統性や法的権限を背景にしながら、一定の自律性を持って、規制空間の構造の枠付け、ルールの設定、管理・運営、規制そのものの実効性担保といった点においてそれ自身の存在意義が維持されているのではないかというのが、本研究における「見立て」である[25]。

この規制空間における、「官」の領域と「民」の領域の相互作用、及び、両者の交錯領域における資源の交換関係を明らかにするため、ここではA・エリティエらの議論を引用したい(26)。そこでは、国内の民主的な立法・政策・意思決定のプロセスであって、そこでの決定がそのまま政府の活動方針となるヒエラルキー(「領域ごとに区切られた民主的政府 territorially bounded democratic government」)と、民主的な意思決定プロセスの外で、セクター別の官民アクターが行う政策形成(「セクター別ガバナンス sectoral governance」)の概念を設定し(27)、これらの交錯点に注目している。政府という枠組みがある一方、国際調和化が進んでいる技術基準の設定・運用の領域に注目する本研究では、A・エリティエらのモデルが前提とすると思われるEUのアナロジーで、同モデルによって(我が国内外に広がる)規制空間を捉えることに一定の有効性があると考えている。

多くの場合、国境にとらわれないネットワークとなり、環境変化への迅速で柔軟な適応や専門性において勝る「セクター別ガバナンス」が、新しい公共管理のモードとして捉えられる。近年ではこれに加えて、党派性から一定程度独立し、政権交代等によって変化しがちな政策プロセスに対し安定性と予測可能性がより期待できるという意味でも、その強みが認められている。A・エリティエらは、この「セクター別ガバナンス」が、旧来型の政府体系とどのレベルで、どのように繋がっているのかという問題に着目する。すなわちそれは、両者の関係を特徴付ける相互作用のあり方であり(28)、そこで用いられる政策的ツールが何かという問題である。A・エリティエらは、そうした政策的ツールの例として、純粋な自主規制(産業界の自発的な協定等)、規制された自主規制(政府の承認を得た(指導を受けた)自主規制)、共同の規制 co-regulation(官民協働での政策や基準の設定)を挙げ(29)、さらに、強い国家像からそれぞれの規制形態への変遷を指摘している(30)。

A・エリティエらが指摘する両者の相互作用においては、「セクター別ガバナンス」の側からの、ヒエラルキー領域を垂直・水平に押し下げたり(31)、あるいは押し上げたりする圧力によっても、両者が受け持つタスクの質や量が変動し得る。そして、特にヒエラルキーの側からの様々な働き掛けを「シャドウ・オブ・ヒエラルキー（ヒエラルキー型行政の影）」と呼んでいる。ここで例示されているのは、法令による規制の可能性をちらつかせて諸アクターにある行動を取るようにする誘導、事実上の脅迫、あるタイミングにおける非公式な関係から公式な協力関係への変更・組み換え、何らかの方法による継続的なモニタリングである。さらに、法的権限を委譲した後にも、予算、人事等、各種資源に関してコントロールを及ぼすことによって、事実上の影響力を行使しようとすることが想定されている。

そこでは、「舵取り人」としてか「メタガバナー」としてかはともかく、「官」から「民」への様々な働き掛けのあり方が想定されており、本研究の基本的な問いとも親和的である。ここで、官（規制行政機関）の立場から「領域ごとに区切られた民主的政府」と「セクター別ガバナンス」から成る規制空間を見渡し、規制行政機関がいわばプリンシパルとして公式・非公式に一定程度の権限や裁量を「セクター別ガバナンス」（エイジェント）に委譲して、社会管理の使命・責務を果たそうとしている場面を想定するとしよう。ここで締結されている「契約」は、規制行政機関にとって、適切な規制を実施していくための専門技術性を調達するのに好都合であり、また、政権交代等により規制行政の一貫性が保てなくなるのを防ぐことも期待できる。このとき、規制行政機関が「セクター別ガバナンス」にいかなる動機で、(32) どのようにして権限や裁量を委譲するのか、同時に、どのようにしてそれをコントロールするのかに着目するのがこのモデルの特質であり、これを本研究の基本に据える（第三節）。効率的・効果的な社会管理のため、「セクター別ガバナンス」がその持ち味を遺憾なく発揮できるだけの裁量を与えられているのが（規制行政機関にとっても、社会全体にとっても）望ましい反面、国民へのアカウンタビリティを果たすべき政府に政策目的や評価基準設定に関して一定程度の裁量が残されている必要もあり、(33) そうすることで社会管理の実効性を担保することが求められる。分析に当たっては、後述するように、必ずしも一枚岩ではない「セクター別ガバナンス」に参画するアクターの性格にも注意する必要があろう（第二節第一項）。

「シャドウ・オブ・ヒエラルキー」モデルによって捉える規制空間の変容は、政府（規制行政機関）（のみ）が公共サービスの提供に強い役割を果たす社会管理システムから、民間をそれがサービス提供可能な立場に置きそのコントロールを試みる社会管理システムへのシフトを意味する。また、これに伴い、民間アクターはＮＰＭが想定していた委任者（官）と受任者（民）との一対一関係というよりもむしろ多元的な官民関係の中に置かれることになり、そうして以前にも増して政策プロセスへと参加する（巻き込まれる）契機を得ることになる。これは、新たなレジームとして議論されているＮＰＧ（序章第一節第二項）が示唆する規制空間の構造とも近い。

第二節　キャプチャ理論が提起する諸問題

このように、本研究では、官民の境界が依然として完全には相対化しておらず、両者が友好的にであれ敵対的にであれそれぞれの立場で一定の自律性を保ちつつ行動し、それが相互に、多元的に作用し合っている規制空間というものを想定しながら、実態に即して検討を進めていく。

こうした官民関係に関して、Ｇ・Ｊ・スティグラーが唱えた「政治家や規制機関が収益率を上げたい民間の生産者により囚われてしまうため社会全体にとって有効な規制を課すことができなくなる」[34]とする規制の政治学理論は、通説的であると言って良い。こうした主張自体は一九五〇年代から存在し古典的なものだが[35]、一九七〇年代になってスティグラーは、政治力行使の限界費用が小さく限界効用が大きい古参の大企業が自分にとって不都合な規制の選択肢を採ろうとする政権や政治家に圧力をかけ、規制プロセスを捕えて規制を自分に有利なものにすることが容易にできる、といった説明を加えた。

確かに、規制全般が結果として古参の大企業にとって不都合でないものになりがちであることについて、疑義を差し挟む余地はあまりない[36]。しかし、規制をめぐる価値も多元化しており、①古参の大企業にとっての好都合が新参の中小企業にとっても（同じ、あるいは、別の意味において）好都合なものになる、ということを否定しているわけではない。また、②なぜ規制行政機関が古参の大企業の利益に反しない決定をするのか（させられるのか）という論理・筋道について、必ずしも明確になっているわけではない。

①に関して、規制の設定・実施のプロセスを経て、古参の大企業と新参の中小企業の両者にとっていかなる便益（と費用）がもたらされたのか（さらにそれが、社会管理システムの頑強さの維持にどう寄与しているのか、あるいは、その質的・量的変容をどう促進しているのか）については、実態に即して明らかにすべき課題である[37]。

②については、規制行政機関の合理的選択の結果としても説明が可能であり[38]、その例としてＤ・Ｐ・カーペンターによる説明がある。すなわち、過誤を回避したい規制行政機関（官僚制）は、誤りがない可能性が高い古参の大企業の情報に依存するのが合理的である[39]。もっとも、第一種過誤と第二種過誤のジレンマの中にある規制行政機関にとって[40]、後の責任追及への対処も視野に入れ、いわば慣性に倣ってそれまでの慣行・前例に従うということが合理的判断になるという説明をすることも、可能である。以下では、より具体的にキャプチャ理論が提起する問題について検討し、本研究における論点を抽出したい。

第一項　被規制者内部の利害状況（「民」対「民」の関係）

キャプチャ理論では、第一に、全国に多数が散在している消費者に比べ組織化と政治的な動員が容易な生産者は[41]、政治過程を通じて、自らに有利な規制をかけるよう政治家や規制行政機関に働き掛けることができる、と説明する。これに関しては、規制行政機関を虜にするとされる被規制者（業界）の内部にも様々な企業、様々な利害があって、しばしばそれらは対立しているという現実をどのように捉えるのかという問題を提起できる。

自動車の衝突安全規制をとっても、安全対策に積極的なメーカーとそれ程でもないメーカーとの間で対立する利害は、新参か古参か、大企業か中小企業かといった対立軸と一致するとも限らない。国内規制を取り巻く外部環境としての国際標準の制度との関係により、海外の諸アクターの利害も規制に何らかの影響を与えるはずであり、このことは分析されるべきである。もっともこれは利益団体論やレント・シーキング論がすでに議論してきたことでもあるが、[42]本研究が前提とする規制空間の官民関係においては、規制におけるアクター・ステークホルダーが一体誰なのか(その正統性の根拠は何なのか)自体が問題であり、[43]その外延を画定すること、規制行政機関がそれら個々といかなる関係を築き、自らの裁量行使に当たってそれをどう利用しているのか、そして、各アクターがいかなる課題認識や行動原理を持っているのかについて分析を加える必要性は、今なお高い。

(1) 「業界団体論」の射程とその限界

① 業界団体の機能——トップ・ダウンとボトム・アップの中間管理

旅客自動車運送事業法の執行過程における、規制者と被規制者との関係、規制者の裁量行使のあり方やアクターの行動原理を、実際に運輸省や地方運輸局といった現場に足を踏み入れて分析した研究として、森田朗『許認可行政と官僚制』がある。[44]そこでは、規制行政機関が(タクシー等、特定の)業界団体等を通じて許認可処分を申請者に受容させる場面において、通常非公開の情報を提供したり、何らかの意見を表明したり、何らかのガイドラインを設定したり、競合競願者の関係者間協議に委ねたり、申請者に対し合法性・合理性・平等性(差別が合理的なものであるということ)を論証したりして、決定を正当化し納得させるというように、業界団体を直接・間接に利用した情報提供によって処分の相手方を誘導する手法が用いられていることが描き出されている。他方、民間(被規制者)から行政には、許認可申請、各種登録制度や届出、報告の義務化などによる情報提供の他、必要に応じて業界団体に、専ら業界内部に関する情報（需給調整に必要な情報や利害関係の実態に関する情報）の集約、提供と、通達などの周知徹底を委ねることがあることが描かれている[45]。

②　規制のための「情報」の分類とその分布――nodality の危機？

このように明らかにされた、規制行政機関と業界団体との情報交換関係は、行政活動を情報交換のプロセスと捉えたC・フッドらによっても描き出されている（情報と社会的ネットワークの結節点 node に位置していることを、nodality と捉えた[46]）。規制行政機関の法的権限を背景にした許認可行政は、規制行政機関が自らのリソースによって収集した情報及びそれを中心的に操作できることによっても可能になっていた[47]。後に検討する「行政指導」も、規制行政機関が政策のための情報という資源において優位に立っていたことが指摘されている[48]（第三項(2)）。

官僚制（規制行政機関）はその専門技術性を根拠にしながら社会管理のための裁量を行使するというのが、官僚制理論に基づく一般的な理解である[49]。その専門技術性は、官僚制が社会を管理するにあたって必要な専門的知識であって、高木光『技術基準と行政手続』の指摘によれば、少なくとも、①分野ごとの専門的知識、技術情報そのものと、②個別的な法令の適用における判断にとどまらない政策的行政的判断の基礎となるような専門的知識という、二つの異なった類型に分けることができる[50]。日英の公務員制度の比較研究である藤田由紀子『公務員制度と専門性』は、これをさらに分析的に見て、①先端の科学的・専門的知見、②外部から調達してきた知見の内容を理解するための能力（「専門的リテラシー」）、③主に行政実務経験によって涵養されるような、職務遂行上の管理的側面における能力、の三つに分類している[51]。

高木論文の②や藤田論文の③は、いわば社会管理の技術としての行政を支える知識であり、司法や立法との対比で最も際立つ行政の特徴と言えるが、高木論文の①や藤田論文の①に含まれる、安全基準設定に必要な工学的・技術的な知識・情報は、いわば非法的な専門的知識、技術的知識であって必ずしも行政の独占物ではなく、私的領域において蓄積され組織化されているものであることに特徴がある[52]。まして、技術基準が増大し関連する技術情報が膨大な現代は、規制行政機関にとって nodality の危機の時代である。そして、官僚制（規制行政機関）がそうした知識や情報をいかに調達し（情報を調達、整理できるような体制を整え）、それを行政資源として活用するのかということが、技術基準の設定・運用にとって大きな問題となる[53]。

技術基準設定の基となる技術情報は、定量的・定性的に把握することが困難であり常に不確実な領域を残す。その特徴を挙げるならば、第一に、安全基準に関しては多くの場合、他国に実施例があることから、技術情報について海外の技術状況を参照することが可能である。これにより規制行政機関は、国内メーカーに懸案技術の実現能力があるかどうかについてある程度推定することができ、同時に（民間メーカーも）国際的な安全の水準や技術状況を国内のアクターに対する説得材料に用いることもできる[54]。ただし、そうした海外の技術情報を察知し、調達することができるだけのリソース（情報調達チャンネル）があるかどうかという問題はある。第二に、技術情報は、専門的・科学的・技術的な根拠に支えられて初めてそれとしての価値を付与される。裏を返せば、そうして情報の受け手（行政、競合メーカーほか）や政策プロセスを構成する周囲の人々に対して説得力を持ち得ることが、実験データ等のエビデンスの恣意的な選択という問題を惹起する可能性もある。第三に、技術基準にはしばしば民間における技術開発を誘導するという役割も期待されるので、規制行政機関（及び、政策プロセスの他のアクター）が技術情報をどのように「加工」して基準設定をしていくのかに関する分析も、必要となる。

(2) 社会的合意形成・意思決定と事実発見のプロセス

① 事実発見の場としての規制空間

こうして、技術基準の設定・運用において不可欠な資源とも言うべき技術情報に関しては、（狭義の）規制行政機関が情報収集において能力が長けている場合があるとしても、多くの場合、その創出・利用について規制行政機関が優位に立っているわけでは必ずしもなく、規制空間においては、多くのステークホルダーの間で規制のための情報を求めていわば事実発見 fact-finding が行われていると捉えることができる[55]。そして、技術情報が定量的・定性的に捉えることが困難であること、また、不確実性を孕んでいることにより、技術情報及び「事実」の発見のプロセスは多元的価値の中で政治化する可能性を多分に孕んでいる。

安全規制行政における技術基準設定は、安全や人命の尊さという価値のみならず、限られたリソース（技術的水準やそれに関する情報、投入資源や費用に対する効果や社会的便益）の中での実現可能性、ユーザーの安全に対する意識の高さや価値観など、ときに両立しがたい複数の価値（及び、そうした価値観をそれぞれに抱いているステークホルダー）の間で調整を図りつつ行われる。それは、技術を利用するに当たってリスクを誰（何）が引き受けるのかに関する社会的意思決定のプロセスでもあり、ステークホルダーから「同意」を得ることが正統性の根拠になる[56]。例えば、自動車の安全規制行政は国民の安全を大きな政策目的に掲げるが、その実現方法が単一でないばかりでなく、安全性という価値自体が様々なトレードオフを含み得るため[57]、それぞれの政策目的を負った他の省庁部局との軋轢を生じ得るのみならず、確率論を伴う自動車の安全性にどれほどのコストを費やすか（費やせるか）という議論には、自動車メーカー、ユーザーなどといった多数のステークホルダーが参画してくることになる[58]。複数の業界団体が参画してくる可能性もある。

こうして、技術基準の設定・運用プロセスは、多様な価値尺度と思惑を持った様々なステークホルダーを巻き込んだ社会的な合意形成・意思決定の政策過程として、分析対象とすることも必要となる。官民協働を「行政資源に関する相互依存関係」と定義する本研究においては、プレーヤー同士の政治過程やその帰結の背景にある資源の分布状況やその希少性等、その意味や影響を視野に入れた事例分析を行う[59]。

なお、これに政治家がどれほど興味を抱くかということを考えると、やはりこの技術基準のプロセスはそれほどマ、ク、ロ、には政治化せず、「ロー・セイリアンスな領域」であるとも言え、[60] その点で政治学の分析対象から抜け落ちる可能性が高いとも考えられる。通常、技術者等でその技術的実現可能性について争いになる技術基準設定プロセスにおける論争は、専門技術的である（あるいは、規制の社会的インパクトの方にむしろ興味を抱きやすい）といった理由で、政治家は立ち入らない（あるいは、立ち入れない）ことが多い。逆に言うと、社会的インパクトにおいてそれほど大きな違いをもたらさないであろう技術的な議論には、必ずと言っていいほど行政の専門技術裁量的判断の領域が残される（3）。ただし、その社会的インパクトが過大に捉えられて政治家の関心を呼ぶ場合があることにも、注意が必要である。例えば、木造住宅の規制緩和（強化）が熟練大工や林業界の追い風になる（あるいは、逆風をもたらす）場合、自動車の規格変更が自動車業界の再編に繋がり得る場合、自主規制の推進が「官から民へ」や「規制緩和」の象徴として捉えられる場合、政権のイデオロギーが安全政策へ積極的な取り組みに反映されたり、それがアピールに利用されたりする場合等である。再フレーミング re-framing を伴っている場合もあり（第三項（1））、この部分のコントロール可能性こそ問われるべき問題と言えよう。

② 場の設定・プロセスの「管理」

こうして政治性を帯び得る合意形成・社会的意思決定過程としての技術基準の設定・運用プロセスにおいて、規制行政機関が果たす役割は一体何であろうか。技術基準に関しては特に、規制空間が国内外に広がり多数の民間アクターが存在する事実発見の場やプロセスをいかなる方法によって「管理」するのか、ということが問題になる。言い換えると、行政資源としての技術情報が多様化・高度化し、これまで以上にその創出と利用が規制行政機関のみの管理下にはない現代社会において、規制行政機関が規制空間の「プリンシパル」であり続けるのか、技術情報が規制空間に散在しそれが困難になったとして、他のいかなる方法によって「プリンシパル」であり続け(ようとす)るのかという点が、問題となる。

C・アンセルらは、公共政策や公共管理に関する合意形成・意思決定をするために、公の行政機関の主導によって設定された制度としてのフォーラムにおいて、一定のルールに基づいて行われる参加者選定や、官民のステークホルダーの間で繰り広げられるコミュニケーションのあり方を、協働ガバナンス(collaborative governance)モデルとして整理した(61)。同モデルは、単なる「当事者対向型("winner-takes-all")」の政治過程論と設計主義的な「管理・運営型」の行政過程論の中間に位置するもので、両者の欠陥を補い、ステークホルダーの(さらには社会全体の)ポジティブ・サムの解を模索することにも繋がり得る。同モデルにおいては、合意形成過程の初期条件、協働のプロセス、及び、行政機関による制度設計、調整のリーダーシップの要素が互いに影響し合って、一定のアウトカムに至ることが示されている。同モデルが一定の成果を挙げる具体的条件には、次のものが挙げられている。

第一に、フォーラムの参加者に何らかの「関係性」が存在していることが必要である。ただし、それが「友好」的な関係である必要はない。仮にそれが「敵対」的なものであっても、共通のフォーラムのテーブルに着くことが重要なのであり、フォーラムの設定者である行政機関には、その「敵対」的関係から脱却するための何らかの仕掛けが求められることになる。第二に、多くの場合、行政機関が参加者から信頼され、リーダーシップの図れる調整者であるということである。ここでリーダーシップとは、決断力もさることながら、プロセスや時間・資源の管理スキル、及び、継続的な働き掛けができることを指す。もっとも、調整者としての中立性と、ポジティブ・サムを模索する過程での説得活動を行う立場との緊張関係には、注意が必要である。第三に、フォーラムにおいて、プロセス自体を歪める資源不均衡が解消されることが必要である。具体的には、相対的に大きな資源を有することの多い業界団体による介入にどのように対処するか、資源の有限性の影響を直に受ける技術的問題と価値判断とをどのように仕分けるか、さらに代表性の問題がある。第四に、ステークホルダーの課題認識、行動原理、インセンティブを、一定の決定に向けて構造化できることである。[62] 当然ながら、個々の参加者が単独で目標が達成できる場合、こうした連携・協働関係に進んで参加しようとする者はいないはずである。[63] フォーラムに参加するコストに対して、より大きな便益が得られるか、しかもそれが便益として具体化するかは、フォーラムの成否を規定し得る。それに関連して、潜在的な参加者が自らの効用を最大化できるフォーラム、あるいはプロセスが他に存在しないことも、このモデルの下での一定の結論が公共政策に繋がっていく条件である。[64] 例えば、政策決定のフォーラムに参加するよりも、事後的に、その政策の妥当性、適法性を司法プロセスに訴える方が魅力的な場合、フォーラムの存在自体が無視されてしまう可能性がある。[65] そうならないためには、ステークホルダーをむやみにフォーラムから排除しないことや、フォーラムに参加することの見返りとして、短期的に「ささやかなウィン」を享受できるような設計も必要である。

他方で、C・アンセルらのこのモデルにおいては、フォーラムがあらゆるステークホルダーにオープンであることと、プロセス自体を歪める資源不均衡が解消されること、あるいは、ステークホルダーのインセンティブを一定の決定に向けて構造化できる（そのために、状況に応じて再フレーミング re-framing 等の手段を採れる〔第三項⑴〕）こととが、両立するかという問題を指摘することができる。すなわち、フォーラムにおいて一定の決定に至るには、ステークホルダーやそこで扱うアジェンダにもある程度の「仕分け」が必要であって、そうでなければ、フォーラムの管理も収拾がつかなくなる恐れがある。[66]

③ 「審議会」論との関係——利害の調整と知識の調達

日本の政策決定システムにおいて、審議会は、社会的合意形成・意思決定と事実発見の場として一定の役割を果たしてきた。ある整理によれば、審議会には、①専門的知識を行政に活かすもの（法制審議会等）、②関係者の利害調整の場となるもの（情報通信審議会等）、③行政の民主化・透明化の役割を果たすもの（運輸審議会等）、④行政処分に関与してその中立性を確保するもの（医道審議会等）、⑤関係行政機関相互の連絡調整を行うもの（国土審議会等）があり、複合的な機能を果たす審議会もある。

内閣に付属する審議会の他、「政治」による主導性が比較的弱いと考えられる各省庁のそれ（具体的には、中央労働基準審議会、金融審議会、米価審議会）にも着目したF・J・シュワルツは、関係者に対するインタビュー等の成果によるデータを用いて、詳細な審議会研究を行った。それによると、委員構成は基本的に、多かれ少なかれ外圧にも晒されている規制空間の政治勢力図を反映しており、そこでは利害調整がまず目的とされるが、実際には、参加者の「同意」が得られるよう、課題設定や人選のみならず、非公式な場等、審議会外での「根回し」や各立場から解釈可能な玉虫色の結論の採用等といった、当該審議会を所管し事務局を務める省庁部局の「操作 manipulation」や「管理 management」が見られる（「修正多元主義 neo-pluralism」）。そして審議会のメンバーは、いわば政府（「お上」）の「お膳立て」によって到達した「落とし所」に、強制されるでもなく「同意」する（ただし、「本音」の部分で不満が残る場合には、他のチャンネルを通じてその微修正を試みる）。F・J・シュワルツの研究においては、中央労働基準審議会と金融審議会の委員が、政治的発言よりも技術情報を熟議 deliberation の場に表明・提供することを指向していた一方、米価審議会の委員が国会の政治過程への影響力行使を模索していたことも、明らかにされている。(67)

一九九五（平成七）年七月二九日の閣議決定「審議会等の透明化、見直し等について」では、「審議会等の設置及び運営に関し、透明な行政運営の確保、行政の簡素化・効率化等を図るため」、①審議事項が臨時的な審議会については存置期限を付し、新設の審議会は一〇年を目途に必要性を再検討する、②審議会の所管省庁の出身者は原則として委員や会長に任命しない、③過去五年以上委員が任命されていない審議会や、設置後一〇年以上経過した審議会は必要性を再検討し、所用の措置を講じる、④原則として会議や議事録は公開し、非公開とする場合は理由を明示し、議事要旨を原則公開とする、⑤行政運営上の意見交換や懇談の場として性格づけられる懇談会などについても、審議会の措置に準じて運営の透明性の確保に努める、といった措置を講ずることとされた(68)。特に研究会、懇談会、懇話会、会議などの名称が付され、省庁内に技術者などを招いて専門性の高い検討を行うとともに、政策課題を絞り込み選択肢を特定する「私的諮問機関」については、政策プロセスに大きな影響力を持つ割にメンバー情報や議事内容が公開されておらず閉鎖的であること、機動的設置が可能であるがゆえに都合良く濫設されていること、そこでの中核メンバーがその後に続く審議会にも関与していることが多く「知的源泉が固定化されている」ことなどの問題の指摘も見られ(69)、改革を求める声が聞かれた。審議会が利益団体の不透明な利益表出・調整の場になっていることや、いわゆる「隠れ蓑」論から来る審議会の正統性の問題も、論点として浮上した。

本研究と関係が深いのは、右記①に関連して、「専門知識が必要なものについては専門官の育成、公正の確保のためには公聴会及び聴聞の活用、利害の調整のためには関係団体の意見の聴取等を図り、いたずらに審議会等を設置することを避ける」とされた点である。すなわち、それまで（狭義の）ステークホルダーの間での、必ずしも表立った形ではない情報交換も通して（高度に技術的な問題については、審議会に附属する部会やWG〔ワーキング・グループ〕において）基準の設定や実施体制の検討が行われてきたところ、この審議会改革で、以後、専門性（とりわけ、技術情報）をどのようにして調達するのかということが問題となり、右記のように、政府内部での専門官育成や公開の場での意見聴取（すなわち、情報調達）が謳われている。不透明な形での利害の調整と知識の調達がそこから排除されたアクターの不満と透明化要求に繋がったとするならば、この審議会改革は、政策（技術基準）をめぐる潜在的な利害やステークホルダー（さらには、それを経由してインプットされる技術情報）の範囲と外延の広がり、さらには、それらを十分に捕捉しきれなかったり、利害対立でステークホルダーの行動が戦略的になるあまり妥当な技術情報が調達できなかったりするといった、従来型審議会の限界を示していると考えることもできよう。では、この審議会改革は、日本の政策決定システムをどのように変えたのだろうか。Ｆ・Ｊ・シュワルツの言うような広範な「操作」や「管理」の可能性が所管省庁部局にかつてあったならばなおさら、この審議会改革によってその「裁量」は制約されたのだろうか。制約されたとすれば(70)、そうした中で、行政機関の裁量行使戦略にいかなる変化が見られるのだろうか(71)。それに伴って、事実発見の「場」やプロセスはどのように変容しているのだろうか。

(3) 司法審査との関係――いわゆる「伊方判決」を素材として

ところで、技術基準は、裁判上の規範として引用されることも少なくない。それは本来、規制行政機関が自らの裁量で設定し実施するものであるが、それに基づいてなされた行政処分の妥当性・適法性が裁判所で争われた場合、技術基準そのものや、本来行政が下すはずの専門技術的判断にも、裁判所が立ち入る可能性が出てくる。

行政裁量に属するその専門技術的な判断と司法審査との関係が論点となった裁判例として、伊方原子力発電所原子炉設置許可処分の取消訴訟（最高裁平成四年一〇月二九日第一小法廷判決）がある。その判示で本研究と関係が深いのは、「多方面にわたる極めて高度な最新の科学的、専門技術的知見に基づく総合的判断が必要」な原子炉施設の安全性審査については、①専門家から組織される委員会の「科学的、専門技術的知見に基づく意見を尊重して行う内閣総理大臣の合理的な判断に委ねる趣旨と解するのが相当である」とし、原子炉施設の安全性判断が事実上、規制行政機関（行政庁）の専門技術的裁量に属することを認めている点と、②安全性に関する規制行政機関の判断過程の合理性の審査には、安全性に関する具体的審査基準及びそれを適用して行われる調査・審議・判断の過程という二局面にわたる合理性の審査が含まれるという点、である(72)。

具体的審査基準についての合理性審査は、「現在の科学技術水準に照らし」た「相対的安全性」の基準でなされるとした。すなわち、危険性が社会通念上容認できる水準以下であると考えられる場合に、またはその危険性の相当程度が人間によって管理できると考えられる場合に、その危険性の程度と科学技術の利用により得られる利益の大きさとの比較考量の上で、これを一応安全なものとして利用するという立場を採っている。したがってここでは、「(真理を探究する)科学」を基礎としつつも、それを利用する「技術」の観点や様々な価値判断、政策的判断といった要素が行政の領域における「裁量」に含まれる、と言えよう[(73)]。また、抗告訴訟において裁判所の審査の及ぶ範囲が限定される(すなわち、その限りで行政の専門技術的裁量が尊重される)場合には特に、基準を適用して行われる調査・審議・判断の過程、当該行政決定に至る判断過程の合理性、とりわけその判断の基礎とした専門技術的知識の獲得方法の合理性が問題とされなければならないと考えられている[(74)]。

こうして、原子炉施設の安全性判断がかなり委ねられる規制行政機関の専門技術的裁量には、基準自体の「相対的安全性」に係る「線引き」の問題と、その調査・審議・判断の「手続(プロセス)」の問題が広く含まれると、整理できることになる[(75)](第三項(1)③ⅰ)。

しかしながら、「安全性に関する具体的審査基準及びそれを適用して行われる調査・審議・判断の過程」、すなわち、安全性を審査するための基準そのもの、及びその実施状況については、未だにブラック・ボックスの部分がかなりある。その実体的・手続的な合理性は、基準設定プロセスの中で利用し得た(最新の)技術情報の内容[(76)]、そうした技術情報を創出・利用するために整備し得た規制体制・布陣(専門家組織等の利用、専門家委員会の立ち上げ、規制行政機関自体の各種行政資源調達等)、規制行政機関(あるいは、その構成員)の、規制の運用に当たっての考慮事項、当時の(政治的・技術的)環境・制約条件等によって判断されると考えてよかろう。するとなおさら、技術基準の設定・運用がいかなるプロセスで行われているのか、その実態を明示し分析することが必要となってくる。こうした点において合理性を備えた技術基準が正当性を備えることにもなるのであって、専門性について民間事業者への依存度が高い原子力分野などでは特に[(77)]、そうした制約の中で規制行政機関の「裁量」がどのように戦略的に行使されているのかが問題となる。

第二項　行政組織内調整（「官」対「官」の関係）

キャプチャ理論では、第二に、規制機関の長が民間生産者グループのメンバーであれば、規制機関に与えられた権限を彼自身の効用のために利用する、という説明がなされる。これに関しては、安全や環境といった問題の国際対応等、規制機関の管轄が非常に広い場合、様々な利害が入り交じる規制プロセスにおいて、規制者が権限を利用して自身の効用を高めるといったようなことは現実に可能か、という問題を提起することができる。すなわち、規制に関する官民関係を分析する際に、政府・行政内部で権限が競合し管轄を分かち合い、ある局面において協働する組織間の関係にまで目を向ける必要がある。

森田朗『許認可行政と官僚制』は、主として行政と社会のインターフェイスに注目するものであり本研究の問題意識にも通ずるところがあるが、それと規制行政機関の内部（例えば、その組織管理や政府の組織間調整）との連関についてはさしあたり、今後の課題とされた[78]。しかし同書が示唆しているように、官民からなる規制空間の中での省庁部局間関係（政府の中での、省庁部局間の交渉、調整、連携・協働等）のあり方は、それが規制行政機関の外部環境としての官民関係とどういう関係にあるのか（両者はどう連動するのか、あるいは、外部環境のいかなる条件が省庁部局間対立・調整の収束に寄与するのか否か等）という問題として、重要であり得る。

我が国の行政組織内調整を論じるとき、「縦割り」や「セクショナリズム」の問題を避けて通ることはできない。組織体に広く見られる「セクショナリズム」を「組織体の内部で自分の属する部門、部局にこもって排他的になる傾向（派閥主義、セクト主義）、あるいは、競合関係にある組織、集団間で見られる縄張り争いやそれに随伴する一連の行動傾向を包括的に表現する言葉」と定義した今村都南雄『官庁セクショナリズム』は、行政官僚制という組織の動きを、セクショナリズムの歴史過程、政治過程、組織過程という三つの枠組みで具体的な事例を取り上げながら説明している。そうして同書は、組織の病理というより生理として発生する紛争を効果的に制御・管理する手法をむしろ検討すべき問題として明示し、セクショナリズムへの対応指針を三点、提示している。それは第一に、セクショナリズムを病理現象としてだけではなく組織の生理に根ざした現象として捉え、部局間の紛争の発生が当たり前であるとみなす捉え方へと変換すべき、第二に、そういった組織を管理するという見地からは、紛争の発生をあらかじめ制御し、病理現象への転化を防ぐための「紛争マネジメント」的視点の自覚的導入を図るべき、第三に、行政官僚制の外部にいる市民が、行政官僚制内部における紛争を市民間の政策論議に結びつけるべき、というものである[79]。

こうしてセクショナリズムに憑りつかれているとも言うべき省庁部局の間での調整、とりわけ戦後日本における省庁間の協議・交渉を分析しているのは、牧原出『行政改革と調整のシステム』である。官僚制における「調整」のあり方に関する同書の分析及び主張によれば、内閣レベルの「総合調整」とて諸々の「総合調整」の組織がそれぞれの観点から進めた「調整」作業の総和である（「総合調整」の「総合調整」）。「官邸主導」や「政治主導」のあるべき姿は、単なる上意下達ではなく、現場から霞ヶ関さらには官邸へと、問題処理をめぐって「上げたり下げたり」する意思決定過程なので、「総合調整」と銘打たれた内閣レベルからの権力行使によって省庁間対立が円満に収まるというわけではない。とりわけ多数の省庁が関わる法案作成過程は、全体がいわば多元的な「調整」の過程であり、また、それまでの二省間調整の合意が部分的ないしは全面的に再構築されるという意味において二省間調整の束である[80]。我が国では、セクショナリズムという課題の解決に向けての処方箋として、第一次、及び、第二次臨調以来、総合調整機能強化の対応策、例えば内閣府の設置や内閣官房の強化などが盛んに議論されてきているが、そういったトップ・マネジメント体制の強化によって調整の困難やセクショナリズムの弊害を解消することは、あまりできていない。さらに、少なくとも日本においては、省庁間、あるいは省庁の内部部局相互間のみならず、政党や利益団体、中央と地方の政府間関係を貫いて拡大再生産されている。実際、描き出されているように、工業用水の観点から所管する通商産業省と農業用水の観点から所管する農林水産省との河川行政をめぐる交渉・調整過程は、社会集団間の利害調整という色彩が強かったこともあって特に紛争を生じ、解決には時間を要した。

こうした現実に対して、今村『官庁セクショナリズム』が強調したのは、組織の生理に根ざした現象としてのセクショナリズムの紛争を利用するという「管理的介入」の視点である（ただし、その具体的な手法の模索は今後の検討課題である）。本項冒頭に記した問題意識、及び、規制空間の構造に関する見立てを前提としたとき、このような広く社会を包含した意思決定過程においては、「省庁代表制」や「省庁共同体」の次元を超えて[81]、いわゆる「管理的介入」を行う官僚の裁量行使が重要性を持ってくることになるとは言えまいか。すなわち、規制空間には様々なセクターが参画してくる可能性があるのであり、そこでの裁量とは、（広義の）規制空間の中で、誰（どのセクター）を当該政策のステークホルダーとみなして（誰をその範囲から除外して）（狭義の）規制空間の範囲を画定し、どのタイミングでどういったカードを出して、どういったストーリーを描いて、社会においてどういったニーズを発掘し構造化しながら、どういった場で交渉・決定を進めていくのかということに関するもので[82]、官僚制に蓄積された重要な社会管理技術の一つでもあり得る[83]。

例えば、「官房型官僚」が政治家に対する能動的・受動的な活動を通して自らの政策を実現していく巧みな「技術」には、目を見張るものがある[84]。実務的には、ある政策の推進を阻む「敵」は庁内（他部局）にいると言うことも少なくなく[85]、政策運営者の、自身の「世評 reputation」をリソースにしながら社会のどこかで政策のニーズを発掘しそれを組織化して政策プロセスに動員するという行動は、ときに合理的であり得る[86]。政府・行政内部における、縦割りを超えて合意形成を促進するためのこうした官民ネットワークとしての協働も、規制空間の一構成物であると考えることができよう。これは、争点に基づく集合化、アリーナに基づく集合化、社会化、再フレーミング、手続化等の、コンフリクト・マネジメントの一手法としても議論されている[87]。政策プロセスへの市民参加や民主主義の徹底への関心がってはどのように組み込むのかということも[89]、政府の一部局としての規制行政機関にとっては関心事であるはずである。[90]

高まる中[88]、これを政策プロセスへとどのように組み込むのかということも

第三項　行政の裁量行使と行政指導（「官」と「民」との関係）

キャプチャ理論は、第三に、社会的な要求の盛り上がりにより設置された規制機関が、社会的需要が低下し当初の高邁な目標を見失うことによって、規制対象の産業界との妥協による取引を行うようになっていくと説明する。これに関しては、規制行政機関が「法律による行政の原理」に服するとはいえ、被規制者の意向や動向に単純に影響されてしまうほどにそれは創造的 innovative でないのか、それは一定の自律性を持って被規制者等と交渉や取引 bargaining を繰り返すのではないか、という疑問がある。

ある政策目標を最初に掲げた規制機関は、外部の環境変化に対処するべく裁量を行使し、学習によって政策手段を変えるなど自己組織化を図り、当初の政策目標を全うするべく不当にキャプチャされないような仕組みや連携を絶えず編み出そうとするのではないか[91]。こうした問題意識は、官民関係の中で、規制行政機関がそもそも現にいかなる裁量を有し、環境の変化の中でその組織自体やプロセス、手段、制度の枠組みをいかに変えていくのかという観点から分析する必要性を、示唆している[92]。

(1)　様々な行政「裁量」論

①　社会管理のための行政裁量

安全規制をはじめとする規制行政において許認可などの基準が法令で定められている場合、その基準の各項目を具体化する数値基準の設定は行政機関の内部で行われることになる。特に、本研究で採り上げる建築、自動車、電気用

品に関する規制の技術基準は、基準そのものが極めて細目的でありかつ技術的であるので法律で直接定めることは極めて困難であるし、そればかりでなく、安全を脅かす要因は常に新たに発見され認識されるため、これに対処するための安全性の評価は常に更新される必要がある[93]。この評価基準は日々進歩する技術開発に対応したものである必要があり、変化に富む事項への対応は規制行政機関が処理せざるを得ない[94]。規制行政機関は、法律による行政の原理により大きな枠組みを与える法律に根拠を求めつつも、認められた一定程度の裁量を行使して、社会環境の変化に応じた適切な基準の設定、改定を柔軟に行っていく必要があり[95]、実際にはここに広範な裁量的判断の余地が残されることになる（第一項(3)を参照）。こうして、技術基準の設定・運用も行政裁量に基づく執行活動に位置付けられることになる[96]。国会からの委任に基づき、行政裁量の範囲で[97]「技術」的（あるいは、「政治」的）な何らかの考慮要素を付加して規制を策定したり実施したりする際に目に見える形で現れてくるのが、まさに技術基準なのである（序章第三節第二項）[98]。

ここでは、規制行政機関の基準設定、及び、その実施方法の選択における考慮事項（事故発生率、その重大性、規制対象技術の性格、周辺にある補完的な制度の存否[99]、執行の便宜等）にも注目したい。規制行政機関は、必ずしも「完璧な」社会管理を目標とするわけではなく、「適切な」社会管理が可能となるよう、そこには様々な考慮要素が含まれ得る[100]。官僚制（規制行政機関）としてすべての採り得る選択肢の帰結を見通せるわけではないので、情報も含め投入し得るすべての資源を動員した際に、目の前にある選択肢の中で最も社会に望ましい結果をもたらすと考えられるものを選択する、と考えられる。これは、法令上、規制行政機関の第一義的な責務は社会管理であって、まずはどのようにすれば社会が適切な状態に保たれるかを考えるということを前提にしていることの帰結である。したがって、いくつかの社会管理目的が対立する場合や、投入し得る資源に限りがあり次善の策を取らざるを得ない場合には、「総合考慮」の上、どこかで「妥協」が生じることになる[101]。そこでの優先順位のつけ方も、ここでは問題となるだろう。

←規制者の裁量が大きい			規制者の裁量が小さい→
規制者による直接的規制	規制者の委任による部分的な自主規制	規制者の委任による完全な自主規制	被規制者による自発的な自主規制

図1　官民協働における「裁量」のスペクトラム

②「裁量 discretion」共有モデルとしての「官民協働」

J・D・ドナヒューらによれば、実際の規制における官民の役割分担は、規制者と被規制者とが実体面と手続面において「裁量（活動や利益配分等の自由度）」を分け合った状態であり[102]、それにもバリエーションが多数存在すると捉えることができる。これに基づき、官民関係の基本単位となる指標を模式的に表すと、**図1**のようなスペクトラムになる。そして、官民協働の社会管理システムの構造は、こうした基本単位が組み合わさった、官民の複雑な役割分担によりでき上がっていると考えられる[103]。

裁量（自由度）を「民」に委譲することは、規制行政機関が考える目標達成度（生産性 productivity）を一部損なうことがあり得るが、それにより規制の「民」に対する応答性 responsibility は高まり得る。その意味において、規制の「生産性」と「応答性」は理論上、トレードオフの関係にあって[104]、そうであるからこそ、どの程度の裁量を「民」に委譲することが「生産性」と「応答性」とを極大化できるかを検討する必要がある。そして、「社会管理」の観点から言えば、何らかの追加的な措置を執ることによって規制の効果・効率を最適化することが求められる。

厳密な意味で政策を分析・考察する際には、このように連携・協働手法を用いることの（機会）費用も含めて、総合的な評価が求められる[105]。特に本研究が素材とする規制行政をめぐっては、規制基準の設定プロセスに官民協働手法を導入することの意義（技術情報の調達、規制プロセスの透明性確保、「適切な」基準の設定、円滑な規制の実施等が、規制行政機関に一定の自由度を残しながら実現される可能性）と、それにより懸念される問題（例えば、規制行政機関が囚われ政策的判断の自由度を失い、社会的に最適でない規制が設定される恐れ）を抽出することが求められよう。

それでは、この「裁量」をどのように捉えて分析するか。J・D・ドナヒューらは官民協働における「裁量(自由度)discretion」を三つの形態に分類し、公publicの立場から、官(公)民の最適な裁量の共有・配分の条件について検討している。その三形態とは、①production discretion(便益benefitを創出するために採る手段や目標に関する裁量)、②payoff discretion(官民協働の結果として新たに創出された価値の分配や取扱いに関する裁量)、③preference discretion(協力する真の目的は何か、「公益」や「善」とは何か、衝突する価値の中でどれが最も重要と思うかといった、広い意味での選好に関する裁量)である。J・D・ドナヒューらは、これらの「裁量」の官(公)民間での共有・配分が創出する便益と費用との関係を経済学的に説明することを通して、官民協働(すなわち、ここで言う裁量の配分・共有)で得られる結果の良し悪しは、そうした手法を採るべき場面や便益を最大化できる裁量配分のあり方を官(公public)が的確に判断できるかによって決まると主張している[106]。こうした連携・協働は、その構造や機能、脆弱さ、付加価値の配分や選好の齟齬で生じ得る追加的費用を考慮し、関係アクターの行動原理やインセンティブ構造に配慮して設計する必要があることを示唆していよう[107]。

右の説明でとりわけ本研究に対して示唆的なのは、次の点である。第一に、官民連携・協働を検討する際に注目すべき多様な「裁量(自由度)discretion」の存在可能性を示している点である。第二に、右の説明においては、協働で相手方に与える様々な裁量に着目すると同時に、それらを相手方に与えることによって生じ得る費用costの存在を捉えている。第三に、そうした様々な裁量とそれらに対応した費用とが相互に連動し得るということにより、連携・協働を「最適」なものにするためには協働の相手方に与える何らかの裁量を縮小せざるを得ないことを指摘している点である。これらを踏まえると、官民の連携・協働は、図1で示した一元的な裁量スペクトラムの単位が多元的・重層的に積み重なり複雑に絡み合ったものとして捉えることができよう。こうした裁量の見方は、官民連携・協働において官(規制者)側が一定程度の裁量を相手方に譲り渡さざるを得ない状況下において、他の何に関する裁量をどの程度掴むことが可能であり有効なのかという疑問へと展開していく。これを考えるに当たっては、規制者側が採り得る裁量確保の戦略やそのための様々な行政手法・ツールについて、今まで以上に意識的かつ明示的に議論する必要があろう。

③ 技術基準の設定・運用における裁量

i 基準設定における裁量

社会管理者としての規制行政機関には、科学的な根拠に基づいて導かれた、国民の安全が守られる(と推定される)数値の範囲で、社会へのインパクトも考慮に入れて「適切に」判断する余地が与えられ、様々な方法で「公益」を実現していくことが求められる[108]。

この一連の過程において行使される裁量は、直接的に行政行為に繋がらないところで行使される場合、行政法学においてあまり明示的に取り扱われることはなかった。また、仮に行政行為に繋がるとしても、「専門技術的裁量」などという形で司法審査の対象からは外れていた(第一項(3))。すなわち、リスク管理(リスク評価の結果とその他考慮すべき要素を勘案して一定の判断を下す(選択をする)こと)においては、リスク評価(利用可能な科学的データに基づいて、独立性、客観性、透明性等に注意しながら科学的な評価を行い、基準設定のために必要な情報の整理を行うこと)で得られた情報の内、何を用いて、何を根拠として、何を考慮に含めて、どこに線引きをするのか(さらには、それをいつから施行するのか)というのが、規制行政機関の裁量となる[109]。リスク評価においてさえ、例えば諮問委員会を立ち上げるとしたとき、どういった専門家を、どういう割合で招聘するのか[110]、何を科学的データとしてリスク評価に用いるのか等には選択に多少の自由度があり、本来、リスク評価機関は規制行政機関とは独立に置かれるのが通常ではあるものの、実際には当該規制行政機関が事務局を務める場合等があり、ここにも裁量行使の余地が生じることになる。

以上をまとめると、技術基準をどこに設定するかというところ(「線引き」の問題)の他に、技術基準をどのようにして設定するかというところ（「手続」や「プロセス管理」の問題）にも、裁量的要素がかなり含まれることになる。ただし、規制空間において分配される裁量に目標設定に関する自由度をも含める本研究においては、社会にとって一体何が適切なのかを決定する政策プロセスの中で問題となる価値のトレードオフをも、分析対象とすることを想定している（序章注（2）を参照）。すなわち、各ステークホルダーが表明・主張する「公益」自体に、争いが生じ得る。技術基準に関しては特に、技術情報の不確実性から、ステークホルダーそれぞれのそうした「公益」観や価値尺度（フレーム）自体に衝突がある場合があり、規制行政機関がこれについて何らかの裁量を行使する余地が生じることになる（④）。

ii　規制実施における裁量

規制実施の手段選択についての裁量に加えて、規制行政機関が技術基準の実施において被規制者と分け合う裁量もある。これは、規制行政機関が、いかなるツールによって、社会管理システムにおける連携・協働の相手方をコントロールするかという問題とも関係してくる。本研究では、予算・決算や人員、設定目標、その達成度の監査といったツールに加え[111]、その制度設計のあり方にも注目する[112]。

法令の制度設計によるコントロール自体、官僚制が実行し得る固有のものである。ここで官民協働による社会管理（規制）の具体的な政策的・制度的手段を「手段選択肢」と呼ぶならば、「手段選択肢」も官民での裁量の分配・共有（②）によって整理することができる。そして、実際の社会管理システムにおいては、その「手段選択肢」を組み合わせた官民の様々な役割分担が見られる。その組み合わせ方自体にも裁量の余地がある。

a　技術基準の規定

規制のツールとしての基準の規定方法には、**表3**に掲げる選択肢がある。

「仕様規定」に関しては、①何をなすべきかが正確に記述され、理解が容易であること、②生産者・行政側双方に

表3　技術基準に関する「手段選択肢」(建築の場合)

	内　容
仕様規定	法規の目的を達成するための方法を，材料の種類，寸法，形状，建設方法の形で直接記述する
性能規定	達成すべき目的を正確かつ測定可能な言葉で記述する．これは，物理的に意味のある数値，試験の測定値等で示されることが多い
目的規定	達成すべき最終目標を言葉で記述する．「適切な」,「安全な」,「支障の無い」等の表現を伴うことが多い

出典：田中・本章注(113)論文．

とって法規適合のチェックが容易であること、③法規を他の文献に依存することなく自己完結的に作成できることといった長所がある一方、①法規が扱っている問題に対する他の解決方法を認めないこと、したがって技術を固定し新たな開発の支障になりがちなこと、②要求の目的が述べられないので緩和規定があっても代替手段の正当化が非常に困難であることといった短所がある。

「性能規定」に関しては、①意味が明確で理解しやすいこと、②適法のチェックも容易であり、検査上も困難が少ないといった長所がある一方、①設計側・行政側に高度な技術的能力が必要となる(したがって、規制実施が困難になり得る)こと、②性能基準の設定と性能の確認のために、高価な試験装置や研究所等の科学的情報源が必要となること、③物の完成後に、必要な性能が担保されるか否かを予め設計段階で予測するための信頼できる設計法が必要となる、といった短所がある。

「目的規定」に関しては、①設計者が目的を達成すべき方法について完全な自由を得る(設計者に最大限の信頼を置く)という長所がある一方、①何を許容可能とするかについて曖昧な指針しか与えないので、設計された物の適法性の証明が難しく、法の執行上も困難が多いこと、②目的を達成するために何をすれば良いかについて、設計者・行政を含む一般的に広範な理解・合意が確立している場合にのみ有効である、といった短所がある。[113]

規定の仕方自体に注目した場合、一般論としては、規制者が仕様までも規定する「仕様規定」では規制者側の裁量が(被規制者側に対して)大きく、具体的な実現方法を自ら決められるという意味において、「目的規定」では被規制者側の裁量が大きくなる。[114] 他方で、「性能規定」を採ることによって、被規制者に技術革新が期待されるが[115]、それがど

表 4　許認可等の「手段選択肢」

<table>
<tr><th>手段選択肢</th><th>法律上の定義</th><th colspan="2">具体例・特徴等</th></tr>
<tr><td rowspan="4">許可
（警察・
公益事業）</td><td rowspan="4">ある種の国民の活動を一般的に禁止した上で，国民からの申請に基づき審査を行い，一定の要件に合致する場合，禁止を個別具体的に解除する</td><td>許可</td><td>需給調整条項廃止の場合（行政庁の裁量がほとんどない場合もあり）</td></tr>
<tr><td>承認</td><td></td></tr>
<tr><td>免許</td><td>需給調整がある場合（例：貨物・旅客自動車運送事業法の規制緩和）</td></tr>
<tr><td>登録
確認
認定
認証</td><td>行政庁の裁量が「許可」に比べて限定される傾向（例：電気通信事業法）</td></tr>
<tr><td>特許</td><td colspan="3">国民が一般的には取得し得ない特別の能力／権利を設定する</td></tr>
<tr><td>認可</td><td colspan="3">法律行為の内容を行政庁が個別に審査し，当該行政庁が効力を発生させる意思表示が法律行為の効力を補充して効力を完成させる</td></tr>
<tr><td>届出</td><td colspan="3">国民がある行動をとる前／後に，行政機関への届出を義務付ける</td></tr>
<tr><td>下命</td><td colspan="2">国民に対して一定の作為を命ずる</td><td>一律に／個別具体的に</td></tr>
<tr><td>禁止</td><td colspan="2">国民に対して一定の不作為を命ずる</td><td>一律に／個別具体的に</td></tr>
</table>

出典：宇賀・本章注(97)書を参考に筆者作成.

ういった条件の下で可能になるかについては事例に即して検討しなければならない。規制基準の「手段選択」は、技術の特性、規制者・被規制者双方の能力等の性格、両者の関係性、所有する資源の状況・質等によるのであり、それは例えば、①規制対象の材料や技術の変化・変動・進歩の有無、②現場技術者・製造者の熟練の度合い、③適法性検査を行う行政官の資質（法執行上の便宜）、によることが考えられる。近年、①消費者・利用者の建設環境の質の保証に対する要求が高まったこと、②法的要求に矛盾しないとして許容できるものは何かという点についての解釈上の悩みが実務で常に生じていたこと、③科学研究の進歩で、性能規定が合理的であることが広く認識されるようになったことは、仕様規定と目的規定の長所を併せ持つ性能規定の発生と進展を促したと考えられている[116]。

なお、規定の仕方として、ポジティブ・リスト方式（法規制の対象物をリストアップして規制する方式）かネガティブ・リスト方式（法規制の対象にならないものを予めリストアップして、それ以外のもの全てを規制の対象にする方式）かというのも、「手段選択肢」である（例えば、労働者派遣法一九九九年改正、食品衛生法二〇〇三年改正等）。ネガティブ・リスト方式は、規制対象物の更新（新製品の登場等）が頻繁な市場において柔軟かつ効率的である反面、規制法令に罰則規定がある場合には「明確性の原則」との関係で注意を要し、当該手段の選択に二の足を踏ませる可能性がある。

b　許認可等の方法

許認可手続は私人の申請によって開始するので、私人からの「アクション」の存在を前提にしていると言える。それに対する許認可等、法令上の規制執行にも、政府間・官民間でいかに裁量を分け合うのかによって様々な「手段選択肢」が存在する。

法律上は同じ「（広義の）許可」に分類されるものであっても、免許制から許可制への変更は、規制執行における規制者側の裁量幅の縮小、あるいは、審査に当たっての考慮事項の変更等を意味する。また、立法実務においては、登録・確認・認定・認証という用語が規制者側の裁量を限定する場合に用いられる傾向にある。許可制を届出制に変更することは、被規制者（申請者）に課す要件を緩和する（すなわち、規制者側の諾否の自由度を縮小する）ことになる（**表4**）[117]。

このように、規制者が選択する「手段選択肢」は、それが規制者自身にどの程度の裁量幅（どのような裁量）を持たせる制度なのか（あるいは、それ以外（被規制者等）にどれほどの裁量を委譲するものなのか）によって、分類することができる[118]。

表5　基準認証（主体）の「手段選択肢」

手段選択肢（基準認証主体による分類），特徴等		
政府認証制度	政府	規制機関自体
		独立行政法人等
	指定機関	公益法人のみ
		公益法人要件を課さない
		株式会社等へも開放
第三者認証制度	主務大臣による適合性検査業務実施の道が確保されている	
自己適合宣言（自己認証）制度	製造事業者等（被規制者）が自ら技術基準への適合性評価を行う 的確な事後規制が重要とされる	

出典：筆者作成.

c　基準認証の方法

基準認証制度には、**表5**に掲げる選択肢がある[119]。これらは、保険制度とセットで設計されたり[120]、ゲートキーパーとしての第三者機関との連携によって成り立っていたりする[121]。このうち前者は、被規制者が規制や検査を受け入れ、規制遵守（安全性）が評価されたことをもって保険料が割り引かれるという仕組みであり、対外的な信頼を得、事故発生に備え、利益を最大化する被規制者側のインセンティブにもなじむ。

検査機関の第三者性をいかに担保するか等[122]、要件の課し方によっても裁量の幅に程度の差が生じることになる。なかでも公益法人との連携が数多く見られる[123]。検査機関に公益法人要件を課し公益法人のみが申請できるようにするか、公益法人要件を課さずに自らが所管する法令で別の要件を課し審査するかというのは、いずれも「手段選択肢」であると言えよう[124]。そしてそれらの内容が実質的に同じになる場合には、その他の諸条件によって「手段選択肢」が選ばれるということがあり得る。

基準認証の方法として「型式認証」があり、これも「手段選択肢」の一つである。それは、製品やその部品の型式について、評価方法基準に規定される性能を有していることをあらかじめ審査・認定する仕組みである。この手続を経ると、規制者が製品一つひとつをチェックするということはなくなり、個々の性能評価の審査が簡略化されることになる。さらに、基準適合性審査が、製品を対象とするのか、製造事業者の資質（製造プロセス）を対象にするのか、といった違いもある。

④　再フレーミング re-framing による裁量行使

基準設定は合意形成・意思決定の場面であり事実発見の場でもある（第一項(2)①）が、そうした政策プロセスでは一般的に、複数のフレーム frame（何を当該政策の中心的な問題として位置付けるかに関する見方や枠付け、さらには、価値判断の尺度）が併存し得る中で、ステークホルダーそれぞれが自分の利害に親和的なフレームを前面に押し出して、自らの主張がいかに重要であり正当であるかを示そうとすることが想定される。そうした中では規制行政機関もステークホルダーの一つになるが、規制行政機関としては、基準設定（政策過程）における中心的な問題を様々な形で再フレーミング re-framing して合意形成を進めていくという戦略を採ることが考えられ、現実の政策プロセスにおけるその重要性が指摘されている[125]。規制行政機関は、そうして合意形成・意思決定プロセスを「管理」することが可能であり、そこに裁量行使の余地が生まれる。ある政策課題を再フレーミングすることは、その見方や枠付け、価値判断の尺度を変化させ、またそれによって様々な形でトレードオフとなる多様な価値とのいわば対応・順応可能性も高まって、当該政策に対するステークホルダーの態度の変化にも繋がり得る。あるいは、それによってステークホルダーの範囲や外延が変わってくる可能性もある[126]。こうした観点で事例を観察することは、従前の、ある程度固定的な価値判断の尺度の中での考慮事項やその中での重み付けに注目し、その意味でやや機械的かつ静態的な行政判断のあり方を検討してきた行政裁量論の枠には収まりきらない。むしろ、能動的かつ動態的な行政裁量のあり方に関する、新たな議論へと発展していく可能性がある。

（再）フレーミングは当然、併存するフレームの次元や規模によっては「政治」の領域でなされる場合もあるが、「行政」の領域で裁量的になされることもあるのではないか。そうだとすれば、それによって特定の意思決定に繋がるステークホルダー（政策の実現に向けての連携の相手（官も民もあり得る））や政策課題の選別も可能となるため、それこそ強力な裁量になり得よう。政策プロセスを管理する規制行政機関の再フレーミングの巧拙は、多様なステークホルダーの間でたとえ個別論点に関する対立が依然として残存していたとしても、一定のフレームの中でステークホルダーに協力関係が生まれる可能性、さらには（とりあえず）合意に至る可能性とも連動している[127]。そうした政策プロセスにおいては、規制対象からは思いもよらないステークホルダーがあるときに顕在化してくることや、当該政策領域以外のところに意図せざる影響が及ぶことなども考えられよう[128]。

事例を通時的に分析するに当たっては、基準設定において誰の提示するどういったフレームに基づくどういった問題がプロセスの俎上に載せられたか、それらがいかなる形でトレードオフとして顕在化したか、その中で、規制行政機関による再フレーミングの契機はどういったところにあったか、規制行政機関はステークホルダー個別の関心を踏まえどのような場を用いていかにして利害調整を図っていったか（あるいは、行政の裁量では捌きされず「政治」による解決に委ねたのか）といった点に、注目したい。[129]

⑤　理論的整理

ここでは、Ｍ・Ｆ・キュエラーの議論を参考に、本研究における行政裁量の概念を改めて整理しておこう。キュエラーは、議会（国会）議員や国民（さらに、それにより構成される産業界）という本人（principal）に対して規制者（agency）を代理人（agent）と捉える本人・代理人関係モデル（principal-agent model）では、様々な形態のキャプチャが発生し得る規制の実態を捉えきれないと指摘する。そこでキュエラーは、まず「裁量（discretion）」と「自律性（autonomy）」とを区別する。そして、「裁量」は本人・代理人関係モデルに親和的であり、既存の規制レジーム（最たるものは議会・国会が制定した法制度）の下で、規制者（規制機関）がどれほどの権限を与えられ、どのようにそれを行使するかということであるのに対して、「自律性」はそうしたレジームを超えて、規制者が活動するに当たってより広い文脈に働き掛け、法制度や政策そのものをどのように変えていくかということであるとする。したがって、従来の本人・代理人関係モデルではどのような裁量をどの程度与えるかということが問題になっていたが、ここでは、代理人たる規制機関が、本人たる政治家や国民の存在や彼らが作る枠組みを必ずしも前提とせず、規制者自身と彼らとの関係性や彼らのインセンティブ（背後にある費用・便益）構造を大元から再構成する状況をも想定することになる。規制空間で現に起こり得るそうした事態は、確かに民主的統制の観点から疑義がないわけではないが、キュエラーによれば、規制者はそうした自律性を有しつつも、あくまで政治家や国民、産業界、学界等、その外部環境と手を携えているのであり、必ずしも独善的ではないということになる。[130]

規制の国際調和化、技術情報の分散化、官民関係の多元化、さらには近年の規制改革の中で、行政（官僚）の活動や利益配分等の自由度（狭義の「裁量」）が縮小せざるを得ない分、行政（官僚）はこの「自律性」を拡大することで対処しているのではないか。ここで「（狭義の）裁量」と「自律性」とを併せたものを新たに「自在幅」と呼ぶならば、行政（官僚）はその活動の自由度の総体としての「自在幅」（＝（広義の）裁量）を確保する戦略をとっているのではないか、というのが本研究の「見立て」である。ただし、「自在幅」、なかんずく「自律性」を確保・拡張する余地がどれほどあるかは、行政の中でも執政・管理・業務の各レベルで異なるし、ＮＰＭの行政改革や近年の政治主導等によっても変化し得る。

(2)「行政指導論」の射程とその限界

① 行政指導論の概要

行政裁量の中で行われる「行政指導」は、官民の相互依存の中にできあがる社会管理のシステム、あるいは、官民（規制行政機関と相手方の業界団体）の「協働」として、国内外から注目を集めてきた。行政指導の機能としては、利害の調整・統合機能、法令の執行円滑化・補完的機能、権力の緩和と行政手続的機能、新規施策の実験的機能、臨時応急対策機能が挙げられている[131]。

新藤宗幸は、行政指導の本質を次のように捉えている。第一に、ある特定の目的の実現に向けて、法令を根拠に相手の行動を操作する、あるいは直接適用する法令がなくとも何らかの関連する法令を援用して相手方の行動を操作する官僚制の行動である。第二に、この相手方の行動の操作には多様な手段が用いられるが、なかでも中心を占めているのが「利益の供与」である。とはいえ、それに応じない相手に対しては「制裁」が加えられることもある。第三に、行政指導は、以上の二点を中心とした官僚制の個別的行動ではなく、官僚制の持つ許認可権限、補助や融資の権限、サンクション権限が組み合わされた「制度」となっている。第四に、行政指導では、官と民の利害共同体、コミュニティが作られ、そこを舞台にしていることが行政指導の実効性を担保している。こうして同書は、行政指導を、単体としての「指導、勧告、助言その他の行為」としてではなく、他の様々なツールとの明示的黙示的な組み合わせによって用いられ、かつ効果を発揮し得る規制システムに見られる官民関係である、と捉えている。[132]

大山耕輔『行政指導の政治経済学』は、日本型の政府・市場関係論や多元主義といった視点により、政策の形成・実施過程における行政指導の機能を分析する。同書における行政指導は、規制と競争のシステム全体を構成する一要素として捉えられており、新藤『行政指導』のそれに比べて狭い概念であるが、通商産業省の行政指導が、市場機構への信頼を基本としつつ、主に不確実性を軽減するための政策メカニズムを活用する市場補完的なものであること、市場との絶えざる情報交換を通じて市場を補完していくような機能を果たすこと、が指摘されている。

新藤『行政指導』は、この行政指導を考察する際の基準として、二つの軸を提示する。すなわち、第一に、基準・手続・ガイドライン・財源など、行政指導という行政手段の発現に用いられる「ツール」がその目的物たる「政策の機能『対象』」(例えば、薬事行政については製造所の構造設備、石油行政については生産計画)に対してどれほど高度に整備されているかという軸、第二に、業界(顧客集団)がどれほど高度にまとまっているか(あるいは、著しく分散的構造をとっているか)という軸、である。この二つの軸によって、表6(原典を一部改変したもの)のような四つの象限が現れる。

そして、行政指導の有用性と可能性が高いと考えられる(2)(石油行政)と(4)(薬事行政)においては、単に「強制の契機」が内在しているというだけでなく、顧客集団に行政機関を操作し得るリソースが欠如している、もしくはそうした可能性が限定されているところに行政指導が機能する余地があることを指摘する。[133] 逆に大山『行政指導の政治経済学』は、三菱＝クライスラー資本提携事件を採り上げて、①利害が一致しない、②強制力が強くない、③対象産

表6　新藤論文における行政指導の分析枠組み

ツール＼顧客集団	分散	集中
整備	(1)	(2)(石油行政)
未整備	(3)	(4)(薬事行政)

出典：新藤・本章注(48)書を参考に筆者作成.

業が成長産業で自律性を有している、④既得権のネットワークが弱い、⑤イシュー自体が行政介入に適さないものであるといった条件の下で行政指導が機能しないという、その限界について論じた[134]。

② 行政指導論の研究課題

こうした先行研究を受け、行政指導の機能条件もここでは研究の対象となるが、本研究ではさらに、行政指導が行政手続法等の法制度面での改変の影響をどの程度受けつつ、あるいは、その他の社会経済面での変化をどの程度受けつつ、どのように変化しつつあるのかというのも論点となる。先行研究が行政指導のツール、及び、それが採用され実効性を持つ条件に注目してきたのに対し、本研究では、そうした視点に十分配慮しながら、この社会管理システムを通時的に、そして分野横断的に観察し分析する。例えば、行政手続法制定を機に、行政指導は一定の限界を抱えつつも透明性・公平性を獲得したと言われているが[135]、そうした変化はいかなる方法によるのか、それはいかなる理由によるのか、行政指導を多用してきた行政機関の行動はそうした中でどのように変わったのか、についてである。

そのために本研究では、複数の異なる分野について、一九九三年の行政手続法制定を挟む期間をも採り上げて、行政指導のツールやその機能条件にも注意しながら、その「システム」の構造の変化を捉えることを目標に据えたい。その際に注目すべきは、それと国際標準化や国際的な基準設定フォーラムとの関係、安全規制に用いられる科学的知見・技術情報や政策における「技術」の要素との関係（第一項(1)②）、他の省庁部局による裁量行使との関係（第二項）等である[136]。社会管理システムに参画してくるアクター（独立行政法人、公益法人改革を経た財団・社団法人、民間事業者等）やそれを取り巻く環境（国際化、市場化等）[137]、そしてそれらに対するコントロール可能性、規制対象の技術等にも、大きな変化が見られるのではないか。

例えば、キャプチャ理論は、規制プロセスがキャプチャされると社会全体にとって有効な規制を課すことができなくなると論じる。しかし、安全基準の国際調和の圧力（製品の輸出入の便宜等という、国内外のメーカーの強いインセンティブ）をいわば奇貨とするような形で国内の規制基準の底上げが図られた、自動車のような事例もある(138)。すなわち、規制行政機関は、技術基準設定プロセスを管理するという意味において自律性を維持しながら、技術情報の創出と選別、メーカー間の利害調整等の裁量を被規制者側にも譲り渡すという意味において自ら生産者側に一部囚われることによって、交通事故による死傷者数を減らすという社会管理の目的を結果として達成することができた。国際的な衝突安全基準への調和化を契機としてそれまで危険とされてきた軽自動車にも規制を導入したことは、規制行政機関が国際的次元に囚われながら可能になった、と考えることもできる(139)。

それでは、規制の技術基準の国際調和の流れの中で(140)、我が国の規制行政機関の活動はどのように展開されているのだろうか。その中で、規制行政機関にはどれほどの裁量幅が残され（あるいは、それがどういう形で拡大（もしくは縮小））、社会管理というミッションに対して、国際基準の調和化と差異化の圧力はどのように考慮され、またどういった手続を踏んで、一定の具体的な技術基準が設定されることになるのだろうか(141)。グローバルな規制空間の中にある規制行政機関の活動を明らかにする上で、技術基準設定における政策的判断そのものとそこでの考慮要素の内容を解明することが、有効であり得る(142)。人と物の往来がボーダーレス化した今、一国が完全なる「自律的な国家」であり続けることは難しくなっており、そうした中での規制行政機関の裁量は**表7**のような「国家間関係のスペクトラム」に応じて変化する(143)。

従来の行政指導の研究では、いわゆる「外圧」はあくまで外的要因であり、もっぱらそれは「日本的産官協調体制」にとっての共通の「敵」と捉えられてきたように思われる。しかし安全基準に関しては特に、むしろ国際標準化のような「外圧」がある種の便法として、規制行政機関（あるいは、顧客集団たる業界）に利用されたという解釈もあり得ないではない(144)。人や物が国境を越え市場を経由して往来することからすると、「外圧」が国内の市場に与えたイン

表7　国家間関係の中の規制と裁量

↑規制行政機関の裁量大	自律的な国家（National Autonomy）
	相互承認（Mutual Recognition）
	調整（Coordination）
	明示的な調和化（Explicit Harmonization）
↓規制行政機関の裁量小	連邦制的な相互統治（Federalist Mutual Governance）

出典：Sykes・本章注(143)書.

パクトが間接的に、日本の社会管理システムのあり方に影響を与えているのではないかとも考えられる。そうしたときに、国内市場のアクターの合理的行動は規制行政機関が牽引する「護送船団」に執着し留まることとは限らないはずであり、日本の規制空間のあり方を考えるには、それを構成する規制行政機関や顧客集団の「外圧」へのスタンスや合理的行動をも観察の対象に含める必要がある。バブル経済崩壊後の不況で業界が苦境に陥り、すべての業者が生き残るという護送船団方式が現実的ではなくなった結果、力のある業者ほど官僚が関与する業界秩序の維持を桎梏《しっこく》と感じ始め、官僚の打ち出す政策の有効性にも次第に疑問が示されるようになってきた、[145]とも指摘されている。

例えば、一九七〇年代後半から九〇年代にかけての我が国の対米貿易交渉において一部併存した「外圧」（の認識）と交渉「難航化」との関係を論理的・整合的に説明し、当該交渉全体の構造とその変容を実証した谷口将紀『日本の対米貿易交渉』にも、やはり行政指導（に基づく自動車輸出自主規制）が採り上げられている。[146] それはアメリカによる法規制を回避するべく行われた自動車業界の「自主的な」輸出量調整に繋がるものであって、日本政府（通商産業省）・業界双方にとって好都合なこの種の規制は他の分野でも用いられた（その点において当時は優れた「社会管理」のツールであり、それは現在にも一定程度当てはまる）。他方、近年では国際的な条約・約束、ガイドラインといった規制の実現手段として、国際ネットワークの役割が注目されている（具体例として、金融、自動車安全、環境、競争法等の規制分野[147]）。それが国境を超えた規制であるがゆえに、当該ネットワークには（各国政府のみならず）多くの民間アクターが参画し、（むしろ国境の存在はともかくとして）同様の機能を果たし得る民間アクターが（必ずしも政府・行政からの「指導」によるのではなく）必要に応じて自主的に連携・協働関係（「セクター別ガバナンス（第一節第三項）」）を構築する（そして、場合によってはそれらが主体的・積極的に政府に対して様々な支援を要求したり関与を働き掛けたりする）ような場面も想定されよう。また、実際の規制法体系の中には、いわば従来型の自主規制（法規制に対して「ソフト」で、実験的色彩を持つ規制手段としての自主規制、もしくは、行政指導に基づく自主規制）が法令の「隙間」を埋めている場合もあるが、国際的な規制体系の一部をなす（民間・業界自主）規制が国内法体系の中に組み込まれているような場合もあり得る。(148) これらの可能性は法規制と民間自主規制との連携・協働という官民協働の一形態の存在を示唆するものであり、観察対象の規制が国際ネットワークを起点としている場合にはなおさら、かつての行政指導論が前提としてきた省庁間の分担管理原則が必ずしも当てはまらない規制空間を考察することの理論的意義をも暗示していると言えよう。これが既存研究に全くなかった視点とは言い切れないものの、こうして行政指導という社会管理のシステムに必ずしも収まり切らない自主規制の形態にも意識的に目を向けることにより、規制空間における行政指導の機能条件とその変容を考察することが可能になるだけでなく、より動態的な法規制と自主規制との連携・協働のあり方を観察・分析することも可能になるだろう。

第三節　多元的なプリンシパル・エイジェント（P－A）関係と規制空間の構造

第一項　規制空間におけるP－A関係への注目

ここまで、「舵取り」であれ「メタガバナンス」であれ、「官（ガバメント）」と「民（セクター別ガバナンス）」との様々な相互作用のあり方に着目する「シャドウ・オブ・ヒエラルキー」の枠組みを前提としながら（第一節）、本研究では複数の「官」と複数の「民」とから構成される多元的な官民関係、及び、「官」から「民」への多様な裁量的働き掛けの中で起こり得る相互作用の実態に目を向けるという基本方針（第二節）を論じてきた。このように、行政サービスの提供や規制の策定・運用における権限委譲等により「官」が「民」と裁量を分け合い何らかの形で「協働」するとき、両者は実質的に委任者と受任者の関係にある[149]。ここでは、これまでにあまりないやり方だが、「官（規制者）」と「民（被規制者等）」との間にプリンシパル・エイジェント関係があるものと捉え[150]、その理論的枠組みを起点として、具体的な事例に即して規制空間における両者の多元的な相互作用を分析したい。

第二項　P－A関係に関する理論的諸問題

プリンシパル・エイジェント関係においては、総体として実質的な「契約」が結ばれていると考えられる（第一節第三項）が、そこには完全な契約書があるわけではなく、その公式性においても様々な形がある。当事者である政府と各アクターの合理性は限定されており、契約の実質的な内容は状況に応じて書き換えられていくのが実態である[151]。そこでは、プリンシパルとエイジェントとの間に情報の非対称性があり、またエイジェントには機会主義的な行動を採る可能性があるところ[152]、プリンシパルがエイジェントにどういった手法によって適切な「契約」を結びそれを履行させるのかということがまず問題になる[153]。

ただ、これまでの議論が前提としてきた「情報の非対称性」に対して、技術基準の設定・運用に係る規制空間における情報資源の分布状況は極めて複雑である。また、法的権限は行政機関にある一方、政策を実施していくに当たっての拒否権は被規制者側にあるという風に、行政資源の分布状況もその種類、性格によって多様である。こうした官民関係の中で起こり得るキャプチャは、エイジェンシー・スラックの発現形態であるとも言えよう[154]。

官民協働において、こうして協働のパートナーが契約に則った行動を現にとらなかったり、あるいは契約に則った行動をとらないのではないかとパートナーを疑うあまり過剰なモニタリング・コストを費やしたりすることで機会費用が発生する問題は、プリンシパル・エイジェント関係におけるモラル・ハザードとして論じられてきた。[155] プリンシパル・エイジェント関係で発生する機会費用が官民協働によって創出される効用を上回ってしまうとすれば、官民協働という手法を採ること自体、政治的に正当化することも難しい。

規制のコストの外部化を防ぎ規制の実効性をむしろ向上させる手法、[156] あるいは、エイジェンシー・スラックへの対処としては、[157] まず、官民（あるいは、規制者と被規制者）の関係性の定義を規制する重要な条件（どうすれば協働による規制を効率化できるのか、どのような場合に変更するのか）を「契約」において事前に特定しておくことが有効であり得る。また、行動規範の設定、エイジェント相互の監視制度の埋め込み、人事的・財政的コントロール等も有効であり得る。プリンシパル自らの監視の方法としては、Ｍ・マックビンズらの言うようにパトロール型（police patrol）と火災報知器型（fire alarm）のモニタリングがある。[158] エイジェントの行動を逐一監視する労力を費やしながら摘発の可能性を高めるか、逸脱行為に関する情報が提供されれば科す制裁を準備しておくことにし逐一監視の労力を節約するかといった手段選択の余地が、プリンシパルにはあり得る。[159]

第三項　多元化・複雑化したＰ－Ａ関係に関する研究課題

官民関係の先行研究は、主として規制行政機関と業界団体とを一対一の関係として捉えるものであり、規制行政はこの比較的狭い領域の中で成り立つものと想定されてきた。[160] またＮＰＭも、基本的には一対一の委任者（官）と受任者（民）関係を想定してきた。しかし、キャプチャ理論を端緒として展開してきた本研究におけるここまでの議論からすると、規制空間自体が、官民が協働しながら技術情報という事実を発見するための多元的な場と化していること、規制を管轄する省庁部局がしばしば複数化しその中での調整も必要になってきていること、規制空間が国内外へも広がって規制に多様な価値が関わるようになってきていること等により、多元的な委任者（官）・受任者（民）関係が連鎖的に作用し合うものとなってきていると考えられる。[161]また、ＮＰＭは主として受任者（エイジェント）側に一定の裁量が認められることに注目してきたが、右記のような状況の変化の中で、その裁量共有の構造がいかに変化し、それに対して、社会管理の責務を負った規制行政機関の裁量とその行使の方法がいかなる変容を迫られたのかが、新たに問題となる。

エイジェントに関しては、業界団体が窓口にはなり得るものの、その中で、所有資源の質・量を反映した民民関係が複雑であり得るし、潜在的には対立し得る民間アクターがある共通の価値を重要視する場合もある。[162]特に近年では消費者の出現で、キャプチャ理論が主張してきた組織化の容易さが規制プロセスを捕える古参の大企業だけに当てはまるものではなくなってきている。消費者も市場の一員として、品質表示やマーク等を手掛かりにしながら、自らの消費行動によって良質な製品を選択したり、逆に悪質な製品を市場から排除したり、あるいは政治過程を経て規制改革を求めたりするという意味において規制空間の一構成要素であり、他にゲートキーパー的役割を果たす者も出現しつつある。[163]また、プリンシパルの複数性という問題もある。すなわち、プリンシパルにも、特定の規制対象物に対して複数の規制行政機関や国際的な規制の枠組みが組織法令や条約・取極等に基づいて関係してくるという、管轄問題（あるいは、消極的な管轄問題（隙間））が生じている場合もある（第二節第二項）。

こうして、プリンシパルとエイジェントの複数化と関係の多元化により、プリンシパルからエイジェントへのコントロール手法も多様になり得る。プリンシパルの複数性、及びそれらの対立は、エイジェントに対するコントロールを弱めるのだろうか。エイジェント側のアクターの多様性、及びそれらの対立は、プリンシパルによるコントロールをどのように変化させるのだろうか。[164]このような規制空間において、[165]果たして規制行政機関は「プリンシパル」であり続けるか（どれほどコントロール可能か）という問いが出現することになる。[166]そして、こうした規制空間の中で規制行政機関が法令上の使命・責務に基づき「プリンシパル」であり続けようとするならば、いかなる手段でエイジェンシー・スラックを最小化しようとするのかということが問題になる。例えば、自主規制団体による規制をあくまで「自主規制」に押しとどめる（すなわち、最終的な規制の実効性担保のため、法令による規制が発動される可能性・余地を残している）場合があること、及び、停止条件付き立法 sunset clause（あるいはその逆）がある種の「脅し」となって自主規制が策定・実施される場合があることなどは、規制行政機関の「プリンシパル」としての立場をも担保していると解することができる。

なお、本研究ではさしあたり、民主的正統性を背景に法令上の規制権限を有する規制行政機関を「プリンシパル」、「セクター別ガバナンス」を「エイジェント」と捉えて事例を分析するが、規制の運用実態の解釈によってはこの性格付け自体が固定的ではなく、流動的であり得る。規制空間の実態におけるこの性格付けの変化を、規制空間それ自体の変容と捉えても構わないのかもしれない[167]。この問題は、規制空間において規制行政機関がその中心であり得るか、それをコントロールしているのかという本研究の根本的な関心事とも連動していよう[168]。

（1）森田・序章注（50）書一六五～六頁。

（2）森田・序章注（1）書（とりわけ、第三章の事例研究の部分を参照）。

（3）Rhodes, R.A.W.(1996). The New Governance: Governing without Government. *Political Studies*, Vol.44, Issue.4. pp. 652–67.

（4）Osborne, D., & Gaebler, T.(1992). *Reinventing Government: How the Entrepreneurial Spirit is Transforming the Public Sector*. Reading, Mass.: Addison-Wesley Pub. Co. は、①行政は社会の「触媒」として行動する、②行政は自らサービスを提供するのではなく、権限を委譲して提供させる、③行政は自らを競争の中に置く、④行政はルールにがんじがらめになるのではなく、使命 mission にしたがって活動する、⑤行政活動は結果を重視する、⑥行政活動は顧客を重視する、⑦行政は常に創造的、冒険的 enterprising である、⑧行政は社会問題に後追いで対応するのではなく、問題が顕在化する前にその芽を摘むようにする、⑨行政は分権化 decentralized を進める、⑩行政は市場に適応する、という諸ポイントを含んでいるとする。

（5） Kickert, W.J.M, Klijn, E., & Koppenjan, J.F.M.(eds.)(1997). *Managing Complex Networks: Strategies for the Public Sector*. Thousand Oaks, Calif.: Sage Publications. ただし、民間の政策企業家 policy entrepreneur がネットワークを管理する場合もある(Roberts, N.C.(1991). Policy Entrepreneurs: Their Activity Structure and Function in the Policy Process. *Journal of Public Administration Research and Theory*(Vol.1, Iss.2).)。

（6） Hajer, M.A., & Wagenaar, H.(eds.)(2005). *Deliberative Policy Analysis: Understanding Governance in the Network Society*(*Theories of Institutional Design*). Cambridge Univ. Pr.

（7） Richardson, H.(2002). *Democratic Autonomy: Public Reasoning about the Ends of Policy*, Oxford Univ. Pr. も、同様の趣旨で、こうした場の条件整備の必要性を論じている。

（8） Dunsire, A.(1993). Modes of Governance. *Modern Governance: New Government-Society Interactions*. Sage Publications Ltd.

（9） Hood, C.(1986). Concepts of Control Over Public Bureaucracies: "Comptrol" and "Interpolable Balance." Kaufmann, F., Majone, G., & Ostrom, V.(eds.). *Guidance, Control and Evaluation in the Public Sector*. Berlin.

（10） Dunsire, A.(1996). Tipping the Balance: Autopoiesis and Governance. *Administration & Society*, Vol.28, No.3. pp. 299–334.

なお、ピエール・ブルデュー〔山田鋭夫＝渡辺純子訳〕(二〇〇六)(原書二〇〇〇)『住宅市場の社会経済学(*Les structures sociales de l'économie*)』藤原書店、第二章(「国家と市場の構築」)曰く、フランスの一戸建て住宅市場では、国家が決定的役割を果たしている。すなわち、需要の構築が、個々人の嗜好体系の生産を介して行われたり、あるいは、法律や規則によって規定された建築や居住への国家的援助を介して行われたりし、供給の構築が、建築会社への融資の面での、国家や銀行の政策を介して行われる。こうした政策は、生産と広告の分野で、それぞれの住宅・建材メーカーの選択に重く課される構造的制約を規定することに一役買っているというのである。

（11） Sørensen, E., & Torfing, J.(2009). Making Governance Networks Effective and Democratic through Metagovernance.

Public Administration, Vol. 87, No. 2. pp. 234–58.

（12） Rosenau, P.V. (2000). The Strengths and Weaknesses of Public-Private Policy Partnership. Rosenau, P.V. (ed.). *Public-Private Policy Partnerships*. Massachusetts Institute of Technology.

（13） Goldsmith, S., & Eggers, W.D. (2004). *Governing by Network: The New Shape of the Public Sector*. Brooking Institution Pr. 近年では、医療分野や大規模災害発生時における官民のネットワーク構築が進められ、既存制度の中での実現可能性や責任分担の手法などが模索されている。

（14） 村上裕一＝横山悠里恵＝平石章（二〇一〇）「先進技術の導入・普及政策における『メタガヴァナー』の役割とその限界：燃料電池自動車（ＦＣＶ）の事例を素材として（http://shakai-gijutsu.org/vol7/7_182.pdf）」『社会技術研究論文集（Vo.7）』一八二〜九八頁。

（15） Bevir, M. (2008). *Key Concepts in Governance*. Sage Publications Ltd. pp. 131–34.

（16） この「政治」レベルでの「適切な」リーダーシップが、官民協働の障害克服の条件となる（Eggers, W.D. (2009). From Conflict to Collaboration: Lessons in Networked Governance from the Federal Cooperative Conservation Initiative. In Goldsmith, S., & Kettl, D.F. *Unlocking the Power of Networks: Keys to High-Performance Government*. Brookings Inst. Pr.）。

（17） なお、いかにして規制のキャプチャが起こるかに関する指摘ではあるものの、Kwak, J. (2014). Cultural Capture and the Financial Crisis. In Carpenter, D. and Moss, D.A. (eds.). *Preventing Regulatory Capture: Special Interest Influence and How to Limit It*. New York: Cambridge Univ. Press. pp. 71–98. の言う cultural capture が意味するのは、規制の政策プロセスや実施主体への働き掛けが、政治家や行政官に対する直接的なものではなく、目にはそれほど明らかではないにせよある程度共有された世界観（より具体的には、事実を解釈する際の「前提（propositions）」やものを見る「レンズ（lenses）」、それを言葉に変換し表現する際の「用語法（vocabulary）」）に対して、多くの場合ソフトな方法で間接的に行われるということであり、メタガバナンスの手法として指摘されていることと一部共通している。産業界はその際、規制者に対して、産業界の部分利益にフレンドリーな規制を策定し実施することが公益に最も資するのだと説得し、巧みに信じさせる。これは、一九九〇年代ヨーロッパの宇宙開発協力のダイナミクスを分析した鈴木一人（二〇〇一）「国際協力体制の歴史的ダイナミズム：制度主義と『政策論理』アプローチの接合――欧州宇宙政策を例にとって」『立命館大学　政策科学（第八巻第三号）』一一三～三二頁の「政策論理」の概念とも重なる。そうであるがゆえに、本書に言うメタガバナンスの成否は、一体誰（何）によるメタガバナンスなのかによることになる。

(18) 大嶽秀夫（一九九三）「自由主義的改革の時代　九――第二臨調による行政改革」『選挙（第四六巻第一一号）』一六～二一頁。

(19) 牧原出（二〇〇三）『「内閣政治」と大蔵省支配――政治主導の条件』中公叢書（ただし、一九五〇年代以降に注目）。

(20) Black, J.(2003). Enrolling Actors in Regulatory Systems: Examples from UK Financial Services Regulation. *Public law* (2003, Spring). pp. 63-91.

(21) 共に参照、Scott, C.(2000). Accountability in the Regulatory State. *Journal of Law and Society* (Vol.27, No.1).

(22) 他にも、Morgan, B.(1999). Regulating the Regulators: Meta-Regulation as a Strategy for Reinventing Government in Australia. *Public Management*. 等。

(23) もっとも、規制行政機関が自らの裁量を行使しやすい手段を選択するのか、そうした手段を選択させられるのか、あるいは規制の失敗とその責任追及等、大きな「副作用」を回避するため、自らに影響の及ばないような手段を選択するのかの区別は難しい。この事例研究ではこれにも注意しつつ、規制行政機関がいかにして、いかなる裁量を獲得（あるいは委譲）したのかという点にも注目したい。なお、（戦略としての）法人化や民営化による行政責任の軽減（回避）と、行政サービス提供のモニタリングやインフラ整備における行政責任の増大という、官民の責任分担の構造変化を論じるものとして、Lane, J.-E.(2009). Incorporation as a Strategy: Transforming the Public Enterprises. *State Management: An Enquiry into Models of Public Administration and Management*. Routledge. pp. 81-91.

(24) Klijn, E.H.(2002). Governing Networks in the Hollow State: Contracting out, Process Management or a Combination of the Two. *Public Management Review*, Vol.4(2). pp. 149-66.

(25) 基本的に主体間の合意に基づく規範とルール、その枠組みの中での各主体の裁量行使に着目する本研究は、レジーム論（山本吉宣（二〇〇八）「国際レジームの可能性と課題」『国際レジームとガバナンス』有斐閣、三九〇～一頁）とも親近性を持つ。

（26）Héritier, A., & Lehmkuhl, D. (2008). The Shadow of Hierarchy and New Modes of Governance. *Journal of Public Policy*, No.28, Vol.1. pp. 1–17.

（27）Scharpf, F.W. (1997). *Games Real Actors Can Play: Actor-Centered Institutionalism in Policy Research*. Westview Pr.

（28）山本吉宣（初出二〇〇一）「『私』の公共空間」（二〇〇八）『国際レジームとガバナンス』有斐閣、三四一〜七二頁は、国際政治経済の次元において、「公」と「私」とが分業・共存・競合・委譲により相互に作用し合う「レジーム」を捉え、特にその中の「プライベート・レジーム」について、その実態・形成過程・有効性・国家や国家間レジームとの関係等を明らかにすることを、今後の研究課題に掲げている。共に参照、城山英明（一九九七）『国際行政の構造』東京大学出版会。

（29）Knill, C. & Lehmkuhl, D. (2002). Private Actors and the State: Internationalization and Changing Patterns of Governance. *Governance: An International Journal of Policy, Administration and Institutions*, No.15, Vol.1. pp. 41–63.

（30）Wright, V. (1994). *Reshaping the State: the Implications for Public Administration*. West European Politics. Routledge.

（31）Lane, J.-E. (2009). Multi-level Governance: Bringing in the Two Regional Dimensions. *State Management: An Enquiry into Models of Public Administration and Management*. Routledge. pp. 101–16.

（32）de Visscher, C., Maiscocq, C., & Varone, F. (2008). The Lamfalussy Reform in the EU Securities Markets: Fiduciary Relationships, Policy Effectiveness and Balance of Power. *Journal of Public Policy*, Vol.28 Issue1. Cambridge Univ. Pr. pp. 19–47. は、ヨーロッパ委員会と各国議会との関係（the Lamfalussy Process）を研究したもので、政治的な発言力が各地に分散してしまっていることを反映して、「ヒエラルキー」側が社会管理の専門性や効率性の判断をするまでもなく、委譲を迫る圧力を露骨に受けて権限が奪われた。

（33）参照、Graham, C. (1995). Is there a Crisis in Regulatory Accountability? In Baldwin, R., Scott, C. & Hood, C. (eds.) (1998). *A Reader on Regulation*. Oxford Univ. Pr. pp. 482–522.

（34）Stigler, G.J. (1971). The Theory of Economic Regulation. *The Bell Journal of Economics and Management Science*, Vol.2, No.1. pp. 3–21.

(35)　Bernstein, M.H. (1955). *Regulating Business by Independent Commission*. Princeton, NJ: Princeton Univ. Pr. ほか。

(36)　Viscusi, W.K. (1992). *Fatal Tradeoffs*. New York: Oxford Univ. Pr. ほか。

(37)　消費者(ユーザー)にとってのニッチとして市場に供給される製品(ここでは特に、医薬品)が、新参の中小企業ではなく、それを開発するだけの余力を持つ古参の大企業から供給される場合が多いことから、規制行政機関の許認可は、消費者にとっても好都合な判断になる(Carpenter, D.P. (2004). Protection without Capture: Product Approval by a Politically Responsive, Learning Regulator. *American Political Science Review*, Cambridge Univ. Pr.)。

(38)　なお、行政機関がどういった組織形態を採るかという選択が合理的に行われてきた歴史的経緯を説明するものとして、伊藤正次(二〇〇三)『日本型行政委員会制度の形成――組織と制度の行政史』東京大学出版会がある。

(39)　Carpenter・本章注(37)論文、及び、Olson, M. (1997). Firm Characteristics and the Speed of FDA Approval. *Journal of Economics and Management Strategy* 6(2): pp. 377–401. さらに、近年の理論的関心はキャプチャの予防方策にまで及んでいる(村上裕一(二〇一六)「いわゆるCorrosive Captureとその予防方策」『年報　公共政策学(第一〇号)』一四一～一六五頁)。

(40)　手塚洋輔(二〇一〇)『戦後行政の構造とディレンマ――予防接種行政の変遷』藤原書店。第一種過誤は、実際には肯定すべきであるのに否定してしまうことであり、第二種過誤は、実際には否定すべきであるのに肯定してしまうことである。

(41)　これが集合行為をとることによる利益の大きさやコストの規模によるにせよ、意思疎通の程度によるにせよ、生産者の意向が政策決定に反映されやすいのは「集合行為の論理(Olson, M. (1965). *The Logic of Collective Action: Public Goods and the Theory of Groups*. Harvard Univ. Pr.)」が克服されやすいことによる(参照、飯田敬輔(二〇〇七)『国際政治経済』東京大学出版会、九五～八頁)。

なお、村松岐夫(一九九四)「八〇年代国家の行政構造」西尾勝＝村松岐夫編『講座行政学(第一巻)』有斐閣、八八～九七頁は、経済次元での市民・消費者の自己主張の高まりを認めるとともに、「国際化」の強い支持により政策の中心が行政・業界の側から消費者・市民の側へと傾斜した、と論じている。

(42)　例えば、Becker, G.S. (1985). Public Policies, Pressure Groups, and Dead Weight Costs. *Journal of Public Economics* 28. pp. 330–47. 及び、Rothenberg, L.S. (1994). *Regulation, Organizations, and Politics: Motor Freight Policy at the Interstate*

Commerce Commission. Ann Arbor: Univ. of Michigan Pr. を参照。

(43) 一九九〇年代以降、ヨーロッパの規制国家の特徴として、しばしば独立規制機関が挙げられる。独立規制機関は、直接選挙で選ばれるわけでもなく、選挙された職員に直接に管理されるわけでもなく、規制権限を与えられた公的機関であり、あるいは、規制を実施する非多数派優位主義の団体とも捉えられる(Freedman, J.O.(初出 1978). Crisis and Legitimacy in the Administrative Process: A Historical Perspective. In Baldwin, R., Scott, C., & Hood, C.(eds.).(1998). *A Reader on Regulation*. Oxford Univ. Pr. pp. 471–81.)。

(44) 森田・序章注(1)書(とりわけ二六三頁以下)。

(45) なお、米倉誠一郎(一九九三)「業界団体の機能」岡崎哲二＝奥野正寛編『現代日本経済システムの源流』日本経済新聞社、一八三～二〇九頁曰く、戦後産業政策における業界団体の基本的役割が政府と個別企業の間にあって双方向に情報を伝達し、産業政策をより実効性の高いものにしていた。

よりマクロの視点で、産業別業界団体を含む戦後の競争制限的規制システムが、開発主義的目的ではなく、所得再分配の方式として導入・維持されたと論じるものとして、寺西重郎(二〇一〇)「構造問題と規制緩和」『構造問題と規制緩和(バブル／デフレ期の日本経済と経済政策7)』慶應義塾大学出版会、xiii～xxv 頁。

他に、例えば、笠京子(一九九五)「省庁の外郭団体・業界団体・諮問機関」西尾勝＝村松岐夫編『講座行政学(第四巻)』有斐閣、七七～一一三頁。

(46) Hood, C.C. & Margetts, H.Z.(2007). *The Tools of Government in the Digital Age* (2nd rev. ed.). Palgrave Macmillan. の言う行政資源は、①nodality の他、②金銭など、何とでも交換可能な財産的資源 treasure、③法律に基づく公式な権限 authority、そして、④それら三つのリソースから単に派生するわけではない、専門的技術を持つ人材や不動産、設備などの各種資源 organization である。

(47) 森田朗(一九九〇)「情報システムとしての行政：高度情報化のインパクトとその課題」日本行政学会編『年報行政研究(第二五号)』ぎょうせい、一七五～二一〇頁、及び、城山英明(一九九八)「情報活動」森田朗編『行政学の基礎』岩波書店、二六五～八三頁。

(48) 新藤宗幸(一九九二)『行政指導――官庁と業界のあいだ』岩波新書。

(49) 西尾勝(一九九〇)「行政の概念」西尾勝編『行政学の基礎概念』東京大学出版会。採用前に学校教育によって身につけた一定以上の学力、技能、専門知識と、採用後に訓練された業務への熟練性、実行可能性(技術的、事務的実現可能性と資源調達可能性、政治的実現可能性)を判断する能力、合法性に配慮する能力、有効性、能率性を追求する能力。

(50) 行政の「専門技術性」について、高木・序章注(49)書六五～六六頁。

(51) 藤田由紀子(二〇〇八)『公務員制度と専門性：技術系行政官の日英比較』専修大学出版局、二七九～八〇頁。

(52) 高木・序章注(49)書一三頁。

(53) なお、建林正彦＝曽我謙悟＝待鳥聡史(二〇〇八)『比較政治制度論』有斐閣、二三三頁によれば、こうした官僚制の専門知識に関する状況変化を受ける形で、政治任用の拡大、いわゆるキャリア制度や公務員の身分保障の見直しなど、これまで日本の官僚制を形作ってきた諸ルールも、改革の対象として採り上げられている。

(54) 城山英明(二〇〇四)「安全確保のための法システム：責任追及と学習、第三者機関の役割、国際的調和化」『思想(九六三)』岩波書店、一四〇～六三頁。

(55) 情報という行政資源に関する官民協働として、米田雅宏(二〇〇九)「私人による警察活動とその統制――ドイツ警察法における公私協働論を素材にして」『法律時報(一〇一六)』三五四～七頁で紹介されている、警察と市民社会(警備業者、地域住民等)との安全パートナーシップ(パトロール等の警戒対策等、各々の任務を遂行しながらも、その過程で得た安全に関する情報を互いに共有することで公の安全と秩序を互いに確保する協働)がある。これについては、データ保護等の問題も指摘されている。

(56) Shrader-Frechette, K.(初出 1991). Uncertainty and the Producer Strategy: The Case for Minimizing Type-II Errors in Rational Risk Evaluation. In Baldwin, R., Scott, C., & Hood, C.(eds.).(1998). *A Reader on Regulation*. Oxford Univ. Pr. pp. 270–87. 高木・序章注(49)書六〇頁は、「組織的に策定された基準」であることを根拠として正統性が付与される、とする。

(57) Crandall, R.W.(1986). *Regulating the Automobile*. Brookings Institution.

(58) Diver, C.S.(初出 1983). The Optimal Precision of Administrative Rules. In Baldwin, R., Scott, C., & Hood, C.(eds.).(1998).

A Reader on Regulation. Oxford Univ. Pr. pp. 219-69. 曰く、目標達成に資するルール（基準）は、それが名宛人に伝わるものである必要があり、特質として透明性 transparency、アクセス可能性 accessibility、目標への適合性 congruency が挙げられ、特に技術基準に関しては、専門技術者や被規制者との「合意」形成が必要になるものと考えられる。

（59）そうした視点によりプレーヤー同士のゲーム分析をした曽我謙悟（二〇〇五）『ゲームとしての官僚制』東京大学出版会によれば、持てる資源が多ければ多いほど権力の行使が容易になるというのでは必ずしもなく、むしろ相手方がそれに警戒し言うことをすんなりと聞き容れてはくれず、資源を有する側の思う通りの結果になりにくいこともあり得る。

（60）Yackee, S.W. (2006). Assessing Inter-Institutional Attention to and Influence on Government Regulations. *British Journal of Political Science*, 36(4). Cambridge Univ. Pr. pp. 723-44.（参照、京俊介（二〇一〇）「著作権法改正の政治学的分析（法の経済分析研究会９）」北海道大学グローバルＣＯＥプログラム「多元分散型統御を目指す新世代法政策学」事務局『新世代法政策学研究（Vol. 7）』四一三〜三八頁）。

（61）Ansell, C. & Gash, A. (2008). Collaborative Governance in Theory and Practice. *Journal of Public Administration Research and Theory*. は、実に一三七個の事例について逐次比較（successive approximation）という手法を用いて行ったメタ分析の結果である。

（62）その手法について、参照、北村英隆＝村上裕一＝加藤浩徳＝城山英明（二〇〇八）「東京都ロード・プライシング導入に対する物流関係者の問題構造認識に関する分析（http://shakai-gijutsu.org/vol5/5_40.pdf）」『社会技術研究論文集（Vol.5）』四〇〜五一頁。

（63）なお、このように「協働」の成立条件について、Kingdon, J.W. (1995). *Agendas, Alternatives, and Public Policies* (2nd ed.). HarperCollins College Publishers. の「政策の窓」モデルにも依拠しつつ「協働の窓」モデルを提示するのは、小島廣光＝平本健太（二〇一一）『戦略的協働の本質——ＮＰＯ、政府、企業の価値創造』有斐閣である。

（64）秋吉貴雄（二〇一〇）「航空規制改革と日本型政策決定システム」『構造問題と規制緩和（バブル／デフレ期の日本経済と経済政策７）』慶應義塾大学出版会、三四七〜八二頁は、（規制行政機関である航空局のコントロールが必ずしも及ばない）政策決定の場の多元化による政策コミュニティ（ある問題領域において公に認められた専門的知識と権限を持った専門家からなるネットワーク、もしくは、「認識コミュニティ(Haas, P.H.(1992). Introduction: Epistemic Communities and International Policy Coordination(Knowledge, Power, and International Policy Coordination). *International Organization,* Vol. 46, No. 1 (Winter, 1992). pp. 1-35.)」)出現・形成が、一九九〇年代後半の航空規制の自由競争化を促す一つの要因となったと論じる。

(65) 場の「冗長性」の問題であり、いかなる条件の下で意思決定・合意形成が促進されるのか(抑制されるのか)は、今後の研究、及び、制度設計上の論点であり得る(参照、伊藤正次(二〇一一)「行政における『冗長性』・再考：重複行政の実証分析に向けて」『季刊行政管理研究(No.135)』三～一三頁)。

(66) Lane, J-E.(2009). Policy Models: How Rational is Public Management? *State Management: An Enquiry into Models of Public Administration and Management.* Routledge. pp. 36-46. の言う、政策決定の合理性 rationality の問題である。すなわちそれには、影響、アカウンタビリティ、透明性といった、プロセスの効率性とはトレードオフの関係にある観点からの評価も、含まれるようになっている。

(67) Schwartz, F.J.(2001). *Advice and Consent: The Politics of Consultation in Japan*(New Ed.). Cambridge Univ. Pr. の問いは、「利益集団間の利害対立が、審議会の助けによってどのように解決されていくか」である。その後、米価審議会は再編されたのであり、審議会においては、それが政治化することよりも、諮問(専門性の調達)が重視されていたとも言える。

比較行政手続法研究である兼子仁(一九七〇)『現代フランス行政法』有斐閣(特に、第五～八章)は、諮問行政手続を世界で最もよく整えているのはフランスであると言う。曰く、英米型の行政聴聞制がフランスにおいて未発達なのは、諮問制の発達の反面とも見られる。フランスは二〇世紀初頭以降に立法及び判例によって形成されてきた「利益代表的諮問行政」としての「諮問手続」の法制を有し、今日における有力なフランス行政法学説はそれをフランス型の「行政手続」として自覚するに至った。「諮問行政」という語を最初に設定したモーリス・オーリウ(序章注(4)を参照)が当初想定していたのは専門技術的な性格のものであったが、その後、第三共和制(一八七〇～九四〇年)下に経済社会行政の領域の中心として飛躍的に発展したのが利益代表的な諮問行政であった。その現実は後に政治学上の一課題としてより強く定着し、第二次世界大戦後にフランスでも発展を見せた「行政学(sciences administratives)」の主要なテーマの一つとなった。なお、フランスにおける行政法学と行政学との関係の歴史については、渡邊榮文(一九九五)『行政学のデジャ・ヴュ——ボナン研究』九州大学出版会や Renaut,

M.-H.(2007). *Histoire du Droit Administratif*, Paris. を参照。

(68) さらに、一九九九(平成一一)年四月二七日の閣議決定「審議会等の整理合理化に関する基本的計画」も参照。

(69) 新藤宗幸(二〇〇一)『講義　現代日本の行政』東京大学出版会、一六四〜七一頁等。

(70) 行政改革を経て、現代日本の官僚制が(族議員との密接な連携と内閣からの弱い統制の下にあった時代に比べて)内閣や大臣からのより一元的なコントロールを受けるようになり、政策を実質的に決定できる範囲が狭められているという政官関係の変化についても、指摘されている(建林ほか・本章注(53)書二三三頁)。なお、科学技術政策における内閣主導の動向については、村上裕一(二〇一五)「『司令塔機能強化』のデジャ・ヴュ：我が国の科学技術政策推進体制の整備を例に」『年報　公共政策学(第九号)』、一四三〜一六八頁及び、村上裕一(二〇一六)「政治と公共政策――科学技術の省庁再編をめぐって」北海道大学公共政策学研究センター監修・西村淳編『公共政策学の将来――理論と実践の架橋をめざして』北海道大学出版会、九九〜一三〇頁を参照。

(71) Noble, G.W.(2003). Reform and Continuity in Japan's Shingikai Deliberation Councils. Amyx, J., & Drysdale, P.(eds.). *Japanese Governance: Beyond Japan Inc.* Routledge. pp. 113–33. は、以後、審議会は現に透明化したが、官僚が依然として、アジェンダ設定、委員の人選、行政的調整、報告書作成、パブリック・コメント対応を主導しており、優位を保っていると言う。

(72) 亘理格(二〇〇四)「行政裁量の法的統制」『行政法の争点〔第三版〕』有斐閣、一一八頁。

(73) 高木光(二〇一一)「伊方原発事件――科学問題の司法審査」淡路剛久＝大塚直＝北村喜宣編『環境法判例百選(別冊ジュリスト No. 206)』二〇二〜五頁。さらに、「伊方判決」については山下義昭(二〇一二)「科学技術的判断と裁判所の審査」『行政判例百選Ⅰ(別冊ジュリスト No.212)』一六四〜五頁、「原発の安全性」については例えば高橋滋(一九九八)『先端技術の行政法理』岩波書店、一七八頁を参照。

(74) 高木・序章注(49)書六六頁。

(75) Majone, G.(初出 1994). The Rise of the Regulatory State in Europe. In Baldwin, R., Scott, C., & Hood, C.(eds.).(1998). *A Reader on Regulation*. Oxford Univ. Pr. pp. 192–215. も言うように、ＥＵにおいて、加盟各国政府がいかにしてアカウンタビ

リティを果たそうとしているかというと、それは実質的コントロールと手続的コントロールによるのであって、これが、それぞれ、どういった技術基準を、どのようにして設定・運用していくかに関する裁量に対応するものとして、ここでは考えている。

なお、交告尚史（二〇一一）「福島第二原発事件——原子炉施設の基本設計と安全審査の対象」淡路剛久＝大塚直＝北村喜宣編『環境法判例百選（別冊ジュリストNo.206）』二〇六〜七頁は、原子炉設置許可処分における安全審査の対象となる原子炉施設自体の基本設計ないし基本的設計方針（安全性維持の根幹となる部分）とそれ以外（細目）との境界画定も、行政庁の専門技術的裁量と表現することが可能（したがって、それが司法的に問題になった際の合理的な理由付けは行政側の責任となる）と捉えている。

（76）参照、新藤宗幸（二〇〇二）「なぜＨＩＶ薬害事件はおきたのか——医系技術官僚を中心に」『技術官僚』岩波新書、一二三〜六六頁。

（77）『愛媛新聞（二〇一一年九月五日）』（「伊方原発再考——福島が問うリスク：第四部　法の鎖⑥科学技術統制の限界」）。

（78）森田・序章注（1）書三〇五〜七頁。

（79）牧原・序章注（47）書によると、所管部局の合意形成の場としての「調整」には、一方当事者が排他的に当該案件を専管とすることで合意される場合と、一方当事者が当該案件を主管し、他方当事者が「協議」（その履行をめぐっても様々な合意が蓄積される）を通じてこれに関わる場合とがある。

（80）今村都南雄（二〇〇六）『官庁セクショナリズム』東京大学出版会。村上裕一（二〇〇七）「書評　今村都南雄『官庁セクショナリズム』」『日本政治研究（第四巻一号）』一九六〜九頁での整理によれば、「歴史過程」では、たいていの組織行動が結果の合理的計算よりも歴史的に形成されたルールに従ってなされる様が観察される。「政治過程」では、官僚制は利害調整の政治的「アリーナ」であるとともに、それぞれ組織としての目標や資源、戦略をもった政治的アクターでもあるという認識が示され、中央省庁再編、環境アセスメントの法制化、ＶＡＮ戦争、容器包装リサイクル法実施における対立・調整過程が詳細に描き出される。「組織過程」への注目は、セクショナリズムが部門・部局に分かれて編成される組織体に普遍的に存在する組織機制の現れであるという認識に基づき、個別の組織体についてだけでなく組織間関係のコンテクストで、組織の持つ「協同の体系」と「支配の体系」という両義的性格を合わせ捉えようとするものである。

(81) 行政システムの多元的構造(森田・序章注(50)書一〇五~七頁)、省庁代表制(飯尾潤(二〇〇七)『日本の統治構造——官僚内閣制から議院内閣制へ』中公新書、三五~七五頁)、最大動員のシステム(村松岐夫(一九九四)『日本の行政——活動型官僚制の変貌』中公新書、三~三六頁)。

もっとも、Slaughter, A.-M.(2004). *A New World Order*. Princeton Univ. Pr. が指摘するように、政府内で分断された部署や派閥が国家の枠組みを超えて政府横断的に連携・協調する例は近年増加しており、それも本研究の観察対象となる。本研究では、官僚制の、主として政治家に対する「自律性」に焦点を当てる飯尾潤(二〇一一)「内閣・官僚制:統治能力の向上問われる」佐々木毅=清水真人編著『ゼミナール　現代日本政治』日本経済新聞出版社、三七三~四一九頁に対して、社会や業界団体等の被規制者に対する自律性に(も)注目している(第三項(1)①において整理する「裁量」論も参照)。

(82) Sørensen, E.(2006). Metagovernance: The Changing Role of Politicians in Processes of Democratic Governance. *The American Review of Public Administration* (March 2006, Vol.36, No.1). pp. 98–114.

(83) これには、そうした場の公式性 formality、持続性 duration、安定性 stability、課題設定等が問題となる(Donahue, J.D., & Zeckhauser, R.J.(2006). Public-Private Collaboration. In Moran, M., Rein, M., & Goodin, R.E.(Eds.). *The Oxford Handbook of Public Policy*. Oxford Univ. Pr. を参照)。さらに参照、Kooiman, J.(1993). *Modern Governance: New Government-Society Interactions*. Sage Publications Ltd; illustrated edition.

(84) 牧原・本章注(19)書七〇頁等。

(85) 村上裕一(二〇〇七)「都市再開発事業における官民の連携手法——官民のパートナーシップによる事業資金の調達手法に注目しつつ」『川崎市溝口駅前再開発の研究(川崎市政研究2)』東京大学大学院法学政治学研究科。

(86) Carpenter, D.P.(2001). *The Forging of Bureaucratic Autonomy: Reputations, Networks, and Policy Innovation in Executive Agencies, 1862–1928*. Princeton Univ. Pr. pp. 1–13、及び、Carpenter, D.P.(2010). *Reputation and Power: Organizational Image and Pharmaceutical Regulation at the FDA*. Princeton Univ. Pr.

(87) Eberlein, B. & Radaelli, C.M.(2010). Mechanisms of Conflict Management in EU Regulatory Policy. *Public Administra-*

tion (Vol.88, No.3), pp. 782–99.

(88) Rosenau, P.V. (2000). The Strengths and Weaknesses of Public-Private Policy Partnership. In Rosenau, P.V. (ed.). *Public-Private Policy Partnerships*. Massachusetts Institute of Technology. 曰く、かつては軽視された民主主義や参加の要素が、官民パートナーシップにおいて徐々に重視されつつある。

(89) McGuire, M. (2002). Managing Networks: Propositions on What Managers Do and Why They Do It. *Public Administration Review* 62(5). pp. 599–609.

(90) 城山英明(二〇〇六)「内閣機能の強化と政策形成過程の変容：外部者の利用と連携の確保」『年報行政研究(第四一号)』ぎょうせい、六〇～八七頁。

(91) 参照、Lane, J.-E. (2009). Implementation Models: Bringing Outcomes into Public Management and Policy. *State Management: An Enquiry Into Models of Public Administration and Management*. Routledge. pp. 47–54.

(92) なお、(広義の)行政の変化を捉える際の枠組みについて、参照、田辺国昭(一九九三)「行政の変化を捉えるには――『社会環境の変動とガヴァメンタルシステムの動態的連関に関する調査研究』のための概念枠組み」財団法人行政管理研究センター『季刊行政管理研究(No.63)』。

(93) 技術基準やその適用範囲等について、アップ・トゥ・デートに技術的合理性を保つため陳腐化を防ぐことが求められる(城山英明(二〇〇三)「原子力安全規制の基本的課題――技術基準の設定と実施に焦点を当てて」『ジュリスト(No.1245)』八二～八頁)。もっとも、陳腐化を防ぐのが極めて困難な原子力のような規制分野も、依然として存在している。

(94) 西村康雄(一九八四)「行政裁量の内在的統制」日本行政学会編『年報行政研究(第一八号)』ぎょうせい、九四頁。

(95) 山本隆司(二〇〇五)「リスク行政の手続法構造」城山英明＝山本隆司編『融ける境　超える法⑤環境と生命』東京大学出版会、一〇頁は、行政規則を「実験法(Experimentalrecht)」だと言う。

(96) 森田・序章注(1)書を参照。

(97) 嶋田暁文(二〇一〇)「執行過程の諸相」大橋洋一編著『政策実施』ミネルヴァ書房において、それは「プログラムからの逸脱」であり、不確実性の高い社会への対応の中で必然的に生じる領域と捉えられている。

なお、ここで行政法学における「行政裁量」に比べてやや広い捉え方をしていることには、注意が必要である。すなわち、行政法学において「行政裁量」は、多くの場合、行政行為において「法律が行政庁に認めた一定の判断余地」を指す（宇賀克也（二〇一一）『行政法概説Ⅰ：行政法総論〔第四版〕』有斐閣、三一二頁）。すなわち「行政裁量」は、立法権や司法権に対して行政権にどれだけの判断余地があるか（逆に言うと、立法権や司法権が、行政権による活動をどれほど規律できるか）ということを問題にする。

しかし本研究では、後述するように、技術基準の設定・運用プロセスにおける官民の協力関係における、事実行為も含めた行政活動の中で、規制行政機関とそれ以外とがどのようにして裁量（自由度）を分け合っているかを問題にする。したがって、規制者以外のステークホルダー（被規制者のみならず、「協働」の相手方である政治家や裁判所、その他の関係者）に残ったり移ったりする裁量について言及することがあるが、ここでは主として規制行政機関にその活動（手段選択や基準の線引き等）や利益配分の仕方、目標の立て方等の自由度がどれほど認められるかに注目することになる。

(98)　参照、中島誠（二〇〇七）『立法学〔新版〕序論・立法過程論』法律文化社、二四七～九頁。そうであるがゆえに、そうした行政裁量の行使をいかに統制するのかという問題も重要となる。

(99)　Temin, P. (1979). Technology, Regulation, and Market Structure in the Modern Pharmaceutical Industry. *The Bell Journal of Economics.*

(100)　規制行政機関自らの法的権限を拡大することが他の潜在的な社会管理目的実現の可能性を高めるということで、組織拡大を目指すということもあり得る。天下り先の確保は社会管理のための「手足」を充実させることにも繋がるので、権限拡大の動機とも強く関係してくる（真渕勝（二〇〇九）『行政学』有斐閣、六二～八頁、及び、ダニエル・沖本〔渡辺敏訳〕（一九九一）（原書一九八九）『通産省とハイテク産業：日本の競争力を生むメカニズム（*Between MITI and Market: Japanese Industrial Policy for High Technology*）』サイマル出版会）。他方で、権限を委譲することによって責任を回避することが合理的判断になる場合もある（Lewis, D.E. (2003). *Presidents and the Politics of Agency Design: Political Insulation in the United States Government Bureaucracy 1946–1997.* Stanford Univ. Pr.）。

ただし、そこには、規制行政機関にとって意図し得るものと意図せざるものが混在している（本章注（23））。これが「行政の限界(Hood, C.(1976). *The Limits of Administration.*)」であり、政策過程の執行部分を観察する意義でもある。

(101) 森田朗(一九八四)「日本の行政裁量：構造と機能」『年報行政研究(第一八号)』ぎょうせい、二五～五五頁。

(102) Donahue ほか・本章注(83)論文。ここで「裁量」については、規制者の裁量が広ければ広いほど被規制者の裁量が狭くなるという関係にあるとされている。

(103) 図1は、Rees, J.(1988). *Reforming the Workplace: A Study of Self-Regulation in Occupational Safety.* Univ. of Pennsylvania Pr. p. 9. を基に、筆者が作成。

(104) Kerwin, C.M.(1990). Transforming Regulation: A Case Study of Hydropower Licensing. *Public Administration Review,* Jan/Feb 1990, No.50, Vol.1. pp. 91–100. は、「生産性」がやや低くなることがあっても「応答性」を高めることを規制行政機関が選択した、水力発電の許認可に関する事例研究である。

(105) Pollitt, C., & Bouckaert, G.(2004). *Public Management Reform: A Comparative Analysis.* Oxford Univ. Pr. もっとも何を指標とするかについては様々な考え方があり得ることは、政策評価一般の問題と言っても良い。

(106) ここまで、Donahue ほか・本章注(83)論文五一四～二一〇頁。

(107) 「新制度経済学」の Williamson, O.E.(1985). *The Economic Institutions of Capitalism: Firms, Markets, Relational Contracting.* Free Pr. は、官民競争、契約、連携による不確実性低減の意義を訴える。例えば Le Grand, J., & Bartlett, W.(ed.).(1993). *Quasi-Markets and Social Policy.* Basingstoke, Hampshire: Macmillan Pr. は、「半市場 quasi-market」という概念を用いて、サッチャー政権後のイギリスにおける民間アクターによる公共サービスの提供を分析している。

(108) もっとも、この「公益」という概念自体に争いがあり得る(村上・本章注(39)論文)。技術基準の設定においては、あるところに線引きをすることによっていかなるリスクが生じ得るのかについて、明示的にであれ黙示的にであれリスク評価とリスク管理が行われる(Jones, R.N.(2001). An Environmental Risk Assessment/Management: Framework for Climate Change Impact Assessments. *Natural Hazards* 23.)。さらに、リスク・コミュニケーション(リスク分析の過程でリスク評価機関とリスク管理を行う機関が、消費者や食品・飼料業界、関係企業、科学者その他利害関係者に対して、迅速に十分な情報を提供・開示し、意見交換を行う)という局面もある。

(109) このことは、行政事件訴訟において、行政判断の適切さを判断する際の判断要素となる(いわゆる「日光太郎杉事件(東京高裁昭和四八年七月一三日判決)」)。

(110) 参照、Jasanoff, S.(1998). *The Fifth Branch: Science Advisers as Policymakers.* Harvard Univ. Pr.

(111) 監査にも様々な形態があり得る。実質的な規制者として活動している民間アクターを監査・監督する場合もあれば、規制者たる行政機関を監査・監督する場合もある。後者の例としては、旧制度下における原子力安全・保安院と原子力安全委員会や行政評価局との関係などがある(村上裕一(二〇〇九)「規制調査の現状と課題」『原子力法制研究会　社会と法制度設計分科会　中間報告(http://www.pp.u-tokyo.ac.jp/SEPP/research/documents/report200906.pdf)』一三二~六〇頁)。

(112) Peltzman, S.(初出1989). The Economic Theory of Regulation after a Decade of Deregulation. In Baldwin, R., Scott, C., & Hood, C.(eds.).(1998). *A Reader on Regulation.* Oxford Univ. Pr. pp. 93-146. も言うように、後述するキャプチャ理論等、規制の経済理論において、制度設計のあり方やその社会への適合性についての議論は欠落しがちであった。

(113) 田中哮義(一九八八)「性能規定と仕様規定の得失」『建築雑誌(Vol.103(No.1278))』三八~九頁。

(114) 実際には、基準設定主体の属性や法令条文の書き方、引用の仕方等によって多様であり得る。なかでも原子力安全、化学プロセス安全における、行政による民間規格活用は、①行政の技術基準を性能規定化し、民間規格を行政手続法上の審査基準として位置付ける、②行政の技術基準を性能規定化し、民間機関によって設定された例示基準を通達によって示す、③行政の技術基準を定める告示等において、直接民間規格を引用する、④行政の技術基準を定める告示等において、民間規格の内容を反映させる、という四類型に整理され、日本では、基本的には④から①②③の形式へと変容している(城山・序章注(12)論文)。

(115) May, P.J.(2002). Social Regulation. In Salamon, L.M.(ed.). *The Tools of Government: A Guide to the New Governance.* Oxford Univ. Pr.

(116) 田中・本章注(113)論文。なお、村上・序章注(12)研究ノートでは、世界各国の建築規制においてかなり普遍的に見られる「ノルディック・モデル」という規制法令体系を紹介している。

(117) ここまで、宇賀・本章注(97)書八二~一〇〇頁。

(118) 参照、原島良成=筑紫圭一(二〇一一)『行政裁量論』放送大学教育振興会。なお、ここで言う裁量と行政裁量との違いについては本章注(97)を参照。

(119) 宇賀・本章注(97)書八五〜九頁、及び、北島周作(二〇〇一)「基準認証制度――その構造と改革」『本郷法政紀要(No.10)』一五五〜九二頁。

(120) Kunreuther, H.C., McNulty, P.J., & Kang, Y. (2002). Third-Party Inspection as an Alternative to Command and Control Regulation. *Risk Analysis*, 2002. Apr 22(2). pp. 309–18.

さらに、安全法システムの構築に向けた法制度設計の分野間比較研究として、城山英明＝村山明生＝山本隆司＝廣瀬久和＝梶村功＝古場裕司＝須藤長＝舟木貴久(二〇〇三)「安全法システムの分野横断比較の試み：安全法システムの制度設計手法の構築に向けて(http://shakai-gijutsu.org/vol1/1_159.pdf)」『社会技術研究論文集(Vol.1)』一五九〜七六頁を参照。

(121) Kraakman, R.H. (1986). Gatekeepers: the Anatomy of a Third-Party Enforcement Strategy. *Journal of Law, Economics, & Organization*, Vol.2, No.1, Spring, 1986.

(122) 城山・本章注(54)論文、及び、小野寺眞作＝稲垣道夫(一九九七)『第三者検査――転換期における我が国の行動指針』産報出版。

(123) Lane, J-E. (2009). Policy Network Models: The Virtues and Vices of Public-Private Partnerships. *State Management: An Enquiry into Models of Public Administration and Management*. Routledge. pp. 64–71.

(124) 米丸恒治(二〇〇四)「第三者認証機関論――第三者機関の公共性とその担保」『公共性の法構造』九七〜一二五頁。

(125) Rein, M. (2006). Reframing Problematic Policies. In Michael M., Martin R., & Robert G. (eds.), *Oxford Handbook of Public Policy*, pp. 389–405.

(126) 深山剛＝加藤浩徳＝城山英明(二〇〇七)「なぜ富山市ではＬＲＴ導入に成功したのか？――政策プロセスの観点からみた分析」『運輸政策研究(Vol.10(No.1))』運輸政策研究機構、二二〜三七頁。

(127) 城山英明(二〇〇七)「科学技術ガバナンスの機能と組織」『科学技術ガバナンス』東信堂、三九〜七二頁の言う「同床異夢」。

(128) 村上ほか・本章注(14)論文では、別の文脈から来る政治的な環境変動や攪乱要因に翻弄された先進技術の導入・普及政策の事例を採り上げ、それをガバナンスの多元性として分析している。

(129)　例えば、寄本勝美（一九九八）『政策の形成と市民：容器包装リサイクル法の制定過程』有斐閣に描かれた、厚生省、通商産業省、農林水産省、環境庁の省庁間調整の過程を参照。

(130)　Cuéllar, M.-F. (2014). Coalitions, Autonomy, and Regulatory Bargains in Public Health Law. In Carpenter, D., and Moss, D.A. (eds.). *Preventing Regulatory Capture: Special Interest Influence and How to Limit It*. New York: Cambridge Univ. Pr. pp. 360-361. 及び、村上裕一（二〇一六）「行政活動の『自在幅』――裁量・統制・責任」『北大法学論集（第六六巻第五号）』三九～五四頁。

(131)　参照、森田朗（一九九四）「行政学的思考と行政法学的思考」『年報行政研究（第二九号）』ぎょうせい。成田頼明（一九八一）「行政指導の機能と功罪」『ジュリスト（No.741）』三九～四四頁。行政手続法第二条六号は、行政指導を「行政機関がその任務又は所掌事務の範囲内において一定の行政目的を実現するため特定の者に一定の作為又は不作為を求める指導、勧告、助言その他の行為であって処分に該当しないもの」と定義する。なお、太田匡彦（二〇〇八）「行政指導」『行政法の新構想Ⅱ（行政作用・行政手続・行政情報法）』有斐閣、一六一～二〇二頁は、行政指導を「行政機関が具体的行政目的実現のために、特定の者に対し、その者が義務として負うわけではない一定の作為・不作為を要望する行為」と定義した上で、行政指導を行政指導たらしめる、「指導」の主体・客体等の利益配置の構造、予定されていた過程の分析を踏まえて当該紛争の特色・原因を捉え、その上で行政指導の法的統制手法及びその基礎をなす視点からの評価を行っている。

(132)　新藤宗幸（二〇〇四）『概説　日本の公共政策』東京大学出版会、一一八～九頁。なお、新藤・本章注(48)書が主張した、行政資源の秘めた理論上の可能性を実現するための方策（書面主義の徹底、救済制度の整備、情報公開法の制定、政治資金規正法の強化、政治倫理・資産公開法の制定）は、一九九三（平成五）年の行政手続法制定によって相当程度実現している。

(133)　なお、新藤宗幸（一九八六）「政策実施手段としての行政指導――考察のための若干の覚書」『専修大学社会科学年報（No.20）』一七～三六頁は、行政指導の機能を、行政機関による卓越した情報収集と隠された強制の契機の所産としてのみならず、行政機関と顧客集団との組織間関係、及び、そこにおける行政官の行為準則の観点から分析する。すなわち、「大部屋主義」という日本官僚制の特性（大森彌（二〇〇六）『官のシステム（行政学叢書４）』東京大学出版会、五一～八〇頁）により、第一に、政策目標と現状の間にズレがあればむしろ現状に妥協して目標自体を切り下げるという「不完全主義」が、行政指導において前提とされること、第二に、関連する他の事案との相対比較・優先順位を考慮しつつ、行政指導が他者志向的に決められることが少なくないことを、伊藤大一（一九八二）「行政指導の評価」行政管理庁『行政指導に関する調査研究報告書』八一頁にも同意しながら指摘する。そして、行政指導に直接適用し得る法的根拠がない場合でも関連する根拠規定を捜し出しそれを最終的な担保とすること、顧客集団の中に行政指導のエイジェント（「片割れ機関」）を生み出し、「行政指導」という共同作品において行政機関の行為規範と顧客集団の側との微妙な利害の一致が図られること、が指摘されている。こうした事情が、行政指導を単なる「ツール」の「対象」への適用形態を意味するだけでなく、「ツール」それ自体を開発する場たらしめてもいると言う。

(134) 大山耕輔（一九九六）『行政指導の政治経済学——産業政策の形成と実施』有斐閣。

(135) 大山・本章注(134)書を参照。

(136) この点において、一九九〇年代以前の日本の経済的規制（ＮＴＴ民営化や大蔵省改革）の構造を捉えるVogel, S.K. (1998). *Freer Markets, More Rules: Regulatory Reform in Advanced Industrial Countries.* Cornell Univ. Pr. とも差別化される。
ただし、先進諸国の国際化・民営化・規制緩和を自由化・再規制化と捉え、規制システムにおける規制の量的変化を規制の質的変化に読み替え、その要因を分析した同書が、政府（規制行政機関）が自身にとってのあるべき市場介入のスコープや目的、方法についてのアイディアを有し、さらに、利益団体の組織化、政府の能力の定義付け、官民双方の利害の形成を行うことで政策選択肢の幅を狭めるというような自律性を持ち、自由化の潮流の中で、政府は財政収入の増加と新たな規制実施メカニズムの設計を志向し得る、としていることへの注意は必要である。

(137) Lane, J.-E. (2009). Marketization Models: How Much Should Government Use Internal Markets and Public Procurement? *State Management: An Enquiry into Models of Public Administration and Management.* Routledge. pp. 72–80.

(138) 参照、Makkai, T. & Braithwaite, J.（初出1995). In and Out of the Revolving Door: Making Sense of Regulatory Capture. In Baldwin, R., Scott, C., & Hood, C. (eds.). (1998). *A Reader on Regulation.* Oxford Univ. Pr. pp. 173–91.

(139) 村上・序章注(3)研究ノートを参照。

（140）こうした規制基準の国際調和の潮流、及び、それに呼応した基準の設定・運用における省庁・独立規制機関などの役割分担を分析したBraithwaiteほか・序章注（35）書は、そこに規制能力とも連動した「規制権力の断片化・拡散」を見出している。また、Kooiman, J.(1993). Findings, Speculations and Recommendation. *Modern Governance.* Sage Publications Ltd. p. 257. はそのガバナンス・モデルを、国際・国内、政府・民間、中央・地方と多次元にわたって形成されるネットワークの中で、関係する諸アクターがある程度予測可能な政策が目標に応じて安定的に決定・実施される過程として捉えている。

（141）なお、ＥＵにおける規制競争が孕む問題点と調和化への方向付けを論じるものとして、Sun, J.M.（初出 1995). Regulatory Competition in the Single Market. In Baldwin, R., Scott, C., & Hood, C.(eds.).(1998). *A Reader on Regulation.* Oxford Univ. Pr. pp. 443–67.

（142）Murphy, D.D.(2007). *The Structure of Regulatory Competition: Corporations and Public Policies in a Global Economy* (New Ed.). Oxford Univ. Pr. は、政府と企業との相互作用の中で、規制が「底辺への競争」になるのか、あるいはそうならないのか、それを決める諸条件について、詳細な事例研究に基づいて分析している。

（143）Sykes. A.O.(1995). *Product Standards for Internationally Integrated Goods Markets.* Brookings Institution Pr. xxi–xxii. なお、表中の「相互承認（認証）制度」は、主務大臣から認定を受けた適合性評価機関が、国内製造事業者等の申請を受けて、外国法令に定める特定機器について審査し認証を行うもので、相手国は、日本から輸出された特定機器について、日本の認定適合性評価機関の認証を当該国の認証機関による認証と同様のものとして受け入れる。

（144）福田耕治（二〇一二）『国際行政学――国際公益と国際公共政策〔新版〕』有斐閣、一四二～三頁。
古城佳子（二〇一〇）「国際政治と日本の規制緩和、構造改革――国際政治の変化と外圧」『構造問題と規制緩和（バブル／デフレ期の日本経済と経済政策７）』慶應義塾大学出版会、四五～七六頁は、特にバブル後において、規制緩和や構造改革を不況からの立て直し方策として評価する国内のアクターと外圧とが呼応したことで、外圧が政策決定に効果的に働くようになったと指摘する。

（145）飯尾・本章注（81）論文三八八～九頁。

（146）谷口将紀（一九九七）『日本の対米貿易交渉』東京大学出版会（特に、第二部第二章「自動車輸出自主規制問題」を参照）。

(147) 原田大樹(二〇一二)「政策実現過程のグローバル化と公法理論」『新世代法政策学研究(Vol.18)』二五一頁。

(148) 村上・序章注(8)論文。

(149) もっとも、民主主義体制は、国民(=主権者)というプリンシパルの命を受けたエイジェントとしての政治家が、さらにプリンシパルとして、具体的な行政活動を遂行していくエイジェントとしての官僚をコンロトールする仕組みであり、プリンシパル・エイジェント関係は社会のあらゆるところに見出すことができる。官僚制組織をさらに分析的に見るならば、中央・地方関係から上司・部下関係に至るまで、方々でプリンシパル・エイジェント関係が見られる(建林ほか・本章注(53)書五四〜六二頁の言う「本人——代理人関係の連鎖としての政治体制」)。

赤井伸郎(二〇〇六)『行政組織とガバナンスの経済学』有斐閣は、(行政が公共サービス提供などにおいて民間と締結する)契約の段階において、両者が想定し得る問題を明確にし、曖昧さを排除することによって予測可能性を高めるべき、情報公開による行財政運営チェック・システムによって情報の非対称性を排除し透明性を実現して自己責任体質を確立し、モラル・ハザードを防ぐシステムを構築するべき、と主張する。

Huber, J.D., & Shipan, C.R. (2002). *Deliberate Discretion?: The Institutional Foundations of Bureaucratic Autonomy*. Cambridge Univ. Pr. は、数理モデルを用い、①政治家と官僚の政策に関する対立が大きい、②政治家の立法能力が高い、③バーゲニングの必要な政官の取引環境下にない、④政治家が官僚をコントロールする手段が法律のほかにない、という条件の下で、法律が詳細化する(すなわち、政治家の官僚へのコントロールが強まる)という仮説を検証している。なお、ここで「官僚」とは行政のトップである大臣や知事を指しており、本研究で言うような「官僚」よりもかなり限定的な意味で用いられていると思われる。

(150) Lane, J.-E. (2005). *Public Administration and Public Management: The Principal-Agent Perspective*. Routledge.

(151) Vincent-Jones, P. (2006). *The New Public Contracting: Regulation, Responsiveness, Relationality*. Oxford Univ. Pr. ここでは、責任の根拠を何に求めるかという問題と共に、「契約」の柔軟性 flexibility、互恵性 reciprocity、連帯性 solidarity によっていかに効用を最大化していくかが問題となる。

(152) Lane, J.-E. (2009). Asymmetric Information Models: the Principal-Agent Perspective. *State Management: An Enquiry*

into Models of Public Administration and Management. Routledge. pp. 28–35.

（153）Brousseau, E., & Fares, M.（2000）. Are Incomplete Contract Theory and New Institutional Economics Substitutes or Complements? In Ménard, C.（ed.）. *Institutions, Contracts, and Organizations: Perspectives from New Institutional Economics*. Cheltenham: Edward Elgar. pp. 399–421.

（154）Kreps, D.M.（1990）. Corporate Culture and Economic Theory. In Alt, J.E., & Shepsle, K.A.（eds.）. *Perspectives on Positive Political Economy*. Cambridge Univ. Pr. pp. 90–132.

（155）Pratt, J.W., & Zeckhauser, R.（1985）. *Principals and Agents: the Structure of Business*. Harvard Business Sch. Pr.、及び、伊藤元重（二〇〇一）『入門経済学〔第二版〕』日本評論社、四三四～九頁。

（156）Cafaggi, F., & Muir-Watt, H.（2006）. The Making of European Private Law: Regulation and Governance Design. *European Governance Paper EUROGOV* No. N-07-02/20.

（157）Lane, J.-E.（2009）. Principal and Agents: Public Regulation. *State Management: An Enquiry into Models of Public Administration and Management*. Routledge. pp. 92–100.

（158）McCubbins, M., Noll, R., & Weingast, B.（1987）. Administrative Procedures as Instruments of Political Control. *Journal of Law, Economics, and Organization*（Vol.3, No.2）. pp. 242–77.

（159）Moe, T.（1990）. Political Institutions: The Neglected Side of the Story. *Journal of Law, Economics, and Organization*. pp. 213–253.

（160）Vickers, J., & Yarrow, G.（1988）. *Privatization: An Economic Analysis*. MIT Pr.

（161）亘理格（二〇〇九）「フランス法における公私協働——行政契約法の基層という観点から」『法律時報（八一巻五号）』一三五～九頁では、フランスの（行政庁と民間の公役務提供者との）公役務委託契約に、公役務利用者等の利害関係者との関係でも拘束力を認められる（その帰結として、契約当事者ではない利用者等が、当該条項違反を理由に越権訴訟の提起が認められる）とする契約条項を紹介しており、これ自体は三者間関係であるものの、官民関係の周辺に利用者等のステークホルダーの存在が拡大しつつあることを示唆している。

(162) 例えば、ヨーロッパにおける労使対立を超えた社会対話（Smismans, S.(2008). The European Social Dialogue in the Shadow of Hierarchy. *Journal of Public Policy*, Vol.28, Issue.1. Cambridge Univ. Pr. pp. 161–80）。

(163) 村松・本章注(41)論文八八〜九七頁、及び、真渕・本章注(100)書一五七頁。

(164) Eberlein, B.(2008). The Making of the European Energy Market: The Interplay of Governance and Government. *Journal of Public Policy*, Vol.28, Issue.1, Cambridge Univ. Pr. pp. 73–92.

(165) Moe・本章注(159)論文。

(166) Scott, C.(2008). Privatization and Regulatory Regimes. In Moran, M., Rein, M., & Goodin, R.(eds.). *The Oxford Handbook of Public Policy*. Oxford Univ. Pr. pp. 651–68.

(167) Kettl, D.F.(2009). The Key to Networked Government. In Goldsmith, S., & Kettl, D.F. *Unlocking the Power of Networks: Keys to High-Performance Government*. Brookings Inst. Pr.

(168) Scott・序章注(30)論文、Black・本章注(20)論文。

Ⅱ　事例編

第二章　事例研究を進めるに当たって――事例選択と方法論上の問題

第一節　採り上げる事例の位置関係――制度面に注目して

本研究では、技術基準の設定・運用プロセスを素材として、ここまで整理してきた理論上の問題について、実態に即して検討する。具体的には、①技術基準の国際調和化が進んでいること、②基準の基になる技術情報が民間に分散化していること、③規制空間において官民関係が多元化していることによって、規制行政機関は従来型の裁量行使が困難になっているとも考えられるが、そうした中で規制機関はどのようにして自らの裁量を確保しようとしているのかという問題について、具体的事例に即して検討する。手順としては、まず、採り上げる事例においてある程度共通して右記の国際調和化、技術情報の分散化、官民関係の多元化といった環境変化が生じていること、また、それに対する規制行政機関の対応にもある程度共通するものを見出すことができることを確認し、違いにも目を向ける。規制行政機関の裁量行使の変容は技術基準を実際に運用する場面でも現れるため、それについても各事例にある程度共通する傾向として示す。本研究では、それに加えて、行政指導の先行研究が取り組んできた行政裁量の機能条件を探ることも視野に入れつつ、規制空間の構造（その異同）を特徴付ける条件についても考察したい。

そのことを念頭に置きつつ以下で採り上げるのは、建築基準法において木造三階建て共同住宅（木三共）を準防火地域でも建設できるようにしていった事例（第三章）、軽自動車の衝突安全規制が「五〇キロ基準」へと段階的に強化されていった事例（第四章）、電気用品安全・障害に関する規制が、政府・規制行政機関による法規制から、その大部分

規制行政機関の裁量幅	「広い」←技術基準（規制）実施において→「狭い」
↑「広い」	自動車（第四章）
技術基準設定において	電気用品（第五章）
↓「狭い」	建築（第三章）

図2　規制者・被規制者の裁量幅による規制「制度」類型の整理（おおよその位置関係）

が自己認証や第三者認証、自主規制へと分化し、さらに新たな法規制と自主規制の協調が模索されている事例（第五章）である。これらの技術基準設定・運用プロセスを本研究で採り上げることは、同プロセスにおいて、nodality の危機（第一章第二節第一項(1)②）という規制行政機関の環境変化が最も顕著であると考えられる技術情報が重要な資源であるという点からも、有意義である。なお、木造建築・自動車・電気用品がいずれも我が国の産業を代表し、国民の生活との関係が極めて深い品物であることも疑いはない（もっとも、木造建築を採り上げるに当たって注目することとなった木三共そのものについては、その後あまり普及することはなかった）。

ここで分析対象とする右記三事例（規制分野）の制度的枠組みは、技術基準の設定と実施における規制行政機関の裁量幅の広狭によって整理するとすれば**図2**のようになり、それぞれ異質な「官民協働」の形態を採っていると言うことができる。また、それぞれ多かれ少なかれ国際基準との接点を有し、複数の省庁部局と多数のステークホルダー間の調整過程をも内包しているため、それらの条件が制度的枠組みや運用実態にどう影響するのかを検証する事例としても適していると考えられる。

すなわち、現場大工の技術がかなり尊重されたり、被規制者に具体的な仕様の開発・選択を委ねる性能規定が技術基準に仕組まれたりしており（それに応じて規制行政機関の裁量が狭くなっており）、規制の実効性を担保する建築確認が民間の指定確認検査機関にも開放されている（それに応じて規制行政機関の裁量がやや狭くなっている）木造建築は図の中心からやや下側に、技術基準が「道路運送車両法」の法令体系の中に位置付けられ、その実施にも、型式認証や車検・リコールの制度という規制行政機関の比較的強力な関与が想定されている自動車は左上に、「電気用品安

表8　規制法令の条文数・字数・附則による分野間比較

事例（章）			木造建築（第三章）		自動車（第四章）		電気用品（第五章）			
関連する規制法			建築基準法		道路運送車両法		電気用品安全法		（参考）電波法	
本法	条文数	字数	106	150,281	113	67,010	61	13,174	116	126,448
	字／条	附則	1,418	31,054	593	26,979	216	16,483	1,090	40,793
施行令	条文数	字数	150	187,222	15	7,360	7	12,562	16	11,075
	字／数	附則	1,248	18,351	491	4,886	1,795	18,138	692	3,168
施行規則	条文数	字数	12	171,000	70	60,013	48	102,026	52	160,382
	字／条	附則	14,250	12,228	857	37,888	2,125	9,149	3,084	17,614
以上合計	条文数	字数	268	508,503	198	134,383	116	127,762	174	297,905
	字／条	附則	1,897	61,633	679	69,753	1,101	43,770	1,712	61,575

出典：筆者作成.

全法」の法令体系や「国内ＣＩＳＰＲ委員会」が定める規格の中に位置付けられる（ただし、基準設定プロセスへの自主規制団体等の関与が見られる）技術基準が、自己・第三者認証や自主規制によって実施されている（したがって、規制行政機関の裁量が狭くなっている）電気用品は図の中心から右側に、それぞれ相対的には位置付けられる（なお、右記の「国内ＣＩＳＰＲ委員会」は、後述するように、国際無線障害特別委員会 Comité International Spécial des Perturbations Radioélectriques の勧告について国内で審議する委員会である）。

規制法令の分量（条文数、文字数、附則）という指標を用いて三つの事例を比較すると、次のようなことが言える（**表8**）。第一に、単純に分量を比較したとき、木造建築（建築基準法）が最も多く、自動車（道路運送車両法）、電気用品（電気用品安全法）へと続く。このことから、建築規制法令がカバーすべき法令の範囲が多岐にわたることや技術の内容が複雑・詳細であることが推察される。あるいは、法令の分量が多い分、被規制者側の裁量（自由度）が相対的に小さくなっている（下位の技術基準や民間規格・基準に委ねることをあまりしていない）可能性も考えられる。第二に、電気用品は本法・政令・省令という順に分量が多くなっており、少なくとも形式的には、本法が政・省令へと次々に委任して次第に詳細かつ具体的な文言になっていく通常の法令体系で想定されるピラミッド構造に近い。それに対し建築と自動車がそれからかけ離れているというわけではないものの、建築では本法や政令の分量が、自動車は本法の分量が、それぞれ比較的多い。ある事柄を本法に盛り込む際、内閣法制局や国会を通過させる必要がある分改正コストは高まるが、それは法令全体に効き社会に対して相対的に大きなインパクトを与えることが期待できる（他方、省令に盛り込むにとどめる場合、改正コストは相対的に低く抑えられる）。事柄の性質（内容、専門技術性）や既存制度との整合性等、様々な考慮要素があり得るものの、右記のような各分野の特徴は規制そのものの性質や担当者の選択の特色、裁量（自由度）の所在の違いを反映している可能性がある。第三に、全体に占める附則の割合は自動車（三四％）、電気用品（二六％）、建築（一一％）の順に多い。法令において付随的な事項を定めた附則を現実に対する本則の微調整の証左とここで捉えた場合、自動車において微調整が比較的頻繁に行われていると言える。ただしいずれにしても、状況に応じた法令（ルール）の改正を省令より下位で行ったり法令以外の（民間）規格・基準を引用・参照したりしている可能性もあり、本法・政・省令の分量の単純な比較から確定的に言えることは極めて限定的である。

ところで、本研究では、制度上の規制行政機関の裁量幅そのものよりも、むしろその運用における規制行政機関の裁量行使の方法（すなわち、裁量幅の量的側面よりも、その質的側面。裁量行使の「戦略」とでも言うべきもの）、及び、それを規定する条件に着目したい。すなわち、論理的には、①規制行政機関が管理する基準設定プロセスの中で、民間がその実体面の決定を主導する場合、②規制行政機関が合法性の最低基準を定めながら、民間規格が実質的基準として実施・運用されている場合、③自己・第三者認証や自主規制という仕組みを採りながら、それらの役割分担の制度設計や悪質な違反者への処罰のみを規制行政機関が担当する場合等、様々なレベル・局面での関与の仕方が考えられ、本研究では、その実態を事例研究により明らかにしその全体的な傾向を捉えた上で、規制空間の構造を規定する条件についても検討する。各事例にある程度共通する問題として検討すべきは、①技術基準の設定・運用プロセスと国際基準との関係、②基準設定に際して顕在化する価値のトレードオフ並びにその処理の仕方、③規制空間における官民関係の特徴（規制者と被規制者の関係、消費者・ユーザーとの関係、市場との関係、及び、それぞれの構造）等である。

なお、事例の概要と本研究全体に対する意義については、事実関係を読み進める際のガイドラインにもなるよう、各章の冒頭に整理して記す。採り上げる技術基準の設定・運用の段階・局面には事例ごとに若干のズレがあるものの、いずれの事例においても、技術基準の設定・運用に係る一連のプロセス全体を視野に入れて記述している。したがって、各規制領域の技術基準の設定・運用プロセス全体の輪郭を捉えることは可能であると考えている。

第二節　三つの政策分野の特性とおもしろさ

本研究では、三つの事例にある程度共通して見られる規制空間の構造、並びに、規制行政機関の裁量行使戦略、及び、それらの変容の傾向を考察することを第一の目的とするが、規制空間の構造を規定する要因（あるいは、各事例の前提条件の違いが規制空間や裁量行使の方法・ツールの違いをどのように規定するのか）についても、検討することにしている。そこでここでは、その下準備も兼ねて、各政策分野の特性・前提条件の違いがどういったところにあり、そうした「特性」の軸において三つの事例がどのように位置付けられるのかについて簡単に整理しておこう。それをここで示すことにより、なぜこの三つの事例を採り上げるのか、この三つの事例を採り上げて比較することにどういったおもしろさがあるのかについて、述べることにもなる。さらに言えば、そうした違いがありながら事例にある程度共通する傾向を見出すことができるのならば、規制に関して、その傾向をある程度一般性のあるものとして扱うことにもさほど大きな問題はない、ということにもなる。

第一に、いずれの製品（木造建築、自動車、電気用品）も、程度の差こそあれ、国際化の圧力に晒されている。製品や原材料が国境を越えてやり取りされる場合には調和化のインセンティブがあるが、技術基準の基になる技術情報が科学的に不確実であるがゆえに、①その不確実な領域をどれだけ深刻な問題として捉え、どこに線引きをするのか(1)とい

表9　事故・障害発生の頻度と深刻さ（目安）

	事故・障害の発生件数	事故・障害の深刻さ
（木造）建築（建物火災）	27,137件（2010年度）	↑大
自動車	736,688件（2009年度）	
電気用品（EMIによる雑音発生）	統計なし	↓小

出典：筆者作成.

う問題が最終的に各国の政策的判断となる場合[2]、②各国民のリスクへの曝露量、地形・気候等の物理的条件、生活パターン、さらには文化等を含む地域的・社会的条件等の差異が重要視される場合[3]には、差異化に向かうインセンティブがある[4]。これは、規制対象技術の持つ不確実性・リスクや起こり得る事故の頻度と深刻さとも連動し得る。例えば、事故（障害）の頻度は木造建築、自動車、電気用品（潜在的なものを含む）の順に多くなっていき、事故（障害）の深刻さは電気用品（ＥＭＩ（電磁妨害波 Electromagnetic Interference）による雑音発生）、自動車（衝突）、木造建築（地震・火災）の順に増していくことから、事故（障害）のリスクにおいて、三つはそれぞれ異なる性格を帯びたものと考えられる（**表9**）。したがってこれらは、リスク（認知）の性格が規制（空間）のあり方をどう規定するかを検討する上でも、興味深い事例の組み合わせである[5]。

第二に、いずれの製品も、その原材料を含め、様々な価値のトレードオフを内包し得る。すなわち、当該規制を何のためのものと見るのか（安全か、環境か、消費者保護か、国内産業保護か、業界秩序や市場の維持か、地域振興か、雇用の維持か、対外関係か）等、フレーミング（第一章第二節第三項(1)④）の仕方によって、あるものを重視すれば他のものを重視できないというトレードオフも生じ得る。規制行政機関がこれに関して再フレーミングをすることによって、政策課題そのものやステークホルダーの内容や範囲を変え政策プロセスを操作・管理することも可能であり、それはときに強力な裁量行使になるが、それが困難な場合には「政治」等、「外」の領域に諸価値間の調整を委ねる場合もあり得る。詳細は事例研究の中で確認したい。

第三に、いずれの事例でも、異なる所管・関係部局と異なる産業構造を成している民間アクターとの恒常的・継続的な交渉関係と裁量共有が見られる。官民の裁量の分配・共有における違いと位置付けについては前節で示した通りであるが、例えば、木造建築の場合、国土交通省(建設省)住宅局を中心としながら、農林政策・消防・経済産業・貿易・環境・労働・住生活・外交等の各部局が関係し、自動車の場合は、国土交通省(運輸省)自動車(交通)局を中心としながら、道路交通政策・警察・経済産業・貿易・環境・救急救命等の各部局が関係し、電気用品の場合は、経済産業省(通商産業省)商務情報政策局製品安全課を中心としながら、製品認証・情報通信機器・電波監理・貿易等の各部局が関係してくると考えられる。

これに関連して、三つの事例においては産業構造も異なる。木造住宅の場合、建築主(大手住宅・建材メーカー、プレハブ企業、販売業者、中小工務店、現場大工)、設計事務所(元請け、下請け)、商社、民間確認検査機関、施工業者(元請け、下請け)、コンサルタント会社、買い主(消費者)等の動きへの注意が必要である。上位五社の市場占有率は、自動車が約八〇%なのに対し、戸建て住宅で約一五%に留まる。住宅生産の多くが建設現場で行われ、木造住宅一品(一軒)ごとに設計・工法が異なり、さらに、木造住宅という製品の品質が無数に存在する個々の大工の技量に依存し不確かな施工精度に左右される。施工する業者や労働者には一〇人以下の中小事業者や非熟練工が多い。近年、規制行政機関の交渉相手として大工や工務店が業界団体(社団法人全国中小建設業協会)の形で顕在化しているというが、大工技能者は大幅に減少する一方平均年齢が上昇しており(**表10**)、従来の徒弟制度も機能しにくくなっている。自動車の場合、メーカー側の構成員の大部分は中小の系列会社・部品工場が占めるが、それらの作る部品はある程度規格化されており、自動車という製品が完成に近づくにつれて組織は一〇程度の大きな組立工場(大手メーカー)へと収斂していく。こうして、中小の系列会社・部品工場からディーラーに至るまで、ネットワーク上の被規制者コミュニティは比較的強固である。電気用品の場合、工業会四団体という強力な業界団体があるのに対し、法令への適合性検査を行う登録指定機関が一三(国内に五、国外に八)あり、規制対象製品(三三九品目)を

表10 建築分野における変化

大工技能者	1980年	1985年
数	937,000人	806,000人
平均年齢	39.6歳	42.4歳

出典：社団法人全国中小建設業協会のデータを基に，筆者作成．

製造する事業者は六万~八万にも上る。したがって、業界団体を頂点とした被規制者コミュニティの強固さは自動車と建築の中間に位置付けられる。

第三節　方法論上の問題について

三つの事例研究は、各種文献の調査や関係者へのインタビュー、関係団体の会合やシンポジウムの観察等の成果に基づくものである。

「観察」の数よりも多い「推論」は原則、行うことができない[6]。この「少数事例問題」の批判に応えるためには、何を実証するかによって異なり得る、選ぶべき事例の類型や事例選択に関する説明責任を果たすべきことに注意する必要がある[7]。他方で、少数の事例でも有効な分析が可能とする議論もないではない。すなわち、少数事例の比較研究も、①特定の問題領域の研究に光を当てた理論枠組みの構築、②多様な歴史的文脈において生ずる普遍的問題の特定、③政治的・社会的境界を横断した概念的同等物の特定などにおいてその有効性を発揮する[8]。質的研究には、右記の原則(いわゆる、スモールN)が問題となる量的研究とは別の論理があり得[9]、質的研究と量的研究にはそれぞれ強みと弱みがあるのだから、両者は生産的補完関係に置かれるべきでこそあれ優劣を付けることはできない[10]。質的研究、なかんずく事例研究にはむしろ、開拓的な新理論の探求に強みがあるとも考えられる[11]。

以上のような基本的立場に身を置きつつ、本研究では前掲した三つの事例を採り上げる。この三つの事例は、相対比較を通してそれぞれの特徴を抽出し、さらにはあらゆる分野の規制空間にある程度共通する構造変容の傾向を探るに当たって、次の三点において、方法論上も採り上げる意義を有している。

第一に、三つの事例は、いずれも官民協働による技術基準の設定・運用プロセスでありながら、本章で整理したように少なくとも制度の外観上、仕組みや用いる手法が異なっている。したがってそれらは、官民が協働する規制空間の構造、及び、その規定要因（個別事例の違いを生じさせる条件）について、現実に即しつつ検討を深めていく材料として適している。

第二に、そうした技術基準の設定・運用のプロセスに少なくとも三つの事例（すなわち、視点）から光を当てることによって、ある程度一般的に[12]、規制空間において、規制者への応答として被規制者が取る合理的行動を捉えることができる。もっともこれに関しては事例の数が多ければ多いほど望ましいということになるが、三つの事例は前節で述べた点や産業構造等、それぞれ異なる環境の中で観察されたものであり、それだけ立体的な考察が可能になる。このことをむしろ肯定的に捉え、今後のさらなる事例研究にも繫げていきたい。

第三に、三つの事例はそれぞれに固有の歴史的文脈を内包しているものの、むしろそれぞれを経年的に捉え相互に比較することによって[13]、行政組織や官僚制にある程度普遍的に存在する問題を特定し、それが孕む理論的課題の検討を深めることができると考えられる。例えば、三つの事例はそれぞれ右記のように比較的多くの省庁部局が調整・交渉をする中で進行していくのであり、これらの事例研究は、官僚制理論に伝統的なセクショナリズムの問題が現実の事例においてどのように観察されるのかという学問的・実務的関心にも応えてくれよう[14]。また、行政学研究においていまだに看過されがちな、規制の選択肢としての組織・手続とそれらがなすシステムの構造がいかなるものか、そのうちなぜある特定のものが選ばれるのか、それがいかなる点において他の選択肢より効果的だったのかといった問題は[15]、ある程度時間的な幅を持った事例研究を展開することによって、深く検討することが可能になると思われる。

（１）「後悔しない政策（不確実であるがゆえに、コストのかかるリスク規制を採ることを控える）」か「予防原則（不確実であっても何か起こると不可逆的なことになるので、予防的に行動する）」か。

（2） Wiener, J.B., Rogers, M.D., Hammitt, J.K., & Sand, P.H.(2010). *The Reality of Precaution: Comparing Risk Regulation in the United States and Europe*. RFF Pr.

（3） Wildavsky, A.(1988). *Searching for Safety*. Transaction Publishers.、及び、Hood, C., Rothstein, H., & Baldwin, R.(2001). *The Government of Risk: Understanding Risk Regulation Regimes*. Oxford Univ. Pr. など。

（4） 城山英明（二〇〇二）「科学技術政策の国際的次元」『科学技術社会論研究（第一号）』二二九～二三〇頁。

（5） ただし、それが実際のリスクを反映しているとは限らないことにも注意が必要である（Slovic, P.(1979). Rating the Risks. *Environment*(April 1979). Vol.21, No.3. pp. 14–20.）。例えば、事故発生確率は高くないがいったん事故が発生すると甚大な被害をもたらす原子力関連施設に対する規制に対し、自動車への規制を規定するリスク認知は、その効用や利便性なども加味されてそれほど深刻なものではなく、技術自体、社会的にも受容されている。建築の場合、地震や火災発生の不確定性は極めて高く、ユーザーの行動は、彼らがリスク対応のためにどれだけのコストを掛ける意思を持つかに大きく依存していると思われる（Viscusi, W.K., & Aldy, J.E.(2003). The Value of a Statistical Life: A Critical Review of Market Estimates Throughout the World. *Journal of Risk and Uncertainty*(Vol.27, No.1). Springer Netherlands. pp. 5–76.）。ただいずれにしても、悪質な事故やトラブル、災害が起こると社会的関心が一気に高まり、行政が対応を迫られるという点ではある程度共通している。

（6） ゲアリー・キング＝ロバート・コヘイン＝シドニー・ヴァーバ〔真渕勝監訳〕（二〇〇四）（原書一九九四）『社会科学のリサーチ・デザイン――定性的研究における科学的推論（*Designing Social Inquiry: Scientific Inference in Qualitative Research*）』勁草書房。

（7） Gerring, J.(2007). *Case Study Research: Principles and Practices*. Cambridge Univ. Pr., Chapter 5.

（8） Rueschemeyer, D.(2003). Can One or a Few Cases Yield Theoretical Gains? In Mahoney, J., & Rueschemeyer, D.(eds.). *Comparative Historical Analysis in the Social Sciences*. Cambridge, UK: Cambridge Univ. Pr.（参照、内山融（二〇〇七）「事例分析という方法」『レヴァイアサン（第四〇号）』木鐸社、一九〇～五頁）。

（9） 例えば、量的研究と質的研究の「推論のてこ比」が異なり、選択バイアスが両者に同じように生じるわけではないと論じるものとして、Brady, H.E.(2004). Doing Good and Doing Better: How Far Does the Quantitative Template Get Us? In Brady, H.E., & Collier, D.(eds.). *Rethinking Social Inquiry: Diverse Tools, Shared Standards*. Lanham, MD: Rowman & Littlefield Publishers. Chapter 3.

（10）内山・本章注（8）論文。

（11）Gerring, J.(2004). What is a Case Study and What is It Good For? *American Political Science Review*, 98(2). pp. 341–54.

（12）George, A.L., & Bennet, A.(2005). *Case Studies and Theory Development in the Social Sciences*. Cambridge, MA: MIT Pr.

（13）Pierson, P.(2004). *Politics in Time: History, Institutions, and Social Analysis*. Princeton Univ. Pr.

（14）参照、今村・第1章注（80）書。

（15）Wilson, J.Q.(1985). Neglected Areas of Research on Regulation. *Regulatory Policy and the Social Sciences*.

第三章　木造建築規制――「木造三階建て共同住宅」をめぐる内圧と外圧

本章では木造建築（とりわけ木造住宅）に対する規制を採り上げる。それは、災害対策の必要性、燃えにくい軽量鉄骨の普及、日本建築学会の「木造禁止の決議」等により全体として木造建築を忌避していた時代から、高まる住宅需要、規制緩和と基準の明確化を求める「外圧」、建築技術を合理化したい規制行政機関の意向、中曽根政権期以降の民活路線、防耐火技術の開発と進展、国内の林業・大手製材業者の慢性的不況からの脱却に向けた動き、プレハブやツー・バイ・フォーといった新工法への供給サイドの流れ、土地の有効利用や木への愛着を訴える声等、様々な要因による木造建築の再評価により、規制を「緩和」していく時代へという流れで説明される。ここで採り上げる「木造三階建て共同住宅（木三共）」の規制緩和も、確かに日米間のＭＯＳＳ協議や林産物協議といった「外圧」が大きな引き金となっているが、それ以前に木造建築はかなり復権してきていたのであって、それを右記のような木造建築規制の大きな文脈の中で捉え直すことが可能であり、実態により即している。

木三共の技術基準をめぐっては、いかなる技術によって防耐火性・耐久性等の性能・品質を維持・向上していくのか、いかなる方法によって現場を混乱させることなく規制を実施していくのかといった観点のみならず、他所で発生した火災をそれ以上延焼させないという都市防火の観点、メンテナンスの責任負担の観点、先行する海外技術にどこまで調和化しどこから差異化するのかという観点等、様々な事項について早急に検討・決定することが求められた。そうした中で規制行政機関は、建築確認や大臣認定の他、法令体系への新カテゴリー（「準耐火建築物」）の組み込み、民間との協力による実証実験等を主導すること等により、自らの裁量を維持し建築の安全性確保の責任を果たそうとしてきた。

木造建築規制には、住宅と建築を所管する住宅局以外に消防庁や林野庁も関係してくる。また被規制者も、①伝統工法を用いた戸建て住宅等の建築に携わる大工や工務店、②ツー・バイ・フォー等新工法を用いた木造住宅等の建築に携わる大手住宅・建材メーカー等、③構造計算が必要になるような高度な建築技術を用いた大規模木造建築物の建設に携わる大手ゼネコン等、という風に少なくとも三層構造になっており、規制空間には様々なレベルの技術を持ったアクターがいて多元的である。建築確認審査が省略される戸建て住宅等の安全性は、かつては住宅金融公庫の融資基準によって担保されていたが、今では住宅品質確保法による性能表示や住宅瑕疵担保責任保険法人による検査制度がそれを実質的に継承・補完している。建築規制の技術基準が増大し、また建築学会の仕様書や品確法の性能表示等、その外延が広がってきていることは、技術基準の設定・運用プロセスへの学会や保険会社、金融機関、メーカー、消費者等の参画を伴っている。近年では、住宅局を中心として、明示的な官民協働による技術基準検討体制の枠組み作りも進められている。

第一節　木造住宅の安全規制の仕組み

第一項　建築基準法の構造と木三共

建築基準法を採り上げるに当たって、次に挙げるような建設業の特性を念頭に置いておかなければならない。それは、①受注産業であるからあらかじめ市場生産ができない点、②移動産業であるから機械や労働力の確保及び能率的な使用が難しい点、③屋外産業であるから天候や天災に左右されることが多い点、④通常の場合一品生産であるから各々の工事ごとの特性が大きい点（これらは自動車や電気用品に対しても特徴的な点である）、⑤総合的な産業であり下請け制度の上に成り立っている点、⑥建築主側にもある程度の知識があり、建設業者の知識・技術との関係に齟齬が生じることがある点、⑦伝統的に、安易な信頼関係によって契約が結ばれてきた傾向がある点、⑧契約される金額は通常の商品の売買契約と比較して高額である（したがって、消費者にとって「大きな買い物」となる）点等である。(1)

戦前の市街地建築物法を起源とする建築基準法は「ザル法」の典型とも言われてきた。それは、部材や構造についてピンポイントで規制を課してきたものに過ぎず、他方、防火・準防火地域以外の戸建て住宅等、大半の建築物は法令に基づく審査が省略されており、実質的には現場大工の「勘」（現場知）をかなり尊重しその遵法意識に期待するものであった（設計通りに建てられたかを確認する完了検査も行われない）ためである。例えば、市街地建築物法において、木造の構造詳細の基準（仕様）は作られたが構造計算は求められておらず、現在でもそうである。これは、木造建築に関わる者（大工や棟梁などの伝統的技能者集団）に構造計算の実施を求めるのは無理であり不要であるという判断によるものでもある。(2)それに対し近年、防耐火性等の規制対象となる木造三階建て住宅等や構造計算エンジニア等の先進的な技術を対象とし、高度な建築技術開発と連動して法令が比較的細かく規制する部分が、重要性を増してきつつある。

本章で採り上げる木三共は後者に含まれるが、それは我が国において歴史的に経験が乏しいものだったため、その技術基準の検討は、それ以前に制定されていた類似の建築的実体（木造戸建て住宅）に対する技術基準の項目をかなり尊重する形でバラバラに進められた。(3)木三共は、現場の大工や工務店等の伝統的な熟練技術とは異なるところで、建築研究の開発成果により建築基準法に組み込まれたものと言える。

第二項　建築基準法における技術基準の設定・運用

(1) 建築確認と検査

建築基準法の技術基準は通常、官報で公示されるが、さらにその適法性を担保する仕組みとして建築主事等に対する確認申請がある。もっとも同法は、すべての建築行為について確認申請を要求しているわけではなく、確認申請が必要なのは同法第六条一項に示された場合のみであって[4]、それ以外の区域、建築の規模、行為の種別に関してはその手続が省略される(大工や工務店が建てる戸建て住宅等の多くがこれに含まれる)。本研究で特に注目する木三共は、同条二号(木造の建築物で三以上の階数を有し、又は延べ面積が五〇〇平方メートル、高さが一三メートル若しくは軒の高さが九メートルを超えるもの)に該当するため、建築確認が必要となる。

なお、建築基準法第六条の三第一項は、建築士の設計による所定の建築物について(単体規定に関する)建築確認の手続を省略できることを定めている(三号)。建築基準法の制定当初は、建築士制度が未成熟であったこともあり、建築物は基本的に建築士による設計管理と建築主事による建築確認検査というダブル・チェックを受けることが制度化されていた。その後も建築技術の高度化や都市化で建築規制は強化されてきたが、一九八三年、「中曽根民活」の潮流を受け、右記のような建築確認省略の規定が置かれた(四号特例)。もっとも当時、建築士事務所の前身とも言うべき代願事務所が書類を整え、さらには設計管理も行うという運用がなされるようになっており、また建築主事の建築確認の業務量もかなり増加していた。その後、「耐震強度偽装事件(二〇〇五年一一月)」を受け建築士ではなく公的なチェックを求める声が高まり、二〇〇六年には少なくとも構造計算を行う建築物についてはダブル・チェックを行うことが制度化され、この四号特例の見直しも検討された[5](これについては、建設業者等から同特例の廃止時期を慎重に判断するべきとの要望書が国土交通省や都道府県に提出され、(6) 住宅局では、二〇一〇年四月に「四号特例の見直しは、設計者等が十分に習熟した後に行うことにしており、その実施時期はまだ決まっておりません」と通知した後、規制強化の反動による建築確認の停滞や現場の混乱を避けるため廃止はしないこととなった)。建築士法において建築士会への加入が強制ではなく、建築士に対する監視・監督が十分にはできないという問題もあり、建築基準法では建築士の資格・教育制度とセットでの運用も模索されている。

(2) 型式適合認定制度

建築主事または指定確認検査機関が確認及び検査をする場合、型式認定を受けた型式に適合する建築材料を用いた建築物、認定型式に適合する建築物の部分を有する建築等については、一部規定について審査の対象から除外される（法六条の三、七条の五等）。

国土交通大臣は、申請により、建築材料または主要構造部、建築設備その他の建築物の部分の型式が建築基準法令の規定のうち材料、構造上の基準等に適合するものであることの認定（型式適合認定）を行うことができる（法六八条の一〇）。この認定を受けた建築材料または構造方法は建築確認・検査の特例として、建築主事または指定確認検査機関が確認・検査を行う場合に審査の対象から除外される（法六条の三）。同じく大臣は、規格化された型式の建築材料、建築物の部分の製造をするものの認証を行うことができる。大臣は、型式適合認定及び型式部材等製造者認証について、国内外の民間機関（指定認定機関）にこれを行わせることができる。(7)

なお、同法第三八条（現在は削除）は同様のことを定めており、(8) 実質的には同様の運用が例外的になされていたが、日米構造協議での要求を受けルールが明確化・透明化され、現在のような仕組みとなった（第二節第三項(3)。大きかった住宅局の裁量・自由度はその限りでやや縮小した）。

(3) 建築・住宅の国際基準・規格と国内体制

一九九〇年代ごろの建築基準の国際調和の動きは、大別すると、①GATT・WTOや日米構造協議に代表される非関税障壁の解消、市場開放などの経済摩擦の解消の活動と、②ISO規格やヨーロッパ規格の統一化などの諸規格・諸基準の国際調和・国際統一化の活動の二つがあり、それらは建築材料をはじめとする建築部品等の規格化、さらには建築計画や構造計算などの基準にまで及んでいる。(9)

これに対応するための組織体制として、建築・住宅分野に関係する建設省関係諸団体からの出捐により「建築・住宅関係国際交流協議会」が立ち上げられた。同協議会は二国(政府)間の国際会議に係る支援事業を行ってきたが、一九九〇年一一月に組織の変更・拡充を行い、新たに国際建築基準等研究部会及び国際協力企画部会を設置して、建築・住宅に関する諸外国との情報交流、建築基準等の国際化にかかわる海外の情報収集等の一層の促進を図ることとなった。一九九八年五月には国際建築・住宅情報部会を新設し、また従来の国際建築基準等研究部会を国際基準等研究部会に変更して部会の活動内容を拡充することになり、名称も「建築・住宅国際機構(IIBH)」へと変更した。(10)

その活動の一つに建築・住宅に関する諸外国の技術・基準、及び制度等に関する調査研究があり、ISOの国内審議団体としても活動している。(11) 日本ではJISC(日本工業標準調査会(第五章第三節第二項(3)))がISOに加盟しており、ここが窓口となって、各TC(専門委員会)あるいはSC(分科委員会)に関係する行政機関、公益団体、業界団体等が国内審議団体を委託されて業務を行っている。当初、建築関連のISOの窓口は日本建築学会にあったが、代表を常に派遣できるだけの資金力がなく国際会議の場で日本の立場を反映させることが困難であったこともあり、後に財団法人日本建築センター内の建築・住宅関係国際交流協議会に移管され、また一九九三年度以降は建設省の「総プロ」(第二節第二項(4)②)で基準の国際調和が図られるようになった。

ＩＩＢＨは、製図一般原則、建築製図、建築一般構造、建築材料及び構造の燃焼試験、建築物の設計の基本等を担当している。ＴＣやＳＣにおいては国際規格の作成及びその体系的な見直しをしており、作成原案、規格案等の各段階の書類はＩＳＯ事務局からＪＩＳＣを通じてそれらに送付され、審議が行われる。同機構では学識経験者、行政担当者等から構成されるＩＳＯ国内連絡委員会を設置し、その下に分科会、ＷＧを設けている。また、ＩＳＯ規格の制定、改正等に国内の意見を反映させていくために、国際会議への参加も積極的に推進しようとしている[12]。建築においても、試験データ共有の便宜や試験の合理化、円滑な経済交流という理由により技術基準の国際調和が求められたりもするが、建築物の実態、耐火構造に対する基本的考え方や法的運用の仕方の違いにより試験方法の調和化にも困難がある[13]。現に建築規制行政は各国で比較的自律的に実施されており、アメリカが国際調和化に消極的であることもあって、我が国でもそれほど熱心な取り組みとなっていない。むしろ、国境を越えて売買される製材規格の技術基準の方が、自動車や電気用品と同様のニーズを反映して国際化への関心が高い。

第三項　木三共について

(1)「防火地域」と「準防火地域」

都市の中心市街地や主要駅前、主要幹線道路沿いなど、大規模な商業施設や多くの建物が密集し火災などが起これば大惨事になりかねない地域は「防火地域」に指定されている。防火地域は、都心部など人や物が集中する中心商業地、あるいは災害時に救援活動のセンターとして機能すべき官公庁街などに指定される（東京都内では約二一％がこれに該当する）。同地域内に建設される一定規模以上の建物、四階建て以上の共同住宅、商業施設・ホテルなどの特殊建築物は耐火構造でなければならない。駅前を中心とした商業地域と都市の防災計画から、幹線道路沿いの二〇〜三〇メ

表11 「準防火地域内」の建築規制

	500 m² 以下	500～1500 m²	1500 m² 超
4 階建以上			
3 階建	耐火建築物，準耐火建築物，または一定の技術基準に適合する建築物	耐火建築物または準耐火建築物	耐火建築物のみ
2 階建以下	木造建築物でもよい（一定の防火措置が必要）	耐火建築物または準耐火建築物	

出典：関係法令を参照の上，筆者作成.

ートルの範囲内が指定される。同地域内の建物は、原則として「耐火建築物（一般的には、鉄筋コンクリート造や鉄骨鉄筋コンクリート造などの建築物）」としなければならない。ただし、地階を含む階数が二以下で、かつ延面積が一〇〇平方メートル以下の建築物は「準耐火建築物」とすることができる。

防火地域の外側に隣接した地域は「準防火地域」に指定される。同地域内では地階を除く階数が四以上、または延面積が一五〇〇平方メートルを超える建築物は「耐火建築物」としなければならないが、延面積が五〇〇～一五〇〇平方メートルで三階以下あれば「準耐火建築物」でも、さらに五〇〇平方メートル以下であれば一定の基準に適合する木造三階建ても、建てることができる。準防火地域は都心と郊外住宅地の中間に指定されている（表11。東京では約六万ヘクタール、大阪では約一万八〇〇〇ヘクタール）。

(2) 「特殊建築物」と「準耐火建築物」

建築基準法第二七条は特殊建築物が「耐火建築物」でなければならない旨を定めるが(14)、「地階を除く階数が三で、三階を下宿、共同住宅又は寄宿舎の用途に供するもの（…）のうち防火地域以外の区域内にあるものにあつては、第二条第九号の三イに該当する準耐火建築物（…）とすることができる」としていた（現在では一部改正されている）。そこで、法二条第九号の三を見ると、「準耐火建築物」とは、「耐火建築物以外の建築物で、イ又はロのいずれかに該当し、外壁の開口部で延焼のおそれのある部分に前号ロに規定する防火設備を有するものをいう」とされている。

表 12　準耐火構造の耐火時間

	部位		耐火時間	
			木三共等以外	木三共
通常火災非損傷性	壁	間仕切壁(耐力壁のみ)	45 分間	1 時間
		外壁(耐力壁のみ)	45 分間	1 時間
	柱		45 分間	1 時間
	床		45 分間	1 時間
	はり		45 分間	1 時間
	屋根(軒裏を除く)		30 分間	
	階段		30 分間	
通常火災遮熱性	壁	一般	45 分間	1 時間
		延焼の恐れのある部分以外の非耐力壁	30 分間	
	軒裏	延焼の恐れのある部分	45 分間	1 時間
		上記以外	30 分間	1 時間
	床		45 分間	1 時間
屋内通常火災遮炎性	外壁	一般	45 分間	1 時間
		延焼の恐れのある部分以外の非耐力壁	30 分間	
	屋根		30 分間	

出典：関係法令を参照の上，筆者作成.

イ　主要構造部(壁、柱、床、はり、屋根、階段)を準耐火構造としたもの

ロ　イに掲げる建築物以外の建築物であつて、イに掲げるものと同等の準耐火性能を有するものとして主要構造部の防火の措置その他の事項について政令で定める技術的基準に適合するもの

傍線を引いた「準耐火構造」とは、壁、柱、床その他の建築物の部分の構造のうち準耐火性能(通常の火災による延焼を抑制するために当該建築物の部分に必要とされる性能)に関して政令で定める技術的基準に適合するもので、国土交通大臣が定めた構造方法を用いるもの又は国土交通大臣の認定を受けたものを言う(法二条七項の二)。耐火性能時間が**表12**のように定められており(同法施行令一〇七条の二第一～三号)、仕様規定は建設省告示(平成一二年第一三五八・一三八〇号)に定められている。すなわち、次の建築物の各部分については、当該部分に通常の火災による火熱が加えられた場合に、加熱開始後、記載された時間において、構造耐力上支

障のある変形、溶融、破壊その他の損傷を生じないものであることが技術基準で求められている。(15)

(3) 木三共の技術基準

準防火地域内の木三共については、右記の条件の他にも詳細な技術基準が存在する。(16) 木三共は、「準耐火建築物」の「準耐火構造」という基本的要件に比較的多くの人々の用に供される「特殊建築物」として求められる耐火性等の要件を追加することによって「準耐火建築物」とされ、そうすることで「準防火地域」でも建設可能となった類型である。

第二節 事例——木造建築に対する規制の歴史と木三共の規制緩和

本節では、木三共の登場を含め、木造建築に対する規制行政の変遷を概観する。木造建築規制については、①耐震・防耐火の観点から、都市計画法や建築基準法の規定とその運用において木造建築物が忌避・抑制された一九七〇年代ごろまで（第一項）、②それ以降、木造住宅に対する建築規制の緩和が模索された一九八〇年代まで（第二項）、③一九九二年の建築基準法改正で木三共が解禁となり、一九九八年改正で木三共が準防火地域で建設可能となり、さらに二〇〇〇年改正（建築確認の民間開放、性能規定化等）で大規模木造建築の可能性が広がっている時期（第三項）と、三つの時期に区分することができる。(17)

第一項　木造建築物の忌避と規制強化――第一期（〜一九七〇年代）

(1)　建築基準法等の木造建築物規制

江戸時代の度重なる大火とそれによる甚大な被害は、日本の建築物が主として木造であることが大きな原因だと理解された。銀座での大火事（一八七二年二月）を受け東京府は「不燃化宣言」を公布して銀座煉瓦街の建設に着手し、また日本橋での大火事（一八七九年一二月）を受け、京橋、日本橋、神田の主要道路の両側に建設する家屋をレンガ造、石造、土蔵造のいずれかに制限した。

日本の耐震性研究は、濃尾地震（一八九一年一〇月二八日）をきっかけとして始まった。レンガ造りを進めていた政府は、サンフランシスコ地震（一九〇六年四月）を経て鉄筋コンクリート構造や鉄骨構造を重視していった[18]。それに対し木造は、火災に弱かったことや研究者が絶対的に少なかったことなどから徐々にあまり研究されなくなった[19]。

一九一九年制定の都市計画法と市街地建築物法は日本で初めての全国規模の建築法規であり、その骨格は建築基準法に受け継がれている。同法施行規則の構造関係規定の原型は日本建築学会（一八八六年設立）が東京市に提出した東京市建築条例案であり[20]、それに基づいて警視庁建築取締規則案が作られ、微修正を経て市街地建築物法施行規則となった[21]。同法では都市に防火地区を設け、防火地区内における建築物の防火構造に関する規定が置かれた。

市街地建築物法制定後間もなく起こった関東大震災（一九二三年）、昭和期に入ってからの地方都市での大火、第二次世界大戦等による被害は、さらに木造を回避する方向へと社会を向かわせた[22]。戦後、市街地建築物法の下で木造建築物の防火構造に重点を置いた臨時防火建築規則が公布されたのと期を同じくして、戦災復興院総裁官房技術研究所（防火研究部門）、日本損害保険協会火災科学研究会、国家消防本部消防研究所（現・消防庁消防大学校消防研究センター）、日本火災学会といった、現在に連なる重要な研究機関等が設立された。しかし、そこでの研究・調査は耐火造建物に重点が置かれ、木造建築物についての目ぼしい知見は乏しかった。(23)

一九五〇年、建築基準法が制定された。そこでは、福井地震(一九四八年六月二八日)を直接のきっかけとして「壁率(耐力壁の水平断面積の合計を当該壁の壁率算定用床面積で除した数値)」の規定が採り入れられたが、(24)防火地域、準防火地域内での木造建築物の建設と木質材料の使用は厳しく制限され、木質材料は耐火構造や不燃材料から排除された。このころから、耐火試験方法の技術基準(JIS)と建築基準法とが併行して整備されていった。(25)

一九五二年制定の耐火建築促進法では都市の枢要部に防火建築帯が指定され、この区域内に立つ耐火建築物(少なくとも木造ではないもの)に自治体が補助金を交付する制度が設けられた。具体的には、耐火建築と木造建築の工費差額の半分までを公費で補助するというものである。(26)

一九五六年に住宅金融公庫法の簡易耐火構造住宅の規定が改正され、「主要構造部を不燃材料その他の不燃性の建築材料(コンクリート・レンガ・鉄鋼等通常の火災時において燃焼の現象を起こさない建築材料)で造つたもの」が加えられた。

一九五九年の建築基準法改正では、耐火建築物と木造の間に「簡易耐火建築物」の概念(コンクリート・ブロックや軽量鉄骨を用いた耐火性の比較的高い建築物)が導入された。そして、それにさえ含まれない木造建築物は、防耐火性能において著しく劣るものとみなされた。(27)このとき「簡易耐火建築物」として想定されたのは軽量鉄骨等のプレハブ住宅(あらかじめ部材を工場で生産・加工し、建築現場で加工を行わず組み立てる建築工法による住宅。職人の腕に頼ることなく一定の品質が確保でき、工場で生産される分、在来工法に比べ工期が短いのが特徴)であり、住宅需要に対処するべく軽量鋼材や石綿スレート材などの新しい不燃材料や構法の開発・普及を進めるという政策目標が背景にはあった。(28)一九六一年制定の防災建築街区造成法では、防耐火建築物の面的拡充が図られた。

(2)　木造禁止の決議と専門家の認識

木造に対するこうした厳しい流れに、伊勢湾台風(一九五九年九月)被害以降の災害対策への取り組みとして日本建築学会が発した木造禁止の決議は追い打ちをかけた(政策プロセスへの直接の影響と言うよりも、研究・教育を通じた間接的な影響が大きかった)。一九五九年一〇月、日本建築学会大会で緊急集会が開かれ、下記の決議案を満場一致で可決した。

建築防災に関する決議
一、防災地域の設定
一、都市再開発による防災計画の実現
一、防火、耐風水害のための木造禁止
一、防災構造の普及徹底
都市並びに建築物の防災基本方策を速やかに確立して、その徹底的実現のため、強力な国家施策の実現を要望する。
右記は、昭和三四年度日本建築学会近畿大会において決議する。

建築学会でこうした決議が出た背景に、災害対策という社会的要請の他、「軽量鉄鋼」の登場とそれを推進する建築学会メンバーの存在があったことが指摘されている。実際、日本の経済が戦後の混乱期を経て立ち直り、鉄鋼やコンクリートといった建築構造材料を大量に生産する体制が整い、その裏返しとして鉄鋼やコンクリートの需要を増やす必要が出てきた。また、この時期は戦時期の乱伐で荒れた山に戦後植林した木がまだ育っておらず、国産材の供給を抑えざるを得ない状況でもあった[29]。関東では文部省の委託により「鉄骨造校舎の構造設計標準」を完成させた「鉄骨造校舎のＪＩＳ化の研究」のプロジェクト長を務めた仲威雄(東京大学教授)が、関西では右決議文を出した学会の近畿支部長であった鷲尾健三(大阪大学教授)が、それぞれ軽量鉄骨の研究開発を推進した[30]。

この木造冷遇政策によって、大型建物では木造建築が激減した[31]。集成材(断面寸法の小さい木材を接着剤で再構成して作られる木質材料)を用いた体育館等も一九六〇年ごろには激減してほとんど建てられなくなり、反木造キャンペーンは一九八〇年ごろまで続けられた。他方で、建築基準法で審査が省略される防火・準防火地域以外の木造住宅は減少するどころか高度経済成長の中で激増し、それへの膨大な需要も存在していた[32]。

(3) 軽量鉄骨の台頭

軽量鉄鋼・軽量鉄骨は、量産が技術的・経済的に困難であった鉄筋コンクリート造住宅に対し不燃住宅としてあくまで次善策でしかなかったが、一九五五年に中之島製鋼が市場に送り出して以来、多くのメーカーが製造に乗り出した。建設省の働き掛けにより一九五五年一一月に設立された「日本軽量鉄骨建築協会」は、その後の産学連携による研究開発をリードした。同協会はまた、軽量形鋼のＪＩＳ原案を作成し、工業技術院への答申はＪＩＳＧ三三五〇(建築構造用冷間成形軽量形鋼)の制定等に結実した[33]。同協会は軽量鉄骨建築の構造設計の簡便化の研究も進め、一九六〇年には、住宅局建築指導課長から「建築確認申請時、協会の刊行した『軽量鉄骨建築の構造設計――住宅・店舗付住宅』によって設計された軽量鉄骨建築は、構造計算を行わなくても差し支えがない」との通達が出された。一九六〇年以降は、軽量鉄骨建築協会の下部委員会で調査研究がなされた事項について、「軽量鉄骨建築審議会」で指導規準、各種標準書の作成等の審議が行われた。技術者の指導方法もそこで検討され、実際に全国各地で育成技術講習会が開催された。

軽量形鋼が構造材としての役目を次第に別の技術（H形鋼）に譲ると、一九六〇年代後半以降、軽量鉄骨建築の比重は低下し、一九六八年二月、協会は解散した（業務は「鋼材倶楽部（現・一般社団法人日本鉄鋼連盟）」に引き継がれた）。

第二項　木造建築物の再評価――第二期（一九七〇～八〇年代）

(1)　大工たちの状況、新工法の出現・オープン化

高まる住宅需要に対して、現場で家屋の建築に携わる大工たちは「（建築）基準法と公庫の形式的な仕様に従わざるを得ず、加えて、『たかが木造』という雰囲気の中で、長いものには巻かれる式に延々とバラック住宅をつくり続けた。他に選択肢があるとすれば、プレハブ住宅の組立屋になるか、ツー・バイ・フォー（＝枠組壁工法）に手を出すかしかな」く、[34]余力のある者はそちらへ流れていった（逆に、それ以外の者は伝統的な工法を用い続けた）。

プレハブ住宅は、一九六二年、ミサワホーム（大手住宅メーカー）が最初に大臣認定を受け、[35]住宅不足への対応を迫られた建設省住宅局の政策意図にも合致して、一九六〇年代以降、急速に生産が広まっていった（建築基準法上の「簡易耐火建築物」のカテゴリーは、このニーズに応えるべく設けられた（第一項(1)）。一九六三年に設立された社団法人プレハブ建築協会では鉄鋼系のみならず木質のプレハブもここに含めようという動きが生まれ、財団法人日本建築センターの木造評定委員会が内規を作った（これが後に、同センター工業化住宅委員会におけるツー・バイ・フォー基準の設定に繋がった）[36]。以前の法令では伝統的な軸組構法（在来工法）が前提とされていたが、一九六七年ごろにアメリカから導入されたツー・バイ・フォーもプレハブと同様、[37]建設大臣が旧法第三八条の規定に基づいて個別に企業に対して認定を行うという形式が採られていた。

なお、財団法人日本建築センターは一九六五年に建設省の許可を受けて設立され、[38]二〇〇八年の公益法人制度改革

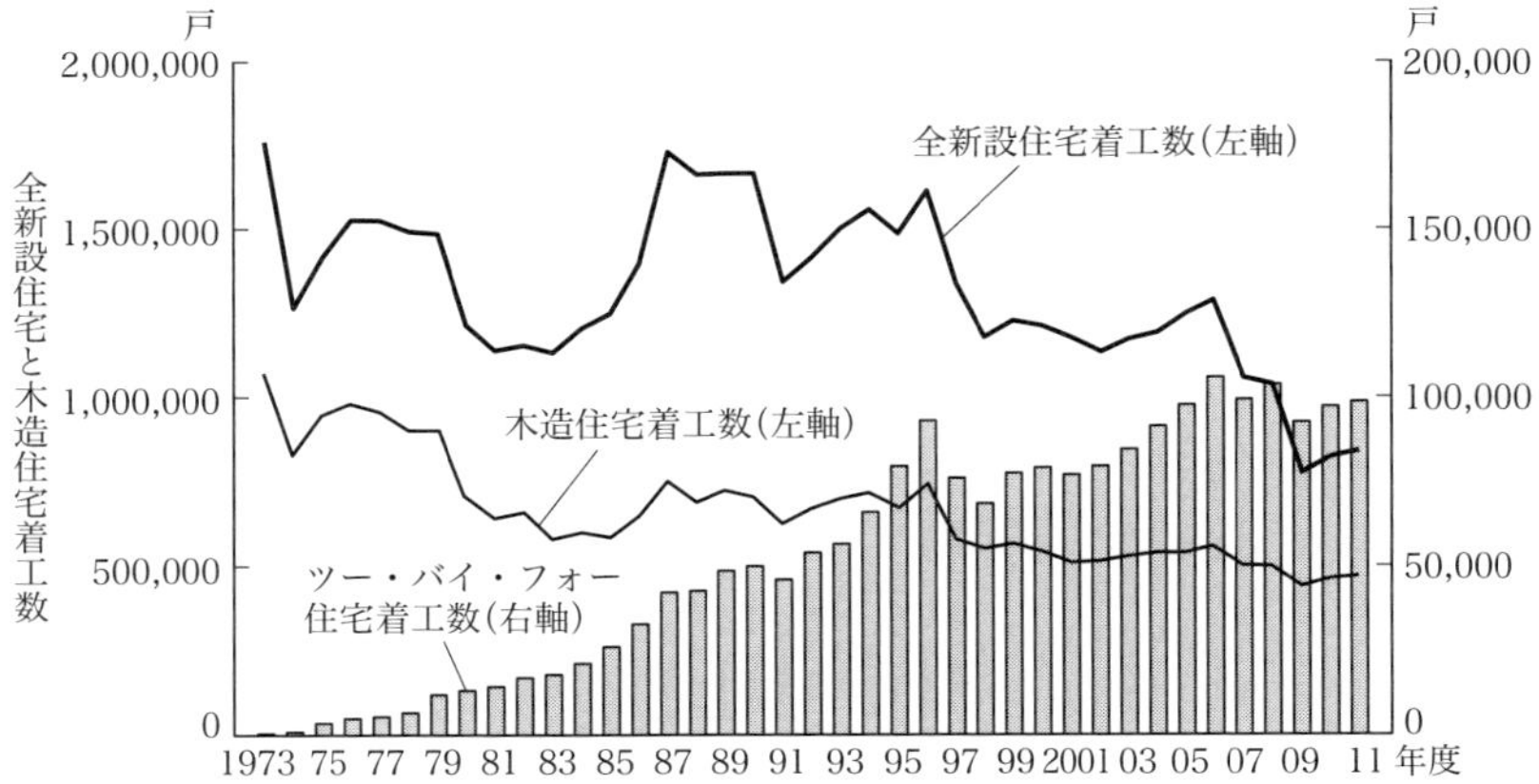

図3　ツー・バイ・フォー住宅と新設着工推移

出典：(社)日本ツーバイフォー建築協会ホームページ(http://www.2x4assoc.or.jp/builder/transition.htmi).

までは特に住宅局と密接に連携しながら活動してきた。それは民間工務店の出資を受けた「ソーシャル・カンパニー」であって、フランスに留学した行政官らのアグレマン（大臣認証）制度研究の場としても活用された[39]。

一九六五年以降には、新工法である枠組壁工法（＝ツー・バイ・フォー）による木造建築物が一般住宅として建てられる傾向が強まった[40]。住宅・建材メーカーが枠組壁工法やプレハブ等、合理化された新工法を開発・利用する一方、高齢化が進み勢いを失いつつあった大工・工務店等に対してどう政策的に働き掛けていくのか（そうした担い手の伝統的な技術をどう合理化していくのか）といった問題が住宅局によっても認識されていた[41]。

枠組壁工法自体はもともと北米で一般的に行われていた工法であり、日本においても、それを採用する業者数の増加、実績戸数の増加が見られる中、技術研究が進められた。「総合技術開発プロジェクト」（4②）における「小規模住宅新施工法の開発」には一九七四～五年に約五七〇〇万円が投入され、ツー・バイ・フォー等に関する研究開発成果を出した[42]。そして一九七四年には技術基準（告示第一〇一九号）が定められ、枠組壁工法が一般的工法としてオープン化された（これには、カナダからの外圧が作用していた[43]）。同年、住宅金融公庫は「枠組壁工法住宅共通仕様書」を発刊した[44]。

(2)　木造建築への関心とその背景

一九七〇年代後半以降、建設省は木造住宅と不燃化施策の融合にも乗り出した。このときに建設省が掲げたのは、土地の有効利用、鉄筋造と比べたコスト・メリット、国民のニーズ、軽量であるため基礎への負担が小さいという技術的理由、地域振興といった観点であり、これについては国産材利用を進める林野庁等、他の省庁部局も賛同した。そこで、アパートやマンションなど共同住宅分野にまで木構造の可能性を追求しようと、社団法人日本ツーバイフォー建築協会を中心とする関係者もそれに協力した。

戦後に計画的に植林された木が、この時期に伐採して使える状態になってきてもいた。さらに、それまで鉄筋コンクリート造と鉄骨造しか設計できなかった建築家が、この時期に木を使った建築を設計することを試み始めたとも指摘されている。法令上、あるいは行政上の受け入れ態勢が整わない中にあって、意欲的な建築家が悪戦苦闘しながら木造建築に挑んだ結果、後に町民体育館等の大規模木造建築も生み出された[45]。

建築審議会（一九七六年）は「建築生産近代化の推進のための方策に関する答申」で木造住宅生産の中心である在来構法（工法）に注目し、建設省は翌年、これに基づいて在来工法の合理化等を行う「木造住宅在来工法合理化促進事業」を創設した[46]。

一九七八年一二月には、枠組壁工法による共同住宅（三戸連続建て小屋裏利用三階建てタウンハウス）の実大火災実験が千葉県浦安市で初めて行われた。三戸並んだ中央の住戸から出火したという想定で行われた実験の結果、隣戸への延焼は全く見られずコンクリート並みの高い耐火性能があることが実証された。

一九八一年には、大工・工務店の供給体制全体を対象とし、地域特性に応じた木造住宅技術の改良・業務の共同化による工務店機能の強化・需要者サービスの向上を実現するため「木造住宅振興モデル事業」が開始された[47]。これにより、零細工務店が共同で体制強化する例も見られた。

一九八二年、住宅金融公庫は不燃構造の定義を改正し、木質系プレハブや枠組壁工法などを「省令簡易耐火」に昇格させる形で耐火性の高い木造建築物に対する融資条件を改善した。「簡易耐火建築物」と同じく、住宅需要に対応するべくプレハブ住宅を融資基準体系に組み込む一種の便法でもあった。

木造住宅の生産供給体制の合理化と近代化を一層推進し、地域特性を踏まえた良質な木造住宅の供給を促進するため、一九八五年度から「地域木造住宅生産供給促進事業」が実施され、一九八七年度からは同事業を拡充した「木造住宅生産近代化促進事業」が実施された[48]。

ところで、木造公営住宅についても建設可能な範囲が拡大していった。一九七五年度の「公営住宅建設基準」改正では、木造公営住宅の建設は特別の事由によりやむを得ないと建設大臣が認めた場合にのみ行うことができるとされ、この結果、一九七五年から八〇年度にかけては過疎地域等に限定して建設が行われてきた。ところが一九八一年度以降になると、都市部であっても、団地周辺の市街化の程度及び土地利用の状況、並びに地域における住宅生産体制の状況等を総合的に勘案した上で建設できることとされた。以後、地域の振興、地場産業の育成に寄与すること（そうした要望が地方自治体の首長等から直接、住宅局に寄せられたりしたこと）に鑑み、立地等を勘案の上その積極的な推進が図られていた[49]。このようにして、一九八〇年前後において木材の見直し、木造建築の復権運動が起こった[50]。

(3) 国内製材業の状況

日本の住宅着工量は一九七〇年代中盤以降一〇数年にわたって減少傾向を辿っていたが、その中でも木造住宅の着工減が大きく、しかも代替材の急進がこれに拍車をかけて製材品の市場規模を著しく縮小させ、木材産業界の業況不

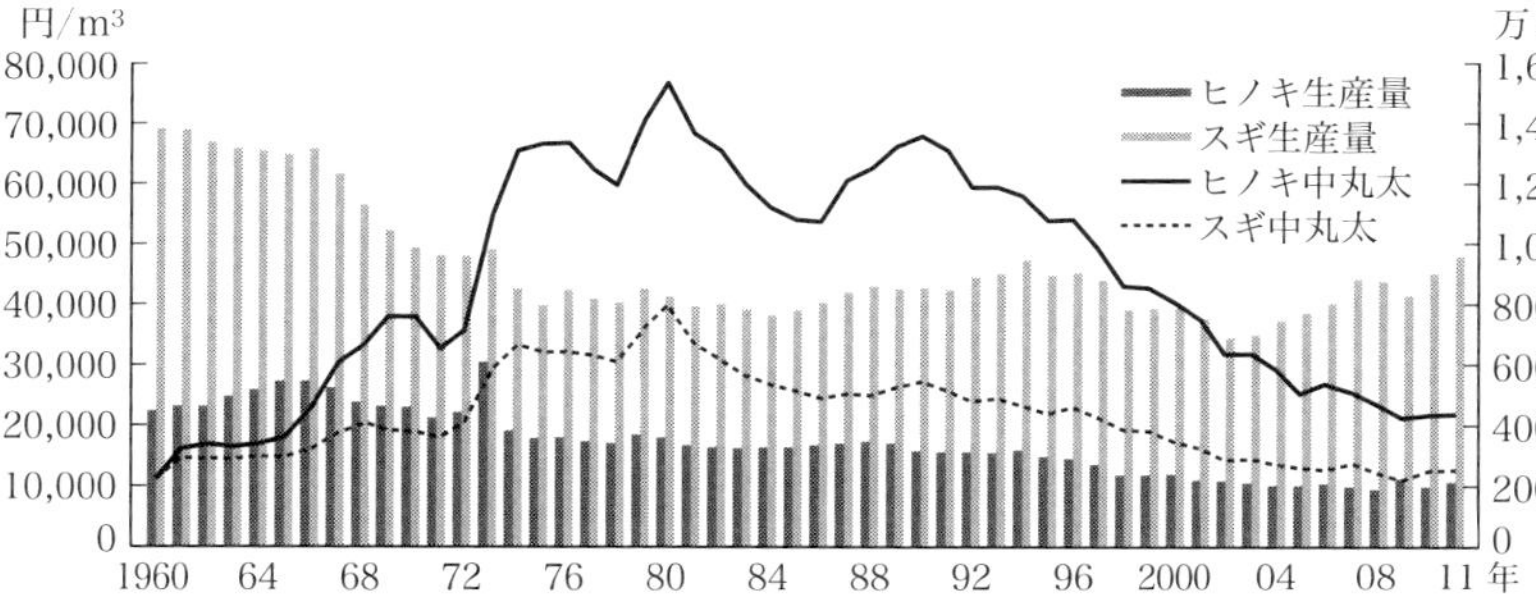

図 4　国内材丸太価格と生産量の推移

※スギ中丸太(径 14〜22 cm, 長さ 3.65〜4.0 m), ヒノキ中丸太(径 14〜22 cm, 長さ 3.65〜4.0 m)のそれぞれ 1 m³ あたりの価格.
資料：農林水産省「木材価格」,「木材統計」.
出典：林野庁木材産業課資料『木材価格の動向等について』.

振を長期化させていた。特に製材業界にあっては、全体的な需要減少の中で過剰設備がもたらす過当競争を激化させる一方、その過程で相対的に安価な輸入製材品が市場流入し、慢性的な「原木高の製品安」現象をさらに深化させ構造不況業種とされた。この背景には、木造住宅建設の営業や施工はほとんどが比較的零細な大工・工務店によって行われ、木材業者は材料供給にのみ力を注いできたきらいがあること、高度成長期は木造率も高く材料供給のみでも十分採算が取れたため、建築工法や木材のＰＲ活動を怠ってきたこと等の事情があると考えられている。[51] こうした中、資金力・信用力・宣伝力・開発力をもつ大手住宅・建材メーカーは、ツー・バイ・フォー等、別の工法により業界の隙間に入り込み席巻した。

従来工法を採る木材業者はこれに危機感を抱き、木材協同組合を設置するなどして木造住宅の需要促進策を図り、木造三階建てのモデル棟建設にも取り組んだ。これについて、木材業者は「木材産業の活性化は、林業の活性化に繋がる。戦後の植林が伐期を迎えつつある現在、これを有効利用することが日本の林業の活性化にとって不可避の問題であり、林業の盛衰が国土保全に重大な影響があることを考えると、従来工法の三階建て住宅の普及によって柱をはじめとする大量の国産材が使用できるとすれば、これは林業のみならず日本の発展にとっても大きく貢献する」と認識していた[52](国会議員からもそうした声が寄せられた)。

一九八五年以降、相次ぐ住宅ローンの金利引き下げや内需拡大策により、一九八七年には新設住宅一六七万戸と史上第三位の着工数を記録し、木造住宅の前年比一七％増（非木造の伸びには及ばなかったものの）が製材品の需要増に結び付き業界に久方ぶりの活況を与えた。とはいえ一九八七年の需要増加は、国内工場の生産分が一三〇万立方メートル（前年比五％増）、輸入製材品が一九〇万立方メートル（前年比三三％増）で需要量の伸び率への寄与は国内分四〇％、輸入分六〇％であって、市場拡大に対しては輸入分の方が有利に展開していたのも確かであった。[53] 木三共についても、北米規格に則った木材が利用されたため、国内の木材利用に与えたインパクトはそれほど大きくなかった。

(4) 「外圧」とそれへの対応

① MOSS協議と建築規制の見直し

一九八五年（中曽根、レーガン政権期）、エレクトロニクス、電気通信、医薬品・医療機器、林産物、輸送機器の各分野に関してMOSS協議が開始され、一九八六年一月、「日米共同報告」が発表された。そこでは、木造建築物に関係して、木材及び木製パネル製品の使用がさらに容易となるような防火、建築基準の見直しが盛り込まれた。また、合板や集成材に表示してあるJAS規格について、そのころ北米で開発されていたOSB（配向性ストランド・ボード）やウエハー・ボード等の構造用パネルの規格を日本の住宅建築に使用可能な材料としても認定せよ、との要望も含まれていた。[54] その強度等については、農林水産省林業試験場と財団法人日本住宅・木材技術センターの二か所で試験が行われた。

一九八六年三月二九日の参議院予算委員会では、江藤隆美建設大臣（当時。第二次中曽根第二次改造内閣）が、「木造住宅を建てるための隘路を解決する努力が必要」と述べ、五月の東京サミットに向け建設省、林野庁の課長レベルで現行法規制の問題点を洗い直す作業に入ることを明らかにした。政府は内需振興の柱の一つとして、大型木造建築物の建設を促進するための大幅な規制緩和を実施するという方針を示していた(55)。

②　木造三階建て住宅の安全性実証実験と「総プロ」

一九八七年の一月と一一月、木造三階建て住宅と三階建て枠組壁工法住宅の火災実験が建設省建築研究所（ＢＲＩ）(56)と社団法人日本ツーバイフォー建築協会との共同研究により研究所（筑波）内で行われ、木造三階建て住宅でも、石膏ボードなどの耐火材料で室内を囲んだり防火性の高い各室防火区画を形成するように設計、施工を行ったりすることにより耐火性能を向上させられる（上階への延焼時間は遅く、十分な安全性が確保できる）ことが実証された。一九八二〜五年の構造別・階数別に見た住宅火災一〇〇件当たりの死者数に関して防火木造では三階建ての方が二階建てよりも少ないというデータは、後の木造三階建て解禁に繋がった(57)。

一九八六年から九〇年にかけて立ち上げられた総プロ（「新木造建築技術の開発」）には、約三億四三〇〇万円が投入された。これは、民間企業等の個別の取り組みと並行して建設省において進められた(58)。

木造建築に関しては、技術開発が明示的に官民協働のプロジェクト形式を採っていたこと、及び、その課題の設定・選択も官民協働によってなされていたことが（自動車や電気用品に対して）特徴的である。建設省では、一九七二年度に建設技術開発会議（一九七〇年創設の建設大臣の諮問機関）の成果により創設された「総プロ」の他、**表13**に掲げた諸制度の中で(59)、国のニーズに合った建築技術開発を行ってきた。これらの枠組みを通して創出された新工法や新技術は、直轄の工事において技術活用パイロット事業等で活用された。また、基準、指針、設計法等については行政的にオーソライズし、建築基準法等の改正に活かされた。

「総プロ」は、「建設技術に関する重要な研究課題のうち、特に緊急性が高く、対象分野の広い課題を取り上げ、行政部局（建設省）が計画推進の主体となり、産学官の連携により、総合的、組織的に研究を実施する制度」である(60)。

表13　建設技術の研究開発の諸制度

制度(開始年)	研究年	1992年度予算	課題数	特　徴
総合技術開発プロジェクト(1972年)	5年	7億9264万円	8つ/年	・建築技術に関する重要な課題で，行政部局が主体. ・研究開発の対象が多領域. ・産官学が密接に連携.
建設技術の評価(建設技術評価制度)(1978年)	1年	1321万円	4つ/年	・新技術導入に慎重になりがちな建設分野において，民間の研究開発意欲の向上に資するため，民間で開発された新技術に関し国が評価. ・開発すべき課題は，行政ニーズに基づき国が決定.
官民連帯共同研究(1986年)	3年	9174万円	6つ/年	・民間からの提案のうち，行政ニーズが高い課題を選定. ・基礎的研究(土木研究所，建築研究所，国土地理院との共同研究等)によって得られた技術を実用化するための応用研究.
建設技術の緊急研究(1991年)	2年	5860万円	1つ/年	・特に社会的に緊急性が高く集中して研究を行うべき研究課題. ・「木三共の性能向上技術の開発」もこの1つ.

出典：国土交通省資料等を参照の上，筆者作成.

「総プロ」は一九七二年度の創設以来、二〇〇七年度までに五五課題が終了している[61]。新しい工法は主として民間の大手住宅・建材メーカーで創出されてきたが、政府が関与するこうしたプロジェクトでは、そうした技術の動向を調査し、それを補完する技術の開発の他、新工法を評価するための技術の開発にも主眼が置かれた[62]。

(5) 建築基準法改正(一九八七年一二月)とその運用

① 大断面木造と木造三階建て戸建て住宅の規制緩和

一九八七年一二月に建築基準法が改正された。これは木造建築に対する制限を合理化するもので、まず高さ制限が緩和されて「大断面木造」の建築が可能になった。また、準防火地域でも、防火上必要な技術的基準に適合すれば木造三階建て戸建て住宅(五〇〇平方メートル以下で、高さは一三メートル以下)が建てられることになった。この法改正により、木造三階建て住宅は「土地の高度利用、ゆとりある住生活の実現のための有効な手段」の一つとなり、また住宅・建材メーカー、地域ビルダー等の三階建て住宅に関する積極的な取り組みもあって建設が本格化した。住宅金融公庫融資においても、以前の「木造住宅は地上二階以下」という制約を取り払い、一九九八年度からは木造三階建て住宅の基準を定めて新たに融資対象とした。さらに一九八九年度からはすべての三階建て住宅に対して一〇〇〇万円の割増融資を実施するなど、新しい住要求に対応した施策を講じた。

こうして木造三階建て住宅が増える中、地域ビルダー等から「構造計算が大変だ」とか「混構造はどうすればいいのか」といった声が上がり、建設省は「簡易構造設計基準に関する通達」（一九八七年）、「一階が鉄骨造又は鉄筋コンクリート造で二階及び三階が木造である建築物（いわゆる三階建て混構造）の構造設計方法について法三八条に基づく認定に関する通達」（一九九一年）を出してこれに対応した(63)。このころのアンケートによると、「三階建て住宅の建設理由」で多かったのは「敷地の有効利用（七五％）」、「一階を駐車場等に利用（五五％）」であった。基本的には鉄筋コンクリート造等と競合できる性能と価格ということが指摘されたが、商品としての問題、とりわけ集合住宅としてのプランニングの充実、共有部分のソフト開発などの問題、さらに耐用年数や建て替え問題の考慮、果たして木三共が中古流通市場に乗るのかなど、検討事項も残された(64)。

②　製材規格の検討

林野庁は、建築構造用材を主体に新たな製材規格のあり方を探るため学識経験者、関係業界、消費者、行政関係者の参加を得て「製材規格研究会」を発足させ、現行の規格の内容と供給体制、普及方策について検討を行った(65)。

ＪＡＳ（日本農林）規格は、製材の品質改善、生産の合理化、取引の適正化、使用・消費の合理化に資するため一九六七年に制定され、その後、一九七二年の規格体系を見直す大幅な改正等も行われた。この規格も木造住宅規制の影響を受けたものの一つである。

すなわち、①建築基準法の一九八七年改正において木造建築に関する規制の合理化がなされたことにより、木造で建築できる建築物の範囲が拡大されたこと、②ゆとりある住生活を求める国民のニーズの高度化を受け、より質の高い木造住宅が求められてきたこと、③大断面木造建築物や木造三階建て住宅など、構造計算の必要な木造建築物の需要が増えてきたこと、④大工等の技能工の不足等から木造建築物の施工の合理化が求められ、機械プレカット・システムが進展してきたこと等の状況変化、さらには、⑤加工コストの低減や労働生産性の向上の不十分、製材の寸法や品質にバラつきが多いことに起因する取引の煩雑さに伴う流通コスト削減の困難等、木材産業の体質改善という課題が認識されていた。

こうした中で、林野庁を事務局として開催された製材規格研究会には、外部協力委員会として、財団法人日本住宅・木材技術センターに技術的側面からの規格のあり方を研究するための「建築用木材性能評価委員会(委員長：大熊幹章東大教授)」を、社団法人全国木材組合連合会に供給者側からの規格のあり方を研究するための「製材規格検討委員会(委員長：公平秀蔵社団法人全国木材組合連合会特別顧問)」を設け、研究成果を製材規格研究会へと反映させた。[66]

(6) 日米林産物協議と国内での検討[67]

① アメリカの要求と「高度の行政判断」

包括通商法スーパー三〇一条では、不公正貿易を行っている国を特定して市場開放協議を要求し、改善が見られないとアメリカが判断した場合にはアメリカが一方的に関税の引き上げ等の報復ができることとなっていた。一九八九年、アメリカがこの条文を持ち出して報復を前提とした協議を要求し、これを日本が拒否したところ「日米貿易委員会(毎年二回開かれる局長級の定期協議)」で協議が行われることとなった。スーパー・コンピュータ、人工衛星、そして林産物についてである。

協議の中で、建築基準に関連してアメリカは、第一に日本の基準の性能規定化を、第二に建築基準法上の大臣認定等の手続の迅速化を求めた。第一点目について、日本は、当時の建築基準法ではすでに原則（構造計算の規定において）性能規定となっていたこと、仕様規定には建築技能者にも分かりやすいという利点があり、全面的な性能規定化は必ずしも適切ではないことを挙げて反論した[68]。こうして、日本は安全水準を下げることは考えておらず、また技術開発の進展に応じて建築基準の必要な見直しを実施していく考えを示し、こうした原則にはアメリカも理解を示した。

この時点でのアメリカの最大の要求は、木三共を、周辺への火災拡大の恐れのない地域にそうした建て方で建てることを認めることであった。当時、日本では、多数の人が利用し得る三階建て以上の特殊建築物については耐火建築物とすることを義務付けていた。しかし、共同住宅は区画が小さく分かれており、廊下、階段も外気に解放されているものが一般的であることなどから、高度の行政判断により、最終的に防耐火性能の高い木造の三階建て共同住宅については規制を緩和することとした（もっとも、これまでの経緯の中で木造建築技術はかなり蓄積されていた[69]）。

一九九〇年四月二五日、第七回日米林産物専門家会合において、建築基準法で規定する構造上・防火上の安全水準を確保しながら木造建築物に関する合理的な見直しをする内容が合意され、それまで精力的に続けられてきた協議に一応の決着を見た。その後、合意文書の調整が行われ、六月一五日に「木材製品に関連して日本政府が講じる措置」として在米日本大使館の村田大使（当時）からアメリカ通商代表部のヒルズ代表（当時）宛てに提出されたのが、この合意書簡である[70]。

日米林産物協議における合意（一九九〇年六月）の概要（傍線は筆者による）

●原則

一、建築基準を、原則として性能規定とすることが望ましい。

二、新製品、新建築システム及びＪＡＳ、ＪＩＳ製品に関する建築基準法上の手続を、迅速に行う。

三、今後とも木造建築に係る技術開発を促進する。

●具体的対応

一、速やかに対応するもの

・木製ドアに適用可能な防火戸の試験方法を定めること。

・外国企業向けに建築基準法の説明会を実施すること。

二、一九九一年度までに対応するもの

・枠組壁工法の技術基準に構造計算規定を追加し、設計の自由度を拡大すること。

・防火性能の高い大断面木造建築物及び枠組壁工法建築物を、簡易耐火建築物として位置付けること。

・内装の制限（難燃材料の使用）を受ける居室の壁への木材の使用を認めること。

・防火・準防火地域の外で、木造による三階建て共同住宅（五〇〇〜一〇〇〇平米の規模で、敷地境界からの後退距離が三〜四メートル）の建築を限定的に認めること。

・三階を共同住宅とし、一〜二階を商業用途など多様な用途に供した複合建築物が、木造で建築できることとすること。

三、一九九三年度までに対応するもの

・木造三階建て共同住宅等について、高さ制限を見直すこと。

・防火・準防火地域以外で、木造による三階建て共同住宅（一〇〇〇〜三〇〇〇平米の規模で、敷地境界からの後退距離が三〜四メートル）の建築の一般化を図ること。

●さらに、今後の実施を確保するためのフォローアップ体制を整えることも、合意された。

表 14 「総プロ」における研究課題

	数	課題
1972～1979 年度	12	1972 年度(1. 新耐震設計法の開発, 2. 海洋構造物建設技術の開発), 1973 年度(3. 新道路交通システムの開発, 4. 住宅性能総合評価システムの開発), 1974 年度(5. 小規模住宅新施工法の開発), 1975 年度(6. 新地盤改良技術の開発), 1976 年度(7. 新物流システムの開発, 8. 地下水涵養技術の開発), 1977 年度(9. 都市防火対策手法の開発, 10. 省エネルギー住宅システムの開発, 11. 建設工事環境改善技術の開発), 1978 年度(12. 沿道地域の居住環境整備に関する総合技術の開発).
1980～1989 年度	16	1980 年度(13. 建築物の耐久性向上技術の開発), 1981 年度(14. 建設事業への廃棄物利用技術の開発, 15. 震災構造物の復旧技術の開発), 1982 年度(16. 湖沼の総合的水管理技術の開発, 17. 建築物の防火設計法の開発, 18. 雪に強い都市づくりに関する総合技術の開発), 1983 年度(19. エレクトロニクス利用による建設技術高度化システムの開発), 1985 年度(20. コンクリート耐久性向上技術の開発, 21. バイオテクノロジーを活用した新排水処理システムの開発), 1986 年度(22. 海洋利用空間の創成・保全技術の開発, 23. 新木造建築技術の開発), 1987 年度(24. 地下空間の利用技術の開発, 25. 災害情報システムの開発, 26. 長寿社会における居住環境向上技術の開発), 1988 年度(27. 建設事業への新素材・新材料利用技術の開発, 28. 鉄筋コンクリート造建築物の超軽量・超高層化技術の開発).
1990～1999 年度	18	1990 年度(29. 建設事業における施工新技術の開発), 1991 年度(30. 社会資本の維持更新・機能向上技術の開発), 1992 年度(31. 省資源・省エネルギー型国土建設技術の開発, 32. 土砂災害に関する防災システムの開発, 33. 建設副産物の発生抑制・再生利用技術の開発), 1993 年度(34. 大都市地域における地震防災技術の開発, 35. 美しい景観の創造技術の開発, 36. 防・耐火性能評価技術の開発), 1995 年度(37. 新建築構造体系の開発), 1996 年度(38. 次世代鋼材による構造物安全性向上技術の開発, 39. 統合情報システム活用による建設事業の高度化技術の開発, 40. 生態系の保全・生息空間の創造技術の開発), 1997 年度(41. 建設事業の品質管理体系に関する技術開発, 42. 投資効率向上・長期耐用都市型集合住宅の建設・再生技術の開発), 1998 年度(43. 外部コストを組み入れた建設事業コストの低減技術の開発), 1999 年度(44. 災害等に対応した人工衛星利用技術に関する研究, 45. 工業化インフィル住宅の工法等の開発, 46. 宇宙・情報技術等による国土管理高度化技術の開発).
2000～2008 年度	15	2001 年度(47. シックハウス対策技術の開発, 48. 循環型社会及び安全な環境の形成のための建築・都市基盤整備技術の開発), 2002 年度(49. 自然共生型国土基盤整備技術の開発, 50. 社会資本ストックの管理運営技術の開発, 51. 災害情報を活用した迅速な防災・減災対策に関する技術開発及び推進方策の検討), 2003 年度(52. ロボット等による IT 施工システムの開発), 2004 年度(53. 持続可能な社会構築を目指した建築性能評価・対策技術の開発, 54. 都市空間の熱環境評価・対策技術の開発), 2005 年度(55. 社会資本の管理技術の開発).

出典：国土交通省資料等を参照の上, 筆者作成.

合意では、建設省告示（昭和五七年第五六号：枠組壁工法を用いた建築物の構造方法に関する安全上必要な技術基準を定める件）により、構造計算によって安全性が確かめられた場合には枠組壁工法に対する構造上の規制に変更を加えるとされた。こうした合意に至った日本側の背景としては、それ以前の新木造に係る「総プロ」において、木造建築に関する構造技術と防火技術（燃えしろや防火被覆等）の開発を行い[71]、このような措置が技術的にも可能であり一定の耐火性能を確保できるとの知見を得ていた[72]ということがある。

この合意事項の実施を確保したりプロジェクト等の進捗状況について意見交換をしたりするフォローアップ体制として、日米林産物小委員会、及び建築専門家委員会等③を定期的に実施することとした[73]。

② 「木三共等開発委員会」の発足

木造建築物については、総プロの「新木造建築技術の開発」の中で構造耐力、防火性、耐久性等に関する技術開発が行われていたが、建築基準法の改正に向け、一九九一年二月二一日、財団法人日本建築センターに「木造三階建て共同住宅等開発委員会」が新たに発足し、新木造総プロやＢＲＩの直轄研究として実施された「木造共同住宅の防火性能向上技術の開発（建設技術の緊急研究）」などとの密接な連携により、木三共そのものの技術や規制基準について検討が進められることとなった[74]。発足時点で法改正のための技術基準告示を一九九一年度中に行い、さらに規模拡大等による基準の見直しを行い、法改正等を一九九三年度中に行うこととされた。

同委員会の委員構成は**表15**に整理した通りで（個人名は捨象し、役職名のみを記述した）、**図5**にあるタイム・スケジュールに則って、一九九〇年度中に木造等簡易耐火建築物の技術基準の素案作成、九一年度中に実大火災実験による総合的検証を交えながらの技術基準作成と告示、九二年度中に技術基準作成と法令改正が行われることとなった[75]。また、防火試験方法の開発も併行して行われた[76]。建築研究者の他[77]、行政、公庫、公団、財団、社団等の代表者が委員として

表 15 「木三共等開発委員会」委員の構成

出自＼会議	本委員会(30 名)	防火分科会(29 名)	構造分科会(20 名)
大学関係	日本大学理工学部教授(委員長) 明治大学工学部教授 東京理科大学工学部教授 千葉大学工学部教授 東京大学工学部教授	日本大学理工学部教授(委員長) 千葉大学工学部教授 東京大学工学部助教授 神戸大学工学部教授 名古屋大学工学部助教授	東京理科大学工学部教授(委員長) 東京大学工学部教授 東京大学農学部助教授
省庁 自治省	消防庁予防課長	消防庁予防課課長補佐 同　消防研究所第三研究部地震防災研究室長	
省庁 農水省	林野庁林政部林産課長 森林総合研究所木材利用部長	林野庁林政部林産課課長補佐 森林総合研究所木材利用部材料性能研究室長	林野庁林政部林産課課長補佐 森林総合研究所木材利用部材料性能研究室長
省庁 建設省	住宅局建築指導課長 同　建築物防災対策室長 同　住宅建設課長 同　住宅生産課長 同　木造住宅振興室長 同　市街地建築課長 建築研究所企画部長 同　第三研究部長 同　第五研究部防火研究調整官	住宅局建築物防災対策室課長補佐 同　住宅建設課課長補佐 同　木造住宅振興室課長補佐 同　市街地建築課課長補佐 建築研究所第五研究部防火研究調整官 同　第五研究部防火材料研究室長 同　第五研究部防煙研究室長 同　第五研究部防火研究室長	住宅局建築指導課課長補佐 同　住宅建設課課長補佐 同　木造住宅振興室課長補佐 建築研究所第三研究部長 同　第三研究部主任研究員
公庫・公団	住宅・都市整備公団建築部長 住宅金融効果建設サービス部長	住宅・都市整備公団建築部設計課長 住宅金融公庫建設サービス部技術開発課長	住宅・都市整備公団建築部設計課長 住宅金融公庫建設サービス部技術開発課長
財団法人等	(財)日本建築センター専務理事 (財)日本住宅・木材技術センター専務理事 (財)ベターリビング筑波建築試験センター所長 (財)建材試験センター常務理事・中央試験所長 (財)日本建築総合試験所常務理事副所長 住宅建設業団体協議会 (三井ホーム(株)常務取締役) ((社)日本木造住宅産業協会専務理事) (ミサワホーム(株)常務取締役) (大和ハウス工業(株)専務取締役技術担当)	(財)日本住宅・木材技術センター試験研究所主任研究員 (財)ベターリビング筑波建築試験センター副所長 (財)建材試験センター中央試験所耐火試験課長 (財)日本建築総合試験所常任理事副所長 住宅建設業団体協議会 (殖産住宅相互(株)取締役建築部長) (大和ハウス工業(株)技術施工本部長) (ミサワホーム(株)技術部長・総研取締役) (三井ホーム(株)技術研究開発部長)	(財)日本住宅・木材技術センター技術開発部長 (財)ベターリビング筑波建築試験センター副所長 住宅建設業団体協議会 (ナショナル住宅産業(株)技術管理部長) (大成建設(株)住宅事業本部開発部開発室長) (住友林業(株)住宅事業技師長) (エス・バイ・エル(株)中央研究所長)
その他	アメリカ大使館農務官 カナダ大使館 2 等書記官	アメリカ合板協会代表 カナダブリティッシュコロンビア州林産業審議会技術顧問	米国西部木材製品協会日本総代表 カナダブリティッシュコロンビア州林産業審議会技術顧問

出典：建設省住宅局建築指導課資料を参照の上，筆者作成．

研究課題	木３共等開発委員会 ＋新木造総プロ	木３共等開発委員会＋建築技術の緊急研究	
	平成２年度 （〜1991年３月）	平成３年度 （1991年４月〜1992年３月）	平成４年度 （1992年４月〜1993年３月）
1. 木造等区画部材の載荷加熱試験	木造等区画部材の載荷加熱試験 ①耐力壁の載荷加熱試験 ②床の載荷加熱試験	木造等区画部材の載荷加熱試験（全構法対象） ①標準試験装置の設計・製作 ②耐力壁の載荷加熱試験 ③床の載荷加熱試験	
2. 木質系等耐火構造の標準耐火試験方法の開発	木質系等耐火構造の耐火試験方法の素案作成（全構法対象） ①架構部材の載荷加熱試験方法 ②区画部材の載荷加熱試験方法	木質系等耐火構造の標準耐火試験方法の作成（全構法対象） ①架構部材の載荷加熱試験方法 ②区画部材の載荷加熱試験方法	
3. 木質系等耐火構造の標準化	木造建築等の耐火設計法の提案 ①架構部材の燃えしろ設計 ②接合部の設計 ③架構一区画取合部の設計 ④区画，開口部材の設計	木質系等耐火構造試案の耐火試験 木質系等耐火構造の部位・構法別標準仕様の素案作成（全構法対象） ①30分〜1時間耐火構造 ②１時間耐火構造	木質系等耐火構造試案の耐火試験 木質系等耐火構造の部位・構法別標準仕様の作成 ①1時間耐火構造
4. 木造３階建共同住宅等の技術基準の作成	木造等簡易耐火建築物の技術基準の素案作成	技術基準の作成 ①木造等簡易耐火建築物（木造及び混構造） ②木造３階建共同住宅等（500〜1,000 m^2） 実大火災実験による総合的検証 新告示	技術基準の作成 ①木造３階建共同住宅等（1,000〜3,000 m^2, 全構法対象） 法令改正（平成４年度以降）

図５　木三共等開発計画案（防火関係）

出典：建設省住宅局建築指導課資料.

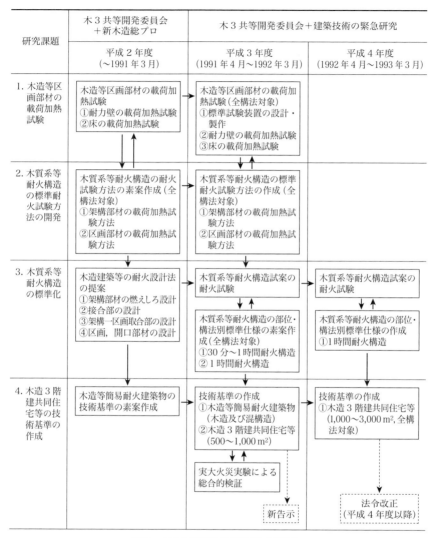

参加した。その下には、防火と構造について分科会が設けられた。

同委員会の特徴をあえて三点に絞って挙げるならば、日米林産物協議の合意事項に早急に技術的に対処することが求められたことから、産官学が総動員されている(「総プロ」に続いて、自治省消防庁・農林水産省・建設省という関係省庁部局、省庁附属の研究機関、住宅金融、アメリカ・カナダからも参加者がおり、その場での一括調整が目指された(とはいえ、いわゆる建築コミュニティの専門的なメンバーによって成り立っている))ということ、構造協議の中での約束により米・加大使館からの出席者を含んでおり、こうした委員会としてそれ自体が特徴的であること、財団法人日本建築センターが事務局を担当し、その意味で基本的に建設省住宅局が主導していたと考えられることがある。

③　実験による防耐火性の検証

日米林産物協議の後、フォローアップのため一九九〇年一〇月に開催された「日米貿易委員会」において、日本の消費者、建築関係者に対する紹介のためとアメリカ合板協会の企画によりアメリカ側から提案があって、「スーパーハウス」という木三共のパイロット・プロジェクトが実施された。建設省としては、大地震後の火災に対する安全性を含め耐震、耐火実験等による科学的データに基づきその安全性が確認されれば、大臣認定により国内でのその建設を認める方針であった(78)。

その後、日本側が推薦する専門技術者とアメリカ側の専門技術者による検討会を財団法人日本住宅・木材技術センターに設置し、安全性を検証するための資料作成が精力的に行われ、この資料を基に一九九一年七月から財団法人日本建築センターにおいて認定のための技術評定が行われた。それを受けて九月九日に、建設省において建築技術審査委員会(木三共専門委員会)が開催され、十分な安全性が確認されたため九月一七日付で大臣認定が下され、一九日に横浜市から確認通知書が交付された(79)。この「スーパーハウス」は二五日に着工され、翌年八月に完成した(80)。

さらに、住宅建設業団体協議会と建設省ＢＲＩとが協力して木造各工法の多数の部材レベルの耐火実験を繰り返し行い[81]、性能をクリアしていった。そして、その集大成としての実験が、一九九一年一二月四日にＢＲＩ（筑波）構内で実施された。この実験は震度六強程度の大地震を想定した加力実験の後に行われ、その結果、地震力を受けたとしても部材実験で確認された防耐火性能はほぼ満足する（点火後一時間経過しても隣住戸への類焼はなく実験は成功。一時間経過後、二階床に穴を開けて実験を続けたが、それでも二時間、類焼に耐え抜き非常に丈夫な建物である）ことが実証された。これは「木三共等開発委員会」の中に設けられた「実大火災実験実行委員会」が策定した計画に基づきＢＲＩと財団法人日本建築センターの共同研究として実施されたもので、ツー・バイ・フォー工法の防耐火性を検証するという意味では「仕上げ」に当たる実験だった。

この火災実験により、木造建築であっても主要構造部等に適切な防火被覆を施せば、地震後に発生する火災に対して一時間以上延焼拡大や建物の倒壊を防止できることが判明した。そうして、木三共という防火・構造上、高度な安全性が要求される建物の実現が技術的に可能であることが検証された。なお、従来の耐火造建物にはない特性として、木造床が上面からの加熱に対して耐火性が低いこと等、注意すべき点も明らかになった[82]。

一九九二年三月三〇日、建設省（山崎拓建設大臣（当時。宮沢内閣））から木三共等の技術基準として認定基準（建設省住指発第一〇四号）が示された[83]。一九九二年六月下旬から七月上旬にかけては、日本全国で「木造建築物等の技術基準」と題する講習会が財団法人日本建築センターの主催、建設省と開催都道府県の後援、社団法人建築業協会等の協賛で開催され、財団法人日本建築センターが「技術基準の解説書を作成し、建設省担当官から」説明が行われた[84]。そこでの質疑応答の内容は、業界誌等で周知徹底が図られた[85]。木造三階建ての経験のある大工がほとんどいないため、行政や業界団体は、施工業者を対象とした講習会を企画する必要に迫られた。また、関係団体に対する指導により安全で確実に施工するためのマニュアルを整備していく必要性も、強く認識されていた[86]。

第三項　木三共解禁以降の建築規制行政——第三期（一九九〇年代〜）

(1) 建築基準法改正（一九九二年六月）

① 準耐火建築物と木三共

日米林産物協議での合意を受け、「簡易耐火建築物」に代えて、木造を含めた「準耐火建築物」の概念が創設された。「準耐火建築物」は、建築基準法で定められた「準耐火構造」で主要構造部が構成され、外壁の開口部で延焼のおそれのある部分に防火戸その他の政令で定める防火設備を設けた建物と法律上、定義された（法二条九号の三）[87]。準耐火構造の延焼抑制性能には三〇分、四五分、一時間があるが、それは「準耐火建築物」が、耐火時間が三〇分（壁や屋根など）から三時間（柱や梁など）と定められている耐火構造の下に位置付けられることに依っている（通常、他の条文との整合を図りながら消防庁との調整が行われるが、今回は「外圧」もあって早急に決定された）[88]。

こうして、防火・準防火地域以外の地域にある木三共については、一定の基準に適合する準耐火建築物とすることができることとなった。これにより、防火・準防火地域以外の地域で一定の耐火性能等を有する木三共の建築が可能になった。

主要構造部の各部位の防耐火仕様には告示に示されたものと国土交通大臣の認定を受けたものがあり、「石膏ボードなどによって構造材を防火被覆するもの」と「木材の柱・梁に関して燃えしろ設計することで防火被覆を設けず木材を露出して使用するもの」の二種類がある[89]。今回の改正を可能とした被覆や燃えしろといった技術は、欧米から学び取ったものである。加えて、規制緩和に向けた技術的検討の中で、アイ・ビーム（「木質I型複合梁」）等、構造体部材の技術開発も重要であった[90]。

これに伴い公庫融資制度も改正された。木三共等の一時間の耐火性能を有する準耐火構造住宅については、従前、耐火構造の住宅とすることを要件としていた農地転用分譲住宅等の融資種別の融資の対象に加えられることとなった。これにより、準耐火構造の住宅とした木造住宅はすべて融資の対象となった(91)。

② 木三共をめぐるトレードオフ

木三共の技術基準設定をめぐっては様々なトレードオフが見られた。

まず、木骨を防火被覆材で覆う(密閉度を高める)ことで耐火性を確保することが通常だが、日本の気候風土を考慮すれば、構造体内部の換気性を確保しておくことは耐久性を保つ上で不可欠となる(これに関して、高温多湿の日本で、壁体内を密閉することがその耐久性にどういう影響を与えるかについては当時、十分な知見が存在しなかった)。全体として、耐火建築物に近い取り扱いを受けるようになると融資や税制の面で不動産的価値を高めておく必要性を生じるため、耐久性の保持は耐火木造に付随する重要課題である。木造共同住宅の遮音性重視は耐火性の向上にも有効で、種々の新工法が登場することが期待された。鉄筋コンクリート構造などと異なり改修が容易であることが木造の利点である反面、性能保持に問題が出易くなるため、メンテナンス体制に関する新しい手法が必要となる。これについては、特に住宅供給者からの意見が提示され、それは無限に瑕疵責任を問われるのではないかという心配、将来の維持・修繕・保全をにらんだプランニング・構法がコスト高になるのではないかという不安に起因するものであった。木三共は、準耐火建築物として、一般の木造建築よりも遥かに長い償却・償還年数が設定された。これは一九五〇年代の、耐火造建築を普及・推進する立場から耐火性能に優れるものに長い償却・償還年数を与えるという優遇策を起源としているが、このことが長年の制度の鋳型にはまった結果、逆に耐火性能の高いものは耐久性も高いという誤解を生んだ(92)。木三共の公的住宅技術基準の基準案作成グループでは、耐火性、耐久性、耐用性が全く独立の価値であることを確認

表16　アンケート結果に見る木造建築のトレードオフ

調査先	木造のメリット	木造のデメリット
A社(ツー・バイ・フォー)	コストが安い　暖かみがある	遮音性能・耐火性能が低い
B社(ツー・バイ・フォー)	快適な居住性能が得られる	遮音性能が低い
C社(ツー・バイ・フォー)	基礎・全体のコストが低減できる 工期の短縮が図れる	法的規制が多い　遮音性能が低い 配管経路の設定が難しい
D社(ツー・バイ・フォー)	コストが安い	遮音性能が低い
E社(ツー・バイ・フォー・新構法)	工期が短い　デザインが自由 コスト・販売価格が安い	法的規制が強い　遮音性能が低い 資産価値としての評価が低い
F社(新構法)	ライフサイクルCO_2が低減できる 居住性能が高い　地域産業の振興が図れる	コストが不明確　耐火性能が低い 遮音性能が低い
G社(新構法)	構造体の軽量化が図れる 軟弱地盤への採用ができる 木の質感が感じられる 基礎のコストが低減できる	遮音性能・耐火性能・耐久性能・対候性能が低い　摩耗する　腐る
H社(新構法)	コストが安い　建築が柔らかい 断熱性能が高い	すきま風が生じやすい
I社(在来軸組)	木材需要の拡大が図れる 地域中小ビルダーの活躍範囲の拡大が図れる	コストが安くならない 界床・界壁の遮音性能が低い
J県(在来軸組)	木材産業・木造住宅・大工・工務店等の振興・活性化が図れる 木材の素朴な情感が得られる	コストが安くならない
K県(在来軸組)	地場産業の活性効果が望める	遮音性能が低い
L社(プレハブ)	コストが安い	建設地域上での制限が多い 配置計画が難しい

出典：山口ほかによる調査研究結果(本章注(93))を参照の上，筆者作成.

して作業が進められた。

さらにここでは、アンケートによって明らかになった木三共の長短をまとめた**表16**を引用しておこう(93)。結果によれば、木三共が社会に導入されていく中で、枠組壁工法(ツー・バイ・フォー)、軸組工法、混構造等、様々な工法を用いた木三共の建設が試みられていることと、木三共が遮音性能に関する問題を抱えていること、耐火性・耐久性のような基準のない遮音性能について設計事務所や施工業者が構法を検討していることが明らかになった。

(2) 市街地での木三共解禁に向けての動き

本来、最も共同住宅が必要とされるのは市街地である。しかし、避難経路を確保するため建物の周囲(道路に面する部分を除く)に原則として三メートル以上の通路(空地)が必要とされ、都心部でニーズの高い三階建共同住宅においてはこのような配置は現実的でなく、普及の阻害要因となっていた。

そこで、準防火地域での木三共建設を可能にするため、一九九六年三月以降、市街地における木三共実大火災実験などの技術開発が行われた。建設省BRIが国費で実験を行い、これまで同様、社団法人住宅生産団体連合会(住団連)も協力してBRI構内に枠組壁工法を用いた木三共が建てられた。このとき、建設省住宅生産課から諮問を受け、木三共の四周に木造住宅を配して周りの住宅が延焼して大規模火災になる状態を現出したらどうか、という実験提案もあった。阪神・淡路大震災における市街地火災の教訓から、準耐火木三共が大震災後の市街地火災で延焼の楯となることも期待された。建設省による「木造共同住宅の防火性能向上技術の開発」や、日本建築学会で研究報告がされた財団法人日本住宅・木材技術センター・試験研究所等による「水平加力後の載荷加熱試験」の結果も、このとき用いられた(94)。

実験は、ツー・バイ・フォー工法による木三共と、風下側に木造軸組工法と木質系プレハブ工法の二階建て住宅を並べて配置し、風上側から火災が進行してきて木三共に延焼するという想定で進められた。建物が全焼して倒壊するまでに三時間耐え、風下の南側の木造住宅には延焼せず期待通りの耐火性能を発揮した。もっとも、市街地火災を想定した実大火災実験で明らかになった、延焼防止における軒裏性能の弱点に関しては、準耐火建築物について延焼の恐れのある部分の軒裏も準耐火構造と同等の性能を有することと規定され、建設省告示(平成一一年第一二一七号)に追加された(95)。こうして、木三共は耐火建築物に近い区画火災型燃焼を維持することができ、延焼速度の抑制に効果を挙

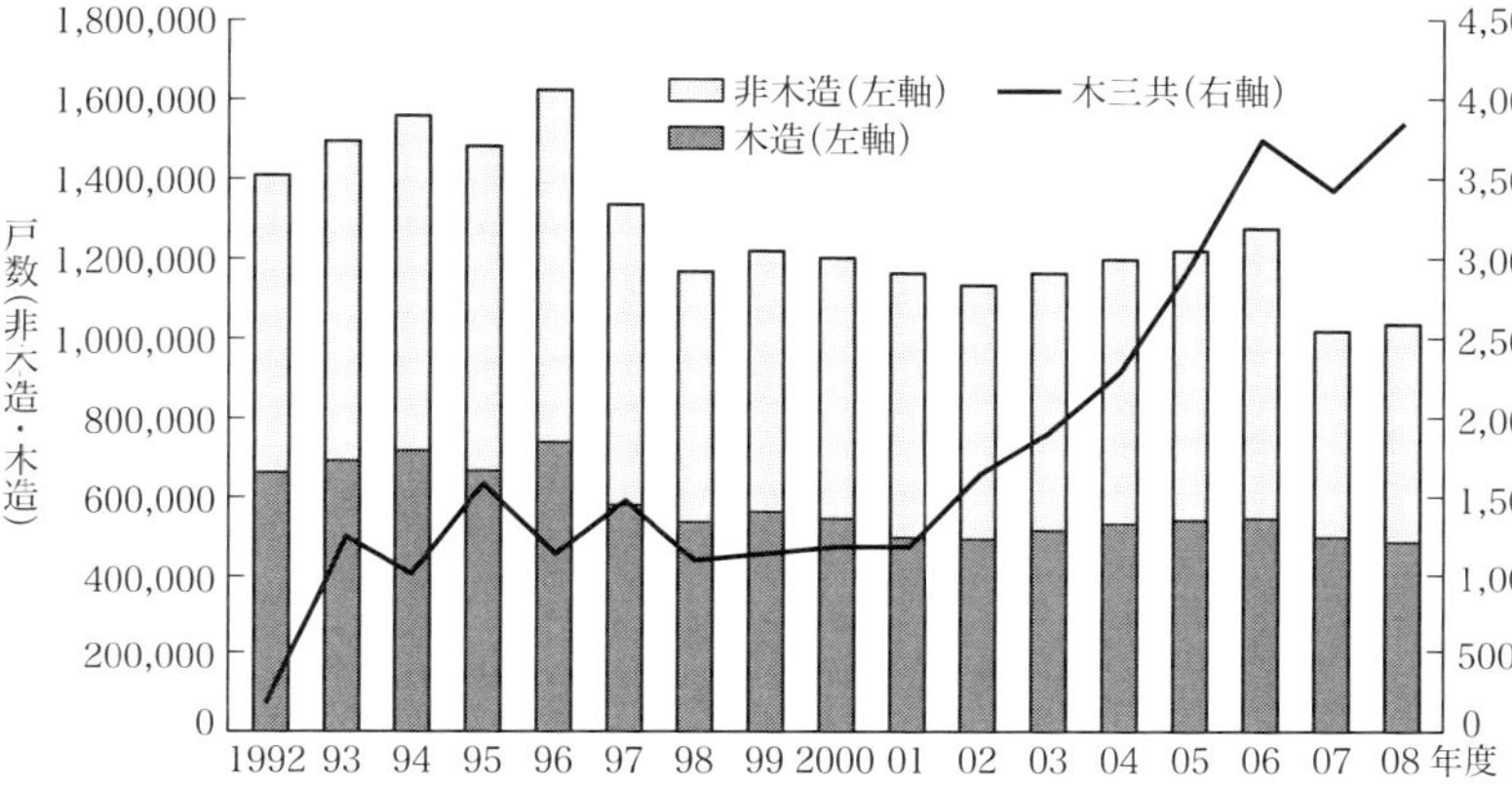

図6　新設住宅(木造・非木造・木三共)着工戸数

出典：国土交通省『建築着工統計調査報告』,『住宅と木材』等の統計資料を基に，筆者作成.

げることが明らかになった。実験は、準防火地域における解禁に繋がる成果を挙げた。日本ではそもそも木造建築物の耐火性に厳しかったが、一連の実大火災実験によって、ツー・バイ・フォー住宅がコンクリート並みの耐火性を有していることが実証されたとも言われている。こうした経緯で、木三共は図6のように建設されていった(もっとも、広く普及したとは言い難い[96])。一九九七年度には、木造住宅の市場競争力の強化と中小住宅生産者の近代化を図ることを目的とした「木造住宅総合対策事業」が創設された[97]。

(3)　建築基準法改正(二〇〇〇年六月)

①　内容――建築確認・検査業務の民間開放、性能規定化

この改正は、ここまで論じてきたような実体的な規制の強化・緩和の問題ではなく、制度的な改正が主であった。これまでの間、一九九五年一月に阪神・淡路大震災が起こり多数の建築物が倒壊・焼失して多数の尊い生命が失われたこと、それに伴って既存不適格の問題を含め建築安全に対する社会的関心が高まり、また「ストック型社会[98]」への移行が叫ばれるようになってきたことをここで特筆しておくべきである。気候変動枠組条約に関する京都議定書(一九九七年一二月)とも、強く関係すると考えられる。

第一に、それまで建築主事のみが行うものとされていた建築確認及び検査の業務を、一定の民間機関（大臣または知事指定）においても行うことができるものとした。第二に、建築技術の発展、材料・構造方法の多様化から、それまでのように仕様を列記するという原則（仕様規定：耐火建築物を建設するに当たっては、特定の建築材料を使い、特定の構造にしなければならないという規制）では対処が困難となったため、要求する性能を明示することを原則とすることとなった（性能規定化：その性能をクリアするならどのような建築材料、構造を採用してもよい）。その要求する性能に適合する仕様等は告示により（それまでの仕様も含め）明らかになり、その告示に含まれないものは要求性能を満たす場合において認める。ここでは、旧法三八条により大臣が認定していた業務の透明化を図り、要求性能を満たすかどうかを評定するシステムが整備された。建築基準法の性能規定化により、仕様規定を前提とした包括的な認定規定は不要となり、必要があれば個々の条文に認定規定をおくという方針で改正が行われた[99]。性能規定化は、第一に、ブラック・ボックス化していた旧三八条（大臣認定）の運用を明確にルール化すべきという「外圧」があったこと[100]、第二に、橋本行革の中で公益法人改革と共に行政裁量に対する「政治」のコントロールが試みられたことによる[101]。

②　木造建築物の大臣認定申請

社団法人日本ツーバイフォー建築協会は、カナダ林産業審議会との協力で二〇〇四年四月、国土交通大臣から木造建築物として初の「耐火構造性能認定」を取得した。この認定取得により、これまで建築が認められなかった防火地域でもツー・バイ・フォー工法の建物を建設することが可能になった。また、三階建て以上の商業施設や四階建て以上の共同住宅も建設できるようになったことは画期的であった。

社団法人日本木造住宅産業協会（「木住協」）は、二〇〇六年一〇月二日付けで木造軸組工法による耐火構造の大臣認定を受けた（建築基準法第二条第七号、施行令第一〇七条）。木造軸組工法による主要構造部を一時間準耐火構造にすることはそれまでも可能であったが、耐火構造ではなかったことが大きな制約となっていた。この認定取得は、指定性能評価機関（ベターリビング）での性能評価試験を経て、その評価書により国土交通省に申請したことによる。木住協では、引き続き耐火構造の設計バリエーションを増加するために追加仕様の大臣認定取得に向けて取り組んでいくとしている。これにより、防火地域内の木造住宅（三・四階建て、共同住宅）や木造による特殊建築物や幼稚園、高齢者施設などの建築の可能性がさらに広がった。[102] なお、建築基準法の二〇〇〇年改正で建築可能になった木造耐火建築物で最も普及しているのは、社団法人日本木造住宅産業協会や社団法人日本ツーバイフォー建築協会らが壁や床などの主要構造部について国土交通大臣認定を取得したものである。[103]

二〇一〇年一〇月には、「公共建築物等における木材の利用の促進に関する法律（平成二二年法律第三六号）」が施行された。[104] 同法制定の背景には、戦後植林された人工林資源が利用可能な段階を迎えつつある一方で、これらの資源利用が低調であり木材価格も低迷していることや公共建築物に関して特に木造率が低いこと（建築物全体では三六・一％なのに対し、公共建築物については七・五％）なども挙げられている。[105] こうして、公共建築（学校等）を持つ文部科学省や経済産業省との関係も生じた（文部科学省は、住宅局とも相談の上、木造と鉄筋コンクリートとで補助金のイコール・フッティングを行った）。また、高度な建築技術を用いる大規模木造建築には大手ゼネコン（集約する業界団体として社団法人日本建設業連合会）やエンジニアリング技術を携えた建築士が参画しており、建築基準法の被規制者の一部を構成している。

第三節　建築の技術基準に関する近年の動向

建築基準法は数多くの技術基準から成り立っており、それ自体が建築基準法の特徴だとも言える。被規制者（それ自体、多様ではあるが）にとってはむしろ、運用上の不都合や解釈の不一致等が発生する度に規制行政機関が発する省令や通達（局長によるものから課長補佐等が発する事実上のそれも含めて）、個別の照会に応じて当局が出す具体的な仕様例等、及び、住宅金融公庫やその他の融資基準が重要性を持つ。建築規制の技術基準で興味深いのは、方々で濫立し得る工法や技術の「交通整理」や、工法や技術の「お墨付き」を得るべく規制行政機関等に大臣認定や基準設定を求める声もあり（「規制としての技術基準」に対する「規範としての技術基準」）、それが住宅局の業務を圧迫してさえいる（そして、組織拡大の一因でもある）という点である。

このようにして建築基準の役割を実質的に果たすものは、形式上、法令体系の外にあるもの（住宅工事仕様書、建築学会の標準仕様書等）にまで広がっており（第一項）[106]、さらに最近では、最低基準としての建築基準に加えて、「ストック型社会」への移行を反映して住宅市場を視野に入れた品質保証としての技術基準も定められた（第二項）。こうした中で、より合理的な技術基準の設定を目指した「コンタクト・ポイント」の仕組み（第三項）は、建築の技術情報の創出に関する官民協働の一つである。こうした技術基準の変容が、潜在的なステークホルダーの範囲をも広げているように思われる。

第一項　技術基準の外延拡張

(1) 住宅工事仕様書

住宅金融公庫は一九五〇年以降、住宅の建設・購入のための貸付けを行っており、二〇〇三年以降は民間金融機関等による長期・固定金利の住宅ローンの買取りなどを行うといった証券化支援事業を実施し、「長期・固定金利の住宅ローン」を提供している（最長の償還期間が三五年であることに因んで「フラット三五」と呼ばれる）。住宅金融公庫は二〇〇七年四月に独立行政法人化し、住宅金融支援機構がその業務を承継した。

表 17　新築住宅の技術基準の項目と概要

		一戸建て等（連続・重ね建てを含む）	共同住宅
接道		原則として一般の道に 2 m 以上の接道	
住宅の規模（住宅部分の床面積．車庫やバルコニー等は含まない）		70 m² 以上	30 m² 以上
住宅の規格		原則として 2 以上の居住室（家具等で仕切れる場合でも可），炊事室，便所，浴室の設置	
併用住宅の床面積		併用住宅の住宅部分の床面積は全体の 2 分の 1 以上	
戸建て型式等		木造の住宅（耐火構造の住宅及び準耐火構造の住宅以外の住宅）は一戸建て又は連続建てに限る	
断熱構造		住宅の外壁，天井又は屋根，床下などに所定の厚さ以上の断熱材を施工（昭和 55 年省エネ告示レベル）	
住宅の構造		耐火構造，準耐火構造（省令準耐火構造を含む）又は耐久性基準（基礎の高さ，床下換気孔等に関する基準）に適合	
配管設備の点検		点検口等の設置	共用配管を構造耐力上主要な壁の内部に設置しないこと
区画		住宅相互間等を 1 時間準耐火構造等の界床・界壁で区画	
床の遮音構造			界床を厚さ 15 cm 以上（RC 造の場合）
維持管理基準	管理規約		管理規約に所定の事項が定められていること
	長期修繕計画		計画期間 20 年以上

出典：関係法令を参照の上，筆者作成．

「フラット三五」の対象となる住宅について、建築基準法に基づく検査済証が交付されていることがまず確認されるが、それに加えて、住宅金融支援機構が技術基準を定め物件検査を受ける必要がある。新築住宅の技術基準は**表17**の通りである。

基準に適合する具体的な仕様例については、住宅金融支援機構が監修し住宅金融普及協会が発行する住宅工事仕様書等が参照される。(107) この融資条件は、住宅（しかも、建築基準法の審査は省略されるもの）の技術基準の充足・普及に一定程度寄与した（ただし、完了検査までは義務ではない）。特に「住宅の構造」については、次のような条件が付されている。

住宅は次のいずれかに該当するものとする。

① 主要構造部を耐火構造とした住宅であること

② 準耐火構造（省令準耐火構造の住宅を含む）

の住宅であること

③　耐久性基準に適合する住宅であること（※部分的に耐火構造または準耐火構造とならない場合〔混構造の場合〕、建築物全体を工法ごとの耐久性基準に適合させることが必要となる）。

「フラット三五」の技術基準（住宅工事仕様書）は「国民大衆（同法の制定〔一九五〇年〕当時、民間の金融機関から融資を受けることが困難であった庶民階層）」の住宅を対象とするものであり、実質的には建築基準法令の定める最低限の具体的技術基準を定めたものと解釈されている（しかも、建築規制の実施手段の一つとも理解された）。公庫融資住宅でない建物についてまでも、裁判例上、その仕様書が住宅の欠陥判断の基準として用いられている。(108)

(2)　建築学会の標準仕様書

日本建築学会は、建築施工技術の向上を図るため、一九二三年に工事に関する仕様書の標準化作業に着手して鉄骨工事等一六の標準工事を公表した後、一九五一年以降、標準仕様書の全面改定作業に入り、以来、仕様書の運用状況や工法等の発達等を踏まえて、工事請負契約における標準仕様書として利用できるように、数度の改訂を経て各工事に関する標準仕様書を公表している。

他にも、日本建築学会からは意匠設計に関する各種資料集成や音響設計、照明設計、騒音防止設計といった設備・環境設計に関する資料、各種コンクリートの調合設計施工指針、溶接工作基準、溶接部の超音波探傷規準等、施工関係に基準・指針類が出版され、広く実用に供されている。建築行為全般は建築基準法令によって規制されており、学会規準が法的強制力を持つわけではないが、現実には設計実務者にも行政当局者にもこの学会規準が行政面での指導力と強制力を強力に持つものと理解されている。学会規準については、設計者の自由な意図を拘束すること、基準に書いてあったのでそうしたというような言い逃れに用いられること、アメリカのＡＩＳＣ(American Institute of Steel Construction)規準のように実務者によって作られた規準と異なり、学会規準は研究者が主体になっていること等が、各方面から肯定的にも批判的にも捉えられている。[109] なお、日本では、この仕様書も建築界の通説的技術基準であるから欠陥判断の基準として採用されるべきということが有力に訴えられている。[110]

第二項　「ストック型社会」への移行と制度

建設省では一九六六年度以降、八次にわたって「住宅建設五か年計画」を策定し、公営・公庫・公団住宅の建設戸数目標を定めて住宅の量的拡充を図ってきた。しかし、住宅ストック量の充足や本格的な少子高齢化と人口・世帯減少等、社会経済情勢の変化に伴い「量から質へ」の住宅政策へと転換してきている。すなわち、「住宅建設五か年計画」は二〇〇五年度で終了し、新たに「住生活基本法」を定め、また「住生活基本計画(全国計画)」を閣議決定して「ストック重視の施策展開」を基本的方針に掲げた。[111]

(1)　住宅金融を実質的に継承・補完する制度

①　住宅品質確保法——消費者の選択による品質確保

「住宅の品質確保の促進等に関する法律(品確法)」は、消費者庁と国土交通省との共管である。

同法改正前の三条一項で、「日本住宅性能表示基準」と「評価方法基準」は国土交通大臣が定めることとしていたが、消費者庁設置の法改正後は、消費者が選択を行うに当たり参考とする情報に直接に関わる「日本住宅性能表示基準」については、内閣総理大臣が消費者の視点を反映させる必要性が大きいことから国土交通大臣と共に内閣総理大臣も基準を設定することとされ(三条一項)、「評価方法基準」については、「日本住宅性能表示基準」において表示することとされた住宅の性能に関する評価方法、検査方法の基準であり、消費者が直接に参考とする情報ではなく技術的・専門的な性格が強いことから国土交通大臣が定めることとし（三条の二第一項）、内閣総理大臣が消費者の視点から評価・検査の適切さをチェックできるように、必要があると認めるときは国土交通大臣に対し意見を述べることができるとしている（同三項）[112]。

建築基準法で審査が省略される戸建て住宅の品質確保については、これまで住宅金融公庫の融資条件によってかなり担保されてきた。ところが、住宅金融公庫は二〇〇七年四月に独立行政法人化し、それは依然として公的な使命を担い続けてはいるものの[113]民間の金融機関に対する優位性は小さくなってきている。

品確法は、住宅の購入者がその枠組みを活用することを条件としてその一翼を担い得る。同法は、「住宅の性能に関する表示基準及びこれに基づく評価の制度を設け、住宅に係る紛争の処理体制を整備するとともに、新築住宅の請負契約又は売買契約における瑕疵担保責任について特別の定めをすることにより、住宅の品質確保の促進、住宅購入者等の利益の保護及び住宅に係る紛争の迅速かつ適正な解決を図り、もって国民生活の安定向上と国民経済の健全な発展に寄与することを目的」とする（一条）。法制定の直接的な動機は一九九〇年代前半に秋田などで発生した欠陥住宅への対応であったが、同法が良質な住宅ストックの形成にも役立つことが期待されている[114]。

②　住宅瑕疵担保履行法——保険法人による品質検査

二〇〇九年一〇月からは「住宅瑕疵担保履行法」も施行され、新築住宅を供給する事業者（新築住宅の売主である宅建業者等）に対して、瑕疵担保責任（品確法に定める新築住宅の売主等が負う一〇年間の瑕疵担保責任。具体的には、構造耐力上主要な部分及び雨水の浸入を防止する部分が対象）の履行を確保するため、保証金の供託、または保険加入のいずれかの資力確保措置を義務付けた。ここで重要になるのは瑕疵担保責任保険法人による住宅の品質検査であって、それによっ

て住宅の質が保たれる仕組みになっている。(115)

(2) 既存不適格問題への対応

建築基準法第一二条では、所定の建築物で特定行政庁が指定するものの所有者(管理者)に、当該建築物の敷地、構造及び建築設備について定期に(建築士等に)その状況の調査をさせて、その結果を特定行政庁に報告することを義務付けることによって情報収集をしている。

既存不適格の問題に関連して、建築基準法ではすでに建築された建築物に新たな規制を適用しない(法第三条二項)とする一方、増築や大規模修繕等を行う際には規制に適合するようにすること(同条三項)を定めている。また、建築物改修の全体計画を規制行政機関に提出すれば段階的に改修していくことを認める(全体計画認定制度)(116)一方で、全体計画通りに工事が行われていない等、何らかの危険が顕在化し得る場合には、規制行政機関からより強力に指導・改善命令ができるとする制度(法第八六条の八第五項)も整えられた。

第三項　技術基準検討体制の構築

国土交通省住宅局建築指導課では、急速に進展する建築技術へ技術基準をキャッチアップさせるため、**図7**のような技術基準の検討体制を構築した。(117)

興味深いのは、こうした体制はこれまでになかったわけではないが(118)、この度こうした体制が明示された点である。すなわち、以前にも住宅局を中心として国土技術政策総合研究所(国総研)やＢＲＩ、建築学会の専門家らの連携は存在し、そうしたいわばインナー・コミュニティの中で技術基準は設定されていた(特定の分野に通じた専門家の数は限られており、肩書はともかく、そうした専門家の間での情報交換は日常的に密に行われていた。「総プロ」のアジェンダ設定もこうし

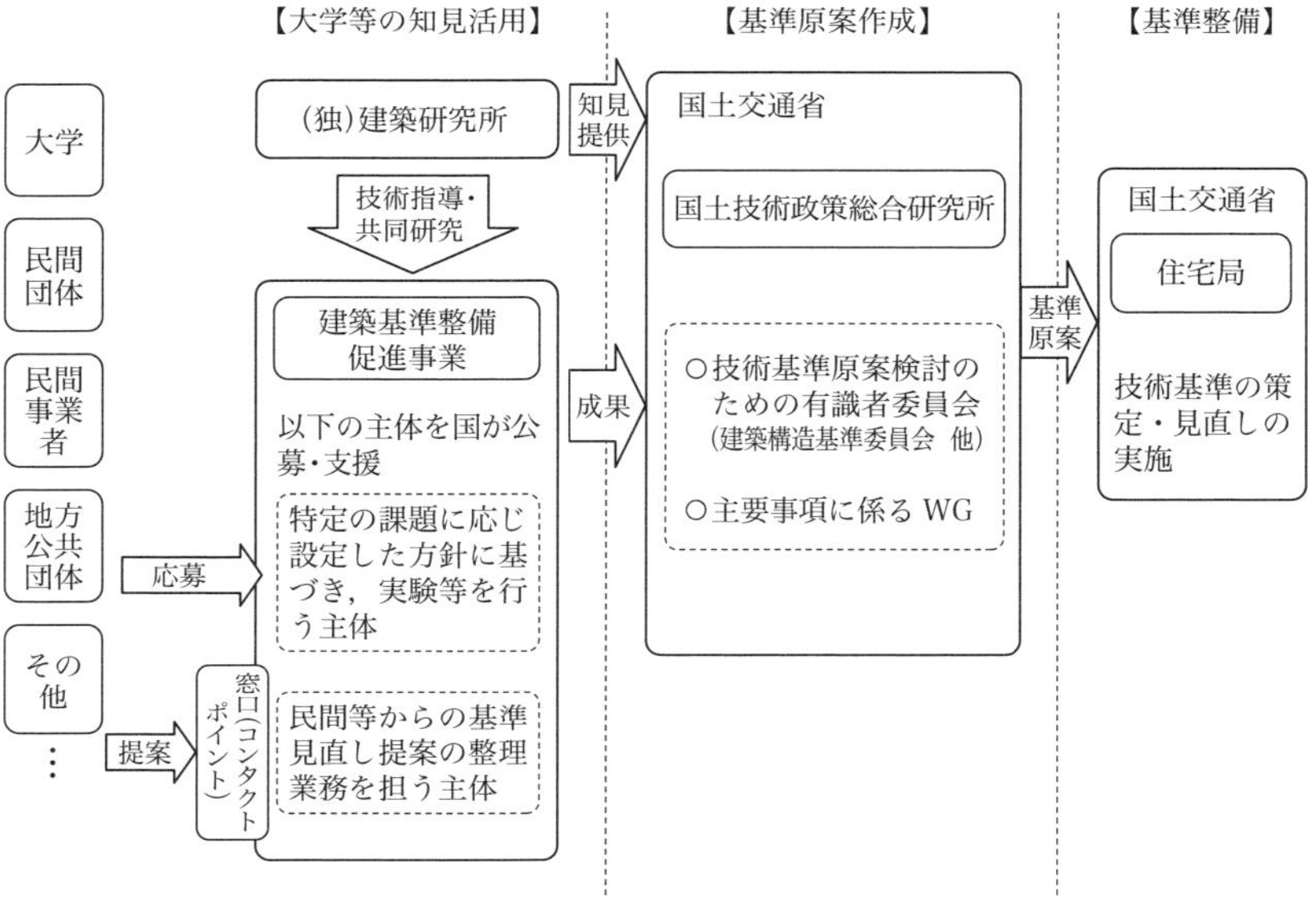

図 7　建築関連技術基準の検討体制

出典：国土交通省ホームページ.

たところから行われた。WGには学会のメンバーも参加する)。しかし、技術情報の高度化と分散化、公益法人改革、「耐震強度偽装事件」といった外部環境要因が、こうした明示的な検討体制の構築に繋がった。すなわち、技術情報の高度化と分散化は技術基準設定のステークホルダーの範囲を拡張し、また規制行政機関の nodality の危機にも繋がって基準設定の基になる技術情報をどのように収集・集約するかということが問題になった結果、後述のコンタクト・ポイントや公募の方式が採られるようになっている。そうした技術情報の創出・収集・整理はかつて公益法人によってかなり担われてきたが、近年の改革によってそうした公益法人の存在感は薄れ、公募が多用されている(その意味で、アクター間に緊張関係も出現した)。さらに、「耐震強度偽装事件」などを契機とした建築行政に対する関心と不信の高まりは、それまでブラック・ボックス化していた技術基準設定プロセスの明示化を住宅局に求め、住宅局の活動も情報公開を前提としたものとなっている。

「コンタクト・ポイント」は、二〇〇三年四月から、建築基準法の単体規定、及び品確法の、主に評価方法基準に係る技術基準について、民間等からの新技術等に対応した基準の整備、見直しの提案を受け付けるために設けられた窓口である。財団法人建築行政情報センターは、国土交通省の委託を受け、基準作成機関（国土交通省）に対し民間から受け付けた提案を整理し伝達する。提案の妥当性などについては、国土交通省住宅局建築指導課（または住宅生産課）、国土技術政策総合研究所（ただしＢＲＩの協力による）、建築住宅性能基準運用協議会において検討される。現場の生の声を技術基準に反映させるべきとの要望を受けて始まったコンタクト・ポイントは、建築技術の知見が各地に分散している状況を示唆するものであり官民協働の試みであると言えよう。なお、①寄せられる意見や情報が実質的には関係諸団体からのロビイング的色彩を帯びがちであること、②規制行政機関が「耐震強度偽装事件」や東日本大震災（二〇一一年三月一一日）等、他の業務に追われ対応に時間を要していること等が指摘され一時期、休眠状態にあったが、民間にも参画するインセンティブがあり、二〇一一年四月以降、同体制は本格的に始動している。(119)

（１）　矢吹茂郎＝加藤健三（二〇〇一）『建築法規（建築学の基礎４）』共立出版株式会社、二〇九頁。また、大工や工務店、大手住宅・建材メーカー等、大手ゼネコン等という被規制者サイドの多層性も特徴的である。

（２）　大橋好光（二〇〇一）「市街地建築物法の成立」社団法人日本木造住宅産業協会（坂本功監修）『日本の木造住宅の一〇〇年』一六頁。

（３）　野城智也（一九九一）「木造三階建共同住宅の公的住宅技術基準作りに参加して」『住宅と木材（No.14 Vol.6）』八～九頁。

（４）　法第六条は「建築主は、第一号から第三号までに掲げる建築物を建築しようとする場合（…）、これらの建築物の大規模の修繕若しくは大規模の模様替をしようとする場合又は第四号に掲げる建築物を建築しようとする場合においては、当該工事に着手する前に、その計画が建築基準関係規定（…）に適合するものであることについて、確認の申請書を提出して建築主事の確認を受け、確認済証の交付を受けなければならない（…）」と定めている。

（5）国土交通省住宅局ホームページ「小規模木造住宅に係る構造関係規定の審査省略見直しについて」(http://www.mlit.go.jp)。

（6）日経BP社ケンプラッツ・ホームページ(http://kenplatz.nikkeibp.co.jp/)(現在閲覧不可)。ここでは、消費者、建設業者、自治体や民間第三者機関といった審査者がプレーヤーということになる。

（7）矢吹ほか・本章注(1)書四〇～六、五一頁。

（8）高木任之(二〇〇一)「建築基準法の改正・その後」『近代消防(二〇〇一年一〇月号)』一七～二五頁。

建築基準法第三八条は、「この章の規定又はこれに基く命令若しくは条例の規定は、その予想しない特殊の建築材料又は構造方法を用いる建築物については、建設大臣がその建築材料又は構造方法がこれらの規定によるものと同等以上の効力があると認める場合においては、適用しない」と定めていたが、この度、削除された。性能規定化によりでき得る限り建築主事の段階で対応するものとし、検証方法が難しいものについては法第六八条の二六による構造方法等の認定により対応することとなった。

（9）大橋雄二(一九九二)「建築基準の国際調和の状況」『建築雑誌(No.107 Vol.1336)』五六頁。

（10）ＩＩＢＨホームページ(http://www.iibh.org/index_j.htm)。同機構の目的は、「建築・住宅分野における技術、制度、基準、規格等の国際的調和及び諸外国との交流等国際的活動を推進することにより、我が国の建築・住宅分野の発展に寄与すること(定款第三条)」である。二〇一五年四月に一般社団法人建築・住宅国際機構へ移行した。正・協賛会員は二〇一六年三月現在、八七団体となっている。

（11）建築防火関連の研究は、主に国際火災安全科学学会(ＩＡＦＳＳ)、ＣＩＢ／Ｗ14、ＩＳＯ／ＴＣ92という三つの組織により国際的に推進されており、研究機関等の協働により耐火性に関する国際基準が設定されている。

仲谷一郎(一九九三)「建築関連の国際調和の動き」『火災(No.43 Vol.1)』一～六頁によると、一九九三年から建設省の総合技術開発プロジェクト研究「防耐火性能評価技術の開発」の中で、従来の防耐火試験法の見直しと国際調和が図られた。中村賢一(一九九三)「建設省総合技術開発プロジェクト『防耐火性能評価技術の開発』の概要」『火災(No.43 Vol.6)』一四～九頁によると、ＢＲＩに設置された、建設省とＢＲＩの担当者、大学や関係業界の学識経験者などから構成される「防耐火性能評

価技術開発委員会（委員長：岸谷孝一日大教授）」の下に、課題ごとに「国際調和型試験法分科会（分科会長：岸谷孝一日大教授）」、「火災安全設計分科会（分科会長：若松孝旺東京理科大教授）」、「材料分科会（分科会長：菅原進一東大教授）」、「構造分科会（分科会長：斎藤光千葉大教授）」、「設備分科会（分科会長：鎌田元康東大教授）」で検討が進められた。

（12）　建築・住宅関係国際交流協議会（一九九一）「ＩＳＯの活動状況」『ビルディングレター（九一・七）』財団法人日本建築センター、四四頁。

（13）　高野孝次＝中村賢一（一九九三）「我が国における耐火試験方法の変遷と今後の方向」『ビルディングレター（九三・一二）』財団法人日本建築センター、一～一三頁。

（14）「特殊建築物」とは、学校、体育館、病院、劇場、観覧場、集会場、展示場、百貨店、市場、ダンスホール、遊技場、公衆浴場、旅館、共同住宅、寄宿舎、下宿、工場、倉庫、自動車車庫、危険物の貯蔵場、と畜場、火葬場、汚物処理場その他これらに類する用途に供する建築物を言う（法二条二号）。

（15）　矢吹ほか・本章注（１）書五五～六頁（法施行令一〇七条の二、同一一五条の二の二）。なお、条文上は「大臣が定めた構造方法を用いるもの（平成一二年建設省告示一三九九号）」と「大臣の認定を受けたもの」とが並べて規定されている。準耐火構造の試験は、建設省告示（平成五年第一四五二号）に定められた方法によるが、その告示以前は木造を評価する試験方法がなく、耐火構造を評価する試験方法であるＪＩＳ規格に準じた加熱により便宜的に評価していた。ＩＳＯの試験方法では、木造、鉄骨造、鉄筋コンクリート造等すべての構造耐力部材、非耐力部材について規定されており、木造や軽量鉄骨造等を適切に評価するためには最適であるとして準耐火構造の試験方法に採用されている（山田誠（一九九九）「準耐火構造（その１）」『木材工業（No.54 Vol.8）』三九四頁）。

（16）　例えば「２　下宿の各宿泊室、共同住宅の各住戸又は寄宿舎の各寝室（…）に避難上有効なバルコニーその他これに類するものが設けられていること。ただし、各宿泊室等から地上に通ずる主たる廊下、階段その他の通路が直接外気に開放されたものであり、かつ、各宿泊室等の当該通路に面する開口部に法第二条第九号の２ロに規定する防火設備が設けられている場合においては、この限りでない」。

（17）　参照、原田寿郎（二〇〇九）「日本における木質耐火構造開発のあゆみ」『木材学会誌（No.55 Vol.1）』一～九頁。

(18) 大橋好光(二〇〇一)「火災と木造住宅」社団法人日本木造住宅産業協会・本章注(2)書四三〜四頁。石材やレンガの耐火度測定は、佐野利器(関東大震災後の東京復興を取り仕切った東大教授であり、建築学がエンジニアに向かう流れを作ったとされる人物)によって行われ、その後の法制定作業へと繋がっていく。なお、本格的な木造家屋の火災研究の開始は一九三三年以降であって、東京帝国大学構内や月島で行われた火災実験によって木造家屋の火災時の温度や時間的経過、継続時間が明らかになった。

(19) 大橋好光(二〇〇一)「濃尾地震と耐震研究の始まり」社団法人日本木造住宅産業協会・本章注(2)書一〇〜三頁。

(20) 尾崎行雄(東京市長〔当時〕)からの依頼で起草された。建築学会では、曽禰達蔵委員長の下、佐野利器と共にサンフランシスコ地震の被害調査に行った中村達太郎らが起草に携わった。ここでも木造建築の欠点が洗い出され、筋交いの設置が盛り込まれた。

(21) 大橋好光(二〇〇一)「市街地建築物法の成立」社団法人日本木造住宅産業協会・本章注(2)書一四〜六頁。

(22) 建築研究者であり防災研究者でもあった田邊平学(一八九八〜九五四年)も、都市不燃化のため木造を抑制すべきと訴えた有力な建築家の一人である。なお、大橋好光(二〇〇一)「関東地震と物法改正・柔剛論争」社団法人日本木造住宅産業協会・本章注(2)書一七〜二一頁によれば、市街地建築物法施行規則の構造規定は建築物の耐震性確保のため大改正されたが、木造建築への適用はなかった。

(23) 大橋・本章注(18)論文四五〜六頁。

(24) 大橋好光(二〇〇一)「福井地震と壁率の規定」社団法人日本木造住宅産業協会・本章注(2)書二二〜五頁。

(25) 高野ほか・本章注(13)論文一〜一三頁。ただし、告示はあくまで法に基づく耐火構造の試験方法であるため、JISに規定されている試験の一部を省略していることがある。

(26) 大橋・本章注(18)論文四六頁。

(27) 大橋好光(二〇〇一)「伊勢湾台風と木造禁止決議」社団法人日本木造住宅産業協会・本章注(2)書三七〜八頁。

(28) 大橋・本章注(18)論文四六頁。

(29) 坂本功(二〇〇〇)『木造建築を見直す』岩波新書、三頁。これに伴い、一九五五年を過ぎるころから公共建築物等において鉄筋コンクリート造が増えた。

(30) 杉山英男(一九九四)「日本建築学会の木造禁止の決議」『住宅と木材(No.17 Vol.6)』八～九頁、及び、杉山英男(一九九四)「木造禁止の決議と軽量鉄骨」『住宅と木材(No.17 Vol.7)』八～九頁。

(31) 坂本・本章注(29)書二四～五頁によれば、木造建築の研究は各大学の農学部の林産系学科と林業関係の研究所において着実に進められていたとはいえ、学界では冷遇されていた。

(32) 大橋・本章注(27)論文三八頁。

(33) 矢島詠子＝平野道勝(一九九八)「軽量鉄骨建築と鉄骨構造の普及――戦後の我が国の鉄骨構造の発展に関する研究(その3)」『日本建築学会大会学術講演梗概集』七六五～六頁。

(34) 住吉賢洋(二〇〇一)「木の構法を考えよう」『建築知識(No.43 Vol.10)』。

(35) 大橋好光(二〇〇一)「二〇世紀に消えた構造要素、生まれた構造要素」社団法人日本木造住宅産業協会・本章注(2)書四九頁。

(36) 大橋・本章注(35)論文四九～五〇頁。

(37) 菅原進一(一九九三)「木造の明日」『住宅と木材(No.16 Vol.8)』五頁。

(38) 一般財団法人日本建築センター・ホームページ(http://www.bcj.or.jp/)等。現在では、建築確認検査、住宅金融公庫業務、新建築技術認定事業、建築基準法に基づく性能評価事業、住宅性能評価事業、試験事業等を行っている。

(39) 関係者へのヒアリングによる。

(40) 松下寛光(二〇〇五)『木造住宅改革の旗手：ツーバイフォー住宅の魅力』三水社、一〇八～三七頁、及び、社団法人日本ツーバイフォー建築協会ホームページ(http://www.2x4assoc.or.jp/builder/transition/transition.html)を参照。

(41) 参照、内海重忠(一九九〇)「木造住宅振興の現状と九〇年代への展望と課題」『住宅と木材(No.13 Vol.11)』一三～四頁。

(42) 国土交通省ホームページ(http://www.mlit.go.jp/tec/gijutu/kaihatu/soupro.html)。具体的には、柱を使わずに二インチ×四インチの部材により壁と床板を作る木造住宅工法であるツー・バイ・フォー工法の我が国への導入に当たっての技術開発、木造住宅の安全性、居住性の向上、施工の合理化、工期の短縮、ツー・バイ・フォー工法について建築基準法第三八条に基づく技術的基準の制定、住宅金融公庫仕様書への反映である。

（43） 大橋・本章注（35）論文五三頁。ツー・バイ・フォーは壁で構築されているため、もともと各室の密閉性が高く、煙や炎を閉じ込めておくには優れた効力を発揮する。日本とアメリカ・カナダとでは火災の安全性に対する基本的な考え方が異なっており、日本は外部から火をもらわない、類焼延焼に強い建物にすることを前提に防火対策を考えている。そのため、外壁、屋根材に不燃材の使用を義務付けるなどの規制が厳しくなっている。それに対してアメリカやカナダでは、いったん発生した火災を他に拡大させない、火を拡げない対策に重点が置かれており、各部屋の壁やドア、開口部のサッシの防火対策を強化し、なるべく火を部屋に閉じ込めておいて、その間に消火してしまおうという考えである（松下・本章注（40）論文）。これらがツー・バイ・フォーの当初の技術基準の差異の要因であり、両方を採り入れた日本の基準は両方の強みを持つものと考えられた。

（44） 社団法人日本ツーバイフォー建築協会「オープン化の歩み」（http://www.2x4assoc.or.jp/builder/technology/history/history_index.html）。

（45） 坂本・本章注（29）書六～七頁。

（46） 衆議院調査局国土交通調査室（二〇一〇）『建築・住宅における木材利用の現状と方向性』三三頁。

（47） 衆議院調査局国土交通調査室・本章注（46）資料三三頁。

（48） 衆議院調査局国土交通調査室・本章注（46）資料三三頁。例えば「ウッドタウン・プロジェクト」は、地域木造住宅供給促進事業制度に基づき、地域特性を踏まえ木の文化高揚に資する木造住宅モデル団地を建設する事業で、建設大臣の承認を得て県知事が指定を行った。

（49） 柳田高峰（一九九三）「公営住宅における木造三階建共同住宅」『住宅と木材（No.16 Vol.8）』一六頁。

（50） 杉山英男（一九九八）「木造建築に対する認識と批判」『住宅と木材（No.21 Vol.6）』八～一一頁、杉山英男（一九九八）「木造建築の肯定と構法別批判」『住宅と木材（No.21 Vol.7）』八～一一頁によれば、関係者における木造に対する風向きが変わるのもこのころである。

（51） 田口幸介（一九九二）「木材業者からの木造三階建て住宅アプローチ――木材業者活性化のために」『住宅と木材（No.15 Vol.2）』八～九頁。

(52) 田口・本章注(51)論文八〜九頁。
(53) 西村勝美（一九八七）「国際競争時代の製材業の課題」『住宅と木材(No.10 Vol.2)』一六〜七頁。
(54) 渡辺廣士（一九八六）「ＭＯＳＳ協議とＪＡＳ」『住宅と木材(No.9 Vol.10)』三〇〜一頁。
(55) 『日本経済新聞（一九八六年三月三〇日）』。
(56) 二〇一〇年度予算の約九一％が、運営費交付金、及び施設整備費補助金によって賄われている。
(57) 大橋・本章注(18)論文四七頁。
(58) 安藤恒次（一九九三）「木造三階建共同住宅等に係る建築規制の見直し」『住宅と木材(No.16 Vol.8)』一二頁。
　主な研究開発の成果として、次の三点が挙げられている。第一に、木造建築物の各部の応力、変形等について、安全性を確かめることができる構造設計体系を確立し、構造計算マニュアル、加工・施工マニュアルを作成した。また、結露害防止設計法並びに床衝撃音防止設計法が提案された。第二に、体育館等の大空間を有する建築物や中層建築物などは、従来ほとんど木造以外の構造によっていたが、本研究により大断面木造建築物として建設が促進された。第三に、木造建築物における高さ制限の緩和、防火壁設置義務の免除等の建築基準の合理化（一九八七年の建築基準法改正）に活用された（国土交通省ホームページ〔http://www.mlit.go.jp/tec/gijutu/kaihatu/soupro.html〕）。
(59) 建設省大臣官房技術調査室（一九九二）「建設省の建設技術開発にかかわる諸制度の概要」『ビルディングレター（九二・一〇）』財団法人日本建築センター、一〜一三頁。
(60) 国立研究開発法人建築研究所ホームページ（http://www.kenken.go.jp/）。
(61) 国土交通省ホームページ（http://www.mlit.go.jp/tec/gijutu/kaihatu/soupro.html）。
　なお、建設省は一九九三年一一月、輸入住宅家の関心の高まりを受け、関係する通商産業省、農林水産省、輸入業者、海外対日業者等からなる「輸入住宅促進協議会」を立ち上げ、ここでのヒアリングやディスカッションを通じて住宅輸入に関する具体的課題の検討を行うこととした（建設省住宅局住宅生産課（一九九三）「輸入住宅促進協議会スタート」『ビルディングレター（九三・一二）』財団法人日本建築センター、二五頁）。
(62) 関係者へのヒアリングによる。

(63) 河田崇(一九九二)「木造三階建て住宅の現況」『住宅と木材(No.15 Vol.6)』一二頁。
(64) 野辺公一(一九九三)「フィールドノート㉔木三共アパート」『住宅と木材(No.16 Vol.11)』三六頁。
(65) 西村・本章注(53)論文二五頁。その動向について、鈴木信成(一九八九)「新しい製材規格のあり方について――二一世紀に向けての製材規格をめざして」『住宅と木材(No.12 Vol.9)』八~九頁。
(66) 春川真一(一九八九)「新しい製材規格のあり方について――製材規格研究会報告の概要」『木材工業(No.44 Vol.9)』二五~三〇頁。ここでは、新しい製材規格の必要性として、①用途別規格の必要性、②寸法の標準化・簡素化の必要性、③乾燥規定の明確化の必要性、④強度等級区分の必要性、⑤大断面木造建築物等に対応する木材規格の必要性に着目された。なお「林政の基本方向(昭和六一年一一月林政審議会報告)」、「昭和六〇年代の木材流通ビジョン(昭和六〇年八月木材流通ビジョン検討委員会提言)」も、この時期に公表されている。
(67) 建設省住宅局建築指導課国際班(一九九三)「日米林産物協議の現状について」『ビルディングレター(九三・一二)』財団法人日本建築センター、一~五頁、及び、坂本・本章注(29)書六頁。
(68) ここで想定されている理念型は、北欧五カ国の建築規制当局で構成する「ノルディック建築基準委員会」が一九七六年に提起した「NKBモデル」である(村上・序章注(12)研究ノート四六頁)。
(69) 宇野博之(一九九〇)「日米林産物協議と建築基準の見直し」『建築年報一九九〇』一八頁。
(70) 建設省住宅局建築指導課国際班・本章注(67)論文一頁。
(71) 井上勝徳(一九九二)「木造三階建共同住宅等の技術基準について」『火災(No.42 Vol.3)』三~八頁、及び、建設省住宅局建築指導課(一九九二)「木造三階建て共同住宅等技術基準の概要」『住宅と木材(No.15 Vol.9)』一二頁。
(72) 建設省住宅局建築指導課(一九九二)「枠組壁工法技術基準告示の改正について」『住宅と木材(No.15 Vol.9)』二〇~一頁。日米合意の概要についても同論文から引用。
(73) 建設省住宅局建築指導課国際班・本章注(67)論文三頁。
(74) 建設省住宅局建築指導課(一九九一)「木造三階建共同住宅等開発委員会の設置について」『住宅と木材(No.14 Vol.5)』一〇頁。具体的には、一.木質系等耐火構造の標準耐火試験方法の開発及び耐火性能の部位別目標水準の設定、二.木質系耐火構造の構法別、部位別、耐火時間別標準仕様の開発、三．木三共等に必要な防火性能確保のための技術開発（内部の火災拡大防止技術、避難安全性確保技術、周辺への延焼防止技術を含む）、四．木三共等の構造設計方法及び構造計算方法の開発、五．木三共等及び木造簡易耐火建築物の技術基準案の策定である。

(75)　建設省住宅局建築指導課（一九九一）「木造三階建共同住宅等開発委員会の設置について」『ビルディングレター（九一・四）』財団法人日本建築センター、一九～三二頁。

(76)　中村賢一（一九九一）「木造建築物の防火設計技術開発における国際化対応について」『ビルディングレター（九一・五）』財団法人日本建築センター、一八頁。

(77)　日本大学理工学部の岸谷孝一教授を委員長とし、明治大学工学部の内田祥哉教授、東京理科大学理工学部の杉山英男教授、千葉大学工学部の斎藤光教授、東京大学工学部の坂本功教授。

(78)　横浜市消防局（一九九二）「我が国初の木造三階建共同住宅『スーパーハウス』の概要――米国デモンストレーションプロジェクト」『火災（No.42 Vol.3)』九～一五頁、及び、野辺・本章注(64)資料三四頁。同プロジェクトは、一時間の耐火性能を有する木造建築物、北米型枠組壁工法の採用、構造体の部材により多くの木製品使用（エンジニア・ウッドと呼ばれるアイ・ビーム、パラレル・ストランド・ランバー（ＰＳＬ）、集成材等）、輸入製品の導入と米国技術による施工、居住空間のアメニティの確保といった特徴を有していた。

(79)　建設省住宅局建築指導課（一九九一）「スーパーハウスプロジェクトに係る建築基準法第三八条の建設大臣の認定について」『ビルディングレター（九一・一一）』財団法人日本建築センター、三七～四四頁。なお、このとき検討課題として、大規模木造に対する設計、資材・施工体制の整備、チームによる施工要員やゼネコン下請け業者の養成・整備、建設産業の国際化に対応した技術開発、設備工事の合理化、遮音技術の開発、消費者志向のフィードバック等が、設計者から指摘された。

(80)　納賀雄嗣＝服部哲（一九九三）「米国三階建デモンストレーションプロジェクト　SUPER　HOUSE」『ビルディングレター（九三・一）』財団法人日本建築センター、四一～五〇頁。

(81)　阿部市郎「私の住宅五十年史」(http://www.psats.or.jp/column/abe020column.html)。

(82)　中村賢一（一九九二）「木造三階建共同住宅の火災実験」『火災（No.42 Vol.3)』一六～二二頁、及び、中村賢一（一九九一）

「木造三階建共同住宅の実大火災実験」『ビルディングレター(九二・五)』財団法人日本建築センター、一三～九頁。他に、木三共の二階や三階で火災が発生した場合、階下へと容易に燃え抜ける恐れがあること、片面だけからの加熱に対しては一時間以上の耐火性能を有する間仕切壁でも、両面から加熱されると比較的短時間で燃え抜ける可能性がある(ゆえに、その間仕切壁が鉛直荷重を支持する耐力壁であると非常に危険である)ことである。

(83) 木三共の公共住宅には、独特の考慮が加えられて技術基準が設定された。すなわち、それには長期間の使用に耐えねばならないという特性と、そうした技術基準が設定されるべきという社会的要請があるとともに、共同住宅であるがゆえに劣化、陳腐化に対して建て替えによる更新が困難であるといった点である。木三共の償却年数、償還年数は、準耐火造として一般の木造よりもはるかに長く設定された。

(84) 『ビルディングレター(九二・五)』財団法人日本建築センター、二〇頁等を参照。三階建て木造建築物に関して対象者に構造計算書の提出を求めたところ「困難だ」との反応があり、経験的に安全だとされる範囲を記した「三階建て木造住宅簡易構造設計基準」を行政が作成し、これに則っていれば構造計算を省略することができるとしたことがある。

なお、このとき、下宿、共同住宅、寄宿舎については、①入居者が特定の者で建築物の構造(避難経路)を十分に理解しており、円滑な避難が期待できる、②建築物が住戸ごとに小規模に区画されており、火災の拡大が比較的遅い等防火上、避難上、他の特殊建築物に比べ有利な条件であることが、規制緩和の理由として掲げられた(福井秀夫(一九九七)「都市住宅政策の法と経済学」『自治実務セミナー(No.36 Vol.6)』八～一一頁)。

(85) 「『木造建築物等の技術基準』講習会 質問と回答」『ビルディングレター(九二・一〇)』財団法人日本建築センター、一五～七頁ほか。

(86) 宇野博之(一九八七)「基準法改正は、技術研究の成果」『住宅と木材(No.10 Vol.10)』四～五頁。

(87) これに対応する技術基準は、①建築基準法第三八条に基づく認定について(「木造三階建共同住宅等の技術基準」)(平成四年三月三〇日付け建設省住指発第一〇四号)、②建築基準法第三八条及び第六七条の二の規定に基づく認定について(「簡易耐火建築物と同等の防火性能を有する木造建築物の技術基準」)(平成四年三月三〇日付け建設省住指発第一〇五号)、③建築基準法第三八条の規定に基づく認定について(「高さ制限の見直しに係る木造建築物の技術基準」)(平成四年三月三〇日付け建設省住指発第一〇六号)、④内装制限に関する告示(平成四年三月七日建設省告示第五四八号、平成四年三月三〇日付け建設省住指発第一〇二号)、⑤耐火建築物または簡易耐火建築物の外壁に外装材として木材を取り付ける場合の取扱いについて(平成四年三月三〇日付け建設省住指発第一〇三号)である。

(88) 矢吹ほか・本章注(1)書五四～五頁。

(89) 「燃えしろ設計」とは、固定荷重と積載荷重から求まる必要断面に対し、四五分準耐火構造では三五ミリメートル、一時間準耐火構造では四五ミリメートルの燃えしろを周囲に見込んだ断面とした設計。

(90) 関係者へのヒアリングによる。

(91) 元木周二(一九九三)「建築基準法改正に伴う公庫融資制度等の改正について」『住宅と木材(No.16 Vol.8)』一九～二三頁。

(92) 野城・本章注(3)論文九頁。

(93) 山口真貴子＝深尾精一＝野辺公一(一九九九)「木造三階建て共同住宅の現状に関する調査研究」『日本建築学会大会学術講演梗概集(E—1)』六七五～六頁。

(94) 山田誠(一九九九)「準耐火構造(その2)」『木材工業(No.54 Vol.9)』四四四頁。

(95) 山田・本章注(94)論文四四五～六頁。

(96) 財団法人日本住宅・木材技術センター認証部は、三階建て建築物に関する設計・施工マニュアル等の支援を行うこと(「新世代木造住宅供給支援システム」)により、構造計算等の煩わしさからこれまで敬遠されがちであった木造三階建て住宅が地域の大工・中小工務店の手で円滑に供給されることを目指した。建設省の指導により新木総プロの研究成果を踏まえつつ新木造住宅技術研究開発事業の成果として作成・頒布された「三階建て木造住宅の構造設計と防火設計の手引き」は、三階建て住宅の具体的な設計手法を中小の工務店レベルの技術者を対象にわかりやすく解説することを目的とした。

(97) 衆議院調査局国土交通調査室・本章注(46)資料三三頁。

(98) 住宅や、橋・道路等、価値ある社会資産・インフラが長期的に蓄積され、何度も作り直す無駄が省かれれば経済的なゆとりが生まれ環境に対する負荷も少なくなるというもの。

(99) 木造関係では、兵庫県南部地震の反省を踏まえながらいくつかの改正も行われた(大橋好光(二〇〇一)「兵庫県南部地震とその教訓」社団法人日本木造住宅産業協会・本章注(2)書二六〜三三頁)。
(100) 外務省ホームページ(http://www.mofa.go.jp/mofaj/area/usa/keizai/kanwa/index.html)によると、(木造)住宅の規制に係る我が国に対するこうした圧力は、一九九〇年代以降もアメリカUSTR(合衆国通商代表部)から「規制緩和及び競争政策に関する日米間の強化されたイニシアティブ(日米規制緩和対話)」を経由して継続的に存在した。
(101) 関係者へのヒアリングによる。
(102) 社団法人日本木造住宅産業協会ホームページ(http://www.mokujukyo.or.jp/)。
(103) 安井昇(二〇一〇)「木材は太く、厚く、現しに、建具・格子もすべて無垢。それが火に強い住まいをつくる」『建築ジャーナル(No.1169)』二〇頁。
(104) 同法は、「木材の利用を促進することが地球温暖化の防止、循環型社会の形成、森林の有する国土の保全、水源のかん養その他の多面的機能の発揮及び山村その他の地域の経済の活性化に貢献すること等にかんがみ、公共建築物等における木材の利用を促進するため、農林水産大臣及び国土交通大臣が策定する基本方針等について定めるとともに、公共建築物の整備の用に供する木材の適切な供給の確保に関する措置を講ずること等により、木材の適切な供給及び利用の確保を通じた林業の持続的かつ健全な発展を図り、もって森林の適正な整備及び木材の自給率の向上に寄与すること」を目的とする(第一条)。
(105) 中村隆史(二〇一一)「公共建築物等における木材の利用の促進に関する法律について」『公共建築(No.53 Vol.1)』八〜一一頁。
(106) 他方、社会における法律の膨張という現象を生むのかもしれない。参照、Teubner, G.(初出 1987). Juridification: Concepts, Aspects, Limits, Solutions. In Baldwin, R., Scott, C., & Hood, C.(eds.).(1998). *A Reader on Regulation.* Oxford Univ. Pr. pp. 389-440、及び、村上・序章注(12)研究ノート四四頁。
(107) 独立行政法人住宅金融支援機構ホームページ(http://www.jhf.go.jp/index.html)。
(108) 例えば、松江地西郷支判昭和六一年一〇月二四日、神戸地判平成九年八月二六日(谷合周三(二〇〇九)「住宅と消費者」日本弁護士連合会編『消費者法講義〔第三版〕』日本評論社、三五八〜九頁)。
(109) 森野捷輔(一九八三)「関連工学分野における技術上の諸規準①建築の場合」『土木学会誌(No.68 Vol.3)』二五〜七頁。

(110) 谷合・序章注(108)書三六〇頁。
(111) 関係者へのヒアリング、及び、国土交通省ホームページ(http://www.mlit.go.jp/)による。
(112) 宇賀克也(二〇〇九)「消費者庁関連三法の行政法上の意義と課題」『ジュリスト(No.1382)』一九〜三六頁。
(113) 住宅金融支援機構経営企画部広報グループ(二〇〇八)「住宅金融支援機構の組織と業務」『市街地再開発(第四六二号)』六〜一三頁。
(114) 伊藤滋夫＝越智福夫＝住本靖＝平山正剛＝松本恒雄(一九九九)「住宅の品質確保の促進等に関する法律の制定をめぐって」『ジュリスト(No.1159)』八〜三二頁。
(115) 関係者へのヒアリング、及び、国土交通省ホームページ(http://www.mlit.go.jp/)。なお、この仕組みをマンション等の大規模な建築物にも導入できるかという問題は保険法人が検査する能力と意欲を持つかによるのであって、現時点では十分に実現していない。
(116) 全体計画認定の要件は「全体計画に係るすべての工事の完了後において、当該全体計画に係る建築物及び建築物の位置が建築基準法令の規定に適合することとなるものであること」であり、構造耐力規定を含む建築基準法令の規定に最終的に適合することが条件となっている。
(117) 関係者へのヒアリング、及び、国土交通省ホームページ(http://www.mlit.go.jp/)。
(118) 関係者へのヒアリングによる。
(119) 以上、関係者へのヒアリング、及び、一般財団法人建築行政情報センター・ホームページ(http://www.icba.or.jp/cp/cp_top.html)。

第四章　自動車安全規制――衝突安全基準の設定・運用の体制

本章では、一九八八(昭和六三)年以降の軽自動車の衝突安全規制強化に伴う規格改定と、それから二〇〇五(平成一七)年までの、軽自動車等に対する四〇%オフセット基準新設、そしてそれ以後の自動車安全規制の動向を事例研究の素材として採り上げる。

我が国の自動車の技術基準設定プロセスにおいては、国際調和化を求める国内外の圧力が強まっていること、及び、設定すべき技術基準の範囲が広がり、またそれが細部にまで及ぶようになったことにより、参照すべき工学的知識や技術情報が高度に専門化し、また技術基準設定に係るステークホルダー間の利害調整の必要性が高まった。このことにより、規制行政機関(自動車交通局)は、民間から高度な工学的知識と技術情報の提供を受けるなど、リソース面での依存関係を築くと同時に、基準設定に係る行政部局間、官民、民間の利害対立とその調整メカニズム、及び協調関係を意識的なプロセス管理により組み込みつつ、基準の国際調和化に向かうアクターのインセンティブを利用して、自動車安全という大きな政策目標を実現していこうとしている(したがって、「協働」は円満な協力だけを意味するのではなく、ステークホルダーが互いに利用し利用され合うプロセスである)。こうした傾向は、象徴的な意味において「九九年答申」(第二節第二項(2))が一つの契機となっている。(1)

本研究におけるこの事例の意義は、まず、自動車の技術基準設定プロセスにおいて、行政資源としての技術情報がどのように創出・利用されているのかについて確認し分析を加えたこと、そして、行政資源としての技術的知見はメーカー側に偏在しているが、それでもなお規制行政機関が、規制執行の法的権限の他、利害調整の政策プロセスを設定・管理するオーソリティ・裁量をなお保持しているというように、具体的な資源関係を明らかにしたところにある。

加えて、この事例を通して、ステークホルダーのインセンティブ構造を捉えることができる。すなわち、経営力のある自動車メーカーは、安全に関する技術基準を充実させるという世界的な趨勢を奇貨として、これを機に、それへの対応余力を自らの強みとしつつ、市場における弱小メーカーとの差を広げようとすることを目論み、国内での規制強化を求めることがあり得る。こうして積極的なメーカーと規制行政機関の利害が一致したとき、規制に消極的なメーカーにも結果として技術が強制され、政策目的に実現が促進されることもあり得る。規制行政機関は、メーカーがもっともな理由を挙げて応じようとしない規制事項についても、安全基準の国際調和化の潮流を用いて規制導入を働き掛け、結果として、我が国の自動車の安全性能の底上げを図ることができたのである。

本章ではさらに、二〇〇五年以降も明示的な官民協働による安全規制政策の展開が見られ一定の実効性を挙げていることを、リコール等、規制実施の局面も含めて確認する。

第一節　自動車衝突安全規制制度の仕組み

第一項　道路運送車両法令

自動車安全に関する法令の構造と法令それぞれの制定主体は、**表18**の通りである。自動車の安全に関する技術基準などの法令の最上位にあるのが「道路運送車両法」で、同法は、「道路運送車両に関し、所有権についての公証等を行い、並びに安全性の確保及び公害の防止その他の環境の保全並びに整備についての技術の向上を図り、併せて自動車の整備事業の健全な発達に資することにより、公共の福祉を増進することを目的」とする(第一条)。

表 18　自動車に関する法令と制定主体

法令などの類型	具体例	制定主体
法律	道路運送車両法	国会
政令	道路運送車両法施行令	内閣
省令	道路運送車両の保安基準等	国土交通大臣
告示	道路運送車両の保安基準の細目を定める告示等	国土交通大臣
通達	技術基準，審査基準等，自動車型式認証実施要項等	自動車(交通)局

出典：(社)自動車技術会・本章注(5)書 141 頁の表 9–1 を一部修正.

表 19　普通，小型，軽自動車の構造，原動機，大きさ

種別	自動車の構造及び原動機	自動車の大きさ		
		長さ	幅	高さ
普通自動車	小型自動車，軽自動車，大型特殊自動車及び小型特殊自動車以外の自動車			
小型自動車	四輪以上の自動車及び被けん引自動車で自動車の大きさが下欄に該当するもののうち軽自動車，大型特殊自動車及び小型特殊自動車以外のもの(内燃機関を原動機とする自動車(軽油を燃料とする自動車及び天然ガスのみを燃料とする自動車を除く.)にあつては，その総排気量が 2.00 リットル以下のものに限る.)	4.70 メートル以下	1.70 メートル以下	2.00 メートル以下
軽自動車	二輪自動車(側車付二輪自動車を含む.)以外の自動車及び被けん引自動車で自動車の大きさが下欄に該当するもののうち大型特殊自動車及び小型特殊自動車以外のもの(内燃機関を原動機とする自動車にあつては，その総排気量が 0.660 リットル以下のものに限る.)	3.40 メートル以下	1.48 メートル以下	2.00 メートル以下

出典：関係法令を参照の上，筆者作成.

同法第三条で、「この法律に規定する普通自動車、小型自動車、軽自動車、大型特殊自動車及び小型特殊自動車の別は、自動車の大きさ及び構造並びに原動機の種類及び総排気量又は定格出力を基準として国土交通省令で定める」とされている。そこで「道路運送車両法施行規則」の第二条を見ると、「法第三条の普通自動車、小型自動車、軽自動車(…)の別は、別表第一に定めるところによる」とされている。**表 19** には、別表第一のうち普通・小型・軽自動車に関する部分を抜粋してある。衝突安全基準も極めて技術的で詳細なものなので、省令以下に委ねる形となっている(2)。

第二項　自動車技術基準の国際調和

(1) 基準の国際調和の経緯

日本における自動車の衝突安全規制強化は、自動車技術基準の国際調和の一環でもある。これについては一九五八年、国連欧州経済委員会(UN/ECOSOC/ECE)において、認証の相互承認に関する多国間協定(「一九五八年協定」)が締結された。

ECEにおける政府間の作業部会(WP29)は、貿易を自由化し「環太平洋市場」を実現するためにEUとアメリカの産業界が主導して構築したTABD(環大西洋ビジネス対話)のプロセスにおいて自動車分野が採り上げられ、翌年に欧米の自動車(部品)メーカーが基準の調和と基準認証の相互承認について合意に至ったことを受けて再活性化された(3)。また、自動車の国際的な流通が進むにつれてヨーロッパ域内での相互承認では追いつかなくなり、主要な自動車生産国である日米などを巻き込んだ方が有効であるとも考えられたことから、ヨーロッパ域外からの参加を念頭に置いた手続法改正も行われ、協定はヨーロッパ以外の国連加盟国にも開放された(4)。日本は一九九八年一一月に、ヨーロッパ以外の国で初めて協定に加わった(5)。協定の加盟国は、ECE規則の技術基準に適合した自動車の部品などについて認証を相互承認する。

一方、ヨーロッパと異なる自己認証制度を採るため「一九五八年協定」に加盟しなかったアメリカは、相互承認を含まない技術基準の調和のための「国連の車両等の世界的技術規則に係る協定(「グローバル協定」、「一九九八年協定」)」を国連に提案し、採択された。「自己認証制度」は、自動車の安全分野についてメーカーが製品の基準適合性を保証し、販売後に政府が市場の自動車の適合性を確認する制度である。日本は一九九九年に、こちらの協定にも加盟している。「一九九八年協定」は、自動車の安全・環境・燃費・盗難防止に関わる「世界技術基準（ｇｔｒ）」を制定し、ＥＣＥ規則に反映させて両立を図ることを目的としている。ｇｔｒは、候補基準に選定された項目（ＥＣＥ規則、日米欧のいずれかを含む締約国の三分の一が合意した既存の基準、各国が自由提案する「新規基準案」のいずれか）について、「自動車基準調和世界フォーラム（ＷＰ29）」及び専門部会で検討・審議され、[6]締約国代表からなる理事会（Executive Committee）において全会一致をもって制定される。ｇｔｒはあくまで基準の国際調和を目指すものであり、自己認証制度採用国向けのそれにＥＣＥ規則が規定する政府認証システムが含まれることはない。

また、共通の技術基準に則った衝突安全の試験を行うには、試験に用いるダミー人形の仕様の国際調和が求められる。このダミー人形の開発研究及び調和は、一九九六年五月に開催されたＥＳＶ（自動車安全技術）国際会議において合意され始動した「国際調和研究プロジェクト（ＩＨＲＡ）」の場において行われている（ただし二〇〇五年度以降、停止しているという）[7]。ＩＨＲＡでは、アメリカをはじめとする各国の協力で衝撃応答特性を一層改善した、人体に近い次世代ダミーの開発を行っていた。日本は、二〇〇〇年度から一般財団法人日本自動車研究所（ＪＡＲＩ）に委託をして研究を進めている。

自動車の衝突安全規制に関しては、社会的関心が高かったため比較的早い一九八六年には政府基準が設定されていたアメリカと、そうではなかったヨーロッパや日本との間で対応に時間差が見られ、技術基準は現在でも部分的にしか調和していない状態である（**表20**）。

(2)　我が国としての取り組み

一九九六年一一月一八日、古賀誠運輸大臣（当時。第二次橋本内閣）は運輸技術審議会（飯田庸太郎会長）に対し諮問（「自動車の基準及び認証等の制度に係る国際化対応方策について」）を行った。これに対し運輸技術審議会は、自動車部会を三回、

表 20　衝突安全基準の分立状況

		前面衝突		側面衝突	
		フルラップ	40% オフセット	27 度	90 度
米国	FMVSS	48 km/h(1986–)		54 km/h(1993–)	
	NCAP(政府)	56 km/h(1979–)		62 km/h(1997–)	
	IIHS(保険協会)		64 km/h(1996–)		
欧州	EC 法規		56 km/h(1998–)		50 km/h(1998–)
	EURO-NCAP(政府)		64 km/h(1996–)		50 km/h(1995–)
豪	豪 NCAP(政府)	56 km/h(1999–)	64 km/h(1999–)		
日本	保安基準	50 km/h(1994–)	50 km/h(2005–)		50 km/h(1998–)
	JNCAP(政府)	55 km/h(1996–)	64 km/h(2001–)		55 km/h(2001–)

出典：(社)自動車技術会・本章注(5)書 85〜88 頁と日本自動車連盟編『JAFMATE(1999 年 5 月)』を参照の上，筆者作成．

小委員会を三回開催して審議を行い、一九九七年六月一八日に答申をまとめた。そこには、自動車の基準及び認証などの制度の現状に鑑み、今後、国際基準調和への取り組み、相互承認制度の導入、開発途上国などへの自動車技術分野での国際協力、分解整備検査などに関する国際化への対応を進める旨が記されている。

バブル期、国内の自動車産業は、車種を増やしたり機能向上のために部品の種類や点数を増やしたりした。しかし、バブル崩壊による需要低迷で低価格車の開発が課題となり、各社は新規部品開発によるコストを下げようと、部品の共通化や部品の削減、車型の統廃合を進めた。他方で、折からの円高や日米包括協議で問題となった貿易不均衡の対策で、生産拠点を海外に移したり自動車部品の調達先を海外に求めたりする動きも強まった。こうした中、自動車部品の各国基準がそれぞれ異なっていることが車型の削減と部品共通化に大きな阻害要因となり、開発の上でも重荷になっていった[8]。国際基準調和の動きは、国内の自動車産業サイドの事情をも強く反映していたと言える。

自動車認証の相互承認と基準調和のシステムの中で、協定加盟国の取り組みとしては、第一に、基準調和の国際会議に参加し技術情報を他の国々と交換するとともに、自国基準の採用を求めるなどの主張を展開して国際基準の設定プロセスに関与する局面、第二に、国際調和された技術基準を国内の状況を考慮しながら国内基準に取り込む局面がある。また、国際基準に対して採り得る態度としては、フォロー（追従型）、リード（主導型）、対抗（対抗案提案型）がある。[9]

まず、国際会議への関与について。日本政府は、国ごとに異なる自動車技術基準の国際調和を進める世界唯一の場である「自動車基準調和世界フォーラム（UN／ECE／WP29）」に一九七七年から継続的に参加してきた。国連欧州経済委員会の下に置かれるこのワーキング・パーティ（WP）には、安全一般・衝突安全・ブレーキと走行装置・排出ガスとエネルギー・騒音・灯火器の各分野について技術的検討の場が設置され、各国の技術者がテーブルを囲んで議論を重ねている。WPでの具体的な基準の検討や研究開発には、自動車メーカーの国際的な業界団体である「国際自動車工業連合会（OICA）」が協力している。[10]「一九五八年協定」と「一九九八年協定」のいずれにも加盟している日本には、フォーラムでの基準の制定・改定時に投票する権利が与えられている。ここでは、国内基準に取り込んだECE規則を中心に優先度を検討しWPに提案を行う。日本が技術的に先行する分野については、世界統一基準に採用するように働き掛けることもある。[11]

一九八七年一〇月には、この日本政府の活動を支援することを目的として「財団法人自動車基準認証国際化研究センター（JASIC）」が設立された。JASICにおいては、主としてメーカーなどの専門技術者と行政官が協議を行い、WPに提案する日本からの基準案について検討する。[12]そして、そこでできあがった基準案を持って、国土交通省により選ばれた専門技術者と行政官が共にWPに臨む。JASICにおける検討に参加するのは、JASICの構成団体に属する専門技術者である。

次に、ECE規則の国内基準への取り込みについて。「一九五八年協定」の加盟国は、義務ではなく任意で装置ごとのECE規則を自国の基準に採用し、採用したものについてのみ相互認証が義務付けられる。[13]文化や風土、気候といった社会やユーザーの要求に応えることが必要な場合には、そちらを優先する。なお日本の場合、一九九八年に

「一九五八年協定」に加盟して以来、順次ECE規則を国内基準として採用しており、現在その数は二〇一〇年時点で四〇項目に上る。国際基準を国内基準に取り込む作業は、JASICを中心に進められる。

JASICの事務局により機械的に翻訳された国際基準の条文について、構成団体に属する各分野の専門技術者がテクニカル・タームについて解釈を加えつつ日本国内の技術状況や社会状況と照らし合わせて対照表を作成し、国内基準に取り込むことが可能な条文とそうでない条文とを分ける(「精査」)。

国内の技術基準に取り込むことが可能な条文については、ISO(国際標準化機構)の雛形に沿って条文化され、自動車交通局(自交局)による確認作業を経て技術基準に取り込まれる。車両の安全や環境の性能に直接関係する技術基準の多くは、この手続によって国際基準をほぼそのままの形で取り込んだものである。gtrを国内基準に採用するには、採用を決めてから六〇日以内に国連事務総長に規則の適用開始日を通知する。[14] 一方、国際基準のうち国内基準に取り込むことが困難な条文については、国内の状況に適合するように条件を付して国内の技術基準に取り込むか、あるいは国内基準に合わせて国際基準を変更するようWPに提案を行うことになる(実際には後者の方が多い)。基準の国際調和が議論されている最中の部品や装置について、国土交通省は国内の自動車メーカーが当該部品などの技術を採用できるよう後押しするために、ECEでの議論の動向を見つつ国内の技術基準としていったん採用し、その後ECEでの採用を働き掛けるという手法を採る場合もある。[15]

第三項　自動車安全行政の運用主体

自動車安全のための技術基準設定プロセスにおいては、法令上の権限を有する国土交通省(自動車交通局技術企画課)と地方運輸局や附属の独立行政法人(NTSEL)の他、自動車メーカーの専門技術者、業界団体(自工会)、社団・財団法人(JARI、公益財団法人日本自動車輸送技術協会(JATA))等との連携が見られる。独立行政法人であるNTSEL

には中立・公正な機関としての自負があり、現に技術基準のベース作りを担っている。しかし後述する通り、ＮＴＳＥＬの人員はＪＡＲＩの四分の一程度、敷地面積はＪＡＲＩの一〇分の一以下、予算規模はＪＡＲＩの六割弱程度であって、技術基準に関して言えば、プロセスの中でＮＴＳＥＬ案に寄せられる民間からの入力情報に基づく部分が小さくない。業界団体は、業界の利益代表としての活動の側面が強調されがちであるが、現実の業界団体の活動においては、行政機関と個々の事業者の間を結ぶ情報の浸透・集約機関としての活動のみならず[16]、規制のための情報の創出と整理にも大きく寄与している。日本の場合、アメリカやヨーロッパと比べ、民間メーカーの技術者やＪＡＲＩのような民間の研究所に技術開発のリードを期待する度合いが強い[17]。政府（規制行政機関）が十分なレギュラトリー・サイエンスのスタッフを抱えておらず、権限の大きさに比べてコストを抑制したシステムを形成してきたというのは[18]、自動車において特に顕著である。また、ＮＴＳＥＬは政府の研究所であり業務の中心は型式承認なので[19]、民間メーカーが研究を委託するときにはかなりの場合ＪＡＲＩを選択する。したがって、ＪＡＲＩの主要な顧客は民間メーカーであると言え、その事業活動収入の大半を占める事業収入は主として民間メーカーが支えていることになることへの注意が必要である。運用主体の特徴については、**表21**にまとめた通りである。

国土交通省自動車交通局は二〇一一年七月一日に、「自動車に関わる安全・環境・技術政策の強化を図るとともに、トラック・バス・タクシーといった自動車運送事業の発展に向けた政策なども含めた自動車行政について、これまで以上に一体的かつ効率的に展開することができるよう」、名称を自動車局に変更し、併せて課や室についての体制を再編・強化を行った[20]。具体的には、自動車局長の下に新たに次長ポストが設けられ、また、以前は技術安全部の下に分けて置かれていた自動車情報課・技術企画課（技術政策課に改称）・審査課（審査・リコール課に改称）・整備課・環境課を、総務課・安全政策課・旅客課・貨物課・保障課等と並列に置いた。また、国際関係事務の重要事項についての企画・立案を担当する参事官（国際）及び自賠責保険制度（共済）や政府保障事業等を担当する参事官（保障）が新たに設けら

表 21　自動車安全のための技術基準設定に関わる主なアクター

	国交省自動車(交通)局	NTSEL	自工会	JARI	JATA(JASIC)
属性	(狭義の) 所管行政機関	国交省所管 独立行政法人	経産省所管 一般社団法人	経産省所管 一般財団法人	国交省所管 公益財団法人
業務	・道路運送車両の安全の確保に関すること等.	・運輸技術のうち陸上運送及び航空運送に係るものに関する試験，調査，研究及び開発. ・道路運送車両法上の保安基準への適合性審査と技術的な検証等.	・自動車の生産，流通，貿易，消費に関する調査， ・自動車の生産の合理化，生産技術の開発向上に関する施策の樹立，その推進， ・自動車の貿易及び国際交流に関する施策の樹立，その推進.	・自動車に関する基礎的な研究，規格・基準の設定への協力及び普及，研究，試験及び検査の受託または委託，調査並びに情報の収集及び公開，環境及び品質システムに関する規格に基づく，自動車に係る分野の審査及び登録.	・自動車の適正使用などに関する調査研究，自動車の安全，公害に関する技術的調査研究や試験，技術上の連絡協調，また，それらに関する意見公表や行政庁への意見具申などを行う.
人員	・225 人(2009 年)	・102 人	・国内の大手自動車メーカー 14 社. ・副会長，専務理事が元経産省関東経済産業局長．常務理事が元国交省自交局技術安全部長.	・研究系職員約 250 人，研究系以外職員が約 120 人. ・大手自動車メーカー 13 社，自動車関連の約 250 社が参加. ・副理事長は元経産省関東経済産業局長.	・専務理事は元国交省関東運輸局東京運輸支局長，理事の 1 人は元 NTSEL 所長.
予算等規模		・約 24 億 3000 万円(2011 年度収入)．うち，運営費交付金が約 68.9%，受託収入が約 20.0%，施設整備費補助金が約 9.5%. ・資本金約 226 億円(国からの現物出資).	・約 71 億 4300 万円(2012 年度事業活動収入)．うち，会員の分担金収入が約 40.0%，会費収入が約 29.0%，モーターショー関係売上収入が約 28.4%.	・約 64 億 4000 万円(2012 年度経常収益)．うち，事業収益(研究，施設貸出，審査等)が約 88.9%，受取補助金が約 6.0%，受取賛助員会費が約 1.7%.	・約 5 億 2000 万円(2012 年度前期事業活動収入)．うち，環境等，一般調査・試験事業収入が約 70.3%，賛助会員会費収入が約 0.8%. ・JASIC の事業活動収入は約 1 億 5000 万円.

施設等		・研究施設(約2万2000平米)，自動車試験場(約24万6000平米)，自動車試験場第2地区(約5万平米)	・「公益(財)交通事故総合分析センター(ITARDA)」は自工会の提案で設立.	・約302万m^{2}の敷地内に，全周5500mの高速周回路等. ・研究施設(「安全研究部」「エネルギー・環境研究部」「環境政策研究部」「FC・EV研究部」「ITS研究部」).	・JATAには，総務部，調査部，技術部，業務部，昭島研究室. ・国際化の推進に努めるJASICは，ジュネーヴ・ワシントン・ジャカルタに事務所を置く.
備考	・国際関係事務の重要事項についての企画・立案を行う参事官(国際)等を新設. ・地方運輸局の専門職員(1種技術系職員の約7割)は，自交局が安全基準を設定する際の技術的な情報源となる.	・自動車の国際基準調和活動への支援へは，研究領域の枠を超えて取り組む. ・国交省が，民間メーカーからの型式申請を受け審査を依頼し，結果を基に型式指定を行う. ・近年，リコールの技術検証官を新たに任命し，不具合情報の技術的検証業務を開始.	・調査・研究・審議のための技術管理委員会，安全・環境技術委員会，環境委員会，交通委員会等が置かれている(委員会役員が政府審議会委員としても参加する場合がある). ・海外の安全基準などの動向は，メーカーの現地支社や自工会の海外事務所を通じて，調査.	・なお，事業収入のうち，自工会からの受託研究が約20.7%，官公庁からのが約26.0%(2007年度).	・1976年に「公的試験機関」指定. ・1987年に，自動車技術基準の国際調和に大きく関与しているJASICを設置し，自動車の基準認証制度の国際化推進業務を開始.

出典：NTSELホームページ(http://www.ntsel.go.jp/)，独立行政法人交通安全環境研究所(2009)『要覧2008』，(社)日本自動車工業会(JAMA)ホームページ(http://www.jama.or.jp/index.html)，(財)日本自動車研究所(JARI)(1999)『21世紀に向かって：財団法人日本自動車研究所30周年記念誌』，(財)日本自動車輸送技術協会(JATA)ホームページ(http://www.ataj.or.jp/index.html)，(社)日本自動車工業会(2007)『世界一安全な道路交通をめざして—ひと・クルマ・道路環境——自工会の交通安全への取り組み』，NTSEL・本章注(19)資料39頁を参照の上，筆者作成.

れた。自動車局の政策課題としては、自動車の安全の確保(運送事業者の安全対策を含む)、環境にやさしい自動車の普及、地域の公共交通の確保、自動車を活用した社会づくりが掲げられている。

第二節　事　例——軽自動車の衝突安全規制に関する技術基準の設定

「軽自動車」は一九四九年年七月に初めて登場した規格で、当初は長さ二八〇センチメートル、幅一〇〇センチメートル、高さ二〇〇センチメートル、排気量一五〇ccという規格が設定されたが、その後一九九六年までに長さ三四〇センチメートル、幅一四八センチメートル、排気量六六〇ccへと度重なる規格拡大を経験してきた。これらの規格改定は、カー・エアコンの普及による馬力荷重悪化への対応などといった技術的な要請の他、排気ガス抑制や安全性強化、高速道路網の拡張への対応など、社会的な要請にも応える形で進められてきた(21)。ただし、技術的要請と社会的要請は連動し判然と切り分けることもできないことへの注意は必要である(22)。

このように法令上、車体の大きさなどが必要最小限に制限されている軽自動車に対しては、その見返りとして様々な優遇措置が施されてきた(23)。それは、モータリゼーションに伴う社会的損失を極力抑制するという政策目的にも合致するもので、正当化されてきたといえる。すなわち、軽自動車は省エネルギー性と省資源性、省スペース性を有し、二酸化炭素排出、道路や橋梁などインフラストラクチャーの損傷、駐車面積の占有、廃棄物排出などといった社会的損失を抑制することができるのである(24)。個人用モビリティとしての軽自動車はモータリゼーションの牽引役に位置付けられ、優遇措置でもって広く一般に普及させることが志向されてきた(25)。

購入費と維持費を抑えられることがユーザーにとっての大きな魅力となって、軽自動車は年々台数を増やしており、二〇一三年一月末現在、国内の全自動車約七六三六万台中、約二八三七万台(約三七・二%)を占めるまでになっている(26)。

軽自動車の約六〇%は人口一〇万人未満の市町村で保有され、鉄道営業キロが短い地方の県において普及率が高いことから、軽自動車が公共交通機関の代替手段として欠かせない存在となっている。[27]昨今の高齢社会にあっては、特に軽乗用車ユーザーのうち六〇歳以上の高齢者の占める割合がここ一二年で三倍以上増加したことが見逃せない。こうしたことも、軽自動車への各種優遇措置の正当化根拠を構成している。

さて、「軽自動車は危険だ」というレッテルは確かに軽自動車の弱みであった。しかし社会的には、その手軽さと引き替えに甘受せざるを得ないものという暗黙の了解があった。その軽自動車に衝突安全規制を課す動き自体が画期的であったといえる。当時、自動車業界では軽自動車については永久に「四〇キロ基準」とすべきだとの意見もあった一方で、一九九九年から輸入車にも「五〇キロ基準」が課せられるということもあり、安全面で軽自動車と小型自動車の区別はすべきでないとの意見が大勢を占めていた。

軽自動車メーカーも一枚岩ではなかった。この安全規制強化は確かに、軽自動車メーカーに新たな技術開発コストや価格上昇による売上減のリスクを負わせるものであった。しかし、この規制強化をきっかけとして、ユーザーの安全確保という企業としての社会的責任を果たせるようになるとともに、「軽自動車は危険だ」という悪いイメージを払拭できることにもなり、規格が隣接して競合している小型乗用車の市場を切り崩せる見込みもあった。[28]こうして、この安全規制強化に積極的なメーカーと比較的消極的なメーカーとが現れた。

軽自動車の衝突安全基準強化は、具体的には次のようなトレードオフを孕む可能性があった。第一に、軽自動車には購入価格（コスト）が安いという旨みがあるが、安全関係の装備充実によって価格が上がることが懸念される点、第二に、軽自動車は軽くて燃費が良く環境面でも好ましいが、安全装備により車体が重くなり、一方で排気量が据え置かれるため燃費が悪くなることが懸念される点、第三に、軽自動車は小さい割に居住性が良いとされるが、安全性強化に伴うボディの剛性強化により居住空間が狭くなることが懸念される点、第四に、安全装備により、軽自動車のデザインが画一的になってしまうことが懸念される点、第五に、軽自動車は小回りが利き運転しやすいが、規格拡大により運転しにくくなってしまうことが懸念される点、第六に、軽は小型よりも税制上、車庫法上有利だが、規格改定で小型乗用車との差が小さくなると顧客争奪戦になるのではないか(それでもなお、制度上の各種優遇措置を正当化できるか)などといった問題である。

第一項 軽自動車の衝突安全規制強化(一九九〇～五年)

(1) 交通事故死者一万人の衝撃と「五〇キロ基準」

一九八八年、日本国内の交通事故死者数が一万人を超えた。その衝撃を受け、一九九〇年一〇月二九日、大野明運輸大臣(当時。第二次海部内閣)は運輸技術審議会に「自動車の安全確保のための今後の技術的方策」を検討・審議するよう諮問した[29]。これは自動車の構造・装置の面から事故回避や被害軽減対策などの検討を加え、安全基準の強化を図って自動車の安全性を向上させることを目的としたものである。

審議会は、交通事故の実態、自動車技術の進歩、諸外国の動向などを踏まえ、かつ、環境問題・省資源・省エネルギーなどにも配慮するといった状況の中で、自動車部会を四回、小委員会を一〇回開催して審議を重ね、またその間に自動車メーカー・ユーザー・有識者からのヒアリングを行うなどし、一九九二年三月三一日、奥田敬和運輸大臣(当時。宮沢内閣)に答申(「自動車の衝突安全向上に関わる車体側の対策」)を行った[30]。

運輸省はこの答申を受けて、一九九三年四月一三日に道路運送車両の保安基準を改正して安全基準の規制強化を行った。この改正により、一九九四年四月一日以降、小型車以上の自動車に、時速五〇キロメートルでコンクリート壁に前面衝突しても乗員の安全を確保できるようにするという衝突安全規制(「五〇キロ基準」)を課すことになった。ただし軽自動車については、「車体の寸法又は構造上、小型・普通乗用車と同等の衝撃吸収性能を備え、かつ、乗員生存空間を確保することは、現時点では、技術的に極めて困難であること等を勘案し、技術開発の促進を図りつつ、段階的に規制を強化することが適当である」とされ、軽自動車については当分の間「四〇キロ基準」で足りることとされた。

その衝突安全規制が施行される直前の一九九四年二月、運輸技術審議会は、軽自動車にもできるだけ早く「五〇キロ基準」を採用すべきとの答申を出した。これを受け、伊藤茂運輸大臣(当時。細川内閣)が軽自動車の規格見直しを事務方に指示し、運輸省は、軽自動車の衝突安全性の向上策を検討するよう自動車メーカーの業界団体である自工会に要請した(31)。また、軽自動車の制度上の取り扱いについて、運輸省・警察庁(道路交通)・大蔵省(税制)・自治省(地方税制)などの関係省庁が調整を行った。

(2) メーカーの攻防と一応の合意

一九九四年四月一四日、運輸省からの要請を受け軽自動車の安全性確保を検討してきた自工会の「軽自動車特別委員会」が、軽自動車に「五〇キロ基準」を課す場合、当時の規格(長さ三三〇センチメートル、幅一四〇センチメートル、高さ二〇〇センチメートル、排気量六六〇cc)では技術的に不可能であるとの結論をまとめた。「五〇キロ基準」をクリアするためには、長さを一五センチメートル程度、幅を五センチメートル程度広げるとともに、排気量を八〇〇cc近くまでに拡大する必要があるとの見込みが示された(32)。

こうした業界の動きに対し、運輸省は規格拡大を基本的に認める方針を示したが、同時に、軽自動車に小型自動車並みの性能や居住性を認めると車種を区別する意味がなくなるため、見直しは最小限にとどめる方針を示し、小型メーカーを含む自工会全体の検討結果を待って年内に結論を出すこととした(33)。また、軽よりひとまわり大きいリッター・カー（排気量一〇〇〇〜一三〇〇cc）の市場で大きなシェアを占める大手メーカーは、軽規格拡大の動きを警戒した。八〇〇ccクラスの車種が軽メーカーから売り出されると、リッター・カーとの競争が激化することが懸念されたためである。税など制度上の優遇のない小型自動車にとっては、不利な戦いになる可能性があった。

四月二五日には軽メーカー六社が規格拡大案（排気量を七七〇cc、全長・全幅を一〇センチメートルずつ広げ、それぞれ三四〇センチメートル、一五〇センチメートルに拡大する）をまとめ、大手メーカーとの最終調整を図り、五月にも正式決定をする見通しであること、運輸省もこれを認める方針であること、さらに小型メーカーが、安全対策上、軽自動車の規格拡大が避けられないことには理解を示しつつ、軽の税制上・車庫法上の優遇措置見直しを主張するのは必至であることが報じられた(34)。

こうしたことから自動車業界は、軽自動車の規格拡大によりリッター・カーとの格差がなくなってしまうこと、さらに、軽の優遇措置の取り扱いなどをめぐってまだ十分な議論がされていないことなどから、業界全体でより具体的なプラン作りを進めることとし(35)、六月以降、軽メーカーと大手メーカーが公式・非公式に意見を調整するとともに(36)、自工会の常任委員会で各案を突き合わせ検討を進めた。五月三〇日に自工会「軽自動車特別委員会」の委員長は(37)、純粋に技術的な検討を重ねているというコメントを発表している(38)。

そこで軽メーカーは、大手メーカーも含む自工会の「安全・環境技術委員会」の意見を採り入れ、①全長一〇センチメートル拡大、②全幅は側面衝突時の安全基準が決まった時点で拡大、③排気量は据え置きを含む若干の見直しを骨子とする譲歩案を出した。これに対し小型メーカーは、ボンネット型は当時の規格でも対応可能だとして、一律に全長一〇センチメートル拡大とするのではなく、ワン・ボックス型のみ全長一〇センチメートル拡大（ボンネット型のうち四輪駆動車については四センチメートル拡大）とする「二本化」案に固執した(39)。これに対し運輸省は、「安全基準の一項目をクリアできるかどうかによって車種を区別することはできない」と「二本化」案を拒否した。

表22　軽自動車と小型自動車の比較

	新規格軽自動車(1998年10月〜)	小型乗用車
総排気量(cc)	658	996
価格(例)	819,000	1,050,000
燃費(km/l)	23.5	22.0
最小回転半径(m)	4.1	4.4
安全装備	エアバッグ(運転席，助手席)	エアバッグ(運転席，助手席，サイド)
例	スズキ　ワゴンR	トヨタ　ヴィッツ
自動車税(円)	64,800	355,500
自賠責保険料(円)	88,500	121,300
高速道料金(円，東京〜名古屋)	5,550	6,900

出典：各社ホームページ等を参照の上，筆者作成.

結局、常任委員会において軽メーカーと小型メーカーの議論は嚙み合わず、合意に至らなかった。そこで七月一九日の臨時常任委員会では、長さを一〇センチメートル拡大する一方で、「車型によっては四センチメートルでも対応ができる」という付帯意見を盛り込む形で合意に至った。

(3)　要望書の提出

八月五日、自工会の豊田達郎会長から運輸省自交局の高橋伸和局長に対して「軽自動車の安全対応についての要望」が提出された。それによると、自工会では「軽自動車の衝突安全性の向上について検討して」きたが、「現行の軽自動車の規格内では十分な対応が困難である」として、次に記す点を踏まえ必要最小限の改定とすることを要望するとした。

第一に、全長(前面衝突対応)について。技術的に「五〇キロ基準」に対応するには、クラッシュ・ストロークをキャブ・オーバー型車については一七〇ミリメートル程度、ボンネット型車については〇〜四〇ミリメートル程度それぞれ拡大することにより対応できると推定される。(40)この点を踏まえ、車型を問わず統一した規格を設定するとすれば、全長を一〇〇ミリメートル拡大することが必要である。なお、ボンネット型車(〇ミリメートル)、キャブ・オーバー型車(一〇〇ミリメートル)それぞれに規格寸法を設定すべきとする意見も付記された。

第二に、全幅（側面衝突対応）について。アメリカ基準相当へ対応するとすれば、ドア厚（片側）において五〇〜七〇ミリメートル程度の拡大が必要となるが、欧州基準相当へ対応するとすれば米国基準の場合ほどのドア厚拡大は必要ないと推定される。この点に鑑み、側面衝突基準の設定を早期に進めることを要望している。

第三に、エンジン排気量について。安全対策を実施するためには車両重量の増加が見込まれるが、エンジン本体の改良や車両の軽量化など総合的な技術開発を促進することにより、現行排気量六六〇ccで対応するとしている。

自交局はこの要望書を受け、軽自動車の規格を定めた道路運送車両法施行規則（省令）を一九九五年夏までに改正する見通しで作業に入った。このとき、要望を基に技術的に検討した上で拡大幅を決めるとしながら、自工会の一〇センチメートル拡大案を認めることも示唆している[41]。業界内で完全にまとまりきらなかった規格拡大幅の議論を、最終的に運輸省が引き取ったということになる。

(4) 技術的なヒアリングと検討

運輸省は、国民の意見を聞くとともに、八月下旬、安全上の必要性を訴えるために軽自動車の規格拡大に関してヒアリングを実施することを決めた[42]。また一〇月には、運輸省が自動車の側面衝突安全基準設定に向けて、メーカー各社を呼んでヒアリングを実施することを決定した。

九月には大手自動車メーカー九社に対して、一一月にはディーラーの業界団体（社団法人日本自動車販売協会連合会、社団法人日本中古自動車販売協会連合会、社団法人全国軽自動車協会連合会）、社団法人日本自動車連盟（ＪＡＦ）の他、規格拡大に慎重な対応を求めてきたヨーロッパの自動車メーカーの代表者（日本自動車輸入組合（ＪＡＩＡ）、欧州ビジネス協会〔ＥＢＣ〕、在日米国商工会議所）に対して、ヒアリングが行われた。自動車販売に携わる人々からユーザーの代表、さらには海外のメーカーまでかなり広範囲のステークホルダーに意見聴取を行っていると言える。一二月の意見聴取は、九月に「ＥＢＣ自動車部会」が、日本の軽自動車の規格を拡大すれば欧州車への不当な差別に繋がるとして規格拡大の見直しを政府に要求し、欧州自動車製造者協会（ＡＣＥＡ）とＪＡＩＡも支持を表明したことを受けていると考えられる。これは、競合する欧州車はその排気量のために軽自動車と認められず、税制上、車庫法上の優遇を受けられないことを問題とした意見表明であった[43]。

このヒアリングは、「欧米の基準を参考にしつつ日本の交通事情に合致した基準とするため、自動車各社から技術的な意見を聴取するもの」とされている[44]。自交局によるとこのヒアリングは、ある程度決定しつつあった（側面）衝突安全規制及びそれに対応した規格拡大幅について、メーカーから技術的な実現可能性に関する意見を聴取するものであった。

一九九五年一月一七日、乗用車の側面衝突時の安全基準作りが難航していると報じられた。背景事情として、国際基準となるはずのヨーロッパの動向が不透明なため[45]基準設定作業が事実上ストップしていること、並行して検討中の軽自動車の規格拡大にも影響があり混迷の様相を深めていることが挙げられている[46]。

⑸　軽自動車の保管場所届出をめぐる省庁間調整

自動車は少なくとも税制から警察・安全・環境・エネルギー政策にまで関係し、そうした法令や規制の中でその規格ができ上がっていると言っても過言ではない[47]。本研究が分析対象とする軽自動車の規格拡大をめぐっても、関係省庁との調整過程が見られた。

省庁間調整が必要となった問題として、保管場所届出をめぐるものがある。軽自動車規格改定の議論の最中、一九九四年九月二日に警察庁は、違法駐車を減らすために東京都二三区と大阪市内に限られていた軽自動車の保管場所届出義務の適用地域を政令指定都市以上に拡大することを決定した[48]。警察庁からは、近く具体的な範囲の検討を始め、年内にも車庫法の政令を一部改正し来年にも施行する方針が示されたが、これに対しては一〇月下旬に通商産業省が、軽業界への影響が大きいことなどから経過措置を含む緩やかな導入を求め、運輸省がこれに同調した[49]。また軽業界は、原則的に届出義務の拡大はいずれ避けられないとしながらも、需要が伸び悩む軽業界の事情を考慮した緩やかな導入を警察庁に求めた[50]。一一月に警察庁は、軽自動車業界や通商産業省などの要望を考慮しつつ一九九六年から軽自動車の車庫規制を段階的に強化し、二〇〇一年には人口三〇万人以上の都市に拡大することを決定した。なおそれ以降、規制は徐々に強化され、現時点では概ね人口一〇万人以上の都市において、購入後に保管場所を届け出る義務が課されている[51]。

その後、規格改定幅が決定した後の一九九五年一一月一五日、運輸省と警察庁は、一九九六年一月から拡大する軽自動車の車庫届出制の適用地域での届出手続を簡素化し申請者の手間を軽減する旨の発表をした[52]。こういったことは異例であるという。標章交付を行う警察の窓口業務と軽自動車の検査業務などを行う軽自動車検査協会の業務について、両者の連携を図るのが狙いとされている[53]。さらに警察庁は一九九六年三月、郵送による車庫の届出を四月から認めて手続をさらに簡素化する意向を示し、軽自動車業界は歓迎した[54]。

この軽自動車の車庫証明については、一九九〇年の軽自動車規格拡大の際にも運輸省と警察庁との間で議論になっていた。拡大幅がやはり議論されていた一九八九年一月、業界が要望していた車両幅の拡大について警察庁と運輸省との調整で折り合わず時間切れとなり、当時の規格一四〇センチメートルが据え置かれた[55]。警察庁はその規格拡大直後の三月、違法駐車の拡大傾向が交通の円滑な流れを阻害しているとの判断から自動車保有者の駐車場確保義務を強化するための法改正作業に乗り出し、車庫証明手続の対象外となっている軽自動車を新たに対象にしていくこととした[56]。警察庁の関心は路上駐車問題と軽自動車の大型化・地位向上・台数増加の論理的連関にあり、今般の規制強化に当たっては省庁間調整が必要となった。

(6) 最終調整

「貿易の技術的障害(TBT)に関する協定」は、工業製品及び農産品を含む全ての産品について、各国の規格及び規格の適合性評価手続(規格、基準認証制度)が国際貿易に不必要な障害をもたらすことのないよう、国際規格を基礎とした国内規格策定の原則、規格作成の透明性の確保を規定する。産品の規格及び規格の適合性評価手続の変更に際しては、変更を行う国の政府はWTO事務局に通報を行い、各加盟国に対する意見照会を行う手続が必要となる(協定2.9)。

自動車の技術基準を所管し型式認証を行う運輸省も、自動車に関係する規格及び規格の適合性評価手続の変更に際し通報手続を行ってきた。一九九五年五月、軽自動車の規格改定などを盛り込む自動車の安全基準拡充についてWTOへ通報したところ、期限までに締約国から特段の意見が寄せられることはなかった。

八月にはヨーロッパで、側面衝突に関わるEUの新提案が閣僚級会議において了承された。一方、日本国内の自動車メーカーでもヨーロッパ式の側面衝突基準の採用に動く機運があり、そのヨーロッパでの決定を受けて対応が活発化した。九月の時点で自交局技術企画課は、「ヨーロッパ方式での試験が国内の施設で実施可能かどうか、また、試験対象車が車種全体の特性を代表できるかどうかという再現性の問題など、最終的な判断のための検証を行っている。一定量のデータを積み上げ、調査結果をまとめたい」とコメントした[57]。

(7) 規格拡大幅の決定と公布

一九九五年一〇月一二日、自交局技術安全部は文書(「自動車の衝突安全性能の向上について」)を発表し、メーカーなどに通知した。その内容は次の通りである。

第一に、前面衝突規制の強化と側面衝突規制の開始など。前面衝突試験は、ダミーを乗せた軽自動車を時速五〇キロメートルでコンクリート壁に衝突させて行う。規制対象車種に軽自動車などを追加し、その試験速度を時速四〇キロメートルから五〇キロメートルに向上する。側面衝突試験は、軽を含む全自動車を対象にダミーを乗せた自動車の側面に重量九五〇キログラムの台車を時速五〇キロメートルで衝突させて行う。この試験方法は、日本が一九八〇年代後半から共同して開発してきたことを反映し、ヨーロッパのそれに類似している。なお、同時に後面衝突時の燃料漏れ防止に関する要件が強化された。乗用車が追突された場合の燃料漏れを防止する規制は、軽自動車については寸法の制約もあり追突速度を暫定的に時速三五〜八キロメートルとしてきたが、時速五〇キロメートルに引き上げることとされた。

第二に、軽自動車の規格の見直し。衝突安全基準の強化に当たって、軽自動車は対策を行うための寸法的余裕がないことから、全長及び全幅について衝突安全性を向上するための必要最小限の寸法拡大を行う。見直し内容は、長さを一〇センチメートル拡大して三四〇センチメートルに、幅を八センチメートル拡大して一四八センチメートルにするというものである。なお、エンジン排気量の上限は六六〇ccのままで据え置かれた。自工会からの要望の内容と比較すると、いずれも要望の範囲内での決着ということになる。

運輸省の決定を受けて、軽メーカーからは「側面衝突の安全基準を満たすためには八センチメートル以内で対応することは難しい上、車両重量の増加で軽自動車の強みである燃費が悪くなる可能性があり、全幅はもう少し拡大してほしかった」との声が聞かれた。「規格拡大による車両重量の増加」、「排気量据え置きによる燃費の悪化」、「安全装備の充実などによるコストの増加」という「三重苦」を技術開発によって解決すべく、各社ともに規格拡大に合わせて全車種をフル・モデル・チェンジする方向で必死の技術開発を進めた(58)。他方、小型メーカーは、価格一〇〇万円を下回り軽自動車並みの燃費を売り物にする小型自動車の開発を進めた。
九月三〇日、規格が改定された。軽自動車メーカーの業界団体である全軽自協は「衝突時に危険性が高いようなこれまでのイメージを払拭できる」との期待感を示している。

(8) 新規格施行と規制強化のアウトカム

一九九八年一〇月一日、軽自動車の新規格が施行となった。安全性が向上した新しい軽自動車についてメーカー各社から運輸大臣に対する型式指定申請があり、三六型式（乗用車二九型式、貨物車七型式）についての型式指定を行った。この指定数は、規格改定直前までに販売されていた軽自動車全九一型式の約四〇％に当たる。新しい安全規制に適合していない軽自動車についても、二〇〇〇年六月までは引き続き生産・販売できることとした。

規格改定直前の一九九八年六月に全軽自協が発表したデータによると、同年五月の軽自動車の新車販売台数が約一〇万三〇〇〇台で、前年同月比五・六％の減少となった。折からの景気低迷の影響を受けたことと規格改定によってメーカーが新車投入を控えていたこと、そしてユーザーが買い控えていたことが原因とされている(59)。ただ、こうして新規格車が発売される直前期に旧規格車の買い控えが起こり、新規格車発売により大幅に販売台数が増えたという「自然な」反応が見られた一方で、規格改定で価格が上がることから旧規格車を「お買い得車」として売り出したところ、メーカーの営業戦略もありかなりの駆け込み需要があったという報道もある(60)。

公益財団法人交通事故総合分析センター（ＩＴＡＲＤＡ）のデータによると、旧規格軽自動車と新規格軽自動車とを比較した場合、死亡率は〇・一七％から〇・〇六％に、死亡重傷率は一・二二％から一・二五％に、致死率は〇・三七％から〇・一五％にそれぞれ低下し(61)、この点において政策目標は達成された。

第二項　四〇％オフセット前面衝突に関する安全基準の新設（一九九五〜二〇〇五年）

四〇％オフセット前面衝突に関する安全基準（以下、「オフセット前突基準」という）は、二〇〇五年一二月の技術基準改正で新設され、二〇〇七年から段階的に施行されている。この技術基準を充足しているかどうかは、自動車の前面が四〇％ずつ重なり合って正面衝突する事故を模擬したオフセット衝突の試験を行って調べられる。基準の適用対象は軽自動車を含む車両総重量二・五トン以下の自動車で、技術基準は運転者席及び助手席にダミーを乗車させ、右記の要領により時速五六キロメートルでアルミハニカム・バリアに自動車を衝突させた場合のダミーへの衝撃が定められた基準以下であることを要求する。

法令よりも厳しい基準（衝突速度）で試験を実施する我が国の自動車アセスメント（ＪＮＣＡＰ）の試験基準は法令上の技術基準を先取りし、また、その基準は何年後かに技術基準に取り込まれることになる。[62] アセスメントの試験項目とすることで自動車メーカーの対策を促し、将来的な技術基準への取り込みに備えていると言うこともできる。

したがって、技術基準への取り込みに先立つＪＮＣＡＰの試験項目やその手法に関する検討の段階で、技術的な問題については概ね解決していることになる。本項で事例分析の対象とするオフセット前突基準の場合も実質的な検討は二〇〇一年のＪＮＣＡＰ試験開始までに決着を見ており、後の実質的な議論は国土交通省と自工会の間で型式認証における試験方法について行われただけであった。

とはいえ運輸省は改めて法令にオフセット前突基準を導入することを目指し、二〇〇〇年度からの三カ年計画により調査を開始した。技術的な問題についてはＪＮＣＡＰの検討の段階でほぼ解決していたので、技術基準設定に向けた技術的検討の場は事実上、形骸化していたと言える。しかしこの基準設定プロセスでは、運輸省内に二〇〇〇年一一月、オフセット前突基準設定のためのワーキング・グループが設置されて以降の、それまでとは異なる形式の官民協働による技術的検討が観察されるので、ここで採り上げたい。

自動車乗車中の事故（一九九五〜二〇〇〇年）に関して、全死者中四七・六％及び全死傷者中三七・六％は前面衝突によるものであり、[63]前面衝突事故に関して、衝突オフセット率が三〇〜五〇％のものが全体の約四五％（フルラップは一五％弱）を占めることが事故の実態調査により明らかになっている。[64]こうして、現実に発生する前面衝突をフルラップ前突のみと想定するのは非現実的だという認識は、比較的広く共有されている。

一方、試験方法で言うと、衝突時に乗員に加わる加速度が大きいフルラップ前突が自動車の衝撃吸収性やエアバッグやシートベルトなどの拘束装置の性能を試すのに適しているのに対し、自動車の前面の一部で衝撃を吸収しなければならないオフセット前突の場合、車室（キャビン）に大きなエネルギーがかかりフルラップ前突と比べて激しくつぶれることもあり得る。そのため、乗員の生存空間を評価するにはオフセット前突の試験が適している。乗員を保護する場合、自動車には衝撃を吸収する柔らかいボディ（クラッシャブル・ゾーン）とともに乗員の生存空間を維持できる頑丈なキャビンが必要となる。自動車の衝突安全のためには、柔らかい前部と頑強なボディとを両立させる必要がある。[65]拘束装置だけで基準を充足しようとする自動車が多く市場に現れる中、フルラップ前突基準のみでは乗員の安全性を十分に維持できない。そこで、真に安全な自動車を普及させるにはフルラップ前突とオフセット前突の両方の性能要件を課す必要があるという主張が、特に衝突安全規制に積極的なメーカーから聞かれるようになった。

(1)　新基準導入の契機

日本ではアメリカ（NCAP）における試験基準に倣い、最初にフルラップ試験のみを導入した。オフセット試験の導入も検討されつつあったころ、現状把握のために実施されたオフセット前突の実験において、フルラップ試験で最高レベルの評価を得た車種が大破し乗員が危険にさらされることが分かった。これをきっかけとして、当時ヨーロッパで実施されていた四〇%オフセット前突試験を導入し、フルラップ試験と併せて衝突安全性能の総合評価を行うべきとの認識が共有されるようになっていった。ただし、特に衝突安全への取り組みは費用のかかる衝突実験をメーカーがどれだけ実施できるかに依るため、自動車メーカーの経営体力を直接に反映する。当時、経営体力を有していたメーカーは、ヨーロッパの衝突試験方法にも早期に目を向け総合的な評価を実施するよう求めた。その一方で、余力なく不況に苦しむばかりのメーカーは消極的であった。

こうして日本では、オフセット前突安全性能試験を導入することを前提として、国内の事故実態分析や諸外国での試験方法や評価法に関する文献調査の他[66]、ヨーロッパの法規に準拠しながら試験条件の再現性、計測データの再現性、及び車両間の判別性について調査研究が実施された。導入に当たっては当初、JNCAPを実施する自動車事故対策センター(現・NASVA)がJARIに研究委託をするなどして検討を進めていたが、導入を発表したところ社会的な反響があまりに大きかったため、運輸省中心のプロジェクトとして進められることとなった。

(2) 運輸技術審議会答申の内容とその意義

「運輸技術審議会」は一九九九年六月一四日、藤井孝男運輸大臣(当時。第二次橋本改造内閣)からの諮問に対して、自動車部会の「安全小委員会」、「環境・交通システム小委員会」などでの審議を通して答申し、車両安全対策による事故死者数削減目標の設定とともに体系的・効率的な安全対策推進の方針を示した(以下、「九九年答申」と言う)。答申は、①自動車交通安全対策関係、②自動車環境対策関係、③自動車交通システム関係の三部から構成されている。

そのうち第一部は、交通事故の深刻さについての再認識を求めるとともに、自動車交通安全対策を、単なる精神論ではなく事故実態の把握を中心とした科学的な手法により進めることを求めており、低減目標の設定をはじめとする様々な新しい視点が盛り込まれたものとなっている(「精神主義からデータ主義へ」[67])。

一九九九年当時、自動車交通による事故件数と死傷者数は一貫して増加傾向にあった。死者数こそそれまでの対策の効果もあり減少傾向が見られたが、それでも厚生省統計による事故後一年以内の死者数は年間一万四〇〇〇人にも上っていた。こうした交通事故の多くは運転者の人的要因(過失)によるとされてきたが、答申は、その背後に運転者がミスを犯すに至った車両構造面、走行環境面、あるいは運行管理面などの問題点が存在している可能性があると指摘した。そこで答申は、「効果的な自動車交通安全対策を的確に講じていくためには、まず、その前提として事故情報の収集を充実させ、事故の直接的な原因に加え、その背後にある様々な要因も含めた多角的な分析を行うなどの『事故実態の把握』を恒常的に行うことが必要である」とした上で、「この『事故実態の把握』を中心とした自動車交通安全対策のサイクルを総合的に、また、分野ごとに繰り返し行っていくことが必要である」と述べた。具体的には、「低減目標の設定」→「対策の実施」→「効果評価」→「低減目標の設定」といういわゆるＰＤＣＡの自動車安全対策サイクルに則り、事故分析・効果の推定などを行い、データに基づき、かつ透明性を確保しつつ推進するという手法である。

九九年答申ではさらに、自動車の安全と環境について継続的に検討する体制を整え、関係業界のみならず関係学界などから積極的な協力を仰いで、基準設定プロセスに民間の専門技術者を関与させるという方針も示された。確かに、それまでの基準設定プロセスに民間の専門技術者が関与しなかったわけではないが、こうして官民協働による基準設定が明示的に意識されたことが重要と言えよう。答申を受け運輸省は、安全基準の拡充と強化に反映するための検討を行う場として、学識経験者などの専門家・自動車メーカー・業界団体・ユーザー代表からなる「車両安全対策検討会」を設置した(68)。この検討会においては、事故分析分科会・予防安全対策分科会・被害軽減対策分科会の三つに分かれてそれぞれ課題の検討を行う。安全対策の策定過程の透明性を確保するべく(69)、そこでの検討内容は年に一回開催される「自動車安全対策シンポジウム(途中、「自動車安全シンポジウム」に改称)」で報告され、最終的な検討結果に反映させるために一般からの意見募集も行われている。[70] これら三つの分科会は再編され、二〇〇五年一一月には「事故分析部会」及び「安全基準検討会（途中、「安全規制研究会」から改称）」となった。[71] なお、これらの検討会の事務局は、国土交通省から一般競争入札により研究委託を受けた者が担当している。[72]

そのうち「事故分析部会」では、事故実態の把握と分析を行う。事故分析に当たっては、情報源の多様化と充実を図る必要がある。事故分析部会の情報源としては、第一に国土交通省自交局総務課安全対策室からの自動車事故報告規則に基づくデータ提供がある。自動車事故報告規則は、旅客や貨物の事業者に対し、使用する自動車について所定の事故があった場合には報告書を三〇日以内に管轄の運輸監理部長、または運輸支局長を経由して国土交通大臣に提出することを義務付けており、取得された情報を部会に提供する。自交局総務課安全対策室からは同時に、装着が現在議論されているドライブ・レコーダの効果分析の情報も寄せられる。第二に、ＩＴＡＲＤＡからの情報提供がある。具体的には、交通事故統合データ（いわゆるマクロ統計）、ミクロ事故調査（調査チームのいるつくば市周辺を中心に、程度の比較的激しい事故を対象として年間三〇〇件程度が調査される）の他、[73] 交通事故データを自賠責保険データとマッチングさせた人体傷害データベース、交通事故データを日本救急医学会と日本外傷学会の協力を得て交通事故患者データとマッチングさせた交通外傷統合データベースである。事故分析部会における具体的な自動車事故に関する検討プロセスの一例として、重大事故が発生した地域を管轄する地方運輸局の職員による事故分析のプレゼンテーションに引き続き、学識経験者などの部会委員が「安全基準検討会」への情報入力をするべく事故の原因と対応策に関して議論する、というものがある。[74] なお、事故情報収集に関しては、個人情報保護の要請との調整が論点になるものの、個別の事故情報から個人が特定される情報を捨象したり、あるいは個別情報を統合しデータ化したりすることによって対処している。

事故分析部会から安全対策の方向付けを受ける「安全基準検討会」では、安全基準の重要度やそれに対応するための技術的熟度などを勘案して基準の拡充と強化を行うとともに、その実施による効果評価を行う。また、研究機関などの協力を得て必要な調査・研究を行い、安全基準化項目を選定する。安全基準の拡充・強化に当たっては、国際調和の観点も十分に考慮される。

安全基準の設定は、具体的には次のようなプロセスを踏む。事故分析や国際調和の動向を踏まえ、まず対策課題を抽出する。続いて、早急に基準を設定すべきと認識される項目については「基準化項目」、将来的に基準を設定すべきと認識される項目については「基準化候補項目」としてターゲットを絞り込む。いずれの項目についても、「継続検討」→「(可能な限り早期の公布に向け)基準化作業中」→「公布間近」という段階を踏んで、基準化に向けた議論が熟していくことになる。その時々の、基準化に向かう項目のステイタス情報は、学識経験者などが参加する「安全基準検討会」の場で共有される[75]。基準化のプロセスにおいて、技術的な実現可能性に関しては、研究機関への研究委託などといった官民協働によって調査・研究が進められる。

より技術的な検討は、研究機関や民間メーカーの技術者が参集して共同で設置する「ワーキング・グループ」で行われる。この「ワーキング・グループ」では、懸案の項目を基準化した場合の技術的な問題点などについて、国土交通省や自工会などの参加者それぞれが行った研究結果を基に議論を行い、そこでの検討結果を基準化作業にフィードバックする。

(3) 「短期規制」という位置付け、専門WG設置

オフセット前突は、自動車の型式認定相互承認の対象項目にもなっており(ECE Regulation No.94 Protection of occupants against frontal collision)、日本の技術基準にも早期に導入されることが望まれてきた。運輸省は二〇〇〇年七月の「第一回自動車安全シンポジウム」で、乗用車と車両総重量八トン未満の中小型トラックに対しオフセット前突基

準をはじめ新たな六つの安全規制基準を二年以内に導入していく方針を示した[76]。ここでは、短期に基準化を行うという「短期規制」という位置付けがなされ、二〇〇二年度中に基準整備を図ることを目標にして検討を進めることとなった。

二〇〇〇年七月、将来のコンパティビリティ基準設定のために立ち上げられた次世代前突基準設定のための「コンパティビリティ・ワーキング・グループ」の一部において、オフセット前突基準についての議論が始まった。一一月には、九九年答申を受けて新設された「車両安全対策総合検討会」、「安全対策分科会」の下部組織として、オフセット前突及び歩行者保護に関して技術的な検討を行う専門ワーキング・グループ(専門WG)が設置された。専門WGには、主催者である運輸省自交局の職員の他、NTSEL・自工会・運輸省から研究を受託したJARIから、それぞれオフセット前突と歩行者保護の専門技術者が出席した。またオブザーバとして、自工会とJARIの他、シンクタンクからの出席者も見られた。事務局は、運輸省から研究を受託したJARIが担当した。オフセット前突に関しては年に四回程度の専門WGが開かれ、メンバーの顔ぶれに若干の入れ替わりこそあったが輩出団体の構成にほとんど変化はなかった。衝突実験のデータについては大部分をJARIに依存しており、その他の調査関連資料については可能な限り自工会の支援を受けて入手するものとされた。

(4) 専門WGでの技術的調査・検討

専門WGでは、事故分析や効果分析の手法について技術的で詳細な検討を加えながら、安全基準導入の根拠となる補強データを準備するなど「安全基準検討会」で使用するための資料の作成を進めた。専門WGにおける具体的な検討事項は、次の五点である。

第一に、事故実態調査である。国内の事故データを基に、事故形態・事故件数・死傷者数・損傷主部位・衝突速度・オーバーラップ率などの実態を分析し、基準導入の必要性を確認するとともに、乗員傷害の危険性が最も高いオフセット事故形態の抽出を行った。

第二に、確認試験に関する検討である。オフセット前突は同一車同士のオフセット正面衝突を模擬しているが、この妥当性を検討するために、代表的な乗用車について衝突実験を行った。また、試験法の信頼性を規定するその再現性を確認するために、乗用車について傷害値・車体変形などの再現性を検討した。ここではＪＮＣＡＰ導入時のデータも用いられた。

第三に、商用車などへの適用についてである。ヨーロッパの基準では車両総重量二・五トン以下の乗用車が対象となっているのに対し、日本の技術基準（フルラップ前突のみ）は商用車を含む二・八トン以下の車両が対象となっていた。そこで、二・五トン以上二・八トン以下の乗用車及び商用車の取り扱いが問題となり、実際に衝突実験を行って適用を検討した。結果的には、ヨーロッパ基準と同じ範囲に適用されることとなった。

第四に、欧米におけるオフセット前突法規の実状調査である。一九九八年にオフセット前突基準を導入したヨーロッパでは当時、衝突速度の引き上げ（時速五六キロメートルから六〇キロメートルへ）と適用車種の拡大（商用車を追加）が検討されており、またアメリカでも法規（ＦＭＶＳＳ）へのオフセット前突基準導入が検討されていた。そこで、ＥＵには自工会と政府で、アメリカ（ＮＨＴＳＡ）にはＪＡＳＩＣの現地支部に依頼して、それぞれヒアリングなどによる調査を実施した。

第五に、右記の結果を基に、基準設定に必要な傷害値・衝突速度・車両重量・車種などについて試験条件を選定するとともに、オフセット前突基準導入に伴う費用対効果・基準の詳細についても検討された。

専門ＷＧでは、ＪＡＲＩなどの研究機関から提供される実験データなどについて、国土交通省やＮＴＳＥＬ・自工会などから参加した専門技術者が解析を加えて技術的な検討を行う。極めて専門性の高い複雑な内容を含むとともに、自動車の衝突実験にはかなりの費用を要するため学界では困難を伴う。そのため、専門WGでの議論では産業界と「官」との協働が主体となる。

専門WGや「安全基準検討会」での検討内容は直ちに各メーカーの知るところとなり、メーカー内の部局間、及びメーカー間の調整が行われる。各メーカーは、自社内での技術的実現可能性について検討後、国土交通省に再度、技術情報をインプットしてくる。逆に、そうしたメーカー・サイドでの検討情報が専門WGや「安全基準検討会」にフィードバックされたりもする。

衝突安全基準についてはすでに欧米で実施されており、国内基準はそれよりも高くないところに設定されるため、純粋技術的な実現可能性についてはその場で議論するまでもないが、各メーカーはコストとの兼ね合いで、技術的な実現が困難であるとの意思表示をしてくる。当該安全基準導入に消極的なメーカーは、JARIから信頼性の高い実験結果の提供を受ける国土交通省（専門WGや「安全基準検討会」）に対し、JARIの実験結果では示されていない自工会やメーカー自身の例外的なデータを提出することによって自社の意向をアピールする。こうした技術情報は、専門WG以外の、自工会での委員会や自交局とメーカーとのインフォーマルな議論の場でやり取りされることも多い。議論の場の形態は様々で、自交局の担当者の周りにそれと言うこともなく集まって開かれる、正式名称もない会合さえあり、そこで実質的な技術的検討がなされることもあるという。なお、自交局の職員が二～三年ごとで異動してしまうため、かつてと比べてメーカーの技術者と行政官との人的ネットワークを作りにくくなったとも言われている。

(5) 軽商用車の取り扱い

ここでも、日本特有の規格である軽自動車（とりわけ軽貨物車など）の扱いが論点となった。軽自動車（軽商用車）は、車両前端から客室までの距離がボンネット型の車両に比べて短い。そのため特にオフセット前突の場合、車体変形による乗員傷害の危険性が高く、事故実態においても普通乗用車の次に運転者の死亡数・重傷数が多いとされた。軽自動車の場合、衝撃を吸収するクラッシュ・ストロークが普通車の六割程度しか取れない。その上、軽商用車はエンジンを運転席や荷室部分の下に置く構造になっており、荷台部分を広くするためボンネット部分が短い設計となっている。クラッシュ・ストロークが非常に短くなっているため、極限の衝突安全技術が求められる車種だと言える。

したがって、基準導入の必要性は高い車種であると認識されたが、他方において、現状規格の中でこの衝突安全性が実現できるかという技術的論点が持ち上がった。

第一に、オフセット前突基準と、すでに法令上規定されていたフルラップ前突基準とのトレードオフである。フルラップ前突の試験が主として衝撃に対する乗員保護性能（クラッシャブル・ゾーンの衝撃吸収性や、シートベルトやエアバッグの限界）を評価する手法であるのに対し、オフセット前突の試験は主として車室（キャビン）変形に対する乗員保護を評価する手法である（本項冒頭）。車両構造面での対策方法が両者で異なり、片方を強化するともう片方を維持することが困難になるという関係にある。単純に車体を堅くすれば済むものではない。

第二に、軽商用車については特に荷台部分が長ければ長いほどユーザーに好まれるが、オフセット前突基準に対応するべくボンネットを長くすると、規格上の制約からその分、荷台部分を短くする必要がある。荷台の長さは自動車の売り上げにも影響し得ることから、販売部局と調整する必要が生じた。なお、このオフセット前突基準新設に際し、規格拡大はアジェンダに上らなかった。

このことについて専門ＷＧでは、基準導入を段階的に行う可能性を残して検討すること、ただし衝突速度に格差を設けることは難しいことが確認された。実際に軽商用車を用いた衝突試験を実施することも検討された。ただしここでも、この論点に関する実質的な議論は、必ずしもオフィシャルな専門ＷＧでの検討ではなく、自工会におけるメーカー間調整や国土交通省とメーカーとのインフォーマルなやり取りの中で解決されていった（なお、フルラップとオフセットのトレードオフについてはＪＮＣＡＰ導入時にほぼ決着していた）。

(6) 自工会での技術的検討

メーカー間での技術的な検討は、自工会でも同時期に行われていた。自工会においては、「安全・環境技術委員会」の下にテーマごとのワーキング・グループ（ＷＧ）を設けて技術的な検討をする。自工会がＪＡＲＩに研究委託をする場合、ＷＧには各メーカーに加えてＪＡＲＩの専門技術者が参加する。そこでは性能基準を充足するために解決しなければならない技術的課題が示されるとともに、特に軽商用車に関しては、現状の規格内でそれが実現可能かどうかに関して各メーカーから寄せられた情報を基に議論が行われた。各メーカーは、軽商用車をめぐるトレードオフに関して販売部局との調整をしながらＷＧでの議論に臨んだ。なかには技術的に実現可能とするメーカーと不可能とするメーカーと両方がいたが、業界内調整によって実現可能との結論に達した。技術情報は企業の営業上の秘密に当たるものを含んでいる可能性がある。そこで自工会の事務局は企業名をＡ社・Ｂ社などと匿名化し、それぞれの車種について、規格内での実現が可能かどうかを○・×で記した表を作成するなどして議論に用いた。純粋技術的な課題はすでにＪＮＣＡＰで解決済みだったので、一部メーカーはコスト面で妥協することを強いられたということになる。業界内での検討結果は、フォーマル・インフォーマルなチャンネルを経由して国土交通省の基準設定プロセスに入力されたとみられる。

(7) パブリック・コメント実施とＷＴＯ通報

ここまでの技術的検討を踏まえ、専門ＷＧ、「安全基準検討会」、及び自交局において、二〇〇二年度中に法規の策定と報告書の作成が進められた。

二〇〇三年一二月二五日から二〇〇四年一月三〇日まで、自動車の技術基準を所管する自交局技術安全部技術企画課はパブリック・コメント（「道路運送車両の保安基準等の一部改正に係る」）を募集し、その結果を改正時（二〇〇五年一二月二一日）に公表した[77]。それによると、オフセット前突を含む、道路運送車両の保安基準等の一部改正に関して一五件の意見応募があった。オフセット衝突時の乗員保護基準については、適用日について十分な猶予を取るように配慮すべきとの意見が寄せられ、国土交通省は、可能な限り早期に規制の導入を行うことが安全性向上の観点から望ましいと考えているが、自動車メーカーが対応に要する期間などの制約があるため、それらを総合的に勘案し適切な猶予期間を設けることとしていると回答した。

オフセット前突基準新設についても、「貿易の技術的障害（ＴＢＴ）に関する協定」に基づきＷＴＯ事務局に通報を行い各加盟国に対する意見照会を行ったところ、期限までに加盟国から特段の意見が寄せられることはなかった。

(8) オフセット前突基準の新設と規制強化のアウトカム

こうして国土交通省は二〇〇五年一二月二一日、道路運送車両法の保安基準にオフセット前突時の乗員保護装置について新たな基準を設けることを発表した。当該基準は、相互承認協定に附属する規則と調和した基準となった[78]。保安基準の適用時期は、技術開発や検討のためのリード・タイムや二〇〇九～一〇年のモデル・チェンジ時期への配慮により、乗用車は二〇〇七年九月以降の新型車（ただし継続生産車については二〇〇九年九月以降）、貨物自動車は二〇一一年四月以降の新型車（ただし継続生産車については二〇一六年四月以降）とされた[79]。

一九九九年の「運輸技術審議会」答申により、運輸省（国土交通省）では二〇一〇年までに車両安全対策によって年間死者数を一二〇〇人減らすという目標を立てて、事故実態の把握に基づく前面衝突・側面衝突基準などの安全基準の設定と施行、自動車の安全性能を比較評価し、ユーザーに情報を提供する自動車アセスメントの充実、先進安全技術を使った自動車（ＡＳＶ）の開発・普及の促進などを逐次実施してきたところ、衝突時の乗員保護性能が飛躍的に向上したこと（パッシブ・セーフティ）により二〇〇五年にはその目標を五年前倒しで達成することができた。そのため、二〇一〇年までにさらに死者を七五〇人削減するという目標を新たに設定した。そのうち、オフセット前突、及び歩行者頭部保護基準導入による死者削減数の推計値として約五〇人が見込まれている。[80] 二〇一〇年以降も、車両安全による継続的な死者数削減を図るため、自動車メーカー・学界・行政などが連携して予防安全（アクティブ・セーフティ）対策の普及・拡大に速やかに取り組みこととされている。

(9) その後の検討状況と場について

① 政策評価と検討の進展状況

国土交通省では、一九九九年の運輸技術審議会で、二〇一〇年までに交通事故による死者数を一九九九年比で年間一二〇〇人削減するという目標を掲げ、二〇〇六年の中間評価で二〇〇〇人に上方修正した。二〇一〇年九月、この目標の達成状況の評価を行うとともに、車両安全対策による新たな交通事故の死者数等の目標の設定を行うため、交通政策審議会陸上交通分科会自動車交通部会に「技術安全ＷＧ」を設け審議を行っている。ここでは、衝突安全対策による死亡・重傷事故低減効果を高く評価しながらも、それが二〇一五年ごろには限界に達するという認識から、今後の車両安全対策の課題として①高齢者・歩行者等の被害の軽減、②電気自動車等の新技術の開発・普及への対応、③実用化が進む予防安全技術の普及促進、④車両安全対策の評価手法の向上を新たに掲げている。[81]

二〇〇五年一一月に設けられた「事故分析部会」及び「安全基準検討会」の活動も進められており、新たに、頸部傷害軽減対策の強化（乗員保護対策）、歩行者保護対策（脚部）の導入、ブレーキ・アシスト、ハイブリッド自動車等の静音性対策（交通弱者・運転弱者対策）、横滑り防止装置（予防安全）、ドライブ・レコーダ、ＥＤＲ（イベント・データ・レコーダ)、車載電子システムの電磁波耐性、リチウムイオン蓄電池の安全性(その他の安全性)が「基準化決定項目」とされた[82]。

一方、自工会をはじめとする民間領域での技術開発にも目覚ましいものがある。自工会は、技術基準・ｇｔｒ・ＪＮＣＡＰ等へ提案するべく、事故実態に則った歩行者保護試験法の開発、後席乗員傷害評価法の開発、後席シートベルト・リマインダー研究が進められている。また、各国政府・研究機関、自動車メーカー、ダミー・メーカー、計測器メーカーと連携しながら世界統一側面衝突ダミー(WorldSID)を開発し、各国法規への採用に向けＷＰ29／ＧＲＳＰ傘下の非公式ＷＧにおいて基準化作業を進めるとともに、世界統一の次世代前突ダミー(ＴＨＯＲ)の研究も進めている。なお、メーカー各社でも先進衝突実験場を新たに建設して、衝突シミュレーション解析や安全装備、車体技術を各メーカー独自に進化させる動きが見られる[83]。

そうした中、自工会は政府・研究機関・自動車メーカー等の間での「協力」と「競争」によって、自動車のさらなる安全性向上を図ることを企図している。

②「ＧＩＡフォーラム」における産官学の協働

近年、政府(Government)・業界(Industry)・学界(Academia)の明示的な協力関係が見られる。自動車技術者のコミュニティである自動車技術会は二〇〇一年五月、自動車産業技術戦略で、産学官で連携した研究開発の相乗効果や連鎖的な波及効果により世界最高水準の研究成果が生み出され、これを基にして自動車産業の国際競争力強化や新産業の創出が得られると有識者から指摘されたのを受けて「ＧＩＡフォーラム」を設け、自動車をめぐる重点課題について、産学官のより良いコミュニケーションを図る試みを開始した。二〇〇一年度のアジェンダは、グローバル化への対応・安全技術の将来・環境保全技術の将来であり、二〇〇二年度はリサイクル・将来の自動車技術予測・自動車技術のグローバル化対応の現状と課題であった。

二〇〇二年度のフォーラムでは、経済産業省職員が「自動車リサイクル法について」、「我が国の標準化戦略」、国土交通省職員が「リサイクルへの取り組み」、「国際基準調和の現状と課題」、環境省職員が「自動車排出ガス規制の動向について」というテーマで講演しており、これらについては俯瞰的な立場から諸政策を先導していくことが期待されていることが窺える。それと同時に、財団法人日本電動車両協会の代表者が「燃料電池車・ハイブリッド車・電気自動車の国際標準化動向について」、日産自動車の技術者が「側面衝突対応技術の国際整合性と標準化の現状と課題」、自動車基準認証国際化研究センター（JASIC）の代表者が「歩行者保護と基準調和」、自動車技術会の代表者が「ISO／TC22の動向と基準調和への貢献」といったテーマで講演しており、これらのテーマについては、規制行政機関の周辺にある財団・社団法人や民間メーカー等の実働部隊としての役割が大きいことが窺える。(84) GIAフォーラムはGIAダイアログと改称して、年に数回行われるのが通例となっている。

⑽ 軽自動車をめぐる近年の動き

第一に、近年、軽自動車の性能向上が著しい。二〇〇九年には三菱自動車工業から軽規格の電気自動車が登場し、二〇一一年以降、一リットル当たり約三〇キロメートルという低燃費の軽自動車が登場して、メーカーはそれを電気自動車・ハイブリッド車に次ぐ「第三のエコカー」として売り出している。エアバッグの増設や衝突回避システムの装備により、軽自動車の安全性能もかなり高まってきている。

第二に、その市場にも変化が見られる。国内市場に目を向けると、二〇〇二年には日産がスズキから、二〇一一年にはトヨタがダイハツから、それぞれOEM（Original Equipment Manufacturer：相手先ブランドによる製造）によって軽自動車に参入し、普通乗用車を扱う国内メーカー全てが軽自動車を販売することになった。他方、国民にとって軽自動車を身近なものにしたスバル三六〇を一九五八年に発売した富士重工業は、二〇〇八年に一部車種をダイハツからのＯＥＭに切り替えた後、二〇一二年二月に軽自動車の生産を中止した[85]。

海外に目を向けると、日本の軽自動車をベースとしてその低燃費技術や高い安全性能を応用したコンパクト・カーが、インド等の新興国において人気を集めている。これは中長期的に生産拠点の海外移転に繋がり得るが、海外でその開発費用を回収できるとすれば、国内でのさらなる研究開発や雇用創出等へというイノベーション・サイクルに繋がるとの指摘もある。二〇一三年三月一五日、政府は環太平洋戦略的経済連携協定（ＴＰＰ）への交渉参加を表明したが、そうしたところで自動車の輸出入が交渉の俎上に載る度に、軽自動車の取り扱いも多かれ少なかれ取り沙汰される。

第三に、国土交通省は二〇一二年六月、軽自動車より小さい「超小型車」専用の認定制度を同年度中に新設すると正式発表した。国土交通省は「超小型モビリティ」を「自動車よりコンパクトで小回りが利き、環境性能に優れ、地域の手軽な移動の足となる一人〜二人乗り程度の車両」と定義し、それを導入することによる効果として、交通に伴う環境負荷の低減、観光・地域振興、都市や地域の新たな交通手段、高齢者・子育て支援などを挙げて、それがまちづくりや交通の分野における課題の解決に資することに期待を寄せている。そして、必要な試験研究・実証実験の成果を踏まえ、地方自治体や自動車メーカー等の関係者が先導導入を行えるよう、必要となる安全基準等の方向性を具体化した超小型モビリティに係る認定制度や金銭的補助の制度などを創設するとともに、その成果も見つつ車両区分・安全基準等の所要の法令整備に向けた検討を進めるとしている[86]。国土交通省は、超小型車の普及のため、道路運送車両法関係法令を改正し、普通車・小型車・軽自動車・大型特殊車・小型特殊車の五区分に新たに「超小型車」を加える（全長・全幅は軽自動車と同じだが、排気量が一二五cc以下、定格出力八キロワット以下、乗車定員二名以下、高速道路は走行不可とされている）。

国土交通省は二〇一三年三月、自治体や企業など全国一五団体（福島県警、熊本県、セブン－イレブン・ジャパン、ソフトバンクモバイル等）に対し、超小型車の試験的な公道走行を認めると発表した。各団体は高齢者宅への巡回や観光客へのレンタルといった活用を予定しており、詳細な利用計画の作成や車両の検査を経て早ければ五月ごろから走行が始まる見通しとされた。[87] そして実際には七月一日、ＵＲ都市機構が賃貸住宅の団地巡回管理業務に超小型モビリティの試行導入を開始した。[88]

自動車メーカーからも聞かれる通り、超小型車の利用形態に配慮した都市計画が必要である。[89] というのも、その最高速度を低く設定した場合、他の車種と紛れれば混雑や渋滞の原因になり得る（軽自動車については二〇〇〇年一〇月、高速道路での最高速度制限が撤廃され、小型車と同じく時速一〇〇キロメートルとなった）し、大型車の死角に入りやすいのみならず、衝突安全性を他車並みに高くすることも容易ではないことから、事故に巻き込まれ大きな被害を生む恐れもある。そのため、超小型車の走る場所や車線等を区別するなどしつついかにそれらを「共生」させるかということがまず問題になり得る。メーカー各社にとっては、経営難の中で、市場規模が想定しづらく事業採算の見込みも立たないこの超小型車に対して積極的に資源を投入していく決定を下すことも、決して容易でなかろう。

第三節　技術基準を運用する仕組み──いわゆる車検やリコールの制度

自動車は、国による検査を受け自動車検査証を備え付けていること、検査標章を表示していること、自賠責保険（共済）証明書を備え付けていることを条件として使用することができる。[90] この自動車検査登録制度も、ユーザー自身・認証整備工場・指定整備工場等による整備のプロセスが仕組まれている点において、官民協働の性格を帯びている。

表 23　日本の自動車検査制度

<table>
<tr><th colspan="2">車種</th><th colspan="2">普通自動車・小型自動車・二輪自動車</th><th colspan="2">軽自動車</th></tr>
<tr><td colspan="2">検査実施主体</td><td colspan="2">国交省運輸支局等（全国 93 か所）</td><td colspan="2">軽自動車検査協会（全国 85 か所）</td></tr>
<tr><td colspan="2">検査内容</td><td colspan="2">安全性・排気ガス</td><td colspan="2">安全性・排気ガス</td></tr>
<tr><td rowspan="2">検査手数料</td><td>新規</td><td>完成検査終了証の提出がある自動車
中古車で保安基準適合証の提出がある自動車
小型自動車
小型自動車以外の自動車</td><td>1100 円
1100 円
2000 円
2100 円</td><td>完成検査終了証の提出がある自動車
中古車で自動車検査証返納証明書とともに保安基準適合証の提出がある自動車
上記以外</td><td>1100 円
1100 円
1400 円</td></tr>
<tr><td>継続</td><td>保安基準適合証がある自動車
小型自動車
小型自動車以外の自動車</td><td>1100 円
1700 円
1800 円</td><td>保安基準適合証がある自動車
上記以外</td><td>1100 円
1400 円</td></tr>
<tr><td colspan="2">（参考）課税主体</td><td colspan="2">主たる定置場所在の都道府県
（2008 年度税収：1 兆 6808 億円）</td><td colspan="2">主たる定置場所在の市町村
（2008 年度税収：1687 億円）</td></tr>
</table>

出典：国土交通省自動車検査・登録ガイドホームページ（http://www.mlit.go.jp/jidosha/kensatoroku/inspect.htm）等の情報を基に，筆者作成.

車検の制度において、本章で採り上げた軽自動車がそれ以外の自動車と別システムを採っていることは、小型自動車との関係において重要である（第二節第一項）。すなわち、小型自動車と軽自動車とが規格において接近することで、両者に規制体系や制度（優遇等）の違いがあることを正当化できなくなる可能性があった（表23には、参考までに自動車税制度についても掲載した）。

リコール制度は、「同一の型式で一定範囲の自動車等又はタイヤ、チャイルドシートについて、道路運送車両の保安基準に適合していない又は適合しなくなるおそれがある状態で、その原因が設計又は製作過程にあると認められるときに、自動車メーカー等が、保安基準に適合させるために必要な改善措置を行うこと」を言い、改善対策（道路運送車両の保安基準に規定はされていないが、不具合が発生した場合に安全の確保及び環境の保全上看過できない状態であって、かつその原因が設計又は製作過程にあると認められるときに、自動車メーカー等が必要な改善措置を行うこと）やサービス・キャンペーン（リコール届出や改善対策届出に該当しないような不具合で、商品性・品質の改善措置を行うこと）といったツールも同時に準備されている[91]。一九六〇年代後半まで、専門技術的知識や情報を独占する自動車メーカーの政治的・経済的影響力を前に行政の「欠陥車問題」への政策対応がなかなか進まなかったが[92]、一九六九年九月に通達によりリコール制度が創設され、一九九五年一月には省令化、一九九八年一一月には法制化され、さらに二〇〇三年一月にはリコール届出義務違反に対する罰則が強化された。

規制行政機関である国土交通省が不具合情報を取得してからリコールが行われるまでの流れは、**図8**のようになっている。[93] メーカーによる自主的な実施を基本としながら、これを実施する場合には国に事前の届出を義務化している。二〇〇九年度における自動車のリコール届出件数は三〇四件、対象台数は約三三〇万台であり、[94] 増加傾向にある(**図9**)。これは自動車の不具合の認知件数の増加であり、リコールが実効性を増してきているということでもある。

(1) 村上・序章注(3)研究ノート二一三～五頁。

(2) 「道路運送車両の保安基準の細目を定める告示」第一節で車枠及び車体について定めた第二二条を見ると、それぞれ、第八項で「車枠及び車体の前面衝突時の乗車人員の保護に係る性能に関し保安基準第一八条第二項の告示で定める基準は、別添二三『前面衝突時の乗員保護の技術基準』に定める基準とする」、第九項で「車枠及び車体のオフセット衝突(…)時の乗車人員の保護に係る性能に関し保安基準第一八条第三項の告示で定める基準は、協定規則第九四号の技術的な要件(…)に定める基準とする。ただし、貨物の運送の用に供する軽自動車にあっては、協定規則第九四号の技術的な要件によるほか、ダミーの搭載時における座席の前後方向の位置及びダミーの骨盤骨の角度の調整については、別添二三『前面衝突時の乗員保護の技術基準』に定める方法によることができる」。第一〇項で「車枠及び車体の側面衝突時の乗車人員の保護に係る性能に関し保安基準第一八条第四項の告示で定める基準は、協定規則第九五号の技術的な要件(…)に定める基準とする」と書かれている。

別添二三(「前面衝突時の乗員保護の技術基準」)によると、試験用のダミーは、「米国官報第六二号にて改正されたCFR(米国連邦法規総覧)、Title49, Part 572 subpart E に規定されたハイブリッドⅢダミーであって成人男子の50パーセントタイルのもの又はこれらと同等の性能を有するもののうち、試験自動車の設計標準のもの」を用い(3.1.2.)、それを一定の条件で乗せた試験自動車を「50.0±0.2 km/h の速度で惰行走行させ、バリヤ前面に垂直に正面衝突させる」ことになっている(3.7.)(アメリカの基準30マイル〔48.3 km/h〕と日本の基準 50 km/h を調和する形で、50 km/h＋0 km/h〔50 km/h〕～－2 km/h〔48 km/h〕)。

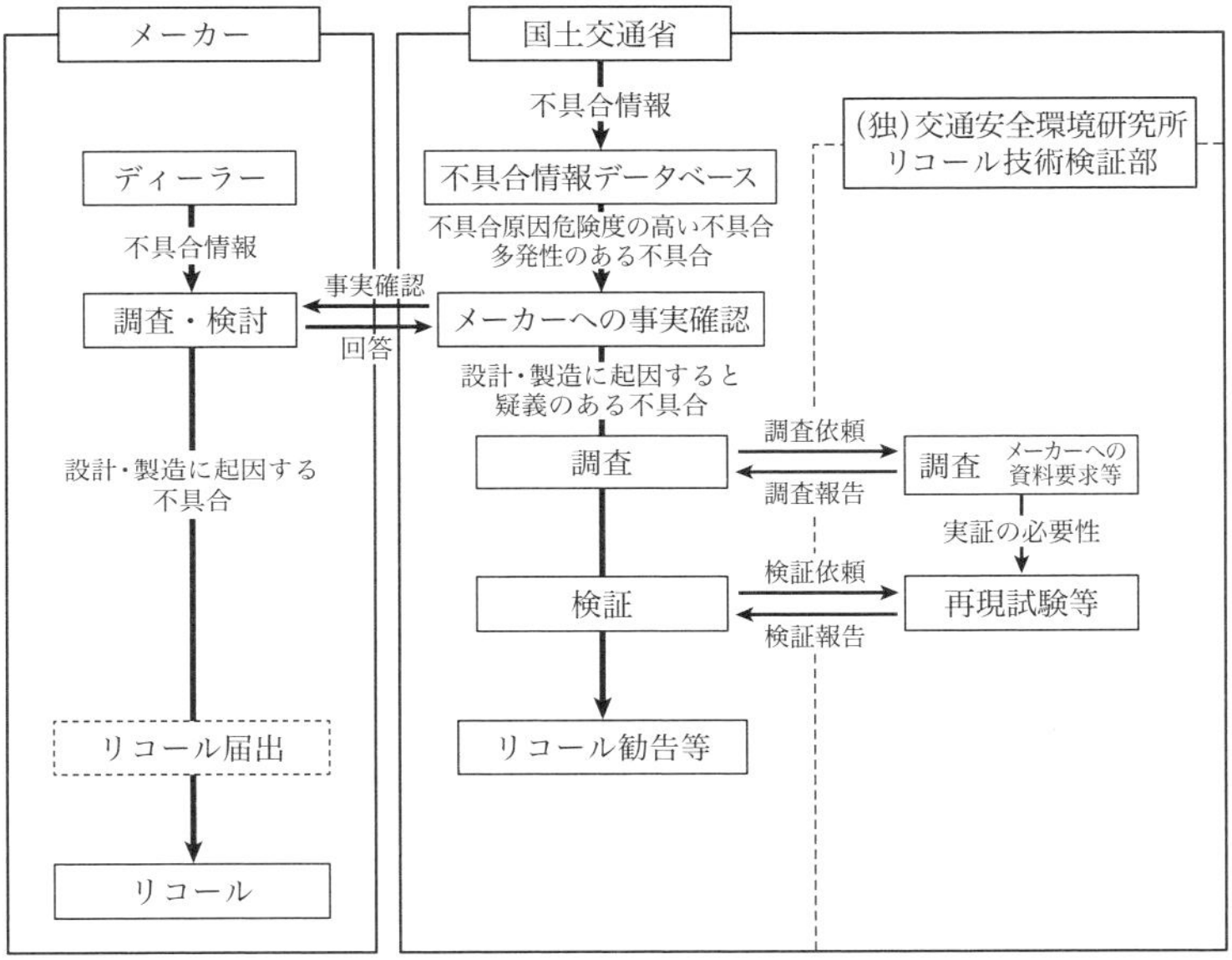

図 8　不具合情報取得からリコールへの流れ

出典：国土交通省ホームページ(http://www.mlit.go.jp/jidosha/recallkentokai/07/02.pdf).

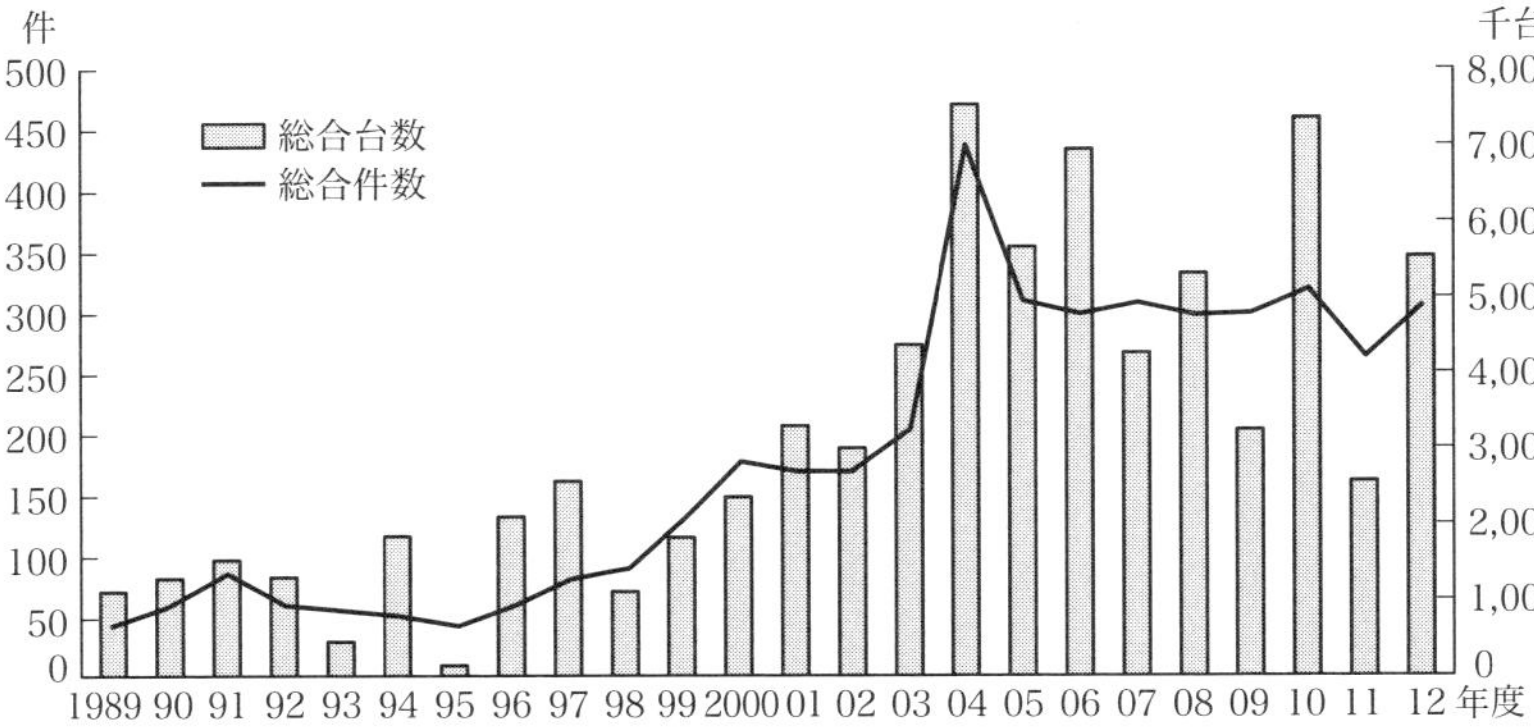

図 9　自動車リコール届出件数及び対象台数[国産車・輸入車]

出典：国土交通省ホームページ(http://www.mlit.go.jp/jidosha/carinf/rcl/data_sub/data004.html).

「協定規則」とは、UN／ECE／WP29の「車両並びに車両への取付け又は車両における使用が可能な装置及び部品に係る統一的な技術上の要件の採択並びにこれらの要件に基づいて行われる認定の相互承認のための条件に関する協定」(平成一〇年条約第一二号)を指す。別添二四(「側面衝突時の乗員保護の技術基準」)によると、試験用のダミーは、国連欧州経済委員会(UNECE)の仕様のダミー(ES-2)であり(別紙4の1.3.注1)、「衝突の瞬間における移動式変形バリヤの速度は50±1 km/h」(別紙2の3.)である。

(3) 城山英明(二〇〇五)「環境規制の国際的調和化とその限界：日米欧における自動車関連環境規制の調和化とアジアにおける含意」寺尾忠能＝大塚健司編『アジアにおける環境政策と社会変動』アジア経済研究所、三二五頁。

(4) 城山・本章注(3)論文三二八～三一頁。

(5) 社団法人自動車技術会(二〇〇五)『自動車技術ハンドブック：②環境・安全編(改訂版)』一四四～八頁。

(6) 「国連欧州経済委員会車両構造作業部会(UN／ECE／WP29)」から改称。

(7) ESV国際会議には、アメリカの提案で、オーストラリア・カナダ・欧州委員会・EEVC(欧州自動車安全性向上委員会)・ドイツ・フランス・ハンガリー・イタリア・日本・ポーランド・スウェーデン・オランダ・イギリスが参加している。『日刊自動車新聞(二〇〇一年四月一二日)』によると二〇〇一年四月一一日、国土交通省とアメリカ運輸省は、ダミーの頸部特性の改善について共同研究を行うことで合意した。

(8) 大塚順一(一九九五)「自動車安全基準の国際整合化の現状と課題——部品技術のグローバリゼーション」『自動車技術(四九巻二号)』一一～二頁。

(9) 横橋松人(二〇一一)「チャイルドシートの側面衝突試験方法の国際標準化」『自動車技術(六五巻九号)』一一二～三頁。

(10) 国土交通省ほか(二〇〇六)『自動車の国際基準調和と相互承認の拡充にむけて』。

(11) 『日刊自動車新聞(二〇〇五年一〇月一四日)』。

(12) 国土交通省ほか・本章注(10)資料、及び、自動車基準認証国際化研究センター(二〇〇六)『JASIC事業案内』を参照。

(13) 社団法人自動車技術会(二〇〇七)『自動車技術この一〇年：創立六〇周年記念号』一〇三～七頁。

(14) 国土交通省ほか(二〇〇三)『自動車の安全・環境基準の世界統一と相互承認の拡大』。

(15)『日刊自動車新聞(二〇〇二年一〇月二五日)』。

(16) 森田・序章注(1)書三〇四頁。

(17) Stiglitz, J.E., & Wallsten, S.J.(2000). Public-Private Technology Partnerships: Promises and Pitfalls. Rosenau, P.V.(ed.) *Public-Private Policy Partnerships*. Massachusetts Institute of Technology. pp. 37–58.

(18) 城山英明(二〇〇六)「安全確保のための法制度」『ＯＨＭ(九三巻五号)』オーム社、四五〜八頁。アメリカで食品や医薬品等を規制するＦＤＡ(Food and Drug Administration)によると、「レギュラトリー・サイエンス regulatory science」とは「ＦＤＡが規制するすべての物品の安全性・効果・品質・パフォーマンスを評価するための新しいツール・基準・アプローチを開発する科学」である。

(19) 独立行政法人交通安全環境研究所(二〇〇九)『要覧二〇〇八』三九頁。二〇〇六年五月には道路運送車両法が改正され、「リコール技術検証部」としての業務が法定化された。

(20) 国土交通省ホームページ(http://www.mlit.go.jp/jidosha/index.html)。なお、行政におけるこうした組織・人事上の変化は、府省の政策上の力点の置き方の変化の証左の一つであり得るが、当然のことながら、いわゆる総定員法等の組織諸法令による規制やその時々の資源状況等、背景に様々な事情もあり得ることへの注意が必要である。

(21) 規格拡大の歴史については、例えば乾隆朗(一九九六)「軽自動車税の現状と課題」『税(五一巻一〇号)』一六〜五三頁を参照。

(22)『日刊自動車新聞(一九八八年一一月一八日)』。例えば、一九九〇年の規格改定は、軽自動車の性能向上や安全性向上のためのものであったと言われているが、実際のところは、消費税導入によって軽自動車の税制上の優遇が軽減されることに伴う激変回避措置として、軽自動車の規格上の制約を緩和すべきだという、一連の税制改革の議論の文脈を受けたものであった。

(23) 軽自動車に関しては、それが様々な優遇措置を受けているから規格に一定の拘束が課されている、との説明がなされてきた。すなわち、第一に、消費税・自動車取得税が、普通乗用車(二〇〇〇cc)の約三四%に抑えられている。第二に、自動車重量税及び軽自動車税が、普通乗用車の約二〇%に抑えられている。第三に、自動車損害賠償責任保険及び任意保険の保険料が、普通乗用車の約六〇%となっている(軽自動車を九年間使用する場合)。第四に、高速道路の通行料が、普通乗用車の約八〇%

程度に割り引かれている。第五に、自動車購入時に必要な印鑑証明と車庫証明が、軽自動車の場合には不要である（ただし、後述するように保管場所届出義務は拡大されつつあり、現時点では人口一〇万人以上の都市において、購入後に保管場所を届け出る義務が課されている。当初は、地域によって一部試験が免除となる軽自動車限定免許や、検査登録制度の免除さえ見られた）。もっともこれにも近年、変化の兆しがある。

(24)　社団法人全国軽自動車協会連合会（二〇〇五）『知れば知るほどいいね！軽自動車』五頁によると、軽自動車（AT車）の平均燃費は一リットル当たり一七・七キロメートル（普通・小型乗用車は一二・八キロメートル）、車両重量は八六八キログラム（普通・小型乗用車は一四二三キログラム）であり、軽自動車の道路損傷度は普通・小型乗用車の約七分の一である。

(25)　社団法人全国軽自動車協会連合会ホームページ（http://www.zenkeijikyo.or.jp/）。

(26)　国土交通省自動車交通局ホームページ（http://www.mlit.go.jp/）。

(27)　全軽自協・本章注(24)冊子二～四頁。

(28)　鈴木修（二〇〇九）『俺は、中小企業のおやじ』日本経済新聞社、二一九～二二〇頁。

(29)　運輸技術審議会答申（平成四年三月三一日）「自動車の安全確保のための今後の技術的方策について」四七頁によると、JAFや交通評論家はユーザー代表として参加した。

(30)　社団法人全国軽自動車協会連合会（二〇〇七）『走路無限Ⅲ――全軽自協四〇年史』一九～二〇頁。

(31)　『日刊自動車新聞（一九九四年二月二六日）』。一九九三年八月に発足した非自民党連立政権下でのできごとであり、運輸政務次官は二階俊博氏が務めた。

(32)　『日刊自動車新聞（一九八八年一一月二五日）』によると、軽自動車メーカーが海外に輸出している自動車の九〇％について、排気量八〇〇ccのエンジンに積み替えていた。

(33)　『日本経済新聞（一九九四年四月一五日）』。

(34)　『日本経済新聞（一九九四年四月二五日）』。

(35)　『日刊自動車新聞（一九九四年五月一三日）』。

(36)　『日本経済新聞（一九九四年七月一五日）』。

(37)　この時点では、技術的に困難であるというのは事実だったようである。『日刊自動車新聞(一九九四年五月九日)』によると、ボンネットのないワン・ボックス型の軽商用車について、これにより運転席を後方にずらすと、さらに別の規定(荷室の床面積は〇・六平方メートル以上、かつ、全床面積の半分以上とする)を満たせなくなる。シミュレーションによると、最低でも長さで三〇センチメートルの拡大が必要となり、関係者はあまりの非現実的な結果に落胆したという。また、自工会の技術担当者が考えていた「長さ一〇センチメートル、幅一〇センチメートル」の拡大による重量増を性能的にカバーするには、エンジン排気量で最低でも「七五〇〜八〇cc」が必要であり、そこにとどめたいと考えたが、技術的な問題だけに絞れば八〇〇ccほしいということであった。

(38)　『日本経済新聞(一九九四年五月三〇日)』。

(39)　「安全・環境技術委員会」は、ワン・ボックス型で一七センチメートル程度、二ボックス(ボンネット)型の場合、四輪駆動車に限って四センチメートル程度の拡大が必要との技術的結論を得ていた。

(40)　清水和夫(一九九七)『クルマ安全学のすすめ』日本放送出版協会、三〜九頁。自動車の安全性を高めるとき、ボディの形を保って乗員を保護すると同時に車体で衝突の衝撃を吸収する必要もあり、技術的に絶妙な計算が必要になる。

(41)　『日本経済新聞(一九九四年八月六日)』、『毎日新聞(一九九四年八月六日)』、『朝日新聞(一九九四年八月六日)』を参照。なお、運輸省は同時にJARIにも研究を委託していた。

(42)　『日刊自動車新聞(一九九四年八月二二日)』。

(43)　『日本経済新聞(一九九四年九月二日)』。

(44)　『日刊自動車新聞(一九九四年九月一九日)』。なお、日米包括経済協議で論議された自動車補修部品分野での規制緩和対応が一段落したころであった。

(45)　運輸省は欧米の衝突安全基準導入を受けて側突基準の導入も決め、欧米どちらの方式を導入するか、関係機関の協力により検証に取り組んできたが、EU議会内でその基準をめぐる議論が表面化し、統一の目途が立たなかった。運輸省から研究を委託されていたJARIが行っている技術検討はECEで決定した試験方法により実施していたため、日本での基準決定に影響が及んだ。

(46)『日刊自動車新聞(一九九五年一月一七日)』。
(47)「軽自動車の明日~まずは安全性の向上が課題:運輸省自動車交通局技術安全部南戸義博部長に聞く」社団法人全国軽自動車協会連合会『軽自動車情報(Vol.532)』(一九九六年一二月)七~一六頁。
(48)衆議院運輸委員会(一九九七年二月二一日)における、村田吉隆委員と運輸省の荒谷俊昭政府委員、自治省の武田文男説明員、浦田益太郎説明員のやりとり。『朝日新聞(二〇〇二年七月二九日)』を参照。
(49)『日刊自動車新聞(一九九四年九月二日、一一月五日、九日)』。
(50)『日刊自動車新聞(一九九四年一〇月二七日)』。
(51)『日刊自動車新聞(二〇〇〇年五月一九日)』。二〇〇一年一月以降、二四五市が適用地域となっている。
(52)具体的には、保管場所届出前に新規検査受けを認めるというものである。登録者(普通自動車など)は車庫証明を添付しなければ陸運支局での検査・登録申請を受理しないが、軽自動車については運用を簡素化した。
(53)『日刊自動車新聞(一九九五年一一月一六日)』。
(54)『日刊自動車新聞(一九九六年三月四日)』。
(55)『日刊自動車新聞(一九八九年二月八日)』によると、警察庁は、軽自動車の乗員定員が四人であることから、全幅一七〇センチメートル以内で後席に三人を収容する小型車に比べ、全幅一四〇センチメートルで後席二人乗車の軽自動車は居住性に余裕があるとの見解から、今後も軽自動車の車幅拡大を認めない意向を示していた。
(56)『日刊自動車新聞(一九九〇年三月二八日)』。
(57)『日刊自動車新聞(一九九五年九月一一日)』。
(58)技術者の間に安全性の追求というコンセンサスは常にあるが、この規制を「天より与えられた厳しい試練」であったと言う技術者がおり、各社は必死に技術開発に取り組んだ。鈴木・本章注(28)書二二五~六頁の他、坂本昭博ほか(一九九八)「インタビュー:軽自動車の世界」『JAMAGAZINE』、「新春座談会:技術者の夢を『軽自動車』に乗せて」全国軽自動車協会連合会『軽自動車情報(Vol.629)』(二〇〇五年一月)九~一九頁を参照。
(59)『毎日新聞(一九九八年六月五日)』。

(60)　なお、国土交通省＝独立行政法人自動車事故対策機構(二〇〇七)『車種別安全性能比較評価一覧：安全性能で選びませんか：自動車アセスメント』にもあるように、一九九五年以降、国土交通省(旧運輸省)はNASVAと共に自動車安全情報を公開している。これは、一般ユーザーが自動車それぞれの衝突安全性能について容易に知ることができないので、政府が試験をして結果を公表し購入車両の選択の情報とすることで、安全性を商品性の一つに引き上げることを目的としている。
(61)　社団法人日本自動車工業会(二〇〇四)『豊かなクルマ社会の実現に向けて：安全と環境への取り組み』日本自動車工業会、二一頁(出典は、交通事故総合分析センター「新規格軽自動車の衝突安全性向上」)。死亡率＝死者数÷事故に関与した人数×一〇〇。致死率＝死者数÷(死者＋重傷者＋軽傷者)数×一〇〇。
(62)　『日刊自動車新聞(二〇〇一年一月二五日)』。保安基準改正を前に、国土交通省は「自動車アセスメント」でオフセット衝突試験の安全評価と公表を開始した。
(63)　社団法人自動車技術会・本章注(5)書八二～三頁で引用されている、ITARDA提供の資料「車体損傷部位死傷者数分布(車両対車両事故)」を参照。
(64)　本田技研工業株式会社ホームページ(http://www.honda.co.jp/)。
(65)　清水・本章注(40)書九八～一〇五頁。
(66)　当時オフセット前突試験を実施していたEURO―NCAPやIIHS(米国道路安全保険協会)の試験方法が、調査の対象となった。
(67)　第三部では、高度道路交通システム(ITS)などの新たな技術を活用していくことが述べられている。ITSの整備も、国土交通省・警察庁・総務省・経済産業省、及び民間メーカーの連携により進められている。清水和夫(二〇〇五)『ITSの思想：持続可能なモビリティ社会を目指して』日本放送出版協会。
(68)　『日刊自動車新聞(二〇〇一年七月一〇日)』によると、乗用車のシートやヘッドレストの性能基準設定に向けて、評価方法や法制化の進め方が検討された(ただし、当時の名称は「車両安全対策総合検討会」)。
(69)　『日刊自動車新聞(二〇〇〇年七月二六日)』。
(70)　『日刊自動車新聞(二〇〇〇年七月二二日)』。

(71) ただし、「安全基準検討会」のプロセスがある今でも、個別アジェンダに対応し専門技術者が公式・非公式に技術的な検討を行う検討会や専門WGの官民協働の形態は依然として見られる。「車載画像表示装置の基準策定検討会」、「燃料電池自動車実用化促進プロジェクト」など、日本が自ら基準を設定し世界に発信していく必要のある先端分野についてしばしば見られる。

(72) NTSEL・JARIなどから選定されることになる。二〇〇七年度はJARIが担当した。

(73) 社団法人自動車技術会・本章注(5)書七七〜八三頁を参照。事故調査チームがつくば交通事故調査事務所にあり、事故現場に出動すると共に、病院や警察署、自動車整備工場などに対し補充的な調査を行う。

(74) 学識経験者(人間工学、自動車システム開発、救急救命)の他、JARI・ITARDA・自工会・NTSELで事故分析に携わる専門技術者、及び社団法人日本損害保険協会の代表者から構成される。

(75) 学識経験者(機械工学)の他、エッセイスト・自動車ジャーナリスト・ユーザー代表(JAF)・JSAE・自工会・一般社団法人日本自動車車体工業会(JABIA)・社団法人日本自動車部品工業会(JAPIA)・JAIA・JARI・NTSEL・JASIC・社団法人日本損害保険協会の代表者から構成される。

(76) 『日刊自動車新聞(二〇〇一年六月二三日)』。

(77) 国土交通省ホームページ(http://www.mlit.go.jp/)。

(78) なお、オフセット前突時の乗員保護装置についてはその当時、ECE規則の改正提案を日本から提出しており、相互承認の対象装置への追加はその改正提案の採択後とされた。

(79) 『日刊自動車新聞(二〇〇五年一二月二二日)』。

(80) 国土交通省自動車交通局『車両安全対策の現状(平成一九年一〇月)』一〜二頁。

(81) 板崎龍介(二〇一〇)「車両安全対策の現状と課題・交通政策審議会技術安全WGの検討状況」国土交通省自動車交通局『第一一回自動車安全シンポジウム——より安全なクルマ社会を目指して』一一頁。

(82) 吉本堅一(二〇一〇)「事故分析部会と安全基準検討会の活動報告」国土交通省自動車交通局『第一一回自動車安全シンポジウム——より安全なクルマ社会を目指して』二一〜三〇頁。

(83) 高橋信彦(二〇一〇)「自動車の安全技術と開発」国土交通省自動車交通局『第一一回自動車安全シンポジウム——より安全なクルマ社会を目指して』五九〜六五頁。

(84) 『自動車技術(五五巻五号・五六巻五号)』等の情報を参照。

(85) 富士重工業株式会社へのヒアリング(二〇一二年三月二日)等による。

(86) 国土交通省都市局・自動車局『超小型モビリティ導入に向けたガイドライン〜新しいモビリティの開発・活用を通じた新たな社会生活の実現に向けて(平成二四年六月)』(http://www.mlit.go.jp/common/000212867.pdf)。

(87) 『読売新聞(二〇一三年三月一五日)』。

(88) UR都市機構ホームページ(http://www.ur-net.go.jp/info/topics/index.html)。

(89) 村上ほか・第一章注(14)論文一八八頁。

(90) 国土交通省自動車検査・登録ガイドホームページ(http://www.mlit.go.jp/jidosha/kensatoroku/inspect.htm)。

(91) 国土交通省ホームページ(http://www.mlit.go.jp/)。

(92) 大嶽秀夫(一九九六)『現代日本の政治権力経済権力(新版増補)』三一書房、一七〜七二頁。

(93) 国土交通省リコール検討会(二〇〇九)『平成二〇年度　リコール検討会とりまとめ』三頁。

(94) 国土交通省ホームページ(http://www.mlit.go.jp/)。

第五章　電気用品安全・障害規制
——法規制と自主規制の関係

本章では、電気用品の安全・障害に関する規制の仕組みを概観した上で（第一節）、電気用品の障害防止規制を実施する自主規制団体の成立プロセス（第二節第一項）と、電気用品の障害防止に関する国際規格（ＣＩＳＰＲ13とＣＩＳＰＲ22）が国内規格化されるプロセス（同第二項）、及び、電気用品安全法（以下、「電安法」と言う）規制の構造改革の中で、法規制と自主規制、その他民間規格等の役割分担・協調についてどのような議論が行われ、どういった課題認識が見られるのか（第三節）について、事例を見ていく。

電気用品の障害防止規制を実施する自主規制団体（ＶＣＣＩ）の設立のきっかけは、郵政省と通商産業省とが共管していたコンピュータの管轄問題であった。すなわち、通商産業省に比較的近い工業会四団体による自主規制という形を採って法令の枠から外れたことで、結果としてコンピュータ等のＥＭＩ（電磁妨害波：Electromagnetic Interference）に対する郵政省の実質的規制権限が相対的に弱められ、逆に工業会四団体（及び、その後見役とも言うべき通商産業省）は自らの裁量を大きくすることができた。これは、「官から民へ」のスローガンや規制改革の文脈が優勢な中にあって、規制行政機関が合理的に官民協働という手段を選択して、却って裁量行使のルートを維持・拡大した例であるとも言える。

国際ＣＩＳＰＲ規格の国内規格化のプロセスは、主に工業会四団体からの働き掛けによりつつ、規制行政機関が関与する様子が観察される。もっとも、基本的には国内の技術基準の起源はＣＩＳＰＲ規格が国内規格化されたものであり、そうした国際規格の取り込み作業は総務省の審議会（情報通信審議会情報通信技術分科会電波利用環境委員会）を経由することを必要条件として行われる。ＶＣＣＩは、工業会四団体を母体としていながらも、国内における規制の実効的執行や他国との協定締結においてその後ろ盾となる経済産業省と、国際ＣＩＳＰＲに対する窓口である審議会を所管する総務省との狭間にあって、技術基準の設定・運用に関係する両省とコンタクトを取ることが求められる。

近年の電安法の構造改革においては、法令で民間規格を引用するスキーム作りが検討されており、これは業界サイドにとっても有益であり得る。これは問題視されてきた国際規格とのタイムラグへの対処にもなり得るが、この構造改革（法令の性能規定化、及び、その中への民間規格の是認プロセスの導入）と法令の枠組み作り、プロセスの管理等においては規制行政機関のリーダーシップが見られ、戦略的な「メタガバナンス」や「メタ規制」（第一章第一節第二項）による裁量行使のあり方とも言えよう。これに対して、既存の自主規制団体をはじめとする業界サイドは、規制行政機関（経済産業省・総務省の担当部局）の担当者とできる限りコミュニケーションを取りながら、この規制改革の動向と、その中でこれまで規制の一翼を担ってきた諸組織がどう位置付けられるのかといった問題について注視し、対応を迫られているところである。

第一節　電気用品安全・障害規制の仕組み

電気用品の安全性等に関する規制の体系は、対象が情報機器、通信機器、無線機器、オーディオ・ヴィジュアル（ＡＶ）機器と広がっており、電安法のような安全規制法や業法、「日本工業規格（ＪＩＳ）」のような工業標準化制度、[1]民間の自主規制といった様々な法令・規範による、いわば「分担管理」となっている。例えば、日本における電波障害に関わるものとしては、**表24**や**図10**に示す規制枠組みがある。[2]電波障害規制の技術基準も国際規格との整合化が進められており、国内外の規格の対応関係は**表25**のようになっている。

表 24　電波障害の規制法規

規制法規	電気用品安全法	電波法	VCCI(民間自主)
所管官庁・団体	経済産業省 (商務情報政策局製品安全課)	総務省 (総合通信基盤局電波政策課)	一般財団法人 VCCI
対象機器	(交流用電気機械器具) 電熱器具 電動式応用器具 電子応用機械器具(音響機器, テレビジョン受信機等)　等	(高周波利用設備) 電子レンジ IH 式調理器　等	(情報処理装置) パソコン ワープロ ファクシミリ　等

(無線設備・有線電気通信設備を除く)

出典：三輪・本章注(2)論文 21 頁の表 1 に筆者が加筆・修整を施した.

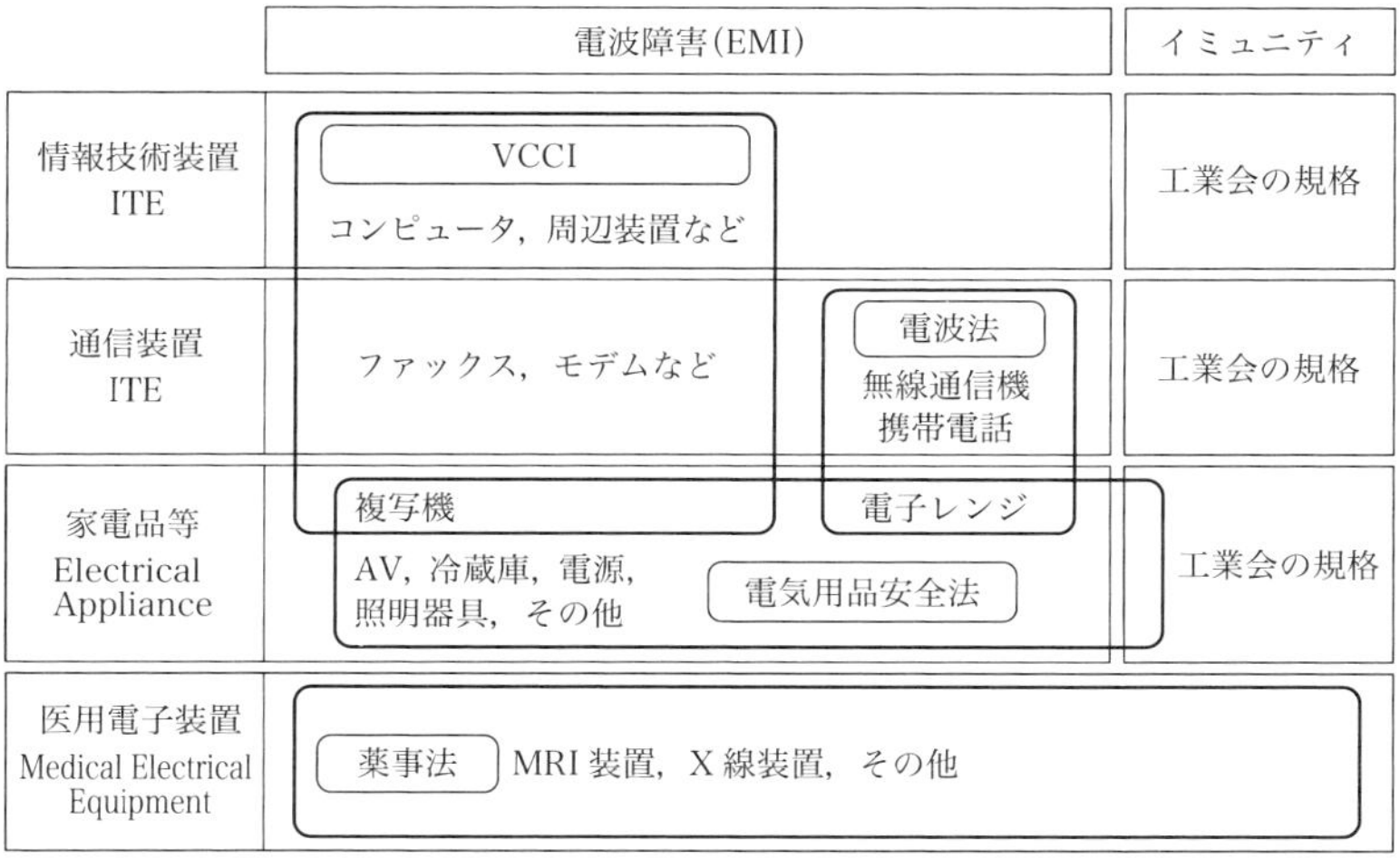

図 10　日本の電磁波規制

出典：一般財団法人 VCCI 協会パンフレットから引用.

表 25　電気用品等の国際規格と国内規格の対応関係

対象機器	国際規格	国内規格
家庭用電気機器	IEC60335(安全)	JIS C 9335(安全)
	CISPR14(無線妨害)	J55014(無線妨害)
家庭用電子機器	IEC60065(安全)	JIS C 6065(安全)
	CISPR13(無線妨害)	J55013(無線妨害)
情報技術装置	IEC60950(安全)	JIS C 6950(安全)
	CISPR22(無線妨害)	J55022(無線妨害)

出典：三輪・本章注(2)論文 23 頁の表 2 に筆者が加筆・修整を施した.

第一項　国際基準との関係

(1) 国際無線障害特別委員会(CISPR)

CISPRは、無線障害の原因となる各種機器からの不要電波(EMI)に関し、その許容値と測定法を国際的に合意することによって国際貿易を促進することを目的に、国際電気標準会議(IEC)の特別委員会として一九三四年に設立された。EMIの許容値と測定法を国際的に合意することによって、貿易を促進することを目的とする。組織的にはIECの特別委員会となっているが、その地位はIECの他の専門委員会とは異なり、無線妨害の抑圧に関心を持ついくつかの国際機関も構成員となっている。さらには、国際電気通信連合無線通信部門(ITU-R)や国際民間航空機関(ICAO)の要請に応じて無線妨害に関する特別研究を引き受けるなど、他の国際機関との密接な協力体制がとられている。

(2) 日本国内での対応

① 国内規格化の仕組み

CISPRの日本の審議団体は、総務省総合通信基盤局電波部電波環境課である。また、CISPRに対し我が国の意見を反映し、CISPR勧告を我が国の国内規格として適用する上での技術的条件を審議するため、情報通信審議会情報通信技術分科会電波利用環境委員会(主査：多氣昌生首都大学東京教授)を設置している。CISPRの審議に貢献するため、我が国からは専門家として二〇人程を登録しCISPRの審議に参加している。(3)

② 電波利用環境委員会の活動

二〇〇一年二月に制定された『CISPR委員会運営要綱』によると、電波利用環境委員会(かつての「CISPR委員会」)は、郵政大臣の電気通信技術審議会諮問第三号(「国際無線障害特別委員会(CISPR)の諸規格について」)(昭和六三年九月二六日付け)に基づき、CISPR勧告案等に対する評価(ⅰ)とCISPR勧告の国内規格化(ⅱ)について審議を行う。答申は、右記諮問に対する「一部答申」として、CISPR規格に変更がある度に、また個別分野ごとに行われ、それが国内規格化に繋がっていくことになる。その他、電波利用環境委員会はCISPR総会、運営委員会、小委員会及び作業グループへの出席者の承認、CISPR運営委員会の作業グループへの我が国からの専門家の選出及び承認、CISPR小委員会の作業グループへの我が国からの専門家の承認等も行う。

こうして、総務省の電波利用環境委員会は国際CISPR委員会の国内窓口としての機能を果たしている。それが審議会の下部委員会である以上、同委員会及びその下部に組織されるグループの事務局は電波環境課が担当することになる。また、作業班についても、円滑な運営のために特に必要な場合に限り、事務の整理・とりまとめ等の一部を同課が行うこととされている。同委員会の構成員(二〇一三年五月現在)のうち、主査と主査代理、七名の専門委員が大学から、さらに専門委員(全二〇名)のうち三名は独立行政法人(現・国立研究開発法人)情報通信研究機構の研究員等、四名は財団・社団法人から、三名はメーカー等からである(4)。

表 26 CISPR の組織

	審議の内容(なお, C, E, G 各小委員会は, 再編された)
総会	CISPR の最高議決機関
A 小委員会	無線妨害波測定及び統計的手法
B 小委員会	工業, 科学及び医療用高周波装置からの妨害並びに電力線, 高電圧及び電気鉄道からの妨害
D 小委員会	自動車及び内燃機関に関する妨害及び車載受信機の保護
F 小委員会	モーター及び接点装置を内蔵している機器, 照明装置及び類似のものからの妨害並びにイミュニティ
H 小委員会	無線通信保護のための妨害波許容値
I 小委員会	マルチメディア機器等の妨害及びイミュニティ

出典：IEC ホームページ(http://www.iec.ch/emc/iec_emc/iec_emc_players_cispr.htm)に基づき筆者作成.

なお、ＣＩＳＰＲの六小委員会（表26）のうち、Ｂ小委員会については、以前から我が国が幹事国として幹事業務を担当してきており、さらに、二〇〇一年六月に設置されたＩ小委員会についても、ＣＩＳＰＲにおける投票の結果、我が国が幹事国となった[5]。

ｉ　ＣＩＳＰＲ勧告案等に対する評価について

具体的には、ＣＩＳＰＲ勧告案に対する評価とＣＩＳＰＲ勧告の国内規格化計画に関し、毎年一年間の電波利用環境委員会の活動方針を審議・評価し、情報通信審議会情報通信技術分科会における審議及び情報通信審議会における一部答申に資する。一部答申された年間活動方針に従い、ＣＩＳＰＲ勧告案の照会に応じて当該勧告案に対する評価を行う。また、ＣＩＳＰＲ総会の開催時期に合わせ、ＣＩＳＰＲの組織、規則及び手続等の策定に関する照会の文書等に対する評価を行い、情報通信審議会情報通信技術分科会における審議及び情報通信審議会における一部答申に資する。

ii　ＣＩＳＰＲ勧告の国内規格化について

ＣＩＳＰＲ勧告の国内規格化について審議を行い、情報通信審議会情報通信技術分科会における審議及び情報通信審議会における一部答申に資する。なお、ＣＩＳＰＲ勧告はその対象範囲が極めて広いので、緊急性、重要性等を考慮しながら優先順位をつけて審議を行う。

第二項　法令による規制

(1)　電気用品安全法

電気用品安全法は、「電気用品の製造、販売等を規制するとともに、電気用品の安全性の確保につき民間事業者の自主的な活動を促進することにより、電気用品による危険及び障害の発生を防止する」ことを目的とする（傍点は筆者による）。

①　電安法に至る経緯

一九一六年、逓信省電務局電気試験所（現・産業技術総合研究所）[6]は「電気用品試験規則（逓信省令第五〇号）」を制定し、電気用品の依頼試験に応じる制度が作られた[7]。

一九二四年には、株式会社東京電燈（現・東京電力）、東京市電気局（現・東京都交通局）、株式会社東邦電力等も、電気用品の個別検査や型式承認を始めた（「自発的措置として始めた」と記録されている）。

一九三五年に逓信省は「電気用品取締規則（逓信省令第三〇号）」を制定し、一〇月から法規による電気用品の取締が行われることとなった。この規則により、主として一般住宅で用いられる絶縁電線、コード、電線管等の配線材料、配線器具及び家庭用電熱器、小型電動機、小型変圧器等一一種類の電気用品について、製造者の免許制・型式承認・番号等の表示義務を定めた。

一九六一年一一月、電気用品取締法（電取法）が制定された。電気用品が飛躍的に普及する中で不良品が横行し電気用品による感電や火災といった事故は次第に増加したことから、関係法令整備を求める声が高まったためである。同法は、規制を拡大して電気用品一九六品目を対象とし、①製造事業者の登録、②型式の認可、③販売及び使用の制限、④指定検査機関等から構成され、電気用品取締の強化を図った[8]。

一九六八年改正では、電気用品を構造または使用方法その他の使用状況から見て特に危害を発生する恐れが多い「甲種（政府認可が必要）」とその他の「乙種（自己確認による）」に分類した。

一九八三年改正では、ＧＡＴＴスタンダード協定上の要請等を踏まえ、認証手続における内外無差別を法的に確保

表 27　甲・乙種の対象電気用品の品目数の推移

年度	甲種（政府等承認）	乙種（事業者確認）	合計（1961 年を 1 として）
1961 年	196	×	196（1）
1967 年	230	×	230（1.17）
1968 年	324（対象中 79.6%）	83（対象中 20.4%）	407（2.08）
1978 年	425（対象中 85.5%）	72（対象中 14.5%）	497（2.54）
1986 年	354（対象中 71.2%）	143（対象中 28.8%）	497（2.54）
1987 年	282（対象中 56.6%）	216（対象中 43.4%）	498（2.54）
1995 年	165（対象中 33.1%）	333（対象中 66.9%）	498（2.54）

出典：経済産業省ホームページ（http://www.meti.go.jp/）の情報を基に，筆者作成．

する必要性から、外国製造者登録の追加等の他、従来の技術基準を一項基準（仕様規定）とし、国際電気標準会議（ＩＥＣ）規格との整合化を図ったものを新たに二項基準（性能規定）として制定した。

一九八五年の政府・与党対外経済対策推進本部による「市場アクセス改善のためのアクション・プログラムの骨格」を受け、電取法に関し①甲種から乙種への移行、②外国検査機関の指定、③ＩＥＣ規格との技術基準整合化が決定された。

一九九五年、閣議決定「今後における規制緩和の推進等について」（一九九四年七月）を受け、甲種を乙種へ大幅に移行し、乙種のマーク表示義務を廃止する政省令改正が行われた[9]。また、同年の製造物責任（ＰＬ）法施行を契機とする自己責任原則への移行、安全確保体制の国際整合化を契機に、政府認証から自己認証を基調とする制度に移行するとともに、第三者機関の活用が求められるようになってきた[10]。

製品安全に関する「基準認証制度」については消費経済審議会等で検討され、一九九九年、通商産業省関連で「基準認証制度の整理及び合理化に関する法律」が成立し、その趣旨に沿って改正された電安法が二〇〇一年四月から施行となった。

②　電安法の仕組み――電取法からの改正点とともに

第一に、電気用品の安全性の確保に関する事業者の自主的な活動の促進を目的に追加した[11]。

第二に、「甲種」に対する規制は「特定電気用品」（「特定」）に引き継がれ、政府認

表28　電安法における義務等

項目	「特定」	「特定以外」
事業の届出	・事業の届出事業開始の日から30日以内に届出	
技術基準適合義務	・電気用品の安全性を確保するため，国が定める技術基準に適合させる． ・技術基準適合に関する検査記録の保存義務はない．	
適合性検査	・登録検査機関の適合性検査を受け，かつ適合性検査証明書の交付を受け，これを保存する．	不要
自主検査	・製造工程において行う検査 ・完成品について行う検査(主として，外観，絶縁耐力，通電) ・試料について行う検査 ・検査記録を作成し，3年間保存する．	・完成品について行う検査(主として，外観，絶縁耐力，通電) ・検査記録を作成し，3年間保存する．
表示	・上記義務を果たした場合は，表示(PSEマーク，届出事業者名，適合性検査を受けた登録検査機関名)を付すことができる． ・表示のないものの販売制限	・上記義務を果たした場合は，表示(PSEマーク，届出事業者名)を付すことができる． ・表示のないものの販売制限

出典：経済産業省ホームページ(http://www.meti.go.jp/)より引用．

証を廃止する代わりに、その製造等に当たっては、その安全性について、事業者が自己責任原則の下、民間の検査機関による適合性検査を受けなければならないこととした。「乙種」の後継としての「特定電気用品以外の電気用品」(「特定以外」)については、その製造等に関わる事業者を届出制とし基準適合とPSEマーク表示の義務を課した。

第三に、公益法人以外も適合性検査の検査主体となれる制度を構築した。二〇〇二年には、閣議決定「公益法人に対する行政の関与の在り方の改革実施計画」に基づき制定された法律(平成一五年六月法律第七六号)を受け、電安法における適合性検査実施主体関連について改正があり、①認定・承認制度を廃止し登録制とすること、②登録の基準はISO／IECガイド65とすることとなった。

第四に、電安法では、危険な電気製品が流通した場合の措置として、その危険や障害が拡大することを防止するため特に必要があると認められるときは、当該電気用品の回収を図ること等、必要な措置を執るよう命じることができるとする「危険等防止命令」を規定した。また、法令違反に対する制裁措置の抑止効果を高めるため、製品安全に関する諸法律との整合を図りながら法人重課の導入と罰金額の引き上げを行った。加えて、それまで事業者において自主的に行われてきた検査記録についてこの度、作成・保存が義務付けられた。

第五に、経済産業大臣は、検査機関の登録申請者が「欠格条項」に該当しない限り、次の要件のすべてに適合しているときはその登録をしなければならない(法第三一条、法施行規則第二〇条)。その基準とは、

① 国際標準化機構(ＩＳＯ)及び国際電気標準会議(ＩＥＣ)が定めた製品の認証を行う機関に関する基準に適合するものであること。

② 登録申請者が、(…)適合性検査を受けなければならないこととされる特定電気用品を製造(…)する届出事業者(受検事業者)に支配されているものとして次のいずれかに該当するものでないこと。

イ) 登録申請者が株式会社である場合にあつては、受検事業者がその親法人(…)であること。

ロ) 登録申請者の役員(…)に占める受検事業者の役員又は職員(…)の割合が二分の一を超えていること。

ハ) 登録申請者が(…)、受検事業者の役員又は職員(…)であること。

である(実務では②ハ)が重要性を持ち、抵触例も見られる)。登録検査機関は、適合性検査の業務に関する規定(適合性検査の実施方法、適合性検査に関する料金の算定方法等)を定め、適合性検査の業務の開始前に経済産業大臣に届け出なければならない(法第三五条等)。二〇一三年四月現在の登録検査機関数は、国内に五、国外に八である。

ＩＳＯ／ＩＥＣガイド65は、製品認証システムを運営している第三者が有能で信頼できると認められるために遵守すべき一般要求事項を規定している。つまり、これはあくまで枠組み規格であり、適合性検査機関について実際の評価に用いるのは製品規格(電安法技術基準)である。すなわち、国内技術基準を満たして初めてＩＳＯ／ＩＥＣガイド65の要件を満たすことになる。したがって、国内規制行政機関の裁量は、その範囲で維持されていると言える。

第六に、経済産業大臣は、法律の施行に必要な限度において、電気用品の製造・販売等を行う者に対しその業務に関し報告をさせることができる。また、この法律の施行に必要な限度において、その職員に電気用品の製造・販売の事業を行う者等の事務所等に立ち入り電気用品等を検査させ、または関係者に質問させることができる。「危険等防止命令」もある。

(2) 電波法

電波法は、「電波の公平且つ能率的な利用を確保することによつて、公共の福祉を増進することを目的」とする法律である。同法一〇一条には、「第八二条第一項の規定は、無線設備以外の設備(…)が副次的に発する電波又は高周波電流が無線設備の機能に継続的且つ重大な障害を与えるときに準用する」とあり、第八二条第一項を見ると、「総務大臣は、(…)無線局(…)の無線設備の発する電波(…)が他の無線設備の機能に継続的かつ重大な障害を与えるときは、その設備の所有者又は占有者に対し、その障害を除去するために必要な措置をとるべきことを命ずることができる」とあり、総務大臣の権限を定めている。

電波法では、電線路に一〇キロヘルツ以上の高周波電流を通ずる電信、電話、その他の通信設備及び一〇キロヘルツ以上の高周波電流を使用する工業用加熱設備、医療用設備、各種設備については、原則として個別に設置許可を受けるよう定めている。高周波利用設備(身近な例として、電子レンジ等)は高周波電流を利用するため、設備から電波が発射されることとなり、放送や無線通信に妨害を与えることが予想されるため規制の対象としている。ただし、電子レンジと電磁誘導加熱式調理器(無線通信等への影響が少ないと判断される設備)に関しては、製造事業者等が機器の型式について技術的条件に適合していることの確認を自ら行い総務大臣へ届け出ること(型式確認)により、個別の許可を不要としている(12)。

第三項　一般財団法人VCCIによる自主規制

(1) VCCIの目的・事業内容、組織、規制対象

VCCIは、「電子・電気装置から発生する妨害波などがもたらす障害を抑制し、また外部からの電気的な妨害による電子・電気装置の障害を防止するために、関係業界の協力によりそれらの妨害波や障害の抑止について自主的に規制し、電子・電気装置を利用するわが国の消費者の利益を擁護すること」を目的としている(同協会定款第三条)。

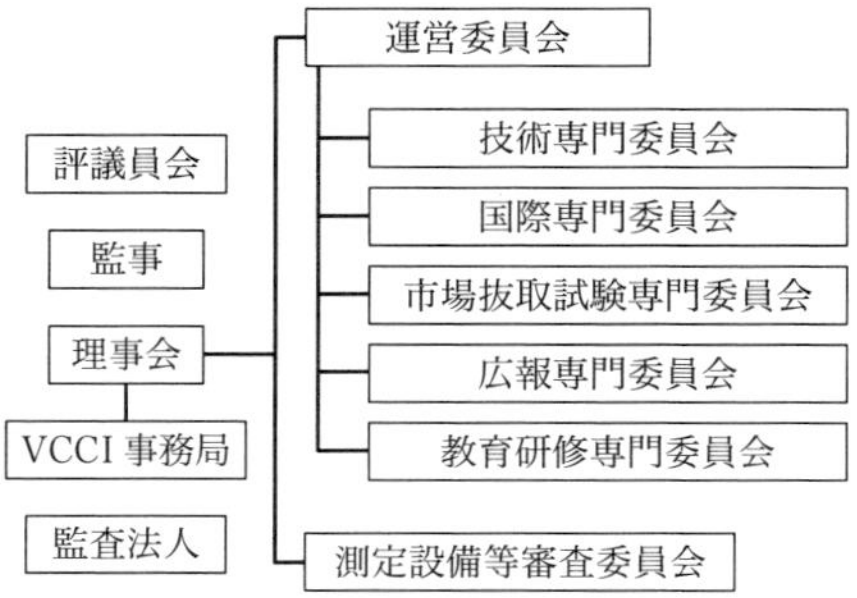

図 11　一般財団法人 VCCI 協会の組織図
出典：一般財団法人 VCCI 協会資料.

VCCIは二〇〇九年四月に法人化し、その活動を「一般財団法人VCCI協会」へと移行した。参加企業は年々増加し、会員数は一一六三社にも上る(二〇一四年度。国内五六〇社、海外六〇三社)。

VCCIは、**図11**のようにいくつかの専門委員会からなる。

協会としてのアジェンダの設定に重要な役割を果たす運営委員会や、規制の実効性を担保するため特に中立公正性が求められる測定設備等審査の各委員会については、組織的に他の専門委員会から独立した位置付けになっている[13]。

VCCIを構成する二つの委員会と五つの専門委員会については、委員とその出身企業等が公表されている。個人名を捨象しそれを整理したものが**表29**である。運営委員会で極端に官民や企業間のバランスが崩れないような配置になっていたり、測定設備等審査委員会で大学等の比重が大きかったりするといった人事上の特徴も指摘することができる。VCCI会員登録における測定設備審査の正当性確保のため、測定設備等審査委員会にはメーカーの委員がいない。運営の便宜上、メーカーの委員も参加する市場抜取試験専門委員会に関しては、委員に守秘義務等を課してそ

表29　VCCI各委員会とその委員の人数構成

委員会名	活動内容	大手メーカー等	大学・独法	(財)(社)等	その他	計
運　営	各委員会をとりまとめ，VCCIの運営事項・各委員会から提出される決定事項の承認及び課題の処理.	○9(1)	0(0)	3(0)	1(2)	13(3)
技術専門	IT機器利用にあたって，機器周辺の電磁環境を整備するための技術基準制定・改訂と自主規制運用において発生する技術的課題の解決を図る.	○21(0)	2(0)	9(3)	22(0)	54(3)
国際専門	世界の関連工業会などと連絡をとりながら，VCCI活動を正しく伝える．世界の規格及び運用規定などを調査しVCCI活動の適正化のための情報を提供.	○10(0)	0(0)	2(1)	2(0)	14(1)
市場抜取試験専門	市場製品の調査．市場から会員の製品を抜き取り，VCCIが委託した試験機関で，技術基準に適合しているかの試験を実施し合否を判定．また，書類審査，表示確認により運用規程を遵守しているかどうかを調査.	4(0)	0(0)	4(2)	○1(1)	9(3)
広報専門	VCCIの広報活動．『VCCIだより』『アニュアルレポート』の編集・発行の他，ウェブサイト管理，PR資料の作成と展示会活動.	○5(1)	0(0)	0(1)	1(0)	6(2)
教育研修専門	会員のEMC管理者及び測定技術者にVCCI規程などの周知徹底と測定技術の向上を図るために，教育研修計画の策定及び実施.	○2(0)	0(0)	4(2)	7(0)	13(2)
測定設備等審査	EMI測定サイト及び測定器等の適合性確認とその充実を図るため，測定設備等を審査し登録の可否を判定.	0(0)	○3(0)	0(0)	1(2)	4(2)
計		51(2)	5(0)	22(9)	35(5)	113(16)

凡例：○は委員長の出自，括弧内の数字はオブザーバと事務局の人数．網掛け部分については本文で言及.
出典：一般財団法人VCCI協会ホームページ(http://www.vcci.jp/index.html)の情報を基に，筆者作成.

の正当性を担保している。一方、技術専門委員会についてはメーカーの比重が大きいように見受けられ、ここから専門性が民間の方に厚く蓄積していることが推測される。各委員は基本的に所属会社の費用で参加し、専門委員会の各ワーキング・グループでは、VCCIの研究費負担でもってより合理的な評価方法等に関する共同実験を行い、その結果を学会等で発表することもある。特に応用研究に関するメーカー間の協力がよく見られる。

VCCIの自主規制措置は、所定のものを除き、日本国内に出荷される情報技術装置(ITE：Information Technology Equipment)に対して適用される(運用規程第三条)。ITEは、使用される環境によって、「クラスA(その妨害許容値を満たす一方、「クラスB」の許

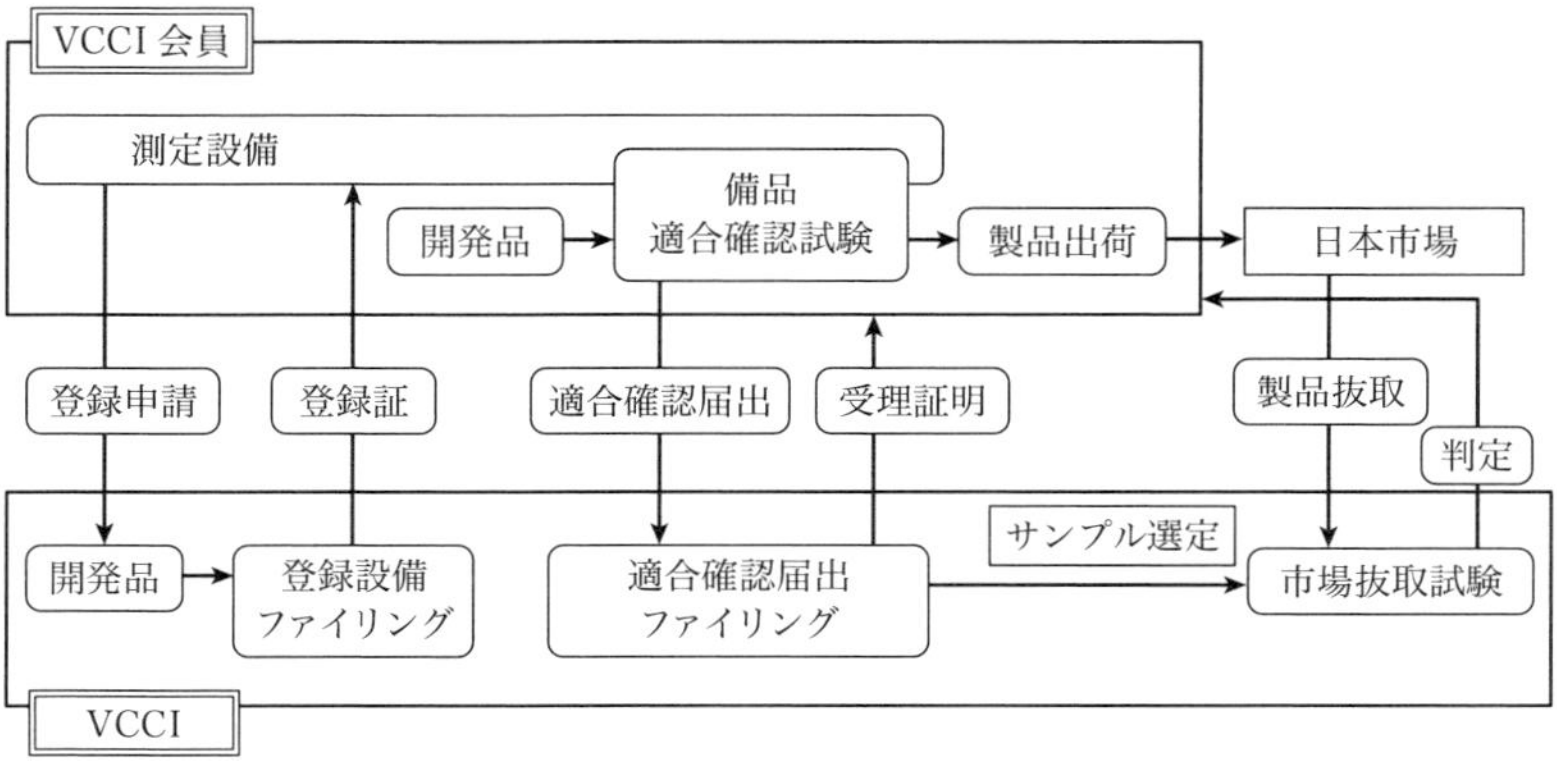

図12　VVCI自主規制の流れと内容
出典：一般財団法人VCCI協会ホームページ(http://www.vcci.jp/).

容値を満たさないすべての情報技術装置)」と「クラスB(ファクシミリやパソコン・周辺機器等、主に家庭環境で使用されることを意図した装置)」に区分される。

(2) 手続

VCCIにおける規制は、図**12**のような手順を踏む[14]。

① 事前――入会、適合確認、届出、マークの表示

VCCIへの入会を希望する企業等は、入会申込書を提出し、入会金(五万円)と年会費(一〇万~八〇万円)を支払って、入会が認められる。

VCCI会員は、「伝導ノイズ(妨害波を発生する装置の電源コードを経由して伝わってくるノイズ)」と「放射ノイズ(直接、空気中を伝わってくるノイズ)」についてITEの適合確認試験を行い、VCCIの定める技術基準に適合していることを確認する。この適合確認試験は、技術基準第六項で認定登録された測定設備を使用して行わなければならない(測定設備等審査委員会がこの審査を行う)。VCCI技術基準は、CISPR規格を基本とし、原則として情報通信審議会の答申に基づいて作成される(同第六条)。

なお、VCCI技術基準は、CISPR勧告と同じく性能規定である。

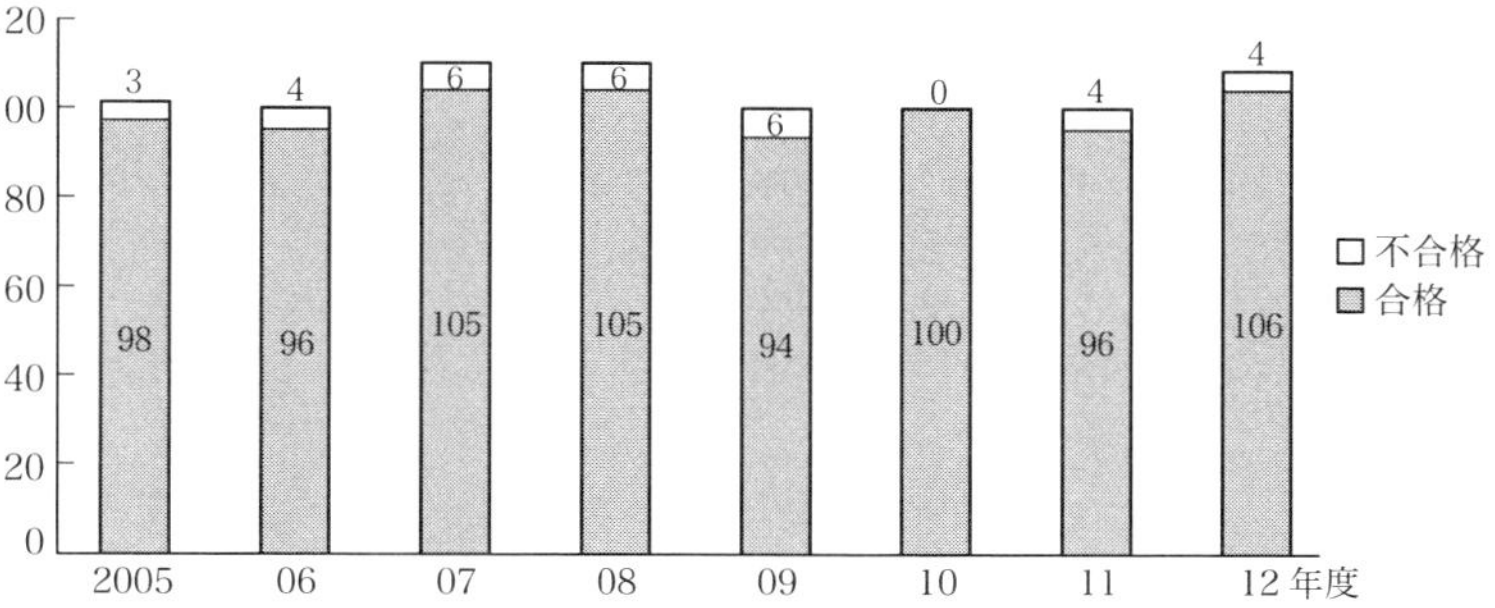

図 13　市場抜取試験結果の推移

出典：一般財団法人 VCCI 協会資料.

これは、ある基準を充足するのに様々な方法があり得るという、ＥＭＩ関連技術の特性を反映したものである。すなわち、技術の特性上、仕様規定化することができない。

ＶＣＣＩ会員は、ＩＴＥの適合確認を行った後、製品の出荷までに「適合確認届出書」をＶＣＣＩへ提出し、その受理証明を受ける。ＶＣＣＩ会員が適合確認届出を行ったＩＴＥには、ラベルかマークを見やすい場所に表示する。

② **事後——市場抜取検査制度**

すでに市場に流通しているＶＣＣＩマーク付きの製品が本当に基準をクリアしているかを調べるため、ＶＣＣＩは抜取試験を行う。不合格になると、製造業者に適切な対応を求め、不合格品の型式・会員名を機関誌『ＶＣＣＩだより』等で公表する。市場抜取試験の結果は**図13**のようになっている[15]。

ＶＣＣＩは、販売店等において製品を買い上げる等の方法によって対象機器を抜き取る（付則三第四条）。ＶＣＣＩは原則、試験機関での試験に会員の立会いを認めない（必要に応じて会員の協力を依頼することがあるが、会員は、試験結果や判定について、試験機関と協議に類する行為を一切してはならない）（同第七条）。試験機関は、試験結果・市場抜取試験のために提供された資料の内容について、他に漏らさないよう求められる（同第八条）。

ＶＣＣＩは、会員が試験結果について疑義を生じ異議を提出した場合は、必要により試験機関に対し、説明を求めて会員に伝達する（同第九条三項）。

試験結果が不合格水準にあると通知を受けた会員は、判定結果に不服がある場合、書面により協会に申し出て再試験を依頼することができる。その際、会員はまず、不服とする根拠材料（試験条件の違い、偶発故障等）をＶＣＣＩに提出し、再試験を依頼することができる。ＶＣＣＩは、会員の不服とする根拠資料により再試験の可否を決定する（同第一一条第二項）。再試験を要求しない場合、または再試験の結果が合格しなかった場合、会員は原因を調査し、その結果と合わせて、①統計的評価のための追加試験を協会に要請する、②自社管理データ等で、付則に定める方法で適正な水準であることを証明し、協会に報告する、③会員自ら不合格と認める、の中から対応方法を選択し、協会に報告しなければならない（同第三項）。不合格の場合、会員は改善処置を行うとともに、処置内容と再発防止対策をＶＣＣＩへ報告する。

(3) 対外関係

① 基準設定——国際ＣＩＳＰＲ委員会との関係

技術基準に関しては、基本的に、国際ＣＩＳＰＲ委員会のもの（勧告）が総務省の情報通信審議会（電波利用環境委員会）の答申を経てＶＣＣＩ規格に取り込まれる。技術基準について国内の情報通信機器メーカーから要望・提案がある場合は、国内業界で取りまとめ、情報通信審議会の審議を経た上で国際ＣＩＳＰＲ委員会に提案し審議されることになる。国内の最終的な意見調整や国際委員会への参加に関しては、総務省が場の設定や委員の人選等、アレンジメントを行う。国際ＣＩＳＰＲ委員会での規格・基準設定は、各国の電波事情やすでにある仕様・評価方法をかなり反映し、実質的にそれに拘束される形で議論が行われる。その中で、ある種のいびつさを孕みながら整合化されてきているのがＣＩＳＰＲ規格であるとも言える。

②　**規制実施――輸出入ＩＴＥの取扱い等**

輸出入ＩＴＥに関して、ＶＣＣＩは経済産業省（認証課、情報通信機器課）と連携している。

まず、日米間では、政府間の書簡交換（「日米におけるＥＭＣ試験所にかかる書簡交換」）により、ＶＣＣＩも含めた相互承認の枠組み（ＭＲＡ）が二〇〇七年二月に整備された（ただしこれは総務省所管のいわゆるテレコムＭＲＡ）。すなわち、米国は、ＦＣＣ規則に基づき日本で実施された試験の結果を受け入れるのに対して、日本は、政府が取り次ぐことによって、ＶＣＣＩの定めた規則に基づき米国で実施された試験の結果をＶＣＣＩが受け入れる。二〇一三年三月末現在、日本から米国へは三七試験所と一七〇設備が、米国から日本へは七六試験所と六三設備が、相互に登録されている[16]。

こうした政府レベルの関係に対して、ＶＣＣＩではＭＲＡの裏付けを得ながら、アメリカの認定機関と覚書ＭＯＵ（Memorandum of Understanding）を交わし、試験所の認定機関を相互に指定しそれに認定された試験所のデータを交換できる仕組みを整備している。ここでは、協力の相手がアメリカの独立行政委員会であるＦＣＣであり、法令レベルの議論にも及ぶことから、民間の自主規制に過ぎないＶＣＣＩにとって、ここへの政府の関与は必須であると認識されている[17]。

第二節　事　例――規制手法の選択、国内規格化

第一項　電気用品安全・障害に関する規制手法の選択――VCCIの誕生

(1)　前史、国際CISPR委員会等との関係

一九二五年に日本でラジオ放送が始まったころから、モーター機器が近くにあると雑音が出るという苦情があり、遅くとも一九五〇年以降、研究者やメーカーなどからなる電波技術審議会(第三部会)が研究・設定する基準によりEMI規制が行われてきた。

これについては、日本をはじめ、アメリカやドイツ等でも各国独自に規制が行われており、製品を輸出するメーカーはそれに個別に対応してきたが(なお、自動車については、メーカーの強い要望により一九七一年にCISPR規格〔Publication 12〕が日本にも導入された)、一九七〇年代になると、国際貿易の便宜が大きな動機となってCISPRでも本格的な議論が始まり、そこに日本人技術者も参加した。一九八三年に、郵政省電波研究所(現・国立研究開発法人情報通信研究機構〔NICT〕)には様々な環境における電磁的両立性(EMC)の研究を行う「電磁環境研究室」が設けられ、日本がIT機器の妨害波を扱うCISPRのG小委員会の事務局に就くことを画策することもあった。

エレクトロニクス技術の急速な発展や家庭における情報化の進展に伴って、パソコン等の情報処理装置やファックス等の電子事務用機器が普及する中で、デジタル技術を利用するこれらの機器がEMIを発生し、そのレベルによっては、テレビ等の受信機に障害を与えたりコンピュータ制御の電子機器を誤動作させたりする恐れがさらに高まった。

ＣＩＳＰＲのＢ小委員会が一九七八年以降、コンピュータ（ＩＴＥ）に関する規制の検討を行い（一九七九年にこれを研究課題にすることを提案し作業班を作った。一九八〇年代になって新設されたＣＩＳＰＲのＧ小委員会が担当するようになった）、一九八五年九月、「情報処理装置及び電子事務用機器等から発生する妨害波の許容値と測定法」の勧告（Publication 22）を発表した。米国ＦＣＣは一九八一年一月に法規制を開始した。日本では、このＣＩＳＰＲ勧告を基に、郵政省電気通信技術審議会が「情報処理装置等から発生する妨害波の許容値及び測定法についての技術規格」をとりまとめた。

同年一二月二日、同審議会がこの答申をする直前、メーカー等からなる工業会四団体（社団法人日本電子工業振興協会（ＪＥＩＤＡ。ＥＩＡＪと合併後はＪＥＩＴＡ）、社団法人日本事務機械工業会（ＪＢＭＡ。現・ＪＢＭＩＡ）、社団法人日本電子機械工業会（ＥＩＡＪ）、通信機械工業会（現・ＣＩＡＪ））が、自主規制で電波妨害の防止に取り組む旨を突如、発表した。

(2) 背景としての管轄問題

設置法によれば、通商産業（経済産業）省は電気用品や電気通信機器の製造販売・輸出入に関する事務を所掌し、それに対して郵政省は電波の利用に関する事務を所掌する。一九八〇年ごろにコンピュータが出てくると、文言上、それを電気用品等と捉え、通商産業省が所管する電取法でその安全を規制することも、コンピュータも電子レンジと同様、一〇キロヘルツ以上の電波を出しており無線に妨害を与え得るので、郵政省が所管する電波法でその障害を規制することも可能であり、結果として両省が関与し得る状態となった。コンピュータは、それ以降どれほど普及するかが未知数であったが、電安法と電波法のいわばグレーゾーンにあって、その境界問題が潜在していた。もっとも、電取法の一九六一年改正で、その目的に電気用品による危険（人体及び財産を損傷するような感電・漏電を指す）の発生の防止に加えて障害、すなわち無線障害の発生を防止するという文言も加えられたことにより、電取法にＥＭＩ規制を入れても良いことになっていた。それでも、以後登場、あるいは普及していた電子レンジ・超音波洗浄機・コンピュータ・電磁調理器は一〇キロヘルツ以上の高周波電流機器であり、無線機に悪影響を及ぼす可能性があるため、電波法によって規制することが求められ、郵政省もそれに対応した。

こうして、一〇キロヘルツ以上の妨害波を出すＩＴ機器については、通商産業省(機械情報産業局電子機器課等)と郵政省(放送行政局技術課)がそれぞれ独自に規制することを検討していた(法令において、規制対象に「障害」が付け加えられていた)。しかし、これらの省庁間での協力は見られず、むしろ牽制し合う状況だったようである。一方、産業界等では、将来の飛躍的な発展・普及が見込まれるコンピュータについて、ＣＩＳＰＲの動向にタイムリーに対応するべく、柔軟な自主規制で対応していくべきと強く認識されていた。

一九八五年一二月一九日、工業会四団体は、「情報処理装置等電波障害自主規制協議会(ＶＣＣＩ)」を設立した[18]。この経緯は、情報処理装置(ＩＴＥ)の導入・普及や、それが惹起するＥＭＩへの規制領域の拡大・変更という「技術」の問題が、規制空間のあり方や(広義の)規制行政機関の変更を迫った例として、説明することができよう。すなわち郵政省は、一九七〇年代後半以降の環境変化を受け、それまで郵政事業に傾斜配分してきた人的資源を電気通信事業に配分し、一九八〇年以降、基本的に同省の自律的な判断によって組織・人事の省内資源を移動・転換しつつあったが[19]、電気通信事業も分化しており、郵政省としての関心は放送局や無線局等の許認可の権限に関係する電波監理への方が強かった。それに対して、電磁調理器や電子レンジ等、国民生活に比較的近いところでＥＭＩが問題となる「高周波利用設備」への関心は相対的に低かった。郵政省の審議会答申に先立ち、通商産業省の所管する工業会四団体による自主規制という形を採って法令の枠から外れたことで、結果として、コンピュータ等のＥＭＩに関する郵政省の実質的規制権限が相対的に弱められた。工業会四団体や通商産業省からすれば、ＣＩＳＰＲ勧告 Publication 22 が対象とするコンピュータは当時、技術が急速に発展・変化しつつある分野であり、郵政省と通商産業省との共管による法令での規制ではその動向に対応しにくいので、自主規制という手段が選択された。これは、「官から民へ」のスローガンや規制改革の文脈はともかく、規制行政機関が合理的に「官民協働」という手段を選択した一例であるとも言えよう。

第二項　ＣＩＳＰＲの国内規格化プロセスにおける官民協働

以下に記述するように、ＣＩＳＰＲの国内規格化のプロセスでは、主に工業会四団体からの働き掛けによりつつ、規制行政機関（法令上は電波環境課）が関与する様子が観察される（図14）。もっとも、基本的にはＣＩＳＰＲ規格が国内規格化されたものが国内の技術基準（これには、電安法等の法令体系に組み込まれるものと、自主規制であるＶＣＣＩの規格に組み込まれるものがある）になるのであり、そうした国際規格の取り込み作業は総務省の審議会を経由することを必要条件として行われる。ＶＣＣＩは、国内における規制の実効的執行や他国との協定締結においてその後ろ盾となる経済産業省と、国際ＣＩＳＰＲに対する窓口である審議会を所管する総務省との狭間にあって、技術基準の設定・運用に関係する両省とコンタクトを取ることが求められる（これは法令上、あるいは規制実施上の裏付けを得るためにも、必要な手続である）。ただ、省庁部局の担当者の比較的短周期での人事異動や省庁再編等、役所サイドの都合により（あるいは、そのルーティーン・ワークによっても）国内規格化作業のスケジュールが拘束され、国際規格への機動的な対応が立ち遅れることについては解決されるべき課題として認識されている。

(1)　ＣＩＳＰＲ13（家庭用電子機器の電波障害規制）の国内規格化

二〇〇一年五月二八日に「音声及びテレビジョン放送受信機並びに関連機器の無線妨害波特性の許容値及び測定法（ＣＩＳＰＲ13 3.1版）」が、情報通信審議会から総務大臣に答申された。この答申を受け一一月一四日、電安法の技術基準（第二項）にＪ５５０１３として導入することが経済産業省（社団法人日本電気協会電気用品調査委員会）で承認され、

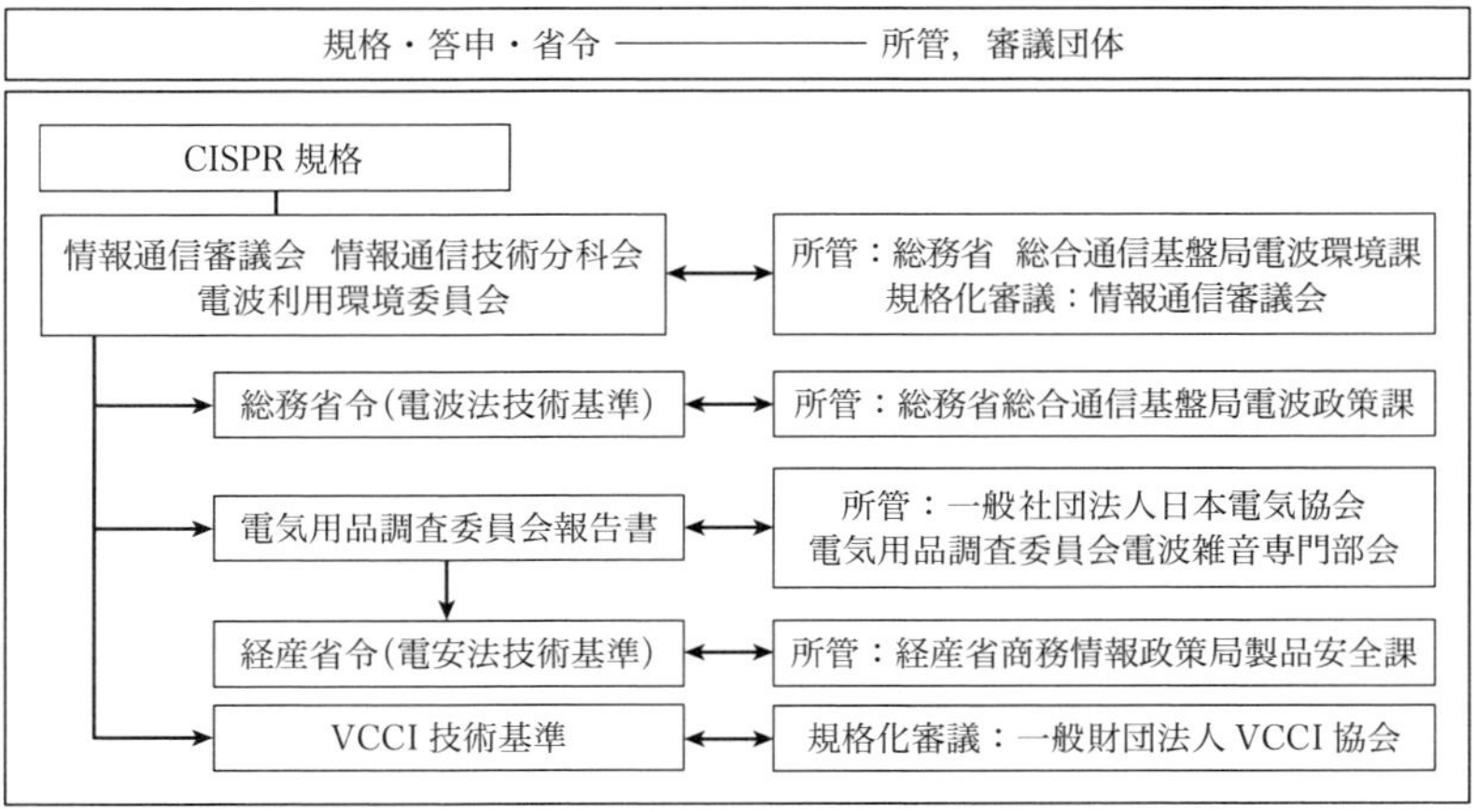

図 14　CISPR 規格の国内規格化の流れ

出典：三輪・本章注(2)論文 22 頁の図 1 に，筆者が加筆・修整を施した．

二〇〇二年七月から施行されることになった。なお、この「電気用品調査委員会」は、電気用品の技術基準等を広く調査研究し、改正要望及び調査研究結果を関係官庁に提出することにより不良電気用品による災害等を防止することを目的として、一九七二年二月に発足したものである。

①　ＥＩＡＪからの要望と交渉の開始

一九九八年七月に開催された旧社団法人日本電子機械工業会（旧ＥＩＡＪ）の下に置かれたＥＭＣ委員会・民生機器検討小委員会で、「早急に電気用品取締法の技術基準を最新のＣＩＳＰＲに整合化すべく工業会として対応してもらいたい」との要望があり、これがＣＩＳＰＲ13の国内規格化の原点となった。ＥＭＣ委員会は、ＥＩＡＪ傘下の製品に関わるＥＭＣ問題を横断的に扱う、旧ＥＩＡＪでは最大級の委員会で、ＣＩＳＰＲの諸規格のうち特にＣＩＳＰＲ13については、民生機器検討小委員会の要望が日本の電子機器業界の総意であると理解されていた。

電取法の技術基準（第一項）は、ＣＩＳＰＲ13改定1に準拠して、一九八六年九月二九日の「諮問第一九号に対する答申」を基本に作成されていた。この答申以降、ＣＩＳＰＲ13は新技術で開発された製品に対応できるように頻繁に改定されてきたが、答申がそれに対応しておらず、結果、国内の技術基準も改定されていない状況だった。すなわち、電取法の技術基準(第一項)は最新のＣＩＳＰＲ規格から一〇年以上も古い規格で、新規分野の製品には対応できていなかった。

一九九八年八月、ＥＩＡＪは「ＣＩＳＰＲ13の早期国内規格化に関する要望書」を、ＣＩＳＰＲ規格を所掌し業界に対する窓口でもあった郵政省(電波環境課)に持ち込んだ。ところが、ＣＩＳＰＲ13を含む一部規格については放送技術政策課の所掌となっていたので、この業界の要望は放送技術政策課へと間接的に伝わることとなった。業界サイドでは、こうして所掌部局に直接に交渉できなかったことにより時間を要したと認識されている。ＥＩＡＪと放送技術政策課との直接交渉は一九九九年八月に始まった。なお当時、放送技術政策課の担当官が着任早々であったことが交渉を遅らせた、とも認識されている。

②　省庁再編、直接交渉の再開

直接交渉を開始して一年ほど経った二〇〇〇年七月ごろ、省庁再編の動きがかなり具体化し、組織・所掌の再編、人事異動が行われる時期に国内規格化の作業を進めるのは適当ではないという見解が出てきた。そこで業界サイドは二〇〇一年一月まで交渉を中断した。

省庁再編の結果、ＣＩＳＰＲ規格の扱いはすべて総務省(電波環境課)に移管された。ＥＩＡＪの業務を引き継いだＪＥＩＴＡでは、電波環境課との直接交渉に備え「ＣＩＳＰＲ13国内答申ＷＧ」を新設し、答申原案の作成作業に入った。ＷＧのメンバーには、ＪＥＩＴＡ会員の他、以後の答申や電安法改正を見込んで関係者を客員メンバーとして招いた。

一方、電波環境課では、担当の課長補佐からＣＩＳＰＲ13の答申に関する計画書が提示された。四月にはＪＥＩＴ

Aの担当者が経済産業省（商務情報政策局製品安全課）に赴き、答申後すぐに電安法の技術基準の改定（J規格）の推進を要望したところ担当者（課長補佐）は快諾した。二〇〇一年五月には、電波環境課の計画通り答申がなされた。J規格についても「CISPR13国内答申WG」で作成され、それにより審議時間が短縮されたと認識されている。[20]

(2) CISPR22（情報技術装置の電波障害規制）の国内規格化

① 作業班の発足（二〇〇六年八月）

CISPR22の国内答申については、CISPR22第三版（一九九七年一一月発行）の電技審答申（二〇〇〇年一月二四日）以降は行われておらず、第三版の発行後、第四版（二〇〇三年四月発行）、第五版（二〇〇五年四月発行）及び第五・二版（二〇〇六年三月発行）が発行され、幾多の追加・修正が行われている。このような状況に対応するため、情報通信審議会CISPR・Iグループに作業班を設置し、CISPR22第五・二版の国内答申案作成を進めることとなった。作業班は主任（VCCI出身）以下一〇名のメンバー（社団・財団法人三名、メーカー等六名）で構成され、二〇〇六年八月から一一月にかけてCISPR規格の日本語訳と国内答申案の作成を行った。

② CISPR・Iグループへの中間報告（二〇〇六年九月）

情報通信審議会情報通信技術分科会CISPR委員会（第二〇回）では、CISPR22第五・二版の国内答申案作成について同委員会副主査から説明があり、主査からの「国際規格は原則五年の周期でメンテナンスすることになっているが、改訂版FDIS（最終国際規格案）の出版の周期が最近早くなっているので、関係者は状況に適切に対処してほしい」というコメント以外に特に意見はなく、承認された。なお、このとき、二〇〇八年の国際CISPR委員会の会場として日本が立候補するかどうかについて主査から説明があり、過去の開催事例を紹介しながら資金調達・必要経費等の説明がなされた。これに関する国際CISPR委員会での態度表明は、総務省との相談によって決定することとされた。

③　答申原案作成・意見聴取と情報通信審への付議（二〇〇七年五月）

作業班は、CISPR22第五・二版を基本に原案を作成するという答申原案作成方針を示し、いくつかの条件の下[21]、答申案作成は各委員が分担し作業を進めることとした。さらに、答申案たたき台に関しては、関連工業会及び団体に意見聴取を行うこととした。意見聴取を行うのは関連工業会（JEITA、CIAJ、JBMIA）、関係団体（VCCI、NTT）、及び、関係試験所（TELEC〔一般財団法人テレコムエンジニアリングセンター〕、JQA〔一般財団法人日本品質保証機構〕、JET〔一般財団法人電気安全環境研究所〕、KEC〔一般社団法人KEC関西電子工業振興センター〕）である。

二〇〇七年一月以降のCISPR委員会での国内答申案の審議を経て、同年五月三〇日に開かれた情報通信審議会情報通信技術分科会CISPR委員会（第二二回）で、答申の素案に関して主な変更点、国際規格と答申素案との対照表について、副主査から提案の説明が行われた。ここでは、同委員会委員と実質的に規制を運用するVCCIとのやり取りが行われた。

まず、今般の国際規格化で一ギガヘルツ以上の規格が追加されるため、ITE工業界への影響が懸念された。これについてVCCIからは、この規格の審議には当初からVCCI技術専門委員会委員が参加し、他に技術専門委員も参加しており内容を了解していること、新たな項目の適用開始までの暫定期間も設定され、その期間についてメーカー以外の立場からも検討したこと、設備投資の問題は、まず商用試験サイトの新規設備が先行し、遅れるところはそこを利用するようにすることが確認された。

次に、国際規格には規定のない三メートル法を答申で用いている点について。VCCIとしては、既往の運用状況や利便性を考えて会員の責任で選択してもらう（ただし、市場抜取における最終判定は正規の一〇メートル法で行うことになっているので、その限りでメーカーがリスクを負う）とした。

さらに、近年ＣＩＳＰＲ全体で問題となっていた「不確かさ」についても指摘があった。すなわち、国際基準では「不確かさ」の記入が義務付けられる潮流にあったが、国内規格化に当たっては今後の検討課題とされ、この時点ではその記入が義務化されていなかった。これについて、国内答申がまだされていないことを「バランスが悪い」とする指摘があり、ＶＣＣＩはこれを踏まえて測定を注意深くする旨の回答をした。ここでは、メーカーに「不確かさ」の測定を独自に判断してもらうことが期待された。(22)

(3)　ＣＩＳＰＲ32（マルチメディア機器のＥＭＩ規格）について

二〇一一年一二月、国際ＣＩＳＰＲ委員会は、Ｉ小委員会（表26）で議論してきたＣＩＳＰＲ32のＦＤＩＳ（最終国際規格案）を可決し、翌年一月に公式発表となった。(23)　Ｉ小委員会は、コンピュータとＡＶ機器の規格の融合を見越した組織再編により、二〇〇一年からマルチメディア機器のＥＭＣ規格策定に向けて活動していた。(24)

最近のＡＶ機器であるテレビやＤＶＤレコーダは内部にデジタル技術を活用しており、制御にマイクロ・コンピュータが使われ、画像を美しく処理するために高性能なデジタル・プロセッサが重要な働きをしている。またパソコンについても、テレビ受信機能が追加されハードディスクに録画もできるなど、家電と区別がつかなくなってきている。このように、かつては別々の技術を使っていた製品群が現在では同じ構成になり、ＥＭＣ特性も似てきている。しかしながら、テレビ受信機と情報技術装置とではＥＭＣ規格が別々になっており、情報家電やテレビ付きパソコンを評価するメーカーなどからこれら規格の統合を求める声が高まっていたことから、これら二つの製品群を一つにしたマルチメディア機器のＥＭＣ規格を制定することになった。マルチメディア機器とは、音声・テレビ放送受信機とその関連機器（ＡＶ機器）と情報技術装置の二つの製品群を統合した製品群である。議論の末、ＣＩＳＰＲ13（家庭用電子機器の電波障害規制）とＣＩＳＰＲ22（情報技術装置の電波障害規制）の適用製品を包含することを明確にするため、両方を含む製品群とすることが適当という結論に至った。最近の情報家電では、無線機能を追加した製品や、逆に白物家電に情報処理機能のついた製品などの複合製品が多く出現しており、それぞれ異なる業界・規格検討組織を背景に独立していたＥＭＣ規格を整合化・統合させる動きが見られた。国際ＣＩＳＰＲ委員会Ｉ小委員会における検討を国内で追う代表的組織として総務省管轄のＩグループ会議があり、その下部組織として実質的な検討を行うＩ検討会がある。[25]

第三節　電安法体系の構造改革と官民協働

第一項　電安法体系の構造改革

二〇〇九年五月二六日の産業構造審議会製品安全小委員会において、「電気用品安全法の技術基準は、我が国の安全を守るためにこれまで構築されてきた国内独自の基準に加えて、国際規格に準拠した基準の二本立てとなっている。事故情報の原因分析等を踏まえながら、基準の統合化、対象品目等の整理合理化を図っていく。このため、独立行政法人製品評価技術基盤機構（ＮＩＴＥ）とともに、学識者、関係業界等による詳細な検討を行っていく」との方針が示された。これを受け、ＮＩＴＥを事務局とし、学識経験者、業界団体及び消費者団体から構成される「電気用品の安全に関する技術基準等に係る調査検討会」（以下、「検討会」と言う）を設置し、右記の課題について検討を行っている。[26]

「検討会」は、電安法の技術基準等に関連する課題を次のように整理した。第一に、関係者において、製品が電安法の規制対象に該当するか否かに強い関心が注がれている一方、そもそも現行ルールでは品目の選定に当たって、安全上の重要度という着眼点が十分に整理されていない。第二に、国、届出事業者、登録検査機関の役割分担を電安法の趣旨を踏まえて明確化していくとともに、安全確認の実施主体、安全確認について再整理する必要がある。第三に、逓信省が「電気用品取締規則（逓信省令第三〇号）」を制定した一九三五年以来、電気用品の指定品目を順次追加してきているが、電気用品を取り巻く社会環境が激変し続けていることに対して、「電気用品による危険及び障害の発生を防止すること」を担保することに関し、現行の品目指定等の法的仕組みでは柔軟な対応が困難になってきている。第四に、一九九七年ごろから安全規制においては、規制緩和の流れを受け技術基準を性能規定化している一方、電安法は仕様規定が多く残っていることから、運用の柔軟性に欠けている。第五に、電気用品のうち輸入品の占める割合が高まってきている中、技術基準についての国際整合性が必要となってきている。すなわち、現行ルールでは、日本独自の省令第一項基準（仕様規定）と、国際規格に準拠した省令第二項基準（性能規定）が混在した複雑な技術基準体系となっており、電安法の目的である「電気用品の安全性の確保につき民間事業者の自主的な活動を促進する」ためにも技術基準体系の整理を行う必要性が高まってきている。

そこで、次のように検討項目を整理した。第一に、リスクに応じた安全規制の具現化の検討である。すなわち、対象品目の大括り化等、今後の電気用品の指定区分を検討する。第二に、今後の技術基準の検討である。すなわち、国際整合性を踏まえた省令第一項基準、省令第二項基準の統合化、及び、技術基準の機能性化の検討であり、具体的には仕様基準から性能基準への移行、基準の階層化（後述）、ＪＩＳの活用などが挙げられている。これに加え、電安法に係る諸手続の合理化方策、及びリスク情報の活用方策の検討が挙げられている。(27)

『基本計画』では、技術基準を性能規定化することの意味・利点が次のように整理されている。第一に社会への説明性の向上である。「危険及び障害の発生を防止すること」を分かりやすく記述することにより、電気用品に要求される性能がイメージしやすくなる。すなわち、従来からの技術基準はユーザーである国民・社会に対して分かりにくいものがあるが、それらが分かりやすくなることにより説明性の向上が図れる。第二に、国際標準との整合である。国際的な基準類制定の考え方との整合性が図れる。すなわち「貿易の技術的障害に関する協定（ＷＴＯ／ＴＢＴ協定）」の第二条第八項では、「加盟国は、適当な場合には、デザイン又は記述的に示された特性よりも性能に着目した産品の要件に基づく強制規格を定める」とされており、国際整合化の観点からも性能規定化が必要となっている。第三に、新技術開発とコスト縮減を要求する性能規定に改めることにより、従来の仕様（形、材質）にとらわれない新しい技術の開発や多様な電気用品の設計が可能となり、結果的に同一機能の製品の品質向上やコスト縮減をもたらすことが期待できる。[28]

第二項　規制改革の中の法規制と自主規制

『基本計画』は、現状において、規制の対象製品のポジティブ・リスト方式では、外国製掃除機等の新製品が登場した場合、規制が後追いにならざるを得ないことから、それへの対応として規制対象製品のネガティブ・リスト化・大括り化（除外品を除き、原則としてコンセントから電気を採る電気用品すべてが規制対象となる）を検討することとした（ただし、後の過程でネガティブ・リスト化の構想自体は削除された）。これにより、現時点で品目指定されていないパソコン等の情報機器にも法規制が及ぶことになり、そこにはＶＣＣＩが対象とするＩＴＥ（情報技術装置）も含まれるようになる。加えて、ＣＩＳＰＲ規格のうち、ＡＶ機器を対象とするＣＩＳＰＲ13と情報技術装置を対象とするＣＩＳＰＲ22をＣＩＳＰＲ32に一本化する作業も進められていること（第二節第二項(3)）の影響が及ぶことも考えられる。もっとも、ＣＩＳＰＲの日本側の窓口が総務省であることに変化はない。

『基本計画』は、ＩＥＣガイド一〇四付属書Ａを参考にしながら、電安法の目的規定にある「電気用品による危険及び障害の発生」の具体的意味の明確化を図る方針を示している。ここでは、人間の五感による危険源の特定例とし

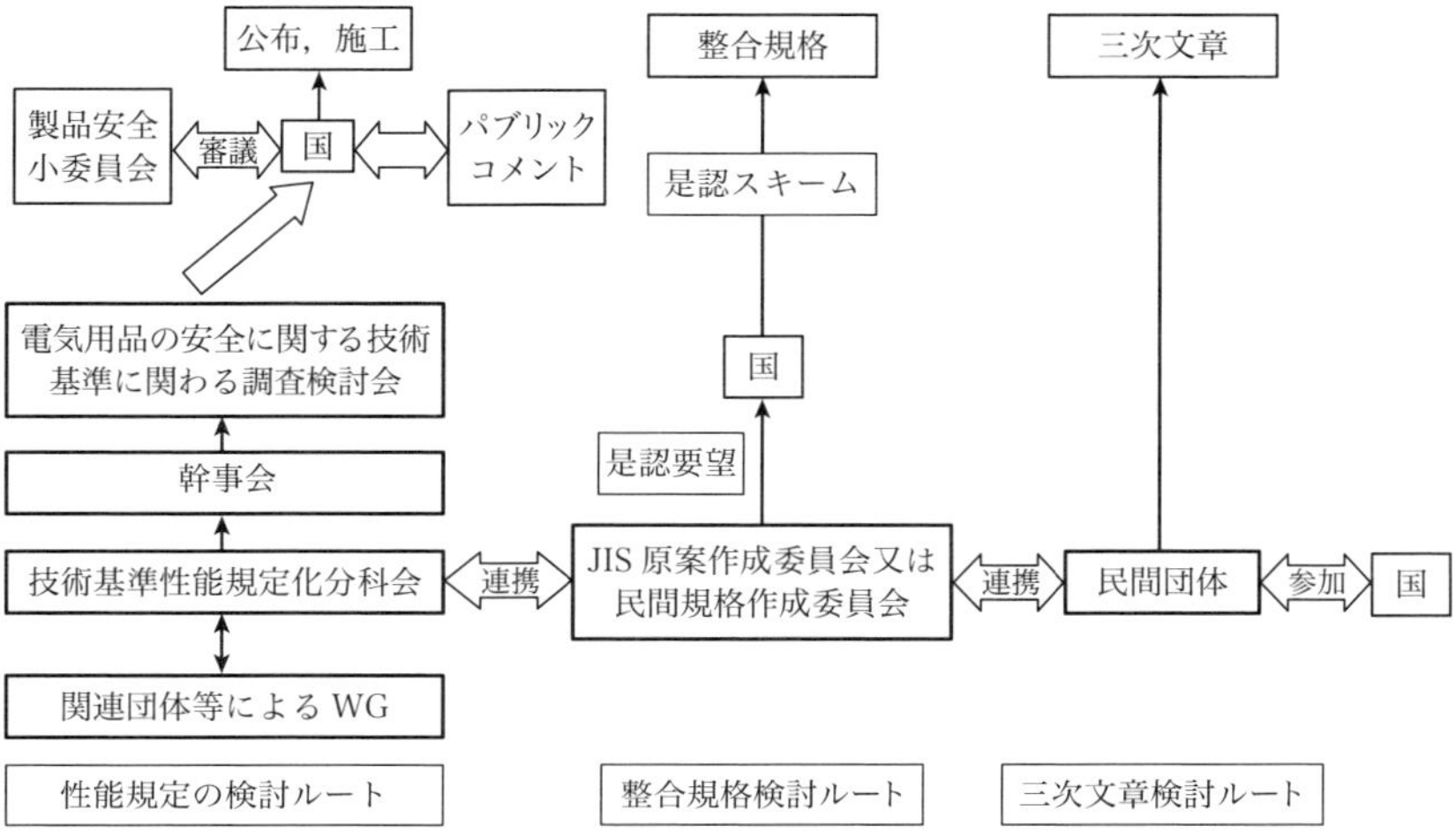

図 15　将来的な技術基準の作業体制

出典：電気用品の安全に関する技術基準等に係る調査会・本章注(48)資料 15 頁の図 7 に，筆者が若干の修整を施した．

て、触覚について熱（火傷）、機械的可動部（傷害）、電気（感電）、アレルギー抗原、視覚についてレーザ、紫外線、電磁放射、聴覚について音、味覚について毒物、微生物、嗅覚について有毒ガスが挙げられ、さらに「障害」の例として雑音が挙げられている。ＥＭＩはこれに該当し、図10に示した法規制と自主規制の役割分担が変更になる可能性もある。

『基本計画』ではさらに、ＩＥＣガイド一〇四をはじめとする諸外国の規制研究やリスク情報の活用(29)、「技術基準の階層化」について今後検討していくこととしている。「技術基準の階層化」では、将来的にＥＵニュー・アプローチ（個々の指令で詳細な技術的要求はせず、やや抽象的な必須要求事項（Essential Requirement）のみを規定する）を考慮しつつ、民間規格を採り入れた階層的規格体系に移行することとしている。それに向けて法令上の技術基準を性能規定化し、ＪＩＳ等から構成される「グループ安全規格」や「個別製品安全規格」について国が技術審査を行い、それを通過したものは性能要求を満たす基準として国が是認することによって体系中の「整合規格（二次文書・みなし基準）」とする。また、規格利用者に対して技術基準の解釈の理解を促進するガイダンス（「技術基準の解釈の解説」）としての「三次文書」にも、民間規格等が参照される（ただし「三次文書」は法的根拠とはならないとされている）。

具体的な作業工程としては、次のようなものが想定されている（図15）。すなわち、省令第一項の技術基準をベースにしたものは、当面は関連業界または国が作成する。または、必要があれば業界団体の民間規格を技術基準の解釈として採用する。次に、ＪＩＳを技術基準の解釈として引用する場合、そのＪＩＳは関連業界（試験機関も含む）が作成する。ただし、諸事情により業界が単独で対応できない電気用品については工業標準化法第一一条提案により作成する。いずれにしても、省令第一項または第二項の技術基準をベースにしたもの以外の任意規格が性能規定を満足していることを証明できる場合、これを技術基準の解釈として位置付けるなど、是認スキームを官民の役割分担を明確にして構築する方針が打ち出されている[30]。

以後、二〇一一年五月にとりまとめられた「電気用品安全法技術基準体系見直しに関するアクションプラン」に基づき具体的な作業が進められ、二〇一二年度には「電気用品安全法　法令業務実施ガイド」が初めて公表された。また、当初の技術基準体系の階層化作業である技術基準省令の改正骨子案及び骨子案の要求を満足する例示基準を策定し、これらに基づいた改正案のパブリック・コメントが二〇一三年二月五日に開始された。これにより、電気用品安全法技術基準体系等の見直しの第一歩目として、技術基準の全面改正が行われる見通しとなった。今後は、電気用品の指定のあり方、ＪＩＳ等公的な基準を技術基準の整合規格として活用していくための検討や規格整備作業を行っていくとされている[31]（第三項）。

(1)　規制改革と官民の役割分担

規制改革では、誰が、法令の内側で（あるいは外側で）、規制のどの部分を担当するのかが大きな論点となる。ここ

表30　法令の内外の民間規制

	規制（基準）の設定	規制（基準）の実施
法令の外側	①a「自主規制団体」型	①b「自主規制団体」型
法令の内側	②「技術支援機関」型	③「登録検査機関」型

出典：村上・序章注(12)研究ノート45頁に初出.

で表30のような整理をするならば、法令の内側と外側とで民間規制主体は①～③の型に性格付けをすることができる。そして、規制改革によって官民の役割分担（境界）が変化すると、既存の①と②・③との間でその守備範囲をめぐって緊張（場合によっては、競争・競合）関係が生まれる可能性がある。ここで「自主規制団体」型（①ａｂ）は「製品等が法規制の水準プラス・アルファの高品質を持つことを担保し、それを示すための『付加価値マーク』を付与したりする」もの、「技術支援機関」型（②）は「法令の技術基準の具体的な仕様や、性能規定解釈のガイドラインを策定する」もの、「登録検査機関」型（③）は「製品・事業者等が法令の基準に適合していることについて検査・認証・認定を行う」ものと定義している[32]。

日本の電気用品の安全・障害に関する規制（とりわけ電安法規制）では、届出事業者による自己検査と第三者検査機関による適合性検査の「ダブル・チェック」の方法が採られている（第一節第二項(1)②）。他方、ここで採り上げたＶＣＣＩは規制実施における自主規制機関（①ｂ）であって、規制改革においては、その守備範囲を広げようとしている電安法の実施部分との関係が大きな問題となる。

(2)　法規制と民間（自主）規制の強みと弱み

電安法規制の構造改革における法規制と民間自主規制の役割分担（競争・競合）をめぐっては、各々の立場から各規制の実態やその長所・短所を見極めることが求められ、実際にもこの規制改革がそれを再考する機会となっている。以下では、法規制と民間（自主）規制の強みと弱みに関する先行研究をレビューするとともに、各規制の実態について論じたい。

①　長所・強み[33]

第一に、民間規制では規制基準の設定と解釈のための情報コストが低い。民間規制には高い専門性を有するエンジニアが直接に技術基準の設定と実施に携わるので、そうした規制のための情報収集コストを比較的小さく抑えることができる。国際面においても、エンジニア間やメーカー間のネットワークの方が強固である。

第二に、法規制においては、技術利用に関する実態をよく知っている「被規制者」と法規制を実際に書く「規制者」との心理的距離感があるというのが規制研究で指摘されており[34]、そうした両者の敵対的関係が互いのコミュニケーションを困難にし規制を非効率なものにしているという観察もある[35]。自主規制では両者の「馴れ合い」が批判されることがあるとはいえ、相対的に（民間の）「規制者」と「被規制者」との相互信頼があってコミュニケーションが容易であり得る。実際にも、民間自主規制団体において事務局と会員とのコミュニケーションを促す工夫が見受けられる。

第三に、規制基準の改正に要するコストを低く抑えられる。法令でも技術基準は迅速な改正に適していないことはないが、やはり一定の手続を踏む必要があり、むしろ自主規制の方がインフォーマルに、臨機応変に基準を改変できる。金融商品取引等の業界ルールなどの「ソフト・ロー」は、インフォーマルに存在していながらそれなりに実効性を持っている[36]。行政が民間規格を利用する中で、たとえ厳格に行政手続法上の審査基準に則っていなくても、民間規格の基準を満たしていればよいという柔軟な運用も建築や原子力安全の分野でなされている[37]。

第四に、規制にかかる行政・管理コストを内部化できる。公費を使って行われる公的規制ではなく、コストを事業者が負担する自主規制でもって問題は当事者同士で解決される。民間自主規制団体は、基本的に会員から支払われる会費で運営されている（ＶＣＣＩについては第一節第三項⑵を参照）。

② 短所・弱み(38)

第一に、自主規制団体は民主的正統性を有さない。民主的正統性のない自主規制団体が行う規制の効果が、直接的あるいは間接的に第三者(例えば、自主規制の非会員や消費者)にまで及んでしまう場合があり得る。こうしたことから、自主規制団体はできる限り中立的で、規制の効果が国民全体に及ぶならばなおさら、その中で行われていることに関する情報を公開して国民に対する透明性を確保することが求められる。

第二に、自主規制団体が基準の設定から実施まで担当することが権力分立の原理に反しているという議論がある。基準を作ってそれを実施してさらにそれに違反した人に刑罰を与えたり強制したりするという一連の活動をただ一つの組織が行うというのは、強力過ぎて危険性を孕み独善的になり得るという考え方である。あるいは、基準の設定と実施が独立に行われるべきだというとき、基準の実施を都合よく進めるために基準設定が適切に行われないということが理由として挙げられることもある。他方で、規制を実施してみて獲得できた情報(技術情報)を次の段階の基準設定にフィードバックすることの有益さから、基準設定と実施とを独立ではなく連携させるべき場合もあるだろう。

第三に、民間自主規制は規制の違反者に対する法的強制力を欠いている。ただし、法律による規制が常に強制力を持つわけではなく、また、そうした強制力を発揮しなければならない場面というのは規制の中でも極めて限られているのも確かであり、ソフトな方法で事足りるのであればそれでも良いということにもなり得る(39)。むしろ法令ではない形で、保険制度等、私法制度とセットにすることができるという有効性も指摘されている。

他方、民間自主規制も違反事案の公表という手段により強制力を持つ場合があるが、これが常に正しく適切に行われるという保証があるわけでもなく、万一間違っていた場合の実効的な救済ルートや権利保護の仕組みを整備しておく必要性もある。VCCIの場合、異議中立手続が仕組まれている(第一節第三項(2))。

第四に、自主規制によって実は事業者だけが得をしているのではないか、事業者にとって都合のいい規制をしているのではないかという議論がある。それは例えば、自主規制が事実上の参入規制になっていたり、実質的なカルテルによる価格調整になっていたり、実は消費者を軽視するような安全規制になっていたりするというものである。他方で、「自主規制」の長所も存在している中、そうした事業者の活動をどのように社会として促していくのか、どのように企業の協力を仰いでいくのかという考慮も必要である。自主規制は事業者の積極的な協力があってこそ実効性を持ち得るものであり、事業者をどのように動機付けて参加してもらうかというのは重要な問題である。

第五に、民間自主規制には国家の非公式介入の恐れという問題がある。自主規制団体には原則的に、民主的正統性や国民のコントロールは及ばない。それに対して、政府・規制行政機関がこのインフォーマルな自主規制を道具や手足にして、権力を不当に行使する恐れもないわけではない。その設立経緯からして政府の関係府省と微妙な距離のところにある民間自主規制については、自主規制の強みを担保する事業者の自律性という観点からすれば注意が必要である。

第六に、規制・評価そのものの正確さ・適切さを欠く恐れがある。[40] 規制を自主的にやっている分、規制が独善的になる可能性がある。規制の適切さを決める要素として例えば技術情報の収集がきちんとできるかというのがあり、これは規制の現場からのフィードバックのチャンネルをきちんと整備できているか、あるいは事故が起こった際に責任を追及し制裁を与えることとは別個に原因を究明して経験を活かすことがきちんとできるかというのは重要である。[41] 加えて自主規制団体内部のガバナンスの問題もあり、監査法人等との「適切な」関係の構築も求められる。

(3)　「規制間競争」の可能性

①　「規制間競争」の兆しと民間自主規制

このような長所・強みと短所・弱みを持つ法規制と自主規制が複数存在するとき、「規制間競争」が起こる可能性がある。ここでは、消費者(規制対象物の潜在的被害者)が十分な情報を基に自らの選好に最も近い「価格」と「規制」のコンビを選択できることが前提になる。

「規制」の完全自由競争は規制そのものの質よりも価格の競争になってしまうことから、何らかの形で政府(規制当局)との協働が求められる。第一に、規制行政機関による「補助」により「規制間競争」は適正化され得る。すなわち、規制行政機関が規制の最低基準を設け、それを上回る分の質を「自主規制」が評価し、それを基に消費者が自らの尺度で選択するというものである。ここでも価格だけに関心が向けられてしまう恐れがあり、また技術基準の設定・運用に携わる「自主規制」の競争となれば専門的人材等の資源の希少性という問題もあるが、そうであるからこそ、「競争」によって「規制」の淘汰が進むとも考えられる。同様の製品をカバーする「規制」が複数存在している場合、その「規制」スキームを利用するユーザー(製品を製造する事業者)は合理的に「自主規制」を選択し、そこで選ばれなかった「規制」は存在意義を失い存続できなくなるということは起こり得る。第二に、競争を仕組んだ独占がある。すなわち、「規制」の適切さも条件に組み込んだ「競争入札」で選ばれた者が独占的地位を得、以後起こり得るモラル・ハザードは独占的地位の有効期限を設定すること等で克服するというものである(42)。

電安法規制の構造改革では、その概要を論じる中で述べたように、ＩＴＥ(情報技術装置)のＥＭＩ規制等、重複が生じる部分について「規制間競争」が起こる可能性がある。以下では、電気用品の安全・障害を巡って競合し得る規制スキーム(ＪＩＳとＳマーク)について記述し、さらに、その「規制間競争」の中での各規制類型と電安法体系の構造改革との関係について分析を加える。

② 「規制間競争」のプレーヤー

民間等の「規制(規格)間競争」に関係するものをまとめると、**表31**のように比較することができる。

表31　電気用品の安全等に関するマークの比較

	VCCI マーク	JIS マーク	S マーク（一例）
担い手	一般(財)VCCI 協会 (自主規制団体)	日本工業標準調査会 (JISC)(経産省の審議会)	電気製品認証協議会 (SCEA)
加盟・国内外登録	登録会社：1163 社 海外：603 社 国内：560 社(2014 年)		学識経験者 4 名, 関係 43 団体 登録工場：1944 社 海外：1080(56%) 国内：864(44%)(2011 年)
行政窓口	経産省(製品安全課) 総務省(電波環境課)	経産省(産業技術局基準認証ユニット)	経産省(製品安全課)
対象・範囲	1163 社の ITE(2014 年)	10,259 規格(2011 年)	電気製品の 70% 超(2011 年)
認証基準	VCCI 規程集 CISPR 勧告	日本工業規格(JIS)	電安法技術基準 認証機関が定める基準 認証機関が認める JIS・IEC 等
認証手法	VCCI が認定・登録した測定設備を使った適合確認試験	国が認定・登録した認証機関による第三者認証	SCEA が認定した 4 認証機関による第三者認証

出典：ホームページ等の情報を基に，筆者が作成.

i　JISマーク

a　仕組み

日本工業標準調査会（JISC）は経済産業省に設置された審議会で、工業標準化法に基づいて工業標準化に関する調査審議を行う（図16）。具体的には、工業標準・JISマーク表示制度・試験所登録制度など工業標準化の促進に関して、関係各大臣（経済産業大臣、国土交通大臣、厚生労働大臣、農林水産大臣、文部科学大臣、総務大臣、環境大臣の七大臣が「主務大臣」とされている）への建議や諮問に対する答申を行う。同調査会は、ISOとIECに対する我が国唯一の会員として国際規格開発に参加している[43]。

工業標準化法（法律第一八五号）は一九四九年に制定され、JISCは二〇〇一年まで「特別の機関」という位置付けの通商産業省工業技術院の付属機関であったが、中央省庁再編に伴い経済産業省の審議会（国家行政組織法第八条）という位置付けに変更となった（事務局は産業技術局基準認証ユニット）（この間に、安全に関する民間の自主規制・規格が合流してきた〔c〕）。同年八月、

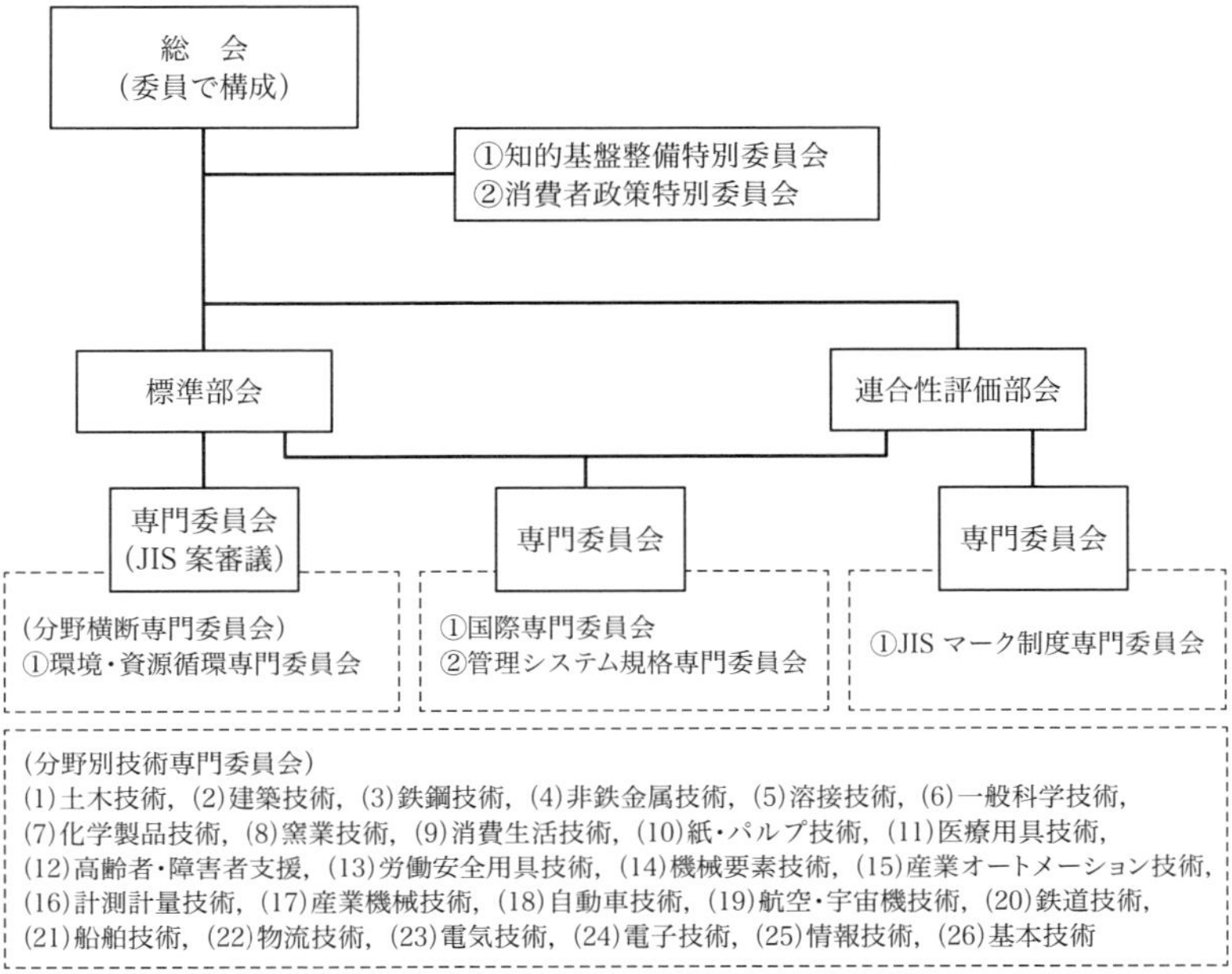

図 16　JISC の組織図（2011 年 4 月 1 日現在）
出典：JISC ホームページ（http://www.jisc.go.jp/）.

同調査会に設置された「二一世紀に向けた標準化課題検討特別委員会」の提言（二〇〇〇年五月）を踏まえて、分野別戦略を含む我が国の標準化戦略が作成された。二〇〇二年四月には、ＪＩＳ作成プロセスの電子化により規格作成の迅速化等が図られた。同年六月には「新時代における規格・認証制度のあり方検討特別委員会」が設置され、規格関係・認証制度関係についてそれぞれＷＧを設置して検討が行われた。二〇〇三年六月には、規格及び認証制度のそれぞれに関し今後の在り方に関する基本的な考え方が取りまとめられ、二〇〇五年一〇月には適合性評価関連の新制度もスタートしている。これまでに「国際標準化活動基盤強化アクションプラン（平成一六年）」、「国際専門委員会の立上げ（平成一五年九月）」等も行われている。

　同調査会が担当する「工業標準化制度」には一〇二五九規格が整備されている（二〇一一年三月末現在）。ＪＩＳマーク表示に係る認証を希望する事業者は、主務大臣の登録を受けた機関から認証を受ける必要がある。ＪＮＬＡ（認定試験所）の認定は経済産業大臣が行い、認定された試験事業者は、認定された試験方法の範囲内において、特別な標章（ロゴ）付きの試験成績表である証明書を発行することができる（**図17**）。

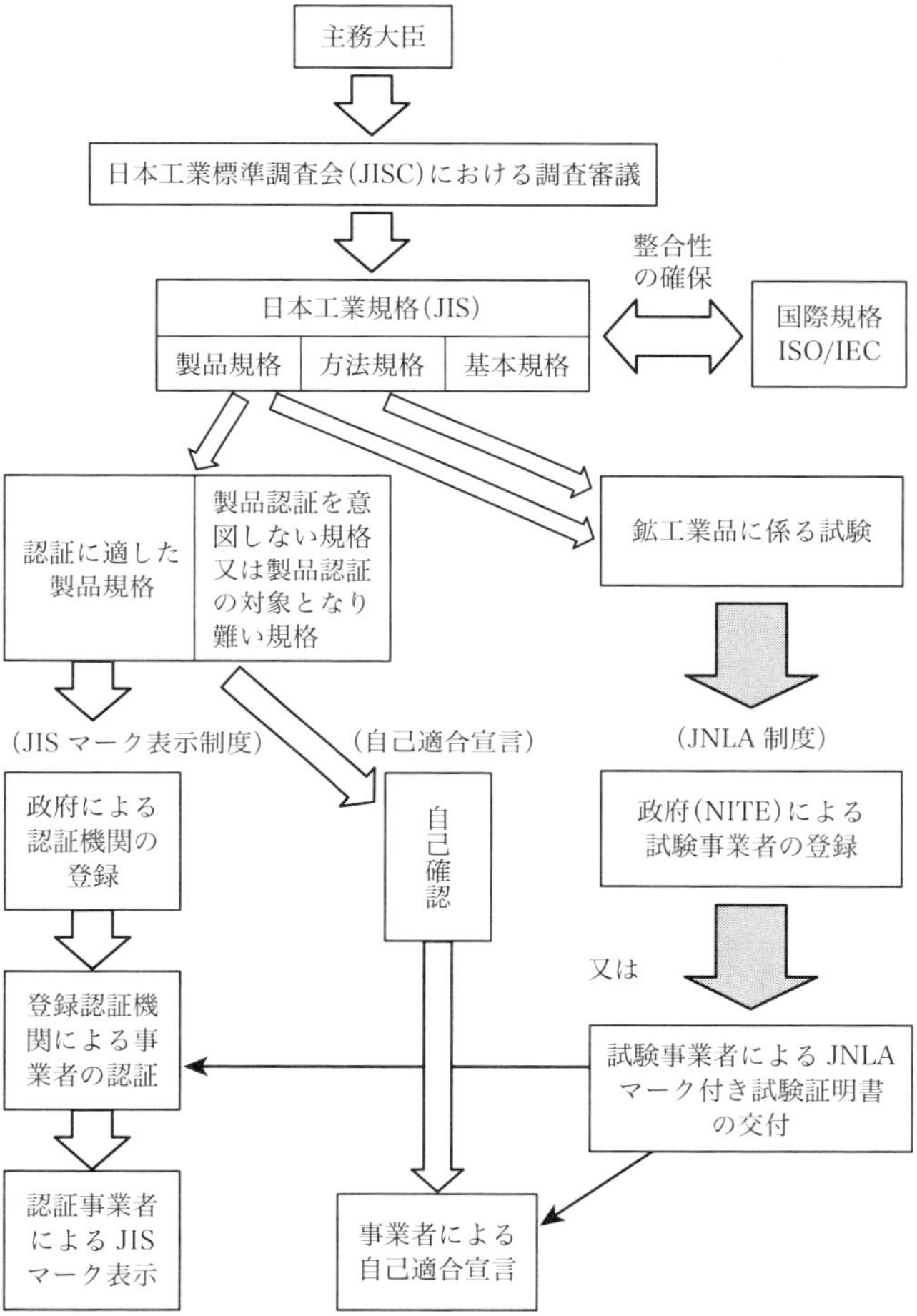

図 17　工業標準化制度の概要
出典：JISC ホームページ(http://www.jisc.go.jp/).

b　活動内容

ＪＩＳＣの最近の具体的取り組みは、大きく①規格関係、②適合性評価関連、③強制法規との適切な関係に整理される。

①規格関係について、国際規格化のための体制整備（国際提案の迅速化、フォーラム規格を活用した国際規格提案等）、規格作成の迅速化・効率化（ＴＳ／ＴＲ制度への移行、国が積極的に関与すべき分野の限定〔環境、高齢者・障害者配慮〕、特定標準化機関制度の創設等）、フォーラムとの連携、標準技術に含まれる知的財産の安定化が挙げられている。

②適合性評価関連については、二〇〇五年一〇月から新制度がスタートしている。新ＪＩＳマーク制度（政府認証から〔民間〕第三者機関〔登録機関〕に認証への移行等）と、新ＪＮＬＡ制度（試験所認定制度）である。

③強制法規との適切な関係について、強制法規との適切な連携（技術基準等に引用されやすい規格体系の整備等）が挙げられている。

c　他の民間規格との関係

一九七〇年代後半以降、情報処理装置の生産・設置台数が急速な伸びを見せ、一般事務者によっても使用される状況になりその安全規格制定の声が高まった。その時点で、民間メーカー等は海外の安全規格を参考に各社独自の規格を作成しその規格に適合する製品を生産・購入する程度であり、日本国内で統一的な安全規格は存在しなかった。

そこで、電子機器や電子部品の業界団体であるＪＥＩＴＡ（一般社団法人電子情報技術産業協会）の前身であるＪＥＩＤＡ（社団法人日本電子工業振興協会）は情報処理機器安全対策委員会（後に、ＩＴＥ安全技術専門委員会）を立ち上げて、一九七八年度以降、海外安全規格の調査、ＩＥＣ規格の改訂案検討、データ処理装置安全ガイドライン作成、関連業界へのアンケート実施、ＩＥＣ文書の取り込み等の全面的改訂を行って、一九八二年度に「情報処理機器の安全規格（案）」（ＪＥＩＤＡ規格案）を作成した。その後、一九八三年から一九八四年にかけての、同規格を適用するに当たっての問題点の検討や付属書の作成を経て、一九八五年三月、安全規格作成の活動を終了し、以後ＩＥＣ規格の動向に合わせて見直しを行ってきた。ＪＥＩＴＡは、この安全自主規格を遵守する仕組みとして、適合確認書を作成しウェブ上に公開したり、規格の解釈資料やＩＥＣ規格との対比表などを作成したり、規格の普及のため説明会を開催したりしてきた。

ＪＥＩＤＡ37は、一九九八年三月発行の第四版を最後に、二〇〇一年にＪＩＳ規格（ＪＩＳＣ六九五〇）に引き継がれた。ＪＥＩＴＡはＪＩＳＣ六九五〇用の適合確認書やＩＥＣ六〇九五〇規格との対比表、解釈資料などを作成し普及に努めている[44]。

以上のように、情報技術機器の安全規格については、もともと業界団体による自主規制だったが後にＪＩＳ規格に引き継がれた。ＶＣＣＩが担当するＥＭＩ障害規制に対し、安全規制がこうした経緯でＪＩＳ規格に引き継がれた点は注目に値する。

ＪＩＳＣ六九五〇は現在、主務大臣である経済産業大臣の下、ＪＩＳＣ標準部会の電子技術専門委員会で策定されている。一般社団法人ビジネス機械・情報システム産業協会、一般財団法人日本規格協会が原案作成を行う[45]。公開情報によると、「この規格は、電気的な事務機器及び関連機器を含み、主電源又は電池で動作する情報技術機器であって、定格電圧が六〇〇ボルト以下の情報技術機器の安全性について標準化を行い、生産及び使用の合理化、品質の向上を図るために制定するもの」である[46]。

ⅱ　Ｓマーク

ａ　仕組み

Ｓマークは、「第三者認証制度の公平な運営及び普及等について認証機関に提言を行い、我が国の電気製品等の安全性向上に貢献すること」を目的として電気製品認証協議会（ＳＣＥＡ）によって運営されている（図18）。同協議会は、

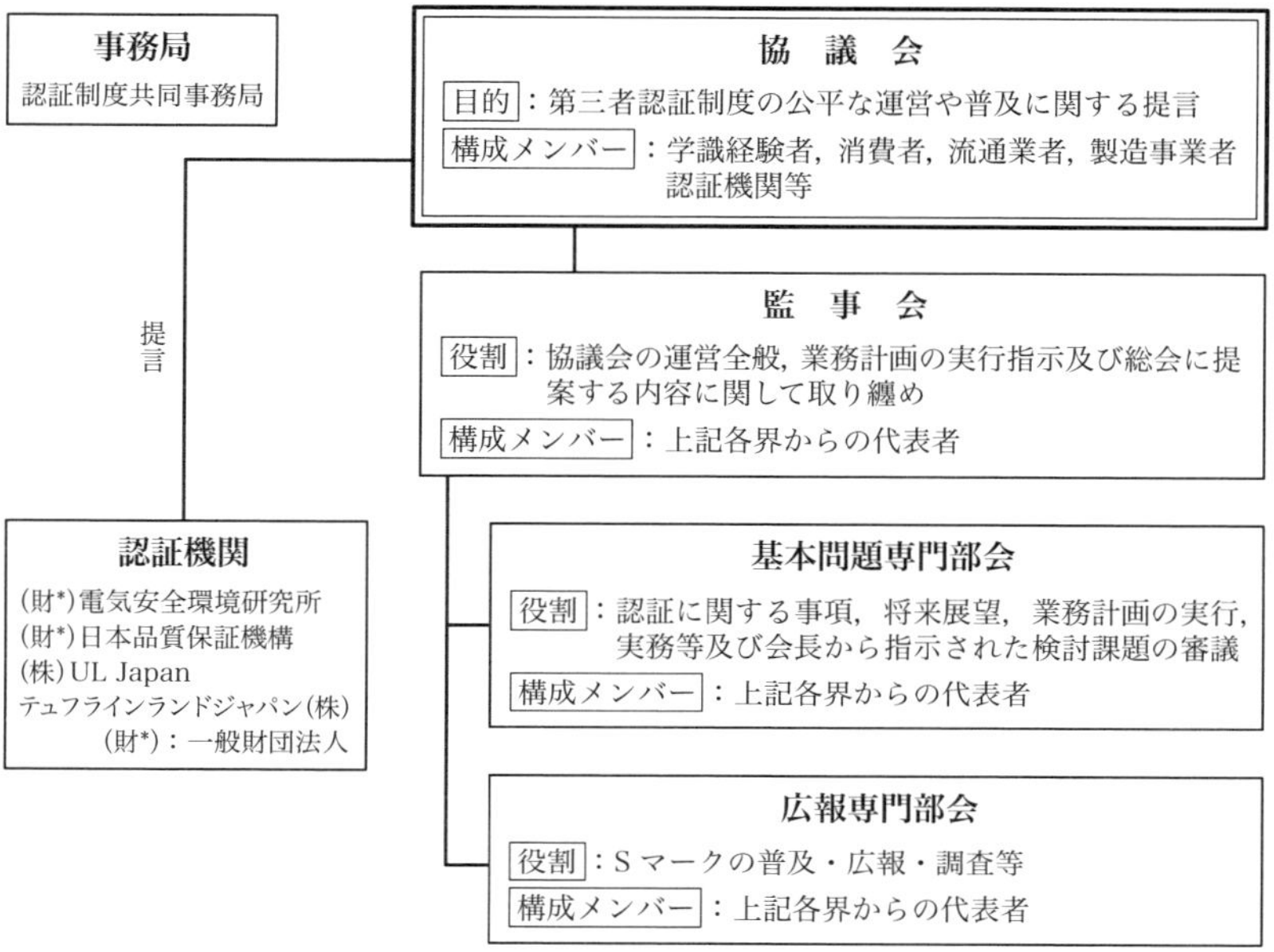

図18　SCEAの組織

出典：SCEAホームページ(http://www.s-ninsho.com/a_history.html) からの引用.

規制緩和推進計画で謳われている第三者認証制度の発足に当たって、通商産業省(当時)からの検討依頼により電気用品調査委員会でその在り方を検討した後、電気用品安全検討会の審議を経て発足した。認証が希望される製品とその製造工場を公正中立な第三者が専門的な立場で検査し、安全基準への適合性を客観的に証明するもので、電安法の自己責任原則に基づく事業者の自己確認となった部分を実質的に引き継いで、制度を補完する役割を担う。対象となる品目は、電安法の対象製品四五〇品目の他、低電圧電源(一〇〇ボルト未満)、電池を電源とする機器、電気製品に使用する部品類で、モデルごとに認証されている。現在、店頭で販売されている主な電気製品の約七〇%以上に表示されている。[47]

一九八五年、政府・与党対外経済対策推進本部による「市場アクセス改善のためのアクション・プログラムの骨格」を受け、①甲種から乙種への移行、②外国検査機関の指定、③IEC規格との技術基準整合化が決定されたことについてはすでに述べた。

一九九四年には、閣議決定「今後における規制緩和の推進等について」を受けて、電安法では①甲種から乙種への移行、②ＩＥＣ規格への整合化・作業体制整備、③第三者認証制度発足が決定された。ＳＣＥＡは同年一二月に発足した。一九九五年には認証機関（財団法人電気安全環境研究所、財団法人日本品質保証機構）による第三者認証（マーク認証）業務が開始となり、二〇〇三年には認証機関として㈱ユーエルエーペックス（現・㈱UL Japan）が参加した。二〇〇六年に設置された「Ｓマーク制度検討委員会」では、マーク認証時に留意すべき事項と具体的な対応策（追加試験項目等）について検討された。同年七月には認証機関としてテュフラインランドジャパン㈱が参加した。

ＳＣＥＡは製造者団体、流通団体、消費者団体、認証機関等四八団体と学識経験者により構成されている。「Ｓマーク制度検討委員会」は、基本問題専門部会のバックアップを受けながらＮＩＴＥの事故情報から原因を整理・分析し、事前に安全対策を行っている。

ｂ　活動内容

Ｓマークに係る検査項目は次の通りであり、ＥＭＣ測定等、一部にＶＣＣＩとの重複があることに注意が必要である。

(1)　電子レンジの扉開閉試験
電子レンジの扉を一〇万回開閉させたときの電磁波の漏洩に対する安全性の確認等、機械的強度、耐久試験

(2)　ＥＭＣ測定
①電波暗室内での測定（アンテナの自動上下動作）、②電波暗室内での測定（被測定物の自動回転動作）、③試験装置設定の様子、④屋外試験所での測定（試験所の様子）、⑤屋外試験所での測定（アンテナの自動水平垂直切り替え動作）

(3)　機器用内部配線の燃焼試験

高電圧機器に使用されている機器用内部配線の耐燃焼性の試験

(4) 注水試験（アーチシャワー）

水気のあるところで使用される製品等への注水試験

第三項　電安法規制改革の検討状況——官民の役割分担という観点から

二〇一一年五月に電気用品の安全に関する技術基準等に係る調査検討会（図19）が出した「アクションプラン」（第二項）では、①技術基準の性能規定化及び階層化と②電気用品の指定の在り方及び法運用の改善が、大きな二本柱となっている。(48)

②のうち、電気用品の区分等の大括り化については、二〇一一年度に国際整合性の確保の観点からＩＥＣ規格の品目分類を参考に品目を再分類し、もともと二六九品目二五八五要素あった非特定電気用品を五品目一六要素とする将来案が示され、二〇一二年度以降、技術基準の性能規定化の進捗状況を踏まえながら継続して検討が行われている。法令手続の改善については、二〇一一年度に電安法に関係する事業者・検査機関・行政機関に対して行ったアンケートの結果を踏まえ、「電気用品安全法　法令業務実施ガイド」を公開して周知活動を展開した。経済産業省は電気用品が国際的に流通していることを踏まえ、電安法ホームページの英語版と中国語版を公表している。

①の一環として、二〇一二年八月末には、各工業会の協力を得た「技術基準省令の改正骨子案及び骨子案の要求を満足する例示基準」の精査の結果を取りまとめた（これを基にした新技術基準省令及び新解釈は二〇一三年七月に公布）。また、将来の技術基準体系の階層化に向けて「将来的な技術基準体系階層化における整合規格の整備について（改訂二版）」が作成された。(49)

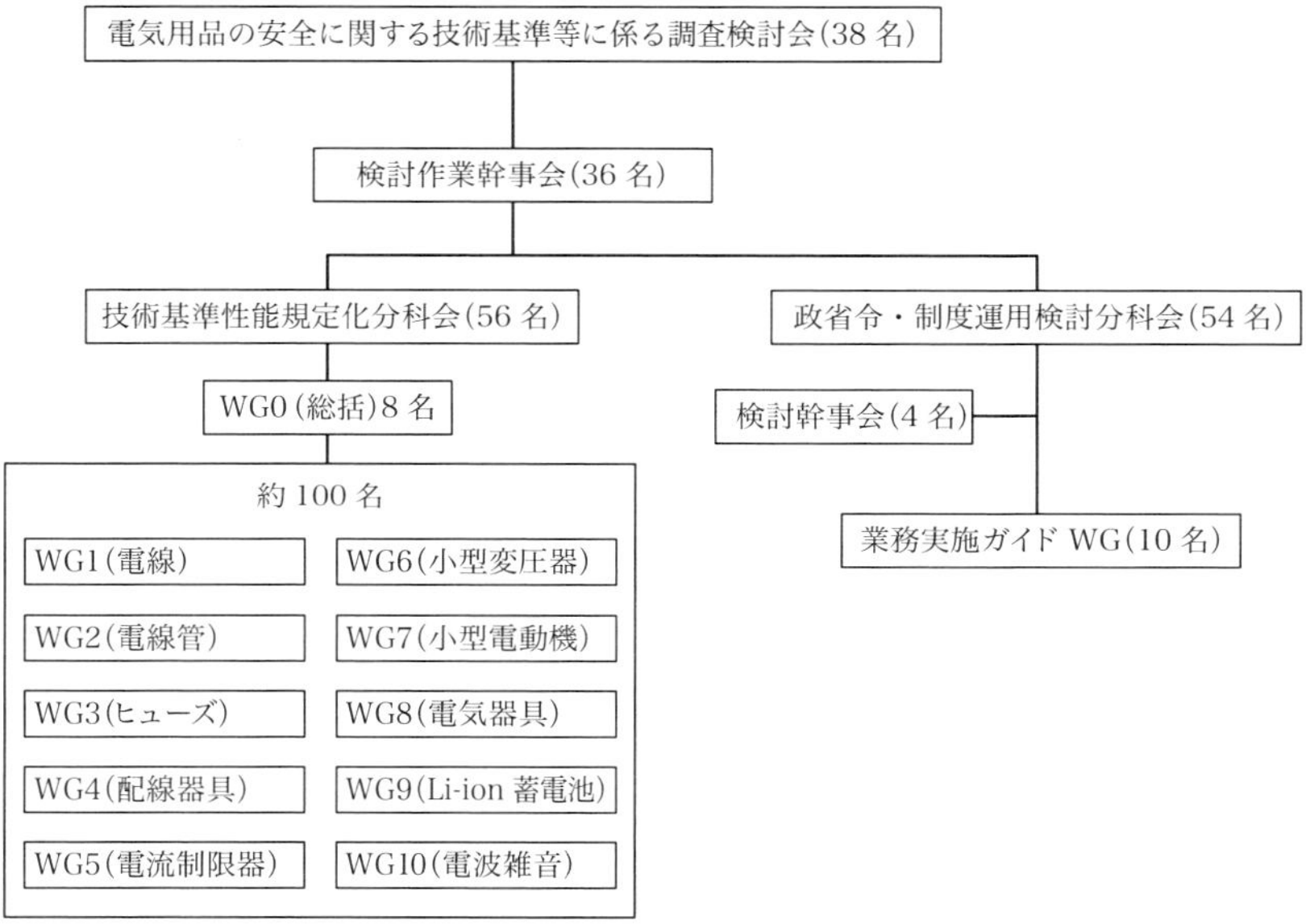

図19　電安法技術基準体系等見直しに対する検討体制(2013年3月1日現在)

出典：電気用品の安全に関する技術基準等に係る調査検討会・本章注(31)資料4頁.

同文書によると、整合規格（性能規定を満たす規格）は、現状において省令第二項基準で使用している「J規格」の体系を引き継ぐ形で一元管理するものとされている。それは、省令第二項基準がISO／IEC等の国際基準に我が国の配電事情や使用実態を加味したデビエーション（逸脱・差異化）を加えたものを一九八三年に策定し継続的に改正を行ってきており、二〇〇二年七月以降、J規格として体系化され世界的にも通用していることによる。JIS規格は任意規格であり、これをJ規格で引用（是認）することによって（特に個別の安全に関する）整合規格（公的規格）とすることが可能になる。JISは保安要素に加え製品の性能に関するものも規定している場合があるため、これを全て整合規格とすると過剰規制となる懸念がある一方、JISに電安法特有の要求が含まれていない場合は不足部分を民間基準等で充足する必要がある。同文書では「電波雑音などについては、民間の規格作成団体が作成する公的な民間基準がJ規格となる」とされている。なお、JISや民間基準ではカバーできない基準（事故

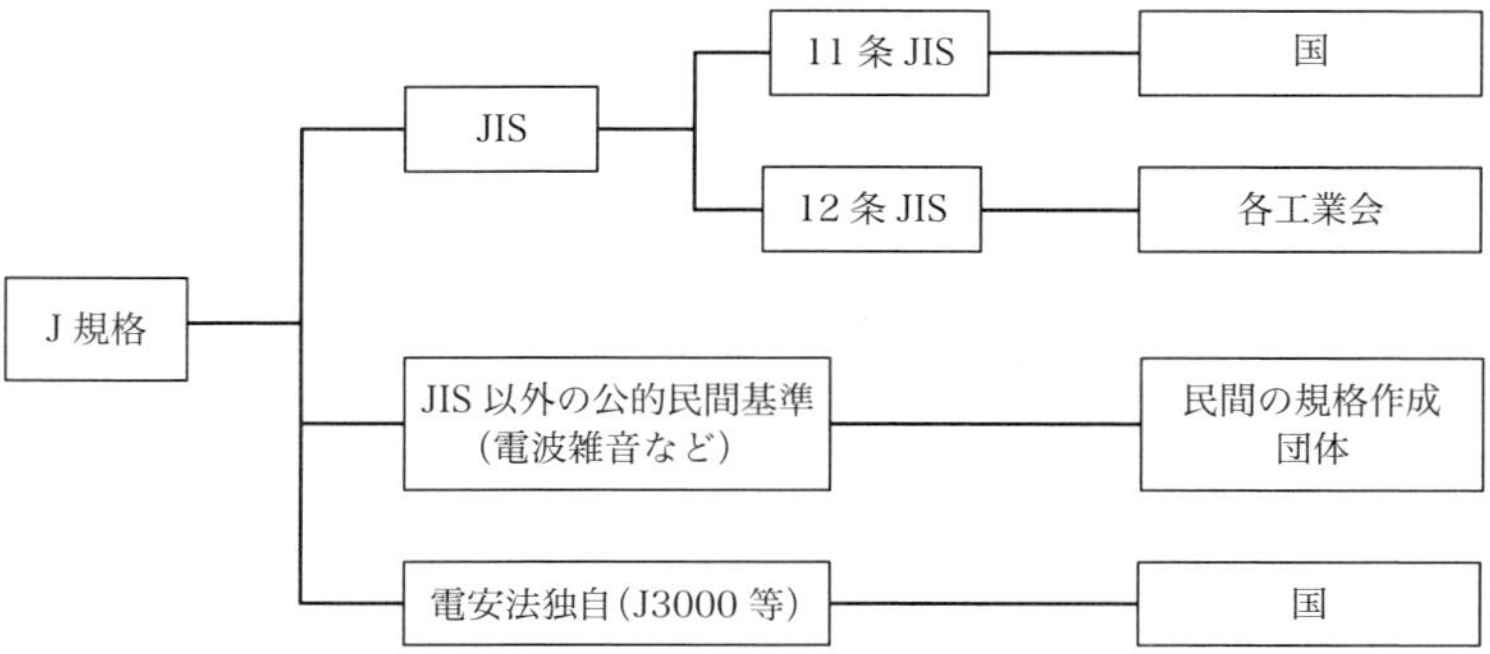

図 20　将来の階層化における整合規格体系及び原案作成者
出典：電気用品の安全に関する技術基準等に係る調査検討会・本章注(50)資料 3 頁.

対応による緊急性のあるもの等）または諸事情によりＪＩＳや民間基準ができない場合には、電安法独自の基準を国が通達として発行するとされている。[50]

Ｊ規格を適切な整合規格として維持管理していくため、規格の原案作成において官民の役割分担が見られる（**図20**）。すなわち、ＪＩＳを作成する関係工業会や民間規格作成団体、そして国が、Ｊ規格の維持管理のためにあらかじめ原案作成分担調整を行う。このための事前調整の場では、Ｊ規格のマスタープランを作成する。国は、各規格原案策定団体から提出される規格原案に対して、策定された規格が電安法技術基準を満足するかをあらかじめ定められた手順に従って基準に照らして審査し、整合規格の是認を行ってそれを公表する。是認の評価基準として挙げられているのは、規格の公共性、策定プロセスの公平性・公開性、技術基準との整合性、技術的事項の具体性、技術的事項の妥当性、優先される規格（ＪＩＳがある場合はそれを優先することを原則とする）、作成言語（日本語）、規格票の様式及び作成方法（ＪＩＳの様式に従って作成）といった点である。[51]

同文書では、将来の階層化において、ＩＳＯ／ＩＥＣガイド51やＩＥＣガイド104の要求に対して不足する性能規定（具体的には、電気用品から発せられる電磁波等による危害の防止、組み込みソフトウエアの安全性、電磁的妨害に対する耐性及び放射の制限、化学的及び生物学的ハザードの四項目）を追加することについても記載されている。これらについては、整合規格において要求事項を明確化するに当たって、ＩＥＣガイド104に従って作成された最新の国際規格に合わせてＪＩＳ等を改正するとしている。[52]

（１）日本工業標準調査会ホームページ（http://www.jisc.go.jp/index.html）を参照。

（２）三輪浩史（二〇〇二）「ＣＩＳＰＲ13（三・一版）の国内規格化――業界要望から電気用品安全法への反映まで」不要電波問題対策協議会『ＥＭＣＣレポート（第一八号）』二二頁。

（３）ＩＥＣの国内委員会として、国際大電力システム会議（ＣＩＧＲＥ）、欧州放送連合（ＥＢＵ）、欧州電気通信標準化機構（ＥＴＳＩ）、国際アマチュア無線連合（ＩＡＲＵ）、国際電気通信連合無線通信部門（ＩＴＵ-Ｒ）がある。なお、電波利用環境委員会はＣＩＳＰＲ委員会等いくつかの委員会が統合されて誕生したものである。

（４）総務省ホームページ（http://www.soumu.go.jp/main_content/000226458.pdf）（現在閲覧不可）を参照。

（５）規格策定過程の主導権を握るためにもこの幹事国引受の有効性が認識されており、「知的財産政策ビジョン」（二〇一三年六月七日閣議決定）や「日本再興戦略：Japan is Back」（二〇一三年六月一四日閣議決定）等でも国家戦略の一つに掲げられている。

（６）国立研究開発法人産業技術総合研究所ホームページ（http://www.aist.go.jp/）。

（７）経済産業省商務情報政策局製品安全課ホームページ（http://www.meti.go.jp/policy/consumer/seian/denan/outline/hou_outline.htm）（現在閲覧不可）、及び、関係者へのヒアリングによる（以下、村上・序章注（８）論文も参照）。

（８）通商産業省公益事業局編（一九五七）『最新電気工作物規程解説』商工出版社、及び、通商産業省公益事業局編（一九六三）『電気用品取締関係法令集』大蔵省印刷局。

（９）なお、規制緩和の政治過程については、秋吉貴雄（二〇〇七）『公共政策の変容と政策科学――日米航空輸送産業における二つの規制改革』有斐閣、第三章等を参照。

（10）経済産業省商務情報政策局製品安全課ホームページ（http://www.meti.go.jp/policy/consumer/seian/denan/outline/hou_outline.htm）（現在閲覧不可）、及び、関係者へのヒアリングによる。

（11）経済産業省商務情報政策局製品安全課ホームページ（http://www.meti.go.jp/policy/consumer/seian/denan/outline/hou_

outline.htm）（現在閲覧不可）、及び、関係者へのヒアリングによる。

（12）総務省電波利用ホームページ（http://www.tele.soumu.go.jp/j/sys/others/highfre/index.htm）。

（13）官民の組織や活動の「独立性」については、村上裕一（二〇一三）「行政の組織や活動の『独立性』について」『社会技術研究論文集（Vol.10）』一一七～一二七頁に整理した。

（14）一般財団法人ＶＣＣＩ協会ホームページ（http://www.vcci.jp/）、及び、関係者へのヒアリングによる。

（15）図14の不合格件数は左記のプロセスを経た後のデータであり、実際に不合格通知がなされる件数は実際のところもっと多い。『日本経済新聞（二〇一三年一月二三日）』には、規程値を超えたことが分かり後継機種へ無償交換する事例が掲載されている。

（16）総務省電波利用ホームページ（http://www.tele.soumu.go.jp/index.htm）、及び、関係者へのヒアリングによる。

（17）一般財団法人ＶＣＣＩ協会ホームページ（http://www.vcci.jp/）、及び、関係者へのヒアリングによる。

（18）一般財団法人ＶＣＣＩ協会ホームページ（http://www.vcci.jp/）、及び、関係者へのヒアリングによる。

（19）高橋洋（二〇〇九）『イノベーションと政治学：情報通信革命〈日本の遅れ〉の政治過程』勁草書房。

（20）ここまで、井上正弘＝松田与志夫（二〇〇二）「New & Now 規格情報　電気用品安全法の電波雑音関連技術基準の改訂　ＣＩＳＰＲ13の国内基準化」『ＥＭＣ（15（3））』七八～八四頁、及び、関係者へのヒアリングによる。

（21）第一に、電源ポート伝導妨害波許容値については、前回答申にあった暫定運用を削除する。第二に、通信ポート伝導妨害波許容値については、前回答申の暫定運用期間の修正を行う。第三に、一ギガヘルツ以上の放射妨害波許容値については、暫定運用期間設定を検討する。第四に、通信ポート伝導妨害波試験については、測定法の一部（付則ＣのC.1.2及びC.1.4）の適用を除外する等。

（22）ここまで、長部邦広（二〇〇六）「New & Now 規格・規制情報　ＣＩＳＰＲ22の現状と今後の動向」『ＥＭＣ（18（10））』一〇三～一一〇頁、及び、関係者へのヒアリングによる。

（23）Hoolihan, D.(2012). CISPR 32: New International Standard on Electromagnetic Emissions from Multimedia Equipment. *2012 EMC Directory & Design Guide*. pp. 1-5.

(24) ＣＩＳＰＲホームページ(http://www.iec.ch/emc/iec_emc/iec_emc_players_cispr.htm)。
(25) ここまで、千代島敏夫(二〇〇五)「ＣＩＳＰＲにおけるマルチメディア機器のＥＭＣ規格最新動向」『ＰＦＵテクニカル・レビュー(16(2))』五六～六三頁。
(26) 電気用品の安全に関する技術基準等に係る調査検討会(二〇一〇)「電気用品安全法技術基準体系等見直し基本計画」(「基本計画」)一頁。
(27) 電気用品の安全に関する技術基準等に係る調査検討会・本章注(26)資料一二～四頁。
(28) 電気用品の安全に関する技術基準等に係る調査検討会・本章注(26)資料一七頁。
(29) 電気製品に想定されるリスク、リスク防止・緩和対策の効果、社会的に許容されるリスクの比較により、リスクを評価、その情報を安全規制に活用していく。電気用品の安全に関する技術基準等に係る調査検討会・本章注(26)資料一〇～一一頁。
(30) 電気用品の安全に関する技術基準等に係る調査検討会・本章注(26)資料二一～六頁。
(31) 電気用品の安全に関する技術基準等に係る調査検討会(二〇一三)「電気用品安全法技術基準体系等見直しに関する検討状況について(平成二五年三月一日案)」一頁。
(32) こうした構造改革の中での既存の自主規制団体の遷移については、村上・序章注(12)研究ノートに整理した。
(33) 参照、Ogus, A.(初出 1995). Rethinking Self-Regulation. In Baldwin, R., Scott, C., & Hood, C.(eds.).(1998). *A Reader on Regulation*. Oxford Univ. Pr. pp. 374–88。同論文は、自主規制が強制力を持つ他の手段と組合わすことができれば、より効率的な社会管理が実現できるとする。
(34) Bardach ほか・序章注(10)書。
(35) Freeman・序章注(7)論文。
(36) 中山信弘＝藤田友敬編(二〇〇八)『ソフトローの基礎理論』有斐閣。「ソフト・ロー」とは、国の法律ではなく、最終的に裁判所による強制的実行が保証されていないにもかかわらず、現実の経済社会において国や企業が何らかの拘束感を持ちながら従っている規範を指す。その形態は、国の側から発出されるもの、企業あるいは市場の側で作成されるもの、国境をまたいだ国際的諸関係において成立しているもの等がある。なお、国際政治経済における「法制度化」の中での「ソフト・ロー」

の有益性について、Abbott, K.W., & Scidal, D.(2001). Hard and Soft Law in International Governance. In Goldstein, J., Kahker, M., Keohane, R.O., & Slaughter, A-M.(eds.). *Legalization and World Politics*. Cambridge, Mass.: MIT Pr. pp. 37–72.

(37) 城山・序章注(12)論文。

(38) 参照、城山・序章注(12)論文、原田・序章注(14)書、Ogus・本章注(33)論文。

(39) Ayres, I, & Braithwaite, J.(1992). *Responsive Regulation: Transcending the Deregulation Debate*. Oxford Univ. Pr.

(40) Shavell, S.(初出 1993). The Optimal Structure of Law Enforcement. In Baldwin, R., Scott, C., & Hood, C.(eds.).(1998). *A Reader on Regulation*. Oxford Univ. Pr. pp. 307–24. は、規制対象となる悪事に私人が気付かないことが多いため、規制が必要な場面においても私人による規制が機能しない可能性があることを指摘する。

(41) 城山・序章注(12)論文。

(42) Ogus・本章注(33)論文。

(43) ＪＩＳＣホームページ(http://www.jisc.go.jp/)。

(44) ここまで、ＪＥＩＴＡ(ＩＴＥ安全技術専門委員会)ホームページ(http://www1a.biglobe.ne.jp/JEITA_IT/)、及び、関係者へのヒアリング等による。

(45) ＪＩＳＣ六九五〇ホームページ(http://www.jisc.go.jp/app/pager?id=29015)(現在閲覧不可)。

(46) 規定項目は、0．安全性の原則、1．総則、2．危険からの保護、3．配線、接続及び電源の供給、4．物理的要求事項、5．電気的要求及び異常状態の模擬、6．ネットワークへの接続、7．ケーブル分配システムとの接続、8．耐熱性試験及び耐火性試験、9．異常状態でのモーターに対する試験、10．変圧器、11．タッチカレント試験の測定器、12．巻線の温度上昇、13．空間距離及び沿面距離の測定、14．最小空間距離を決める代替手段、15．電離放射線、16．電気化学による電位表、17．温度調節器、18．事務用電気機器の通常負荷状態、19．呼出信号に関する判断基準、20．インパルス発生器、21．引用規格、22．介在絶縁物なしで用いる絶縁巻線、23．交流電力系統、24．紫外線処理試験、25．シュレッダに対する要求事項。

(47) ＳＣＥＡホームページ(http://www.s-ninsho.com/)。

(48) 電気用品の安全に関する技術基準等に係る調査検討会(二〇一一)「電気用品安全法技術基準体系等見直しに関するアクシ

ヨンプランについて(平成二三年五月一七日)」。

(49)　ここまで、電気用品の安全に関する技術基準等に係る調査検討会・本章注(31)二~三頁、商務情報政策局製品安全課ホームページ(http://www.meti.go.jp/policy/consumer/seian/denan/index.htm)、及びヒアリング結果を参照。

(50)　電気用品の安全に関する技術基準等に係る調査検討会(二〇一三)「将来的な技術基準体系階層化における整合規格の整備について(改訂二版)(平成二五年三月一日案)」一~三頁。

(51)　電気用品の安全に関する技術基準等に係る調査検討会・本章注(50)資料四~六頁。

(52)　電気用品の安全に関する技術基準等に係る調査検討会・本章注(50)資料七~九頁。

Ⅲ 分析編

第六章　規制空間の構造変容と官僚制

これまで、木造建築・自動車・電気用品の安全等に関する規制の技術基準、並びにその実施体制、及びその変化について、それぞれ論じてきた。本章では、それらを改めて横断的に比較・分析し、規制行政全般にも認められ得る制度・組織・活動の構造、及びその変化の特徴を明らかにしていきたい。具体的には、①技術基準の国際調和化が進んでいること、②基準の基になる技術情報が民間に分散化していること、③規制空間において官民関係が多元化していること、によって規制空間の構造は変容し、また規制行政機関は自らの裁量を行使しづらくなっているとも考えられるが、そうした中で規制行政機関はいかにしてその裁量を維持・確保しようとしているのかという問題について、これまでに採り上げた具体的事例に即して検討していく。

そのために、まず技術基準の設定(第一項)について、基準の国際調和化プロセスと国内要因との連関(1)、技術情報の所在と流れ(2)、規制行政機関の nodality の危機への対応の仕方(3)といった観点から、次に技術基準の運用(第二項)について、規制の実効性担保の手法、そしてそれら全般に関する、規制行政機関の行使し得る裁量や規制空間における規制能力の所在(第三項)について、それぞれ比較分析を行う。続く第二節では、三つの事例において規制空間を取り巻く環境とその構造の変化にかなり共通する傾向を見出すことができることをまとめて論じる。すなわち、①木造建築については、高度な技術を用いた木造建築の普及と「ストック型社会」への移行を契機とした、官民協働による技術開発・実証実験、大臣認定・建築確認と保険等の誘導とを組み合わせることによる規制の実質化、②自動車については、「九九年答申」を契機とした「審議会型」から「フォーラム型」への技術基準設定プロセスの変化、

③電気用品については、法規制による捕捉の難化を契機とした、官から民への(一方向的な)権限委譲から自己・第三者認証を含む法規制と自主規制との「協調」の模索というように、規制空間の構造、及び規制行政機関の裁量行使戦略の変化が見て取れる。これらは、技術基準(及びその基になる技術情報)の質的・量的増大とも連動する国際調和化、規制対象技術・品目の多様化、基準をめぐる利害対立の顕在化という規制空間の構造変容の中で、規制行政機関が手続・プロセス面のコントロールやマネジメント、及び直接的規制とそれ以外の手法との合理的組み合わせという形で自らの裁量を行使するようになっているという一般的傾向としても、捉えることができる。

本研究ではさらに、規制空間の構造と規制行政機関の裁量行使戦略を規定する条件(もしくは各事例を特徴付ける要因)についても、特に官民関係等の観点から考察する(第三節)。

第一節 三事例の比較と共通する傾向の抽出——仕組み・運用・実効性

第一項 技術基準の設定について——nodality の危機とそれへの対応

(1) 国際調和・国内規格化のプロセス

① 国際調和化プロセスの比較

自動車の場合に代表されるように、各国の型式認可手続において、自動車やその部品をやり取りする国の政府同士が協定を結び、そのうちのある国で技術基準への適合を認証されたものについては他の協定加盟国で認証を受ける必要がないということにすれば、各国の認証手続の重複が省略され合理化される。そうして自動車の設計仕様を統一することより部品の共通化と開発生産コストの低減を図ることができれば、自動車の流通の拡大とさらなる国際化が期待できる。こうして規制行政機関とメーカーの便宜が一致するところに技術基準の国際調和のインセンティブがあり、現にこの要因によって技術基準が国際調和に向かっていることが事例において確認された。

国際的な技術基準調和の仕組み・プロセスは、自動車と電気用品とが類似している。すなわち、自動車の場合はＷＰ29において、電気用品の場合は国際ＣＩＳＰＲ委員会において、それぞれ政府・民間メーカー等の専門技術者等が集い、意見交換と調整を経て技術基準の国際調和化が図られる。そして、それが各国内での意見調整・検討等を経て規制基準に取り込まれるのである。木造建築についても防耐火の試験方法等に関してＩＳＯなどの国際的な場で基準の調和化が進められてはいるが、依然として各国の基準の差異が維持されていること、自動車や電気用品では多国間（マルチラテラル）の国際交渉なのに対し、木造建築では材木等、建築材料に関する二国間（バイラテラル）の交渉が重要性を持っているといった特徴を指摘することができよう。

そうした国際的なフォーラムの動向に呼応する形で、日本国内では、自動車に関して運輸技術審議会の専門委員会や自工会の小委員会、電気用品に関して情報通信審議会の情報通信技術分科会電波利用環境委員会やＥＩＡＪのＥＭＣ委員会という技術的な検討・調整を行う場ができ上がっていっている。このことは、必要に迫られての実務的な対処であるとはいえ、国際的次元における制度・組織成立の、国内的次元への波及のプロセスとして注目すべき現象である。[1] ただし、そうした動きの主導権を「官」が握るのか「民」が握るのか（そしてどのように主導権を握るのか）については、分野ごとに異なり得る。自動車についてはメーカー側の、電気用品については規制行政機関側のリードがそれぞれ相対的に強いように思われる。

そうした国際的なフォーラム、及び国内規格化のプロセス自体、純粋に民間メーカーのみのものにはなり得ず、行政官と民間の専門技術者（研究者等も含む）との協働によって成り立っている。技術基準が各国の法令の一部であること、それゆえに国際的なフォーラムにおける交渉相手に政府も含まれることにより、民間メーカーはそこでのオーソリティ（正統性）を自国政府に求めている。他方で、程度の差こそあれ基準設定の基になる技術情報は「官」より「民」の方に厚く蓄積されているので、国際基準の国内規格化が技術的に実施可能かに関する最終決定権（拒否権）は、被規制者でもある民間が多くの場合握っている。もっとも軽自動車の規格改定においては、民間メーカーの間での意思決定・合意形成が不調に終わった場合の最終決定は政府・規制行政機関が行い、その決定を民間メーカーが受け入れるというプロセスを経た（ただし、その最終決定は民間メーカーが技術的に実現可能と言って示した範囲でのものであった）。

これに対し、木造住宅に対する規制は基本的にドメスティックであり、地域性や自然環境の条件等、様々な理由により各国の差異はかなり維持されている。そうした中で見られる防耐火に関する建築基準の実質的な国際調和化は、自動車や電気用品とは異なるプロセスを辿った。すなわち、例えばある住宅・建材メーカーやエンジニアが海外で用いられているより合理的な新技術・仕様を日本国内で用いようとする場合、その申請を規制行政機関に対してまず行い、規制行政機関はその安全性等について審査した上で大臣認定を行って、そうした実績が蓄積していくと、法令上それを一般的に認めるようになる（「オープン化」）。このように、建築基準法の技術基準は、他国で用いられている新工法を参照したり自ら合理的な工法・技術を開発したりする住宅・建材メーカーやエンジニア等の積極的な活動・申請を受け、規制行政機関による審査と大臣認定を経て、技術基準の実質的な国際調和化が進むことになる（その意味で、政府・規制行政機関はゲートキーパー的役割を担っていると言えよう）。言い換えるならば、建築基準に関しては、国際的な基準設定フォーラムと言うよりは「市場」を経由した新規仕様の国際的波及が先行する形で、技術基準の国際調和化が進んでいく（ただし、木造建築の準耐火試験方法に関しては原則的にＩＳＯ／834に準拠しているため（第三章第一節第二項）、日本国内でも世界各国の投票・協議によって決定するその改定に応じて試験方法が改定され得る）[(2)]。こうして、性能規定を定めたり大臣認定を行ったりする規制行政機関には、基準の設定・運用に関して一定の裁量・自律性が与えられることになる。市場を経由した仕様・工法の国際的波及と基準設定における規制行政機関の自律性とは一見矛盾するものの、規制行政機関による大臣認定や安全性確認の実験への関与等を通して一定の関与可能性が担保されていることが、規制行政機関にある程度の自律性を維持することを可能にしている。

② 国内的要因との様々な連関

国際調和・国内規格化のプロセスは、いずれの事例においても内発的要因と決して無関係ではなく、両者はむしろ様々な形で連関している。ＷＴＯが非関税障壁として注視しており、技術基準に関する要求が内発的な（もしくは保護貿易的な）動機に端を発している場合もある。

木三共については、外からの要求通りそれを国内法令に取り込む際、以前には国内で存在せず認識もされなかった課題がそこで顕在化したという特徴を指摘することができる（すなわち、外圧以前に木三共というカテゴリーは国内に存在しておらず、外圧がそれを要求しなければ国内でそのカテゴリーが生まれる必然性はなかった。これは自動車や電気用品の場合とやや異なる）。このように、確かに木三共については日米構造協議の影響が大きかったと言えるが、事例研究では、ＭＯＳＳ協議以前にも木造建築物を再評価しようという動きやその中での技術開発の進展等、様々な要因が国内で存在していた（そうした国内的要因が、結果として外圧への対応を可能にした）ことが確認された。それは、木材建築のニーズが根強く存在していたということもあるが、加えて大手の住宅・建材メーカーや設計事務所が大臣認定を通じて木造建築物を独自に売り込んだこともあって、供給サイドでは新しい工法を採る向きもかなりあった（第三章第二節第二項）。その結果、ツー・バイ・フォーの木造住宅がかなり一般化し、それに対応してその安全性等を担保する技術開発が進み、行政側もその必要性を認識して法令上、許容するようになった。こうして、外圧以前に国内において木三共に関する規制緩和の萌芽・素地を見出すことができる。確かに、大臣認定を利用してツー・バイ・フォーを売り込んだ大手プレハブ企業の行動が外圧と無関係とも考えにくい。しかし右記の要因は、専らＭＯＳＳ協議や日米林産物協議に注目する「外圧説」に部分的な修正を加え得る。国内建築規制は、木材の規格のみならず木造建築物の耐火性・耐久性に関する実験を繰り返し、技術の進展に応じて政策目標を達成できるような水準で規制を徐々に緩和していったという点において、外圧に対しても一定の自律性を有していたと言えよう。なお、ＪＩＳやＪＡＳといった規格をめぐって国内に対立がある場合には、そうした国際基準の存在を一種の便法として収拾が図られることもある(3)。

軽自動車に関しては、かつてその衝突安全性の低さが広く認識され、国内市場ではその低価格・低税率と引き換えにユーザーが甘受すべきものと捉えられてきた。しかし、国際調和化の潮流もさることながら、日本の自動車の衝突安全性が国際基準と比べていかに低いかが報道を通じて国民に強く認識されたことも手伝って、国内市場においても安全な自動車を買いたいという指向性が高まってきている。また、軽自動車を輸出するメーカーには国際的な基準にも合致する自動車を生産したいという思いもあった。「自動車アセスメント」は実質的に、より高い安全性水準を要求する衝突安全規制の導入に向けた「実験」だと捉えることもでき、これ自体、衝突安全基準を充実させていこうという動きが内発的に存在していることの証左である。あるいは、衝突安全規制強化等、規制行政に見られた変化の原動力はむしろ内発的要因であって、技術基準の国際調和はその梃子として利用されたに過ぎないという解釈も可能である。技術基準の設定プロセスがフォーラム型になっていったという変化(第四章第二節第二項)も、国内の行政改革の流れを汲んだ審議会制度の再編の中でのことであった。

電気用品の事例において、電気用品の普及とそれに伴う安全・障害規制の必要性の高まりは内発的要因として十分なものであるとともに、コンピュータという新しい技術の登場・普及は電気用品安全・障害の規制体制のあり方をも変化させた。すなわち、当該技術の急激な発展に規制が対応可能なように、権限・管轄が重複して身動きのとりにくい状態を解消するような動きが見られた。前途有望な当該技術に対して規制権限を持つことは、当該規制に関わる行政組織の存続や権限の強化(さらには天下り先の確保等)にも繋がり得た。ＪＥＩＴＡから規制行政機関(総務省)に対するCISPR規格対応の要求は、国際的な圧力を背景にしたものであることには違いないが、国際的な圧力が国内産業界を経由して規制行政機関に届いている点に特徴があるとも言える。

(2) 技術情報の創出と利用、「流れ」について

① 技術情報の創出と利用

本研究で採り上げた木造建築、自動車、電気用品に関して、①安全等の規制のための技術基準を設定する際、技術情報が重要な行政資源であるという点、②それが民間の専門技術者等との協働によって創出され(あるいは民間から提供され)基準設定に利用されているという点、さらに、③技術情報が技術基準のみならず制度一般(税制・実施体制等)にもインパクトを与え得るという点を指摘することができる。

木造建築に関しては、技術情報に①大工や工務店の軸組工法等といった熟練技術(伝統工法)、②住宅・建材メーカー等のプレハブやツー・バイ・フォーといった新工法に係る技術、③ゼネコン等の高度なエンジニアリング技術等、様々なものがあることが特徴的である。木三共の事例では、一定の防耐火性を実現できる方法に関して、木造復権の中で住宅や建材のメーカーによって創出されてきた技術情報、及び民間・国総研・BRI等のコミュニティからなる「総プロ」(第三章第二節第二項(4)②)で創出された技術情報が財団法人日本建築センター内の「木三共等開発委員会」(同(6)②)等で利用され、技術基準が設定された(ただし、民間で創出されることが多かった技術情報に対して、政府・規制行政機関が興味を持ったのはそれを評価するための技術であった)。比較的多くの研究者を擁する国総研やBRIの政策プロセスにおけるプレゼンスもさることながら、技術情報の創出や基準の設定における日本建築学会の役割は特に建築教育について大きかった。規制行政機関も基準の技術的検討の場において学会の有力メンバーとコミュニティを形成し、木造か軽量鉄骨か、伝統工法か新工法かといった意見対立も学会を通じてバランスを図ってきた。実質的な技術基準の

外延拡張や大臣認定制度の運用は、技術情報の創出と利用に住宅・建材メーカーやゼネコン等に基準設定プロセスへの参加を促した。

自動車に関しては、国際基準に相当する「五〇キロ基準」を日本固有の規格である軽自動車に課すことが技術的に可能か、それを可能にするために規格をどれだけ拡大する必要があるのかという技術情報が、メーカー等の技術開発・実証実験によって創出され、さらにその情報は自工会による調整を経て、学識経験者や民間の専門技術者・研究機関などが参加する「安全基準検討会(専門WG)」において利用され技術基準に反映された。技術基準の原案は国際基準やNTSEL及び自工会によるものであり、重要な技術情報となり得る事故情報は警察やNASVAによって収集されている。業界内で調整し切れなかった規格案は最終的に政府・規制行政機関に引き取られたが、自工会とそのメンバーによる技術情報の創出と利用が、規制行政機関から一定の距離を置いた、むしろ民間・被規制者に近いところで行われていた。事例で観察されたのは、まさに先進的なメーカーの技術によって後進メーカーに技術を強制する「トップランナー方式」に他ならないが、これは規制行政機関がメーカーそれぞれの創出する技術情報を利用することができるからこそ可能となるのであり、技術基準設定プロセスを管理するために用いられる方法の一つであるとも言えよう。

電気用品に関しては、工業会四団体に所属する民間メーカー等の専門技術者による実験データが技術基準の国内規格化に用いられていた。特にEMI規制に関する技術情報については、情報通信審議会や電気情報通信学会等の実務家・研究者コミュニティ、工業会四団体サイドの業界団体、さらに自主規制団体(VCCI)による技術情報の創出と取りまとめ・利用が重要性を持っていた。その実験データは国際CISPR委員会に提出されて国際基準の設定のために利用されることもあるが、逆に各国から国際CISPR委員会に持ち寄られる技術情報が国際規格を通して間接的に各国の技術基準の設定に利用されていると言うこともできる。

② 技術情報の所在・「流れ」と nodality

木造住宅では、建築基準法が安全性という技術的観点から建築確認の最低基準を定め、建築確認や大臣認定、違反建築の摘発等、審査・取締を警察規制的に行っているがゆえに、少なくとも建築基準法の直接的な規制の対象となる技術に関する情報については、規制行政機関が基準の設定・運用に当たって集約することがある程度可能となっている。すなわち、法令の範囲内にある（したがって適法な）工法等に関する技術情報はともかく、それ以外の（したがって大臣認定の対象になり得る）工法等に関する技術情報を規制行政機関に寄せるインセンティブが被規制者側にある。新工法やエンジニアリングの技術情報が官民協働のプロジェクトで創出・利用される場合も、そのプロジェクトは規制行政機関や国総研・ＢＲＩ、及び比較的狭い専門技術者のコミュニティが中心となって推進していくことから、少なくともそこで扱われる技術情報については規制行政機関の nodality がある程度維持されていた。大臣認定の制度や建築基準の性能規定化は、仕様の考案・選択の自由度を被規制者（ゼネコンや建築士、大手住宅・建材メーカー等）に持たせる制度であり、高度なエンジニアリング技術や新工法に係る技術等の情報は依然として民間に分散しているが、そうした中でもあくまで建築確認等の申請先は規制行政機関であり、その認定における考慮要素や規制への取り込み（オープン化）の可否の判断における一定程度の裁量は依然として規制行政機関に留保されている。とはいえ木造建築の場合、①軸組工法等といった熟練技術は大工や工務店に、②プレハブやツー・バイ・フォーといった新工法に係る技術は住宅・建材メーカー等に、③高度なエンジニアリング技術等はゼネコン等にという風に、技術情報が民間に散在している（しかもこれらすべてに建築確認が行われるわけではない）というのも現実である。そこで例えば、二〇一一年四月には、技術情報が住宅局に集約される技術基準検討体制（第三章第三節第三項）が明示的に構築され本格始動した。

軽自動車の衝突安全規制強化において、運輸省は当初、審議会及びそれと並行して省庁内に専門技術者などを招いて置かれる検討会や研究会等を通じて政策形成と基準設定を進めるとともに、運輸省附属のＮＴＳＥＬや研究委託先のＪＡＲＩ、さらに自工会などから技術情報の提供も受けながら検討を行っていた。民間は、自工会の「安全・環境技術委員会」などにメーカーの専門技術者を集めて技術的な検討を行い、基準設定プロセスのインフォメーション・センターたる運輸省に対して技術情報を提供した。このとき、実質は民間から提供された技術情報の妥当性を運輸省内で確認するというものであって、技術情報は民間から行政へと一方向的に流れ行政はそれに対して受動的であったとさえ言える。

その後、四〇％オフセット前突に関する安全基準の新設では、学識経験者や専門技術者から構成される「事故分析部会」や「安全基準検討会」という官民協働の公式な場が新設され、意識的にＰＤＣＡサイクルを用いる新たな基準設定手法が採られた。新たに設けられた公式な官民協働の場では、焦点を安全基準設定に絞って、自動車メーカーや自工会の専門技術者・行政官・ユーザー代表・学識経験者など、様々なステークホルダーが集って議論をするようになって、技術的な議論の場における官（国土交通省）と民（自工会が代表する自動車業界）の間の技術情報の流れが規制行政機関からも情報を発信する「双方向型」へと変化してきつつある。「安全基準検討会」や専門ＷＧの場には、国土交通省は同省で、独立行政法人や外部への研究委託などにより情報を調達・検討して独自の案を出し、他方、民間は民間で、技術開発の状況やコストなどを加味して実現可能性とその他諸々の価値を反映した案を持ち寄る。安全基準設定という各論のテーマに関してさえ細かな利害の調整が必要になってきた結果、官民両者がいわば同じ土俵の上で、様々な価値を反映した規制水準の調整が図られるようになってきている。規制行政機関の nodality を前提とした規制空間の構造が、右記の意味において変容してきている。

電気用品に関しても、規制行政機関は技術情報を民間事業者側にかなり依存している。それに対し、ＩＥＣやＣＩＳＰＲ等の国際的なフォーラムからの規制枠組みの再編を迫る圧力の中で、既存の国内法令との関係で進めるべき作業工程を立て課題抽出・整理等、一定の手続を踏んだ検討を主導していくのは規制行政機関である。そうして技術情報を規制行政機関に集約する必要がある分、規制行政機関の nodality は一定程度維持されている。他国において、電気用品の安全・障害に関する規制は政府や独立規制委員会によって法規制として行われている。そのため、国際ＣＩＳＰＲ委員会の基準設定プロセスにおいては、民間の専門技術者によって生産された技術情報も政府（総務省や経済産業省）のオーソリティによる後ろ盾があって初めて影響力を持ち得る。このことも、規制行政機関の nodality に寄与していると言えよう。なお、規制行政官が人事異動等で長期的・継続的にその検討過程に関わることもできないこともあり、より専門的・継続的な関与は民間事業者（エンジニア）によって行われている。こうした官民の役割分担は近年、一般的にもかなり際立ってきていると考えられる。

(3)　nodality の危機への対応

規制において設定すべき技術基準の増大、及びその基となる技術情報の分散化に伴う nodality の危機の中にある規制行政機関は、その裁量や自由度をどのように行使しているのか。規制行政機関によるコントロールの方法として、伝統的には法令、予算・決算、人員・人事、情報、目標によるものが多用されてきた。しかし、規制行政機関にとって、右記のような手段によって他者を適切にコントロールすることは、規制空間の複雑・多元化や専門技術性の向上により困難になりつつある。

技術基準の設定プロセスを、ステークホルダーの意思決定・合意形成プロセスだと捉えた場合、規制行政機関が nodality を失えば、別のフォーラムができ上がり、規制行政機関としての裁量に基づく関与可能性、さらには規制空間におけるプリンシパル・エイジェント関係の存続も危ぶまれることにもなる。また、こうした状況下で社会的に求められる規制水準と技術的実現可能性との間でバランスをとりつつどこかで線引きをする必要があるとき、あるべき規制水準と実現可能な規制水準とはいずれも不確定で曖昧なものであり、また様々な価値のトレードオフも発生するため、技術的な議論が単なる利害の調整に帰する可能性も高くなる。それだけでなく、国民の安全・安心を守るというそもそもの政策目的を見据えた議論が置き去りにされ、結論が場当たり的な落とし所に行き着いてしまう恐れさえある。

技術情報の創出・提供者であるとともに被規制者でもある民間アクターに対して、規制行政機関はいかにして合理的な規制のための技術情報を獲得しようとするのだろうか。

そこで、規制行政機関が、特定の立場に偏った被規制者等から一定の独立性が担保されたTSO（規制当局を技術・検査等で支援する技術的・科学的支援機関）の設置や、専門技術者との連携強化、具体的には専門技術者の合議体の中での議論・調整・相互評価（ピア・レビュー）を通じた妥当な技術情報の選別（事実発見（第一章第二節第一項(2)））といった手段を採ることが考えられる(①)。あるいは、nodality 以外のいかなる行政資源・手法によって規制行政機関の存在意義を維持していくのかということが問題となり、例えば被規制者や「市場」から政府に対するその不偏性・中立性への信頼や法的権限、他国に対するオーソリティを背景とした規制の実効性担保のための活動、法規制の体系化や合理的な制度設計に向けた政策プロセス自体の管理等が考えられる(②)。

①　技術情報の調達・選別の方法——専門技術者等、TSOとの連携

木造建築の事例で右記の意味において技術情報の獲得・選別に資したのは、日本建築学会、国土交通省附属の国総研やBRI、国土交通省部局が計画推進の主体となり産学官の連携により総合的・組織的に研究を実施してきた「総プロ」、及び「木三共等開発委員会」であった。日本建築学会では「木造禁止の決議」等、結果的には極端な動きとも捉えざるを得ないことがなかったわけではないが、それに対して異議を唱える研究者もいなかったわけではなく、

そうした空間で妥当な技術情報が選別される可能性は相対的には高かった（規制行政機関はそれを期待していた。ただし、学会で生成され発信される情報が一定の権威性を帯びてしまうことへの注意は必要となる）。ＢＲＩは予算等の規模で言うとＮＴＳＥＬの半分程度（約二三億円）、敷地面積でも半分強（約一八万平方メートル）であるが、「産官学民連携のコアとなる公的研究機関」と自負するように、多数の研究者も擁する国土交通省の実質的なＴＳＯとして「総プロ」にも中心的に参加している（ちなみに、木三共の技術基準に関する「総プロ」における実際の住宅地を模した実験は、筑波のＢＲＩ敷地内施設で行われた）。建築関連技術基準の新たな検討体制（第三章第三節第三項〔図7〕）においては、今後こうした技術情報の創出・調達・選別と一定の決定が官民の間で「適切に」行われるかどうかというのが、注目すべきポイントの一つになると言えよう。

自動車の事例で右記の意味において技術情報の獲得に資したのは、自工会での内部調整、ＪＡＲＩへの研究委託、「安全基準検討会」、ＷＧでの議論であった。自動車の事例において排気量を据え置く決定を裏付けたエビデンスの一つが、国土交通省が研究を委託したＪＡＲＩからの技術情報であった。また、「安全基準検討会」という公開の場で行政・業界・学界の三者がデータを基に議論すること、さらに専門ＷＧでもＪＡＲＩからのデータを基に国土交通省・ＮＴＳＥＬ・自工会・ＪＡＲＩ・各メーカーなど多くのステークホルダーが挙って検討を行うことで、妥当な技術情報の選別が一応、実現している。(4)

電気用品の事例においては、例えば経済産業省（製品安全課）附属のＮＩＴＥの製品安全センターが、規制の実施で重要な役割を果たす点においてＴＳＯとしての特徴を有するものの、技術情報はむしろメーカー、あるいは各メーカーや工業会（業界団体）、ＶＣＣＩ等を中心として連携した技術者らの実験を通して創出され、電子情報通信学会等、国内外の学会における発表とコミュニケーションを経て技術情報として用いられるというのが一般的である。技術基準の国際調和の交渉・調整が関係各国の既往の規制状況や利害を反映したものになりがちな国際ＣＩＳＰＲ委員会に対して、国内メーカーの技術者や業界団体等の代表者等が集う情報通信審議会は、それまでにメーカーや学会で生産・選別された技術情報を国内での規制基準設定や国際調和に向けた情報発信のために整理・加工し取りまとめる場として、機能していると言える。

規制行政機関のTSOは、BRI・NTSEL・NITEのように独立行政法人という位置付けがされている場合が多い。独立行政法人は、国から独立の法人格を持つ点において、その国際的展開等、活動に関する裁量が大きくなったが、①法人の業務について主務大臣が三〜五年間の中間目標を定めて指示する点、②法人の活動業績について所管省に置かれる評価委員会が目標の達成度を評価し、その評価結果が次期の目標や運営費交付金額に反映される点、③法人の長及び監事は主務大臣が任命する点等において、国(本省)の裁量行使の機会が担保されている。[5] 独立行政法人化以来、①高度な専門性、②組織的な柔軟性、③国際協力という三点において同制度の強みは活かされているが、他方で依然として独立行政法人側の活動の自由度は低い。これに対して本省は、独立行政法人のさらなる努力を期待している。[6] 例えば電安法において事業者・登録機関に対する立入検査はNITEにさせることができるが、経済産業省製品安全課のTSOとも言うべきNITEの専門能力開発、及び検査の質の向上も、今後の課題と認識されている。

② その他の関与――法令への取り込み・対外交渉等に際して

木造住宅の場合、技術基準が建築基準法令体系の一部であるがゆえに、規制行政機関はその運用に一定の裁量を行使し得る。また建築規制において、対外関係で政府間の交渉が必須であった。建築基準法第六条では建築確認の対象を定めており(第三章第一節第二項(1))、そこで何を対象とするのか(他方、何について審査を省略するのか)について規制行政機関に一定の自由度がある。しかし、基本的に防火・準防火地域以外の戸建て住宅が審査対象にならないなど法規制の対象から除外されるものもかなりあって、その分、規制行政機関の裁量は限定されている。また、実質的な意味において建築規制の役割を果たす技術基準がかなりあることも特徴的である。例えば、被規制者（建築主等）を規制の遵守へと誘導し良質なストック形成にもつなげる方法として住宅金融の融資のための技術基準があり、近年では住宅の質の向上を補完する政策として「品確法」や「住宅瑕疵担保履行法」が制定された（同第三節第二項）。さらに建築の場合は材料が木材・金属など多岐にわたり、それらが日本工業規格（ＪＩＳ）や日本農林規格（ＪＡＳ）などの標準や規格とも関係してくることから、住宅局（国土交通省）が経済産業省・農林水産省等と共に規格策定に関与するルートが一応、確保されてはいる（ただし、実際にはオブザーバ的な参加であるという）。工業標準化法には、技術基準・規格の策定への消費者・生産者・実需者・学識経験者等の参加が法定されており（第一八条等）、これによっても官民関係は多元的になり得る。他方で規制行政機関には、建築物の安全性をどう実現していくのかという技術的な判断による建築規制の仕組み作りや、アジェンダ設定・ステークホルダー選別等の合意形成プロセスの管理に関して、直接的・間接的な一定程度のコントロール可能性が留保されている。

自動車の場合も技術基準が道路運送車両法令体系の一部であって、民間（被規制者）がコンセンサスに至った規格であってもそこに組み込まれて初めて法的な拘束力を持ち、さらにリコール制度の対象にもなって実効性を持ち得るようになる。したがって、民間規格を法令化する際にまず規制行政機関は自らの裁量を持ち得ることになるし、技術的な実現可能性について拒否権を持つ民間メーカーとて、規制行政機関が引き取った法令化の場面で規制行政機関の裁量的判断に異議を唱えることは難しい。規制行政機関が当該政策領域において許認可等の法的権限を有していることは、「脅し」になり得る。こうしたことが、規制行政機関が依然として技術情報に関して自動車メーカーに完全には囚われることなく、技術基準設定のプロセス管理という形でその自律性を維持することを可能にしていると思われる。これは、技術基準を法令に取り込むことが規制の実効性を担保し得る限りにおいて有効な、規制行政機関の関与の仕方であるとも考えられる。

電気用品（とりわけＥＭＩ規制）の場合、国際基準（ＩＥＣやＣＩＳＰＲの規格）が、電安法令の技術基準だけでなく自主規制団体であるＶＣＣＩの規格にも取り込まれること、そしてそれがＶＣＣＩによっても実施されていることが特徴的である。とはいえ、国際ＣＩＳＰＲ規格がアメリカＦＣＣ等、独立規制委員会による規制の基準としての法令に取り込まれている国も少なくないことから、工業会四団体やＶＣＣＩは政府・規制行政機関（経済産業省・総務省）の後ろ盾を得ながら基準設定やその実施に関して他国政府・規制行政機関と意見交換をし、技術基準の国際調和と実施体制の整備に向けて調整していくことになる。具体的には、国際ＣＩＳＰＲ委員会での意見表明、政府間の書簡交換（「日米におけるＥＭＣ試験所にかかる書簡交換」）による相互承認の枠組み（ＭＲＡ）、及びアメリカの認定機関との認定試験所のデータ交換に関する覚書（ＭＯＵ）などである。政府のサポート・後ろ盾がなければ他国に相手にしてもらえないと民間側は認識しており、これが民間による規制への規制行政機関の関与の契機を担保している。こうして、国際化・ボーダーレス化の中で却って政府・規制行政機関の裁量が大きくなるという現象が見られることになる。

第二項　技術基準の運用について——実効性担保のツール・手段

規制行政機関の裁量が制約されるような環境変化の中で、左記のように直接的規制以外の手法が増えてきてはいるが、直接的規制も減るどころかむしろ増えているとさえ言え、それが規制行政機関の新たな裁量行使のルートにもなっている。また、直接的規制とそれ以外とのそうした合理的な制度の組み合わせを設計する官僚制としての技術的裁量は、依然として規制行政機関固有のものである。そうして、官僚制にミッションを与えまたその内部で一定の決定を行う「政治」と、それを効率的に（あるいは、真に国民の安全を）実現していくための「技術」とが交錯することになる。(7)

(1) 直接的規制

本研究で採り上げた事例では、設定された技術基準に基づき、それを充足しない製品等が市場に出回ることを禁止したり、規制に違反した人や物を摘発し場合によってはその製品を市場から回収し違反者に対して許認可を取り消したり懲罰を科したりするといった直接的規制による規制の実効性確保が見られ、むしろその重要性が増した分野もある。

木造建築に関しては、建築確認と違法建築摘発が法令上、強力な実効性確保手段として用意された制度である。違反建築物としては、建蔽率超過・容積率超過・各種斜線制限の違反・用途制限違反・接道義務違反、及び建築基準法上の手続(建築確認申請等)を行わずに建築されたもの(無確認建築)があり、多くは容積率規制違反であるが、完了検査制度がほとんど機能していないこともあり違法建築を未然に防止するのは極めて困難である。これには、たとえ違反が発見されても資力のない違反者に是正を求めることが難しいという事情もあるが、過剰に厳しく設定された基準を不完全に実施することを通して、結果的に規制を合理化している面もある。[8] したがって建築規制では、実際に違法な建築物が建ってしまう前にそれを防ぐためのインセンティブを被規制者(建築主・建築請負者)に与えることがむしろ有効となる。

建築確認において、性能規定が原則となったこと、及び建築確認が民間の指定確認検査機関にも開放されたことは官民の裁量幅を変化させた。もっとも、建築基準法における性能規定化においても適法か不適法かの判断は法令の範囲内で羈束《きそく》的に下されるのであり、同法の技術基準は建築物に強制される。また建築確認に対しては、全国の建築主事や指定確認検査機関担当者が一堂に会し住宅局がオブザーバ参加する「日本建築行政会議」(一九九〇年開設)や「耐震強度偽装事件」を受けて住宅局内で強化されつつある体制を通じて、[9] 指導・監督が強化されている。

性能規定・大臣認定の制度では、被規制者に対し、低コストでありながら同等の性能を実現できるより合理的な仕様の開発を行うインセンティブとなることが期待される。このとき性能試験は、試験体製作要領・試験実施要領・これに基づいた試験体の具体的な製作上の留意点並びに試験実施上の細目を定めた指定試験機関(実質的な規制者)が試験依頼者(被規制者)と充分に協議をしながら行われる。また、準耐火構造の個別指定を申請する場合は、公的試験機関に試験を依頼し試験成績書を得ることが必要だが、その際あらかじめ指定試験機関と試験体の工法や試験体の製作方法等についてよく相談することが推奨されている。[10] このように、伝統的な規制手法の一つとも言うべき性能試験の実施の中に、規制者と被規制者とのコミュニケーションという官民協働を見出すこともできる。

自動車に関しては、自動車検査登録制度とリコール制度が強力な実効性担保手段である。一九六〇年代後半まで、専門技術的知識や情報を独占する自動車メーカーの政治的・経済的影響力を前に行政の「欠陥車問題」への行政的対応がなかなか進まなかったが、一九六九年にリコール制度が創設され、一九九四年には道路運送車両法の規定によりリコール隠し等にも罰則が適用されることとなった(第四章第三節)。リコール制度における技術的な調査・検証は、利益相反に対する特別の配慮もあり、リソースがより充実している民間のJARIではなく独立行政法人のNTSELで行うことになっている(同第一節第三項)。リコール制度は、自動車メーカー等が不具合の状態及びその原因・改善措置の内容等を国土交通大臣に届け出ること、ユーザーに対して不具合の内容等を通知し早期に改善のための措置を行うことが義務付けられており、被規制者の一定の協力・協働を前提としている。また、ここには自動車メーカー相互の監視メカニズムが埋め込まれているようにも思われる。[11]

電気用品の規制行政機関である経済産業省の製品安全課は、法令上、対象事業者に対して報告徴収・立入検査・改善命令・表示禁止・危険等防止命令等の権限を有しており、事業者・登録機関に対する立入検査は三年に一度の登録更新審査における検査と調書による審査等とを併用して行っている(年間一三〇～五〇件程度)。一件当たり三～四人態勢で行う通常立入はＮＩＴＥにさせることができ（電安法第四六条）、本省職員が立ち会うこともある。法令違反に対しては法人重課の罰金が科され、検査機関に法令違反があれば登録取消となる。二〇〇九年一二月には、経済産業省が行った立入検査において電安法第九条に規定する適合性検査の内容等に法令違反が判明した一社について国内検査機関登録を取り消した。こうしたケースはそれほど多くなく、この取消事案により関係者の間に衝撃が走ったと言われている。

ＶＣＣＩによる自主規制でも比較的強力な手段が用いられている。ＶＣＣＩは四四団体から参加する一二四名から構成されており、規制対象は対象情報機器等を製造販売する一一八六社（二〇一二年度）である。一年に一〇〇件程実施される市場抜取検査が、委員一三名からなる専門委員会によって行われ、二〇〇九年度は六件の基準不適合が指摘されて是正された。[12]この市場抜取検査は一社当たり数年に一回程度、受けるものと考えられている。これに不合格になると、ＶＣＣＩが製造業者に適切な対応を求め不合格品の型式・会員名を機関誌『ＶＣＣＩだより』等で公表する（第五章第一節第三項(2)）。運用においては、試験で不合格となった製品についてその原因を明らかにして在庫品を回収し、納入済み品については自社ウェブサイトに掲載すると同時にサポート対応時に改善品と交換する等の対策をする。改善・再発防止策として、適合確認後、量産時に意図しない変更がなされていないかの確認も行う。なお、測定設備等審査の要件をクリアしておらずＶＣＣＩ会員でないにもかかわらず無断でＶＣＣＩマークを貼付する事業者が現れた場合には、意匠法違反行為として対処する。[13]

(2)　直接的規制以外のツール

これに対して、他の制度と組み合わせることによって、行政資源の効率的利用を図りながら規制の実効性をさらに高めたり、被規制者に経済的インセンティブを付与してその行動を一定方向へと誘導したりする（その意味で、被規制者の応答的な行動、規制者と被規制者の協働を前提とする）ことを試みるものも見られる。

建築規制については、防火・準防火地域以外の戸建て住宅への審査が省略されることから木造建築物の多くが規制対象から外れ、また現場大工や建築士の遵法意識にかなり依存している点において自主規制的でさえある。こうした中で技術基準の実施を融資条件と絡めてその実効性を高めるものとして、独立行政法人住宅金融支援機構（旧・住宅金融公庫）による長期・低利・固定金利の融資制度があり、住宅局はこの制度を通じて住宅の質と量に関する政策に対するかなりの裁量を維持してきた。住宅金融公庫（二〇〇七年四月に独立行政法人化）は「一般の金融機関による住宅の建設等に必要な資金の融通を支援するための貸付債権の譲受け等の業務を行うとともに、国民の住生活を取り巻く環境の変化に対応した良質な住宅の建設等に必要な資金の調達等に関する情報の提供その他の援助の業務を行う」ことを目的としており、融資条件により住宅の品質向上を図ってきた。例えば、法令上、木造建築が禁止されたわけではない時代にも、住宅金融公庫の融資条件において木造建築のハードルが高く設定されたことにより一部が簡易鉄骨等の「簡易耐火建築物」の方に誘導された[14]。もっとも、その独立行政法人化とそれに伴う制度改革により住宅金融支援機構の守備範囲は以前よりも狭まって「政策的に重要でありながら民間金融機関では対応が困難な融資」のみとなっており、さらに一般の金融機関による住宅の建設等に必要な資金の融通を支援するための貸付債権の譲受け等の業務や民間金融機関等による長期・固定金利の住宅ローンの買取り等を行う証券化支援事業へとその業務を変えつつある。したがって、良質なストック形成に向けた技術基準の実施のための梃子として、むしろ民間の金融機関をも巻き込んだ住宅金融市場メカニズムの果たす役割が以前にも増して大きくなっている（そして、規制の実効性が消費者の応答的行動の有無に委ねられている部分もかなりある）と言える。火災や地震の保険において、耐火性・耐震性の高い建築物の保険料を割引くのは保険会社のインセンティブにも合致しており、防耐火性を備えた木造建築の開発にも保険会社が参加する契機が以前から見られた。二〇〇九年に施行された住宅瑕疵担保履行法では、保険法人による検査を盛り込んで住宅の品質向上を図る試みが見られる。

自動車の衝突安全性に関しては、アメリカで、ＩＩＨＳ（道路安全保険協会）が保険料率を算出する際に設定した安全性水準が、法令よりも先進的な（要求水準の高い）衝突安全基準として実効性を持ち得たと言われている。すなわち、保険協会の設定する基準を満たす安全な車種を、保険料がより安くなるがゆえに、消費者は選ぶ傾向にあった。日本において、強制加入の自賠責保険では普通・小型・軽などの車種による保険料率の区別はあるものの、個別車種それぞれの衝突安全性に対応した保険料率の区別はない。ただ、道路運送車両法が最低の規制水準を定めるとはいえ、既存不適格の自動車があり（それが中古自動車として市場に出回る場合があり）、かつ、「自動車アセスメント」の結果において各車種の衝突安全性に多かれ少なかれ差が見られることから、法令による規制よりも高い規制水準で、保険の制度との組み合わせにより、安全性のより高い自動車を買うよう消費者の行動を誘導できる可能性はある。そしてこれが間接的に、自動車メーカーの行動をも変え得る。

電気用品に関しては、技術基準を満たした製品にＰＳＥマークやＶＣＣＩマークを貼付し、消費者にそのマークが貼付された製品を選んでもらうように誘導すること自体が規制の実効性を高め得る（もっとも、当該手法の効果も消費者や小売業者の行動に依存している）。また、本研究で採り上げた自主規制（ＶＣＣＩ）は、民主的統制を受けないがそれなりに適切な規制実施の体制・手続を整備し、基準不適合製品の公表等、規制がかなりの実効性を持っていた。これは、業界コミュニティの中での、あるいは企業の社会的責任（ＣＳＲ）等で語られるような市場を経由した統制メカニズムが新たな行政統制原理であり得ることを示しているようであり、行政統制における「協働」だと捉えることもできる。なお、保険制度とセットになっているもの（ＶＣＣＩはそうではない）[15]についてはその分、自主規制としての正当性・実効性を高めることができると考えられる。

第三項　規制における裁量幅についての分析

(1) 規制能力の観点から

規制空間における官民の裁量(幅)は、国際基準との関係、技術情報に関するnodalityの危機、規制行政機関の関与可能性、採用される様々な実施手法といった要素とも連動しつつ変動している。ただし、規制に実効性を持たせるために規制行政機関に附属した研究所等が登録機関として検査業務をしている場合等もあり、実際のところどれほどの裁量が民間に委譲されたのかについては必ずしも明らかではない。このように官民の境界は依然としてはっきりしないものの、規制行政における裁量に関して次のような特徴と変化の兆しが見られる。

木造建築の場合、大工や工務店に対しては法令上の審査が省略され、また数が膨大で完全に捕捉することも不可能であるため、規制の実質的な対象者は住宅・建材メーカーやゼネコン等である。したがって、建築行政全体を見渡せば規制行政機関の裁量幅はかなり限定されていると言わざるを得ない。しかし、建築基準法は強制法規であり、性能規定化した今でも適法・不適法の判断は羈束的に行われることもあって、その法令を所管する住宅局の裁量は依然として大きい。具体的には、第一に、規制行政機関は附属する国総研やBRIからも支援を受けながら、産官学の技術開発プロジェクト等におけるリーダーシップや管理(アジェンダの設定やステークホルダーの選別)において裁量を行使しており、それは正統性と能力に裏付けられている。第二に、建築基準法第六条で定める、どういった建築物について建築確認審査を省略するか(省略しないか)に関する一定程度の技術的裁量は規制行政機関に残されている。例えば「四号特例」については、建築士等の習熟度・規制強化の反動による建築確認の停滞・現場の混乱等を理由に、法令施行の延期が政令に委ねられている(第三章第一節第二項)。第三に、指定確認検査機関制度に関する要件設定及び指定における裁量である。同制度では一九九八年の制度導入以来、公益法人要件を課しておらず、一般社団・財団法人であればよいとしたり株式会社等の参入を認めたりもしていたが、[16]最近では指定確認検査機関の認定に関して、適確な組織的・経理的基礎を有することに加え、支配関係について等、厳しい要件(法第七七条の二〇等、及びそれに基づく省令・局長通達等)が課されている。また、その指定要件は住宅局から都道府県に通知され、[17]地方分権の自治事務化後も実態として都道府県はそれに従っている。第四に、対外関係の政府間交渉における政府の存在意義である。木三共のプロセスでは、国際交渉において、防耐火性能の高い木造三階建て共同住宅の建設を認めるのか否かに関する行政判断において政府の役割が極めて大きかった(第三章第二節第二項(6))。[18]第五に、自治事務化・民間化された建築確認業務についても、一般財団法人建築行政情報センターが活動支援を行い、全国の建築主事や指定確認検査機関担当者が一堂に会する「日本建築行政会議」の場に政府(住宅局建築指導課)がオブザーバ参加したり、住宅局において民間による建築確認審査を監督する体制を強化したりすることで、情報の周知徹底の他、一定の管理・監督の機会が担保されている。[19]それでも、最近多く見られるようになったエンジニアリングの色彩の濃い新たな工法・技術が住宅・建材メーカーやゼネコン等において生み出されることが多いことは、規制行政機関が技術基準設定において持つ裁量のあり方を変容させている。

自動車の場合、技術基準設定における裁量のかなりの部分を技術情報の創出を受け持つ民間部門(被規制者である民間メーカー)が握っている。技術基準設定に関するかなりの裁量が民間部門に移っている中で、規制行政機関においては、いわば社会管理の技術としての行政固有の能力を支える知識を基に発揮される裁量がここで却って際立つことになる。それは例えば、専門技術者等、ステークホルダーの意見がまとまらない場合に下す最終決定をめぐる裁量(自由度)であり、一定の技術的合理性を備えていると推定される技術基準を道路運送車両法体系に組み込む(是認)に当たってのいわば法制執務に関する裁量であり、審議会等、取り込みに向けた公式・非公式の手続を進めるための運営・

調整・管理の手法選択に関する裁量であり、国際基準調和のプロセスに接近するに当たっての国内体制整備に関する裁量である。もっとも、右記のような局面においても、実際に基準設定を技術面から議論したり海外の情報を収集したりといった実働面の多くは民間アクターが担っており、その意味で、規制行政機関が行使可能な裁量の範囲は法的に認められた、あるいは物理的な能力に裏打ちされた一定の部分を除いて民間部門からの圧力に晒されていると言える。

電気用品の場合、伝統的に取り締まりの色彩が濃い電安法でさえ、自己適合宣言や第三者認証制度の導入によってかなりの裁量が民間(第三者機関・被規制者)へと移っている。他方で、検査機関登録の取消等、規制行政機関による規制の実効性確保のための事後的・監査的な関与がいまだにかなりの重要性を持っている。このように、「官から民へ」の規制改革の潮流の只中にありながら、その「政治」からのミッションを効率的に実現していくべく、事業者の義務履行に係る自己責任の明確化や「官」による監査的な規制の強化等、むしろ規制が実質的に強化された部分もある。換言すれば、社会管理のための規制行政機関の裁量幅が形を変えて依然として維持・強化されており、現に一定の実効性を保っている。ＶＣＣＩにおいては、規制がＶＣＣＩ自身の手続によって実施される一方、国際ＣＩＳＰＲ委員会からの技術基準の取り込みとそこへの提案、諸外国との相互承認等の枠組み整備における政府・規制行政機関の関与は必須であり、そうした形で官民の役割分担が見られる。ＶＣＣＩによる市場抜取検査と不合格製品の型式等の公表は、その制裁を大きなダメージだと捉えるＶＣＣＩ会員が多いことから一定の実効性を有する。規制に直接の法的根拠がないＶＣＣＩの経済産業省と総務省の狭間での不安定性は、その弱みである反面、国際規格の学習・導入や適切な規制を進んで実施していくべきとの会員の「気概」や、単に法令の基準をクリアして政府の保証を得ていれば良いのではなくメーカー同士で連帯して政策目的を達成していくべきとの意識、他の誰かに不意に規制されるのではなく自分で自分を律することができるという安心感から来る業務の効率性向上等にも多少繋がっているように思われる。

他方で、VCCIの自主規制は「良心的な」被規制者しか想定していないとも考えられ、こうした面からは自主規制が業界の「隠れ蓑」に堕していると評することもできなくはない。ただ、日本国内でこの規制によって電気用品の安全・障害に関してある一定レベルの安全性が担保されているというのもまた事実である。

なお、こうして官民が協働する規制空間に参画してくる民間アクターは、現にそれに値するだけの資源を有しており、またそこに参画する以上、それだけの資源を有するべきとの社会的要求も高まりを見せていると考えられる。それは例えば、人的資源や各種情報の他、規制行政機関がするのと類似の登録機関の認定や違反者名の公表等、いわば「民間アクターによる行政的手続」を自ら整備・運用するマネジメント能力や、市場をも視野に入れた業界コミュニティにおける相互監視のメカニズム等である。[20]

(2) 規制空間における消費者——リスクの捉え方も含めて

規制空間における消費者も三事例に共通してある程度大きな要素となりつつあり、それが安全規制の一翼を担い得る。

木造住宅の場合、電気用品とは異なり、また自動車にも増して、消費者にとって高額な買い物になるという特徴がある。しかも、一生に一度買い替えをするかどうかという財である。高額な買い物であるということは融資の制度とセットにすることが有効であり得、実際に、住宅金融公庫における融資条件としての技術基準がその「優良性」の確保に一定の効果を持った。他方で、いったん住宅が建ってしまうと大きな災害でもない限り建て替えられることはなく長期間残るため、良質なストック形成という観点からの規制が必要になり得る対象でもある。特に建築規制では、「耐震強度偽装事件」をきっかけとして、技術基準と国民の生活との強い関係性が認識される中で、最近明示的に構築された技術基準の検討体制(第三章第三節第二項)において消費者をどう代表させるのか等、それをいかに組み込んでいくかという問題も顕在化してきている。

自動車の場合、アメリカでは保険会社が法令とは別に衝突安全基準を設定しそれを充足する自動車については保険料を割引いており、これにより衝突安全装置（シートベルトやエアバッグ）を装着する自動車が増えたと言われている。自動車の安全性を維持していくための社会システムについてスウェーデンの事例を分析したO・スヴェンソンは[21]、政策目的である国民の安全が達成されるかどうかが、安全という価値が市場において評価されるかどうかに一定程度依存していることを示唆している。アメリカでは一九九〇年代後半以降、消費者がメディアなどを通じて自動車安全を強く意識するようになり、エアバッグなどの安全装置に対するwillingness-to-payが高まった結果、市場を経由してエアバッグ装着車が増えた[22]。近年、日本国内の自動車市場においても安全という価値がかなり評価され始めたと言われている。国土交通省は二〇〇二年六月、従来、保安基準の解釈に必要な情報を関係部局の他、自工会などに必要に応じて提供してきたが、保安基準が曖昧であること、行政裁量の範囲がわかりにくいことなどから保安基準の解釈を補完してきた技術指針や通達を官報などを通じて国民に広く周知される告示に法令解釈を一本化し、行政の透明性を図ることを発表した[23]。こうして、技術基準と消費者の「距離」は相対的に縮まってきているものとも思われる。

電気用品の規制で用いられているマーク表示の実効性は、消費者がそれを選択するか否かに依っている。したがって消費者は重要な地位にあるが、「ＰＳＥ問題」（二〇〇五年から翌年にかけて、中古の電気用品も電安法規制の対象になるという経済産業省の発表に対して一部の消費者と販売業者が反対運動を行い社会問題化したもの）を見ると、少なくとも中古品について、マーク表示そのものは消費者の行動にとってあまり決定的ではないようにも思える。仮に家電量販店等の小売店がマークの有無で製品（新品）の仕入れを決めることがあるとしても、消費者個人がマークを見て購入しているかは疑わしく、その低い知名度はそのマークが評価のポイントとしている危険性（リスク）の内容にもよるのだろう。感電や火傷等、比較的重大な事故が想定されるならばともかく、ＥＭＩについてはせいぜいラジオ等の雑音という不都合をもたらすに過ぎない。もっとも、ＥＭＩについては、それが他の電気用品の誤作動を引き起こす可能性が指摘されており、このことが消費者から注目を集めることがあるとすれば、それを規制するマークの貼付が消費行動の条件になる可能性がある。

第二節　規制空間の構造と官僚制の裁量行使戦略の変容

半ばインフォーマルな規制手法としての「行政指導」を媒介とした社会管理のシステム（規制空間）は、総じて官民双方（特に関連する公益法人や大企業等、比較的狭いコミュニティのメンバー）に利益をもたらし、規制行政機関にとっても裁量行使に好都合であったことからかなり多くの政策分野において存在してきた（第一章第二節第三項(2)）。しかし、本研究での事例分析を通して、こうしたシステムは国際調和化・技術情報の分散化・官民関係の多元化といった環境変化により変容を迫られていることが明らかになった。規制空間の構造、並びに裁量行使戦略の変化、及びその要因は、本研究で採り上げた規制空間におけるアクター間関係のダイナミズムを踏まえると、**表32**のようにまとめられよう。

表32において、「変化の契機・要因」はいずれも技術基準、及びその基となる技術情報の質的・量的増大によって顕在化した問題であり、したがって各要素の根源を辿れば、本研究が一貫して注目してきた技術基準、及びその基となる技術情報の質的・量的増大に行き着くことになる。また、序章冒頭で述べた行政資源の制約と行政需要・責任追及の高まりというジレンマ状況は、いずれの事例にも共通するより根源的な問題と言うべきであろう。このように、三つの事例にはある程度共通の傾向のあることが確認された。

表32　規制空間の構造・裁量行使戦略の変化とその要因

	従前	変化の契機・要因	従後
木造住宅	現場の専門性／運用をかなり尊重・追認（「ザル法」） 建築確認と住宅金融の役割分担	エンジニア的木造建築の普及 地方分権・建築確認の民間化 「ストック型社会」への移行 「耐震強度偽装事件」と世論	官民協働による技術開発・実証実験 大臣認定による柔軟な法令適用 規制の実質化 （建築確認と誘導手法の併用）
自動車	「審議会型」の基準設定	「99年答申」（審議会改革等）	明示的な「フォーラム型」の基準設定 リコール制度の徹底
電気用品	「官から民へ」の規制改革 自己責任型への（一方向的）移行	法規制による捕捉の難化	法規制（自己・第三者認証を含む）と「自主規制」との分担管理・協調
共通	規制の実体面への直接的なコントロール	技術基準・技術情報の増大 ↓↑ 基準の国際調和化 規制対象技術・品目の多様化 基準をめぐる利害対立の顕在化	規制の手続／プロセス面のコントロール／マネジメント 直接的規制とそれ以外とを合理的に併用する制度設計（メタガバナンス／メタ規則）

第一項　個別事例について

木造建築について、建築基準法自体が多くの建築物に対する建築確認を省略していること、また規制の必要性（都市化していない地域では集団規制を課す必要もなく、大規模建築物でなければ防耐火の単体規制を課す必要もない）に対して、多数に上る戸建て住宅の捕捉可能性が高くなかったこともあり、現場大工の間で伝承される専門性や運用がかなり尊重されてきた。その後、建築規制は次の二つの契機において変化した。それは第一に、二〇〇〇年の地方分権一括法施行により建築基準法の事務が機関委任事務から自治事務及び法定受託事務に移行したことであり、第二に、「官から民へ」の流れの中、二〇〇〇年六月の建築基準法改正によりそれまで地方公共団体の建築主事だけが行っていた建築確認が民間（指定確認検査機関）にも開放されたことである。こうして制度上は規制行政機関の裁量（自由度）が減じられたが、その分、技術基準を設定する規制行政機関はあてはめを行う自治体や民間人との密接な関係を構築した（その例として、指定確認検査機関の資格要件の厳格化や日本建築行政会議の活用）。旧三八条による大臣認定についてはその後ある程度ルールが明確化・透明化され、その限りで規制行政機関の裁量は制約された。また、特に二〇〇〇年ごろ以降、大規模木造建築物の出現に伴って、技術開発プロジェクトを通して得られるような高度な技術的知見を用いた構造計算を要するエンジニアリング建築が登場する中で、官民協働プロジェクト型の技術開発・実証実験による安全性等確認といった手法が多用され、さらに性能規定化や建築基準法の実施におけるエンジニアの申請による新工法等の大臣認定、そしてそのオープン化という手順によって、いわば技術基準実施(法令適用)の「柔軟化」が進んできている。こうした変化は、建築規制を取り巻く環境変化によるところが大きい。それは第一に、阪神・淡路大震災(一九九五年一月)以降、「ストック型社会」へと移行してきていること、第二に、「耐震強度偽装事件」などを受けて建築規制に対する社会の関心が高まってきていることである。規制行政機関にとって、依然として建築確認や大臣認定が重要な規制ツールであり、むしろその(相対的な)実質化が進められているが、「ストック型社会」への移行に伴い、それらを住宅金融や性能表示・瑕疵担保責任履行法による誘導政策と合理的に組み合わせて住宅の品質を向上していこうという制度も設計されてきている。後者に関連して、これまでブラック・ボックスであった技術基準の設定・運用プロセスを明示化・透明化すべきとの風潮も強くなって体制が構築され、また規制行政機関が設定・運用するべき技術基準や監督するべき規制実施体制も肥大化して住宅局自体の組織・人員も拡大してきている。

自動車については、技術基準設定プロセスが「審議会型」から「フォーラム型」へと変化している。すなわち、かつては自動車メーカーのエンジニア各々(あるいはエンジニアや営業担当者等を組織化しているとも言うべき業界団体)が、技術情報をその根拠となるデータと共に基準設定プロセス(自動車交通局や審議会等、様々な「諮問機関」の場)に持ち寄り、規制者はそれをかなり尊重して設定基準の最終決定を下すという、比較的限定されたメンバーによる基準設定であった。しかし最近では、民間メーカーと規制者とが双方向的に情報をやり取りしながら基準設定をする、比較的オープンなフォーラム型のプロセスへと変化している。この変化の要因を分析的に見るならば、この背景には①国際調和化の進展に伴う情報調達と利害調整の必要性の高まり、②自動車安全政策への機能的対応(各国政府単位での政策対応から政策の課題・目的ごとに組織化した関係主体による対応へ)、③官民関係の変化(民間の資源の充実と共に階統(ヒエラルキー)型から非階統(ネットワーク)型へ)、④行政改革への対応(審議会等、省庁の諮問機関の整理)といった事情があるものと考えられる。技術基準設定プロセスの合理化と透明化を図りながら官民協働による規制をより実効的かつ明示的なものにするべく用いられたのが、「安全基準検討会」・「自動車安全シンポジウム」・「GIAフォーラム」といった場であった。リコール制度についても、規制行政機関の体制強化等により徹底が図られた。

一九八〇年代以降、国の関与を必要最小限の範囲・内容としていくべきとの精神が高らかに謳われ、消費者意識の改革を図る等、社会的環境の醸成・自己責任原則への移行・政府認証を基調とする制度から民間の第三者機関による認証を有効に活用するような体制への変革等が強く求められた。電気用品についても例外ではなく、「官から民へ」の規制改革の潮流を直に受けて自己責任型規制へと一途を辿り、特に以後、規制の対象になり得る品目が多様化し法規制(もしくは実質的にその体系の中にある自主規制等、各種規制)による捕捉が困難になったことは自己責任型規制への移行を促しもした。しかし近年ではむしろ、そうした事態を受けてより意識的に、自己・第三者認証を含む法規制と自主規制との「協調」が規制行政機関の主導で模索されている。この変化の中で、電安法においてさえ、規制の実効性向上のため事業者の義務履行に係る自己責任の明確化や「官」による監督的・監査的な規制の強化等、事後的・間接的な「官」の関与が重要性を持つようになってきている。こうして、社会管理のための規制行政機関の裁量幅が形を変えて依然として維持・強化されており、現に一定の実効性を保っている。他方で、自主規制団体であるVCCIにおいては、規制に直接の法的根拠がないという経済産業省と総務省の狭間での不安定性をその弱みと自覚しつつも、国際規格に率先して対応していくことや国内の規格策定や国際的な基準設定の場へ参画していくことなど、その存在意義を示していこうとする動きも見られる。法体系の整備に当たって、具体的な仕様規定や性能規定の解釈を作成するに当たっての官民協働は、以前にも増して重要性を帯びるようになっている。

第二項　三事例に共通する傾向

(1)　規制空間の構造変容──行政改革のインパクトという観点から

技術基準で規定するべき事項の増加・詳細化で技術基準の効果が市場のみならず方々に波及し得るようになったこともあり、消費者や事故発生時に行政を非難する「世論」を含めステークホルダーの範囲が広がり、それらの利害調整が必要になった（そしてそれが求められるようになった。もっとも、そうであるがゆえに、ステークホルダーの境界管理が重要性を増している）。これは、行政手続法（一九九四年）による行政指導等の要件厳格化や「開かれた行政」への指向（情報公開・アカウンタビリティ）とも関係が深い。こうして、高度に専門技術的なものも含め規制行政における規制者・被規制者関係が白日の下に晒される制度が確立してきていることも、規制空間の構造変容に一定程度、寄与していると思われる。

一九九七年一二月の行政改革会議最終報告では、審議会を含む各種諮問機関についてそれまで指摘されてきた官僚の隠れ蓑や縦割り行政を助長しているなどといった問題点を解決し、また行政責任を明確にするため、諮問機関の整理と運用の改善を図ることとされた（第一章第二節第一項(2)③）[24]。自動車や建築規制では特に、技術基準の設定や実施体制の検討プロセスが明示化するという形でこの行政改革の影響が明確に現出した。

また、以前に技術基準の設定・運用プロセスで一定の役割を果たしてきた公益法人に対する改革（二〇〇八年）も、規制空間の変容に寄与している。すなわち、「一般社団法人及び一般財団法人に関する法律」で届出による法人化が可能になったが、公益法人になるには、一般社団・財団法人が各省ではなく内閣総理大臣（または都道府県知事）から公[25]益認定を受けることが必要である（公益法人認定法第三条）。法人の事業が公益目的事業か否かについては、有識者で構成される公益認定等委員会（都道府県の場合はそこに置かれた合議制の機関）によって判断される。その限りにおいて、規制行政機関が直接に公益法人に対する許認可権限で担保してきた裁量は制限されることになった。建築基準法の技術基準検討体制において明示的に現れているように、かつて公益法人が担当してきた部分が[26]、民間にもオープンな公募等のプロセスを経て様々なアクターによって担われるようになってきている。それによって、規制行政機関に対する潜在的なエイジェントが増加・多元化しているとも言えよう。

(2) 規制行政機関の裁量行使戦略の変化

そして、さらに指摘すべきなのは、基準の国際調和化等の外圧や規制対象技術の（安全の実現方法の）多様化・詳細化、専門性の高度化、技術基準をめぐる利害対立の顕在化、技術情報の創出や規制そのものの実施等を含めた規制能力の拡散等を要因とした、政府・規制行政機関の果たす役割（あるいは裁量行使戦略）の変化である。すなわち、規制行政機関の関与の仕方（その裁量行使の方法）の比重は、規制の実体面やアクターに対する直接的なコントロールから、どのように技術基準を設定するかといった規制の手続やプロセス面・仕組みや枠組み作りを通じた間接的なコントロールやマネジメント（管理）へと、かなり移ってきていると思われる。これには、規制行政機関が右記の要因を受けてそうせざるを得ないことと、独力では規制（社会管理）ができず責任追及を受けかねないその合理的選択としてそうしていることとの両方が考えられるが、いずれにしても、そうすることで官と民とのより「適切な」役割分担を模索することを通して、自らのミッションである社会管理を行おうとしているように思われる。

かつて規制行政機関にとって強力なツールであった法令（もしくはそれに基づく直接的規制）に加えて、「（狭義の）法令」を外延拡張したもの（例えば民間規格等のルール）を適用することや金銭・情報等を誘導やインセンティブ付与に用いること等、様々な手法も用いるようになってきており、それらを合理的に組み合わせた規制制度も模索されている。ただし、依然として直接的規制（許認可権限の行使を含む）の存在意義も大きく、それを通じても規制行政機関の裁量が維持されていることには注意が必要である。法令の外延拡張は、技術基準が行政規則という内部規範に留まらず、社会全体に影響し得るようになっていくことを意味する（それゆえに、規制を実施していくため、そこに社会的な意思決定・合意形成の必要性が生まれる）。そうして民間規格を法体系に組み込む際の技術審査や是認等においては、法的権限を有する規制行政機関のいわば「法制官僚[27]」としての性格が逆説的に強まったとも捉えられよう。こうした規制空間の変化は、官民のインセンティブ構造をも反映しているため自己強化的でもある。場やプロセスの管理、監査・監督的関与、誘導的手法の併用といった実際に用いられている方法は、エイジェンシー・スラック発生に対する対処策でもある。さらに、規制行政機関が一手に保証する従来の規制構造ではなく、安全・安心に関する責任を関係主体で分担して負うべきだといった思考が官民双方でかなり共有され定着しつつあり、それに呼応して民間アクターによる規制手続の整備・運用の能力もかなりの正当性と実効性を備えるようになっている。

第三項　「社会管理」・「官民協働」概念の再検討

(1)　「ガバメントからガバナンスへ」の中の「社会管理」

近年の「ガバメントからガバナンスへ」の中では、「政府による一元的な権力的統治」から「自律的な多数の主体が相互に協調し、多元的な調整を行うことによって安定した社会秩序が作り上げる社会」への移行（第一章）が論じられ、それは政府機能の弱体化とも読める。しかし本研究では、むしろ社会の舵取り・政策分析や大きな枠組み作り・多元化した価値・利害の調整・取捨やプロセスの管理等において、政府・規制行政機関固有の役割が重要性を増していることが明らかになった。すなわち規制行政機関は、ときに拒否権を有する被規制者と共に（あるいはそれと対峙しながら）、政策や規制のプロセス全体を見渡し、官民や民間にある協調・対抗関係を利用しつつ政策プロセスをマネジメントする（管理・制御・「舵取り」をする）役割を果たしており、技術基準の設定・運用プロセスにおいてもそうして「官」による社会管理へのコミットメントを担保している。これは、利害や価値そのものと言うよりも利害を測る尺度や価値体系の争いを問題にしているから、メタ・レベルのガバナンス（同第一節第二項）でもあると言えよう。技術基準の設定・運用の国際調和化・技術面での高度化・官民関係の多元化は、こうして却って、いわばメタガバナンスやメタ規制という形での政府・規制行政機関の役割を大きくしているのである。

(2) トレードオフの態様とその取り扱い

規制行政機関による政策プロセスのマネジメントについてさらに検討するため、技術基準の設定・運用プロセスにおける様々な価値とその体系（尺度（フレーム））、及びそのトレードオフの中での意思決定・合意形成プロセス、並びに規制行政機関の活動を改めて分析したい。いずれの事例でも価値（尺度・体系）にトレードオフが存在し、その中で規制行政機関がその裁量行使においてどれを重視するかによってステークホルダーの範囲や政策の帰結が変わってくる可能性さえあった。

まず木造住宅について、木三共の建設を許可することは、まず防耐火の観点から問題視された。建築基準法においては、都市計画と住宅政策の連携、住宅内部と外部双方の居住条件の総合的改善が目指されるべきとされ[28]、木三共の中にいる人々の安全（単体規制の観点）のみならず、延焼を食い止めることによって木三共の周辺の人々の安全をも守ることができるか（集団規制の観点）ということも問題となり、また耐久性に関する技術基準の設定においてはメンテナンスの責任負担も問題となった（第三章第二節第三項(1)②）。先行する海外技術にどこまで調和化しどこから差異化するのかという問題もあったが、新たな工法等を国内に持ち込むか否かは、官民協働による実証実験により確認しながら安全性という観点から自律的に判断がなされていった。そして、外圧を受け早急に検討することが求められる中で、そうしたトレードオフについてはいずれも、それまでの木造復権の中での技術開発の成果や外来の被覆・燃えしろといった新工法・技術の創出・利用によって解消されていった。

木造建築についてさらに指摘すべきなのは、木造の復権には、外圧もさることながら、住宅そのものというよりもむしろ国内の林業・製材業の構造的不況からの脱却（国産材へのこだわり）、体力を失いつつあった大工・工務店に対する働き掛け、従来工法の合理化、地域振興、住宅金融公庫の融資基準を通じた木造住宅の品質向上、さらには「健康や快適性の面だけでなく木材利用を通じた森林作りや地球温暖化防止への貢献[29]」といった新たなフレームが一定程度寄与していたという点である（同第二項[30]）。

軽自動車をめぐる価値のトレードオフは[31]、衝突安全性の他に価格・重量・燃費（環境・経済性）、排気量（パワー）・居住性、さらに軽自動車税優遇の根拠にもなっている小型自動車との規格上の差異を維持する必要性等の間で存在した（第四章第二節第一項）。基準設定プロセスでは、①国際基準でもあった「五〇キロ基準」を導入していくことがまず目標に据えられ、次に②軽自動車税優遇の正当化根拠にもなっている規格において隣接する小型乗用車との差異を維持する必要性が議論され、③それをできるだけ維持するべく技術革新にどれほど期待できるかという順序で議論が展開し、結果的には規格は拡大するが排気量は六六〇ccに据え置くという決定がなされた。ある程度の幅を持って規格決定の最終判断が自動車交通局に委ねられたとき、同局は右記①と②を③に優先させて、軽自動車メーカーに技術革新の努力を求めた（そして、結果としてメーカーは技術革新を実現した）。

電気用品規制の実施体制に関しては、いわば「政治」からのミッションとも言うべき「官から民へ」という理念の解釈をめぐるフレーミングが論点として浮かび上がったという理解が可能である。すなわち、官から民への（一方向的な）権限委譲という意味での「官から民へ」という理解が優勢な中、①そうした理解と親和的な自己責任化や自主規制化を通して、却って特定の規制行政機関の権限や規制の強化が行われたことや、②規制行政機関のリーダーシップの下で、直接的規制及び第三者・自己認証を含む伝統的な法規制と民間規格や被規制者自身による適合性認証を含む自主規制との「協調」の枠組み作りが行われていることは、規制行政機関の「官から民へ」解釈の再フレーミングという形での、戦略的な裁量行使だと考えることもできる。こうした「官から民へ」という理念の解釈の再フレーミングは、建築分野に関してもかなり当てはまる。すなわち、建築の安全性という観点から、「官から民へ」の理念に必ずしも反しない形での技術基準と実施体制の設定・整備が住宅局によって試みられてきているのである。

(3)「官民協働」の実態と裁量

こうして、規制行政機関の活動は、規制空間の状況を見つつ各ステークホルダーの主張をバランス良く採り入れて議論を体良《てい》く収めようというのもさることながら、むしろ官民が相互に作用し合う中で、場合によっては規制空間の枠組みやそこでの価値体系(フレーム)、ステークホルダーの範囲にも変更を加えながら自らの政策目的を実現していこうという、いわば能動的かつ動態的な社会管理の戦略として捉えることが可能である。本研究では「官民協働」を「政策の策定と実施における、行政と民間の行政資源(人的・財政的資源、オーソリティ、情報)についての相互依存関係」と定義したが(序章)、こうした資源の相互依存関係の中で、規制行政機関は様々な裁量行使戦略を採り得る。すなわち、必ずしもすべてのステークホルダーと協力的な関係を築くとも限らず、むしろ規制行政機関とあるステークホルダーとの対立関係、もしくはステークホルダー同士の対立関係を利用することでその裁量を行使しようとしており、それが一定の条件の下で可能になっている。これは、官民関係をただ友好的・協力的なものとして捉える「官民協働」論に比べて現実的であり、実態にも即している。また、規制行政機関は、そのように規制空間におけるステークホルダーのインセンティブ構造を前提としながら戦略的に自らの裁量を行使することによって、政策や政策プロセスのサステイナビリティ（持続可能性）も高めることができるのである。

規制行政機関の具体的な裁量行使戦略として本研究で観察されたのは、例えば①いかに政策プロセスのアジェンダやフレーム（重視すべき価値）、タイム・スケジュールを設定するかや、どのステークホルダーに政策プロセスへの参加を認め規制を円滑に進めるために自分が誰と組むのかという「調整の場やプロセスの管理」に関する裁量、②どの国際基準や民間の仕様書・規格をどういった手続・交渉によって法令システムの中に取り込むのか（そうして法令の外延を拡張するのか）や、どのような法規制と民間規格等との「協調」のシステムを作るのかという「法令システム・インフラの整備」に関する裁量、③自己認証や第三者認証、自主規制団体の活動に自らがいかなる方法で関与をすることによって、自らが第一義的に果たすべきミッションである規制の実効性を高めていくかという「規制実施手段の制度・仕組みの選択」に関する裁量である。

こうしたことは、基本的に一元的なＰ－Ａ関係（第一章第三節）に注目してきたＮＰＭ論を含め、これまでにあまり明示的・実証的に言われてこなかった。Ｓ・オズボーンらが唱えるＮＰＧレジームにおける新たな規制行政機関像と言えようか。

第三節　規制空間の構造の規定要因について

規制空間には実に多様なアクターが存在する。本節では、その構造（変容）や規制行政機関の裁量行使戦略のあり方を規定する条件を、官民関係の特性という観点から考察したい。ここでは特に、業界ごとに、自主規制・資源調達の能力や調達可能な資源の性格が異なり、それが官民協働の規制空間のあり方を規定しているのではないかという見立てを出発点として検討する。[32]なお、規制空間においては、誰が規制者で誰が被規制者かという属性決定自体が問題となる（序章第二節）。すなわち、法令上は被規制者として想定されているアクターが、実質的な規制者として、規制に重要な技術情報を創出・利用したり基準への適合性を自ら審査したり規制に必要な人材を提供したりする場面が多く観察される。

本章での検討結果からすると、規制空間の構造変容とそこでの規制手段の選択の規定要因として、「管理」の対象となる社会や技術、及び被規制者の特性とその「管理可能性（すなわち、規制行政機関側の管理可能性と被規制者側の被管理可能性）」が重要であるように思われる（序章注（29）を参照）。「管理可能性」を測る際には、規制空間における官民の中間的団体・特殊法人・認可法人・独立行政法人・業界団体等、行政機関の裁量が比較的及び易い諸組織の果たす（べき）役割や位置付けも問題となる。

建築の場合、建築主・設計事務所・商社・民間確認検査機関・施工業者・コンサルタント会社・買い主等と、規制対象の範囲が広範に及ぶ。建築規制では、例えば法令で建築士との協働・役割分担が想定されている（第三章第一節第二項）。建築士に関しては、一般社団法人日本建築士事務所協会連合会の下、[33]四七都道府県に建築士事務所協会が置かれているが、同協会は建築士事務所として都道府県知事に登録されている一級・二級・木造の各建築士事務所のからの任意加入者で構成されている。そのため、建築士法に定められた理念を実現するための事業や研修・講習などを徹底するのは、現実には困難な状況となっている。

自動車の場合、中小の系列会社・部品工場からディーラーに至るまで、被規制者コミュニティが比較的強固である。ゆえに規制行政機関としては、業界団体やせいぜい数社の大手メーカーとの関係を築いておけば、その末端にある被規制者まで比較的容易に管理を及ぼし得る。すなわち、自動車の業界団体には多くの被規制者を統括し管理する能力を期待することができる。これは自動車という製品の特性をも反映している。

電気用品の場合、工業会四団体という強力な業界団体があるのに対し、規制対象製品を製造する事業者は六万～八万にも上る。ＶＣＣＩは設立当初、極めて限られた大手ＩＴＥメーカーのみから構成されていたが、以後メンバーや対象製品の裾野が広がり、海外や部品メーカーにまで広がったメンバー間での目的共有が困難になってきている。電安法の構造改革が検討されている今、こうした状況は業界自主規制の実効性への疑念を規制者たる製品安全課に生じさせ、規制に取り組む「意思」を持った業界としても、いかにして自らの規制「能力」を維持・向上させていくのかという問題意識を芽生えさせている。逆に、電安法を所管する製品安全課は、規制対象製品のネガティブ・リスト化、大括り化によって法規制の適用範囲を実質的に広げようとしている。

本章全体での検討結果も含めて総合すると、規制（空間）のあり方を規定する条件には、三つの事例の前提条件の違い（当該技術とそのリスクの特性とそれに関する社会の認識、及び規制行政機関やそのユーザーがそれをどれほど管理・コントロールできるか。それにどれほどのコストを費やすことが社会的に許容されるか（序章第二節・第二章第二節・本章第一節第三項(2)等））の他に、官民関係の構造とその中での「管理可能性」という観点から次の二点を挙げることができる。すなわち、①関連する学・協会や業界団体、第三者機関等が適切に機能しているか（それが信認・信頼に値するか）、②規制の趣旨に沿った民間事業者（被規制者・自主規制団体）の取り組みや消費者の選択行動にどれほど期待できるか（それがどれほど頑強（一時的で脆弱なものでない）か）である。

業界（顧客集団）の構造（第一章第二節第三項(2)①）に関して言えば、自動車・電気用品・建築の順で「分散」性が増す（第二章第二節）。その意味で自動車は行政指導の有用性が高まり得るが、事例においてはむしろ、技術基準の国際調和化への対応における、能力に裏付けられた学・協会、業界団体の積極的関与と政府との連携、そして消費者の関心の高まりも、それを規定したと考えられる。電気用品は、消費者との関係性はそれほど強くないように見える一方、一定の存在感を有する業界自主規制の活動と国際基準の国内化におけるデビエーションや法規制と自主規制の協調的システムの構築等、政府関与のツールが観察された。これらに対し建築では、業界構造が分散的である分、規制行政機関は業界全体をまず業種ごとに整理して捉えて組織化し、学・協会との連携関係を構築し、規制と消費者の選択行動とを絡める制度を設計し、さらに国内外の様々な文脈で木造のPRを展開するなど、（広義の）行政指導の有用性を総合的に高めようという試みが見られる。もっとも、規制改革が進行中であることに加え、行政指導の有用性・実効性の一義的評価自体が容易でないことは言うまでもない。

(1) 城山英明（一九九四）「国際行政学」西尾勝＝村松岐夫編『講座行政学1（行政の発展）』有斐閣、一二三〇頁。

(2) 山田・第三章注(15)論文三九六頁。

(3) 関係者へのヒアリングによる。

(4) もっともA・ダンサイアの言うように、規制行政機関は、放っておけば何もせずともある均衡状態に行き着いてしまう官民の規制空間において、その均衡状態をあえて崩して、別の「社会的合理性」のより高いところに社会を誘導するような役割が期待される（第一章注(8)論文を参照）。そのことが「社会管理」の本質であるとも考えられ、技術情報についても言える可能性はある。

(5) 独立行政法人に試験研究・技術開発を行うものが多いことに関連して、いくつかの問題点が指摘されている。第一に、この制度は定型的な業務を行う機関に最も適しているのに対し、日本の独立行政法人化の対象とされた試験研究機関等に関して、客観的に測定可能な目標設定と評価が困難なその種の機関にはこの制度に適しているのかという問題、第二に、通則法のレベルでは法人化することによって業務の効率化及びサービスの質の向上を達成するメカニズムが必ずしも明確ではなく、中期計画期間終了時の効率によって生まれた余剰金の扱い等に象徴されるように、独立行政法人に効率化へのインセンティブが生まれるのかという問題、第三に、この制度の狙いが専ら社会管理の視点に立って業務の遂行過程での政治的介入を遮断し経営の論理を業務運営に貫徹することであるのに対し、通則法では主務大臣をはじめ監督機関の関与の機会が多く設けられていることが妥当かという問題である（森田・序章注(50)書一二四～五頁）。

(6) JNESシンポジウム（二〇〇八年一二月一八日）におけるパネル・ディスカッションによる。

（７）参照、西尾・序章注（48）論文三〇五～四三頁。

（８）北村喜宣（二〇〇八）「蔓延する容積率違反と行政対応」『行政法の実効性確保』有斐閣、一七三～八四頁。容積率規制違反に関しては、未然防止も極めて困難で行政対応も厳格には行われておらず、執行を通して過剰規制が是正されていると言える。そこで違反に対する課徴金賦課や強制金による是正命令履行確保など、経済的手法の活用を提案する。

なお、法による執行を控えがちになる背景に非難可能性や道徳的権威失墜の回避を挙げるものとして、Hawkins, K.（初出1984）. Law as Last Resort. In Baldwin, R. Scott, C. & Hood, C.（eds.）.（1998）. *A Reader on Regulation.* Oxford Univ. Pr. pp. 288-306.

（９）関係者へのヒアリング等による。

（10）山田・第三章注（15）論文三九四頁、及び山田・第三章注（94）論文四四六頁。

（11）アメリカにおける原子力事業者間の関係と取り組みについて、Rees, J.（1994）. *Hostages of Each Other: The Transformation of Nuclear Safety since Three Mile Island.* Univ. of Chicago Pr. を参照。

（12）ただし、内部告発による部分が同業者間の対立関係を直接に反映している場合もあり、その点において自主規制に対する疑念も生じ得る。

（13）それに従わない事業者へのさらなる対処策がないという限界を孕むが、違反事業者はそれに従って行為を止めるのが普通である。

（14）山口ほか・第三章注（93）論文六七六頁。また、木三共の界壁の仕様は技術基準において五種類（W１～W５）挙げられているが、住宅金融公庫の共通仕様書が指定する仕様（W１）の棟数が約六三％で最も多いことが明らかになっている。

（15）大村敦志（二〇一一）『消費者法〔第四版〕』有斐閣、四二二頁。例えば、STマーク付きの玩具で万一事故が起こった場合に、同マークを表示するため一般社団法人日本玩具協会とマーク使用許諾契約を結んだ者が安心して必要かつ十分な救済措置を行えるよう、また消費者の利益保護を万全にするため、同協会で賠償責任補償共済制度を設けている。STマーク付きの玩具が原因で発生した対人・対物事故において契約者が被害者に支払った法律上の損害賠償金や訴訟費用に対し、共済金が支払われる（一般社団法人日本玩具協会ホームページ〔http://www.toys.or.jp/〕）。補償額は対人一人一億円、対物二〇〇〇万円、見舞金一〇万円。他にも、ＳＧマーク（消費生活用製品、一般財団法人製品安全協会）、ＢＬマーク（住宅部品、一般財団法人ベターリビング）、ＨＡＰＩマーク（ホームヘルス機器、一般社団法人日本ホームヘルス機器協会）、ＴＳマーク（普通自転車、公益財団法人日本交通管理技術協会）、ＳＦマーク（国産・輸入花火、公益社団法人日本煙火協会）が挙げられている。

（16）宇賀克也（二〇一五）『行政法概説Ⅲ――行政組織法・公務員法・公物法〔第四版〕』有斐閣、二九九頁。

（17）一都道府県内で活動する指定確認検査機関の指定権者は、同都道府県知事である（複数に跨る場合は国が指定権者となる）。

（18）もっとも、そこで政府が自律的な判断を下し得たかどうかは不明であり、規制行政機関の裁量は、他国との関係でも、また国内で他国の求めるような形での規制改革を求めるステークホルダーとの関係でも、かなり制限されていた可能性がある。

（19）日本建築行政会議ホームページ（http://www.jcba-net.jp/）。こうした方法は連邦制を採る国々でもよく用いられる。

（20）Rees・本章注（11）書。

（21）Svenson, O.(1984). Managing the Risks of the Automobile: A Study of a Swedish Car Manufacturer. *Management Science. Vol.30, No.4. Risk Analysis* (Apr. 1984). pp. 486–502.

（22）Shapiro, S.A., & Tomain, J.P.(1998).(2nd eds). *Regulatory Law and Policy: Cases and Materials.* LEXIS Law Pub. pp. 3–20.

（23）『日刊自動車新聞（二〇〇二年七月一六日）』。

（24）中島・第一章注（98）書三九～六六頁。

（25）大橋・序章注（41）論文四五～六頁。

（26）例えば、行政改革の一環としての閣議決定「公益法人に対する行政の関与の在り方の改革実施計画」（二〇〇二年二月）を受けて設立されたＪＮＥＳ（独立行政法人原子力安全基盤機構）のように、従来本省が行ってきた検査業務の一部の他、それまで公益法人に委託して行っていた指定検査事務・安全解析・評価・防災支援・調査・研究・試験・研修・情報収集など、実質的なＴＳＯとしての業務をすべて引き上げ整理・合理化し、独立行政法人へ移管する形で独法化した事例もある。

（27）伊藤大一（一九八〇）『現代日本官僚制の分析』東京大学出版会、一〇〇頁以下に言う「公務員の依法性」とも連動していよう。

(28)　大方潤一郎(一九九八)「都市計画と住宅政策の連携」『二一世紀フォーラム(66)』二六～三二頁。
(29)　林野庁編(二〇〇八)『森林・林業白書——林業の新たな挑戦——平成二〇年度版』日本林業協会、一〇一～二五頁。
(30)　例えば、地域材を使った住宅に対する助成や補助金の交付により産直住宅や地域材住宅運動が展開されていた(原田・第三章注(17)論文二頁)。
(31)　自動車に関して、例えば先進技術とも言うべき燃料電池自動車(FCV)の社会導入をめぐる先行きの不確実性の中では、石油(輸送用燃料供給)会社の水素製造へのスタンスが自動車メーカーのFCV開発の様子見にならざるを得なくなっているように(村上ほか・第一章注(14)論文一八九頁)、あるアクターの採り得る行動がまた別のアクターの行動に拘束されがちでもある。ステークホルダー間の認識の齟齬は不確実性を増幅させ、技術の社会導入・普及に向けてはかなり消極的になることが考えられる。
(32)　参照、Ayresほか・第五章注(39)書。
(33)　一般社団法人日本建築士事務所協会連合会ホームページ(http://www.njr.or.jp/)。

終章　おわりに——本研究のまとめ・結論、今後の課題

現代の行政が直面する国際調和化・技術情報の分散化・官民関係の多元化の中で、官民が相互に作用・依存し合う規制空間の構造はどのように変容しているのか。また、そのような変容する規制空間において、規制行政機関はどのような裁量確保・行使戦略を採っているのか。この二点を明らかにすることは、官民が協働する現代の規制空間の構造を議論する上で極めて重要である。本研究では、これらの点を明らかにすることを目的として、我が国の産業を代表する三品目(木造建築(木三共)・自動車(軽自動車)・電気用品(情報技術装置))の安全等に対する規制の技術基準の設定・運用プロセスについて事例研究を行った。以下では、本研究の内容をまとめた上で(第一節)、結論を述べ(第二節)、さらに今後の研究課題を整理する(第三節)。

第一節　本研究のまとめ——技術基準の設定・運用に係る「規制空間」の構造

第一項　理論的検討・分析視角の提示(序〜第一章)

本研究では、まず、①政府・規制機関を取り巻く行政資源の制約と行政需要・責任追及の高まりというジレンマ状況の中で、官民協働(による社会管理・規制)が以前にも増して多く見られ、実務・学界においてその類型化や評価等への注目度が高まっていること、及び②官民協働もその構成要素であるNPM論の登場以来三〇年近くを経た今、より

実態に即した新たなレジームの出現が唱えられていることを述べ、本研究において官民が協働する規制空間の構造とその変容を分析することに一定の行政学的意義があることを論じた(序章)。

次に、本研究における事例分析の枠組みを設定し具体的な論点の整理を行った。すなわち、まず、本研究では規制空間における規制行政機関固有の存在意義を認める先行研究に依拠しつつ、ガバメント構造とガバナンス構造との相互作用等、「シャドウ・オブ・ヒエラルキー」において観察される諸現象を考察対象にすることとした。そして、規制における官民関係を論じた「囚虜理論《キャプチャ》」を改めて見ながら、本研究では①従来の「業界団体論」では必ずしも捉えきれていない技術情報発見の場としての被規制者コミュニティ内部の状況、②従来の「官民関係論」では看過されがちな規制者コミュニティ内部の調整手法と官民関係との関連性、③従来の「行政裁量論」や「行政指導論」が必ずしも捉えきれていない規制者から被規制者に対する様々な裁量行使のあり方とその変化、④従来必ずしも論じられてこなかった国内外の複数の規制者と被規制者との間にある多元的関係、及びその中での規制行政機関の裁量行使戦略といった論点を抽出し、それらについて実態に即して検討することとした(第一章)。

第二項　個別事例の分析(第二〜五章)

本研究は、異なる技術基準の設定・運用の仕組みを持つ三つの規制領域における制度運用の実態、及びその経年的な変化を観察し、相互比較により右記論点に関して各規制空間に共通する傾向を捉えるというものであり、事例研究の手法をその方法論上の強みを活かして用いている(第二章)。

個別の事例研究を通して得られた知見は次の通りである。

木造建築規制は、災害対策・軽量鉄骨の普及・建築学会の「木造禁止の決議」等を受けて徐々に強化されていく時代から、様々な要因を受けて緩和される時代へという流れを辿った。そうした規制の緩和と木三共の登場は、確かに日米林産物協議が大きなきっかけとなっている。しかし、住宅需要を受けた供給者側での新工法木造建築への流れ、土地の有効利用や木への愛着、国内の林業・大手製材業の慢性的不況からの脱却に向けた動き、木造技術の進展等により、木造建築は以前から復権しつつあった。規制行政機関（住宅局）は、法令体系への新工法等の組み込み・民間からの申請に基づく大臣認定・民間との協力による実証実験での安全性等確認によって、自らの裁量を維持し一定の責任を果たしてきた。木材市場開放等を求める外圧と木造建築を見直す動きや国内における建築規制の運用実態とが作用し合う中で、住宅局の裁量は建築確認による規制の実質化、建築確認を義務付ける類型の設定や検査機関の指導・監督、住宅金融・性能評価・保険を合理的に組み合わせる制度の設計と運用、基準設定の体制作り等で、維持・強化されてさえいると言える（第三章）。

自動車の場合、国際調和化を求める国内外の圧力が強まっていること、及び設定すべき技術基準の範囲が広がりそれが細部にまで及ぶようになったことにより、参照すべき技術情報が高度に専門化し、また技術基準設定に係るステークホルダー間の利害調整の必要性が高まった。このことにより、規制行政機関（自動車交通局）は、民間から高度な技術情報の提供を受けるなどリソース面での依存関係を築くと同時に、基準設定に係る行政部局間・官民・民間の利害対立とその調整メカニズム、及び協調関係を意識的なプロセス管理により組み込みつつ、基準の国際調和化に向かうアクターのインセンティブを戦略的に利用して、安全という政策目標を実現していこうとしている。この事例において、余力あるメーカーは安全基準を充実させるという世界的な趨勢を奇貨として弱小メーカーとの差を広げようとし、国内での規制強化を求めた。こうして規制に積極的なメーカーと規制者の利害が一致したとき、それに消極的なメーカーにも結果として技術が強制された。自交局は、たとえ一部メーカーがもっともな理由を挙げて応じようとしない状況でも、国際調和化の潮流や積極的なメーカーの支持を用いて衝突安全規制導入を進めることができた（第四章）。

電気用品に関しては、ＥＭＩの自主規制団体ＶＣＣＩが成立するプロセスとＣＩＳＰＲの国際規格が国内化されるプロセス、及び電安法の構造改革の動向を採り上げた。一九八〇年代の規制・行政改革期、ＶＣＣＩは郵政省と通商産業省とが共管していたコンピュータの管轄問題の中で生まれた。業界の自主規制という形を採ってＥＭＩ規制が電波法の枠から外れたことの結果として郵政省の実質的規制権限が弱められたことは、工業会や通商産業省にとって、迅速な国際基準への対応や自由度ある政策展開に好都合であった。規格の国内化プロセスにおいて、工業会（ＶＣＣＩ）は、国内における規制の実効性担保や他国との協定締結においてその後ろ盾となる経済産業省とＣＩＳＰＲに対する窓口である総務省との狭間にあって、事あるごとに両省と連携することが求められた。こうした中での電安法の構造改革は基本的に規制行政機関（商務情報政策局（製品安全課））のかなり自律的なリーダーシップによって作業が進められており、業界側は経済産業・総務両省の担当者から情報を収集しながら、法令の中に自主規制を位置付けてもらうことや民間規格の是認スキームに自ら関与していくことの可能性を模索している（第五章）。

第三項　事例の共通傾向抽出に向けた横断的比較分析（第六章）

以上の事例研究を通して、次のような規制空間の構造変容が明らかになった。

木造住宅の場合、かつては現場大工の専門性や運用を尊重するという色彩が強かった。今でもその特徴がないわけではないが、より高度な技術情報を用いた大規模木造建築物の出現に伴って、官民協働プロジェクト型の技術開発・実証実験によって安全性等の確認が行われ、また民間の申請による大臣認定によって技術基準が新工法等にも柔軟に実施されるようになっている。さらに、建築確認と住宅金融や性能表示、保険等の誘導制度との併用により、建築規制の実質化も進められている。自動車の場合、技術基準設定プロセスが「審議会型」から「フォーラム型」へと変化している。すなわち、かつては自動車メーカーのエンジニア各々（あるいは、彼らを組織化している業界団体）が技術情報を根拠データと共に基準設定の場に持ち寄り、規制者はそれをかなり尊重して設定基準の最終決定を下していた。しかし最近では、民間メーカーと規制者とが双方向的に情報をやり取りしながら基準設定をするようになっている。これは、国際調和化の進展に伴う情報調達と利害調整の必要性の高まり・自動車安全政策への機能的対応・官民関係の変化・行政改革への対応による。電気用品の場合、規制緩和の潮流の中で、自己責任型規制への移行が進んだ。しかし近年ではむしろ、規制対象品目の多様化と法規制のみでの捕捉難化により、自己・第三者認証を含む法規制と業界等の自主規制との「協調」が模索されている。電安法では、規制の実効性向上のため事後的・間接的な規制行政機関の関与が重要性を持つようになってきているのに対し、自主規制団体には、規制行政機関が整備する法的インフラの中で、具体的な仕様や性能規定解釈のガイドラインの策定等を通してその存在意義を示すことが期待されている。

さらに、事例比較により、こうした規制行政機関の手段選択や規制空間の構造が①当該技術（リスク）の特性とそれに関する社会の認識の他、②関連する学・協会や業界団体、第三者機関等が適切に機能しているか、③規制の趣旨に沿った民間事業者（被規制者、自主規制団体）の取り組みや消費者の選択行動にどれほど期待できるかによっても規定され得ることが明らかになった。それを反映して、とりわけ顧客集団ともいうべき業界の分散性が高い規制分野において、多様な政府関与のツールが観察された。

第二節　結　論——規制空間の構造変容と行政機関の裁量行使戦略

各事例にかなり共通するのは、国際調和化、規制対象技術の多様化・詳細化、専門性の高度化、それに伴う技術基準（落とし所としての技術基準、もしくは達成目標としての技術基準）をめぐっての利害対立の顕在化、規制能力の分散等、規制空間の構造変容と、それに由来する規制行政機関の裁量行使戦略の変化である。

すなわち、規制行政機関は、自らの責務を果たしていくに当たって、政策や規制に直接働き掛けるよりもむしろ規制プロセス全体を見渡し、官民・民間にある協調・対抗関係を利用しつつ規制システムを管理・制御する役割を果たしており、そのことによって規制空間へのコミットメントを担保している。こうして規制行政機関の役割や裁量は形を変えている。このとき規制行政機関自ら、専門技術者等との連携により技術情報の確保にも努めている。そうした規制空間において規制行政機関が自律的に行使し得るのは、例えば①いかに政策プロセスのアジェンダやフレーム（重視すべき価値）、スケジュールを設定するかや、どのステークホルダーに政策プロセスへの参加を認め規制を円滑に進めるために自分が誰と組むのかという「調整の場やプロセスの管理」に関する裁量、②どの国際基準や民間の仕様書・規格をどういった手続・交渉によって法令システムの中に取り込むのか（そうして法令の外延を拡張するのか）や、どのような法規制と民間規格等との「協調」のシステムを作るのかという「法令システム・インフラの整備」に関する裁量、③自己・第三者認証、自主規制団体の活動に自らがいかなる方法で関与をすることによって、自らが第一義的に果たすべきミッションである規制の実効性を高めていくかという「規制実施手段の制度・仕組みの選択」に関する裁量等である。これはいわば規制システムの規制であり、「メタ規制」とでも呼び得るものである。このことは、これまでにあまり明示的・実証的に言われてこなかった。

規制行政機関はそうして新たな裁量の余地やツールを見出して被規制者等とのエイジェンシー・スラックを小さくしようとしており、それが「社会管理」の技術として現に存在している。それが実効性を持ち得るのは、規制行政機関がすべてを保証する従来型の規制ではなく、（少なくとも外観上）安全・安心に関する責任を官民で分担して負うべきだといった思考が共有され定着しつつあり、それに呼応して民間の規制手続の整備・運用の能力が相当の正当性と実効性を備えるようになっているためでもある。

第三節　今後の研究課題

本研究の成果は、規制空間に木造建築、自動車、電気用品という三つの角度で光を当てることによって得られたものであり、それは現代日本の規制行政のあり方やその変容をかなり示唆していると思われるが、多くの規制分野のうちのたった三つに過ぎないという意味での限界を孕んでいる。また、ここで指摘した規制空間の構造と官僚制の裁量行使戦略の変化が（程度問題でこそあれ）「変化」と断言できるのか、あるいは、現実・実態に対する新たな見方や視座を提示するものに過ぎないのかという疑問も残る。そこで、これら以外の領域の事例研究とより一般性を持った形の規制空間の構造の析出を今後の第一の研究課題として挙げておきたい。すなわち、規制空間における官民の役割分担や裁量のあり方、規制行政機関の自律性等の観点から様々な制度類型を分析し、位置付け、現代日本の規制行政の総体を描き出すことである。規制にも、政治争点化するものとしないもの（その意味での「管理」に成功するものと失敗するもの）など、様々なものがあり得よう。実態分析に当たっては、これまで以上に規制実施の場に踏み込んで、関係する行政官や専門技術者、その他ステークホルダーの認識や行動原理を分析することが必要である。例えばR・チェイトは、航空機の防火設備等の技術基準設定における官民関係の観察を通してエンジニアと行政官の間にある規制に関する「哲学 philosophy」の違いを析出し、それを一般化して公的セクターと民間セクターの違いとして整理した。[1][2] このように、官民の役割分担を特徴付けている官民、規制者・被規制者、立法者・エンジニアにとっての「規範」や「倫理 ethics」、「問題の捉え方」の異同を分析することは、官民が「協働」する規制空間の構造を捉える一助になるだろう。[3][4]

また、本研究では、様々な環境変化に対する規制行政機関の裁量行使戦略を主たる考察の対象としたが、それは被規制者(「セクター別ガバナンス」)の戦略にも応答的であることが考えられるので、被規制者から見た規制空間の構造、及び「セクター別ガバナンス」側が採り得る裁量行使の戦略的な手段とその選択肢を別途検討し、両者の対応関係を考察することが求められよう。(5) こうして規制空間の実態、及びそこでの規制者と被規制者とのゲームの構造を捉えることができれば、本研究で言及した委任者・受任者関係、もしくはプリンシパル・エイジェント理論に関してもさらに検討を深めることができよう。すなわち、行政学の研究対象には中央・地方関係を含めP－A関係が遍在している(第一章第三節)が、それらにもある程度応用可能な形でエイジェンシー・スラックを最小化する様々な手法、及びそれが実際用いられたり機能したりする条件を析出できる可能性があるものと考えられる。その比較対照のためにも、本研究で採り上げたものとはその結果や実効性等において趣の異なる事例について検討する必要があろう。

第二に、各政策領域で異なる規制空間の構造やそこでの規制行政機関の裁量行使の方法に違いをもたらす条件については、研究を深めていかなければならない。本研究ではその「条件」として国際基準との関係・規制対象技術の特性・官民関係の特性と規制のための資源の分布状況等について検討したが、実証研究としてはいまだ不十分である。例えば、安全規制の対象となる製品等の市場の規模や性質のみならず、「政治」の領域における争点化の程度の違いにももっと注意する必要があるのだろう。すなわち、国民の生活に近く市場による選択メカニズムが起こり得る木造建築、自動車、電気用品ならばともかく、大きな市場というものが成立しにくい領域でどういった要素が規制や技術基準に影響してくるかや、規制が政治家等も積極的に参画してくるような争点となった場合、規制空間はどのような特徴を帯びるのかは、別途検討が必要である。本研究で明らかになったように技術基準と消費者や市場の距離は縮まっており、それらが互いに影響し合う場面はこれまで以上に増えてきている。さらに、規制空間の構造が官僚制の裁量行使戦略をどう変え、官僚制の裁量行使戦略が規制空間の構造をどう変えるのかという両者相互の関係性、及び、技術(テクノロジー)という本研究特有の要素がそこにどう影響するのかについても、さらに検討する必要がある。

以上の論点については、本研究の方法を他国にも適用して比較分析をし各国の特徴を抽出するとともに、より一般性の高い官民関係や規制空間の構造、もしくは行政裁量の理論として構築していく必要があり、これを第三の研究課題に挙げておきたい。T・デインティスは、規制の法的手段を決定する要因に、政府の能力や戦略もさることながら歴史的に形成された法文化と既存の法的スキームを挙げている(6)。例えば、行政行為に対する司法審査を好むとされるフランスは、英米や北欧等の行政との比較対象として採り上げるのが有意義であり得る(7)。フランス行政学は、一八～九世紀にはすでに統治者と被治者の接点にある活動行政、行政法の執行過程やそこでの行政官の行動様式、組織論に着目していた(8)。にもかかわらず、フランス行政(学)そのものについて、日本ではM・クロジエ『閉ざされた社会(9)』や、C・ボナンの生涯を紐解き我が国の行政学が長きに亘って参照してきたアメリカ行政学のルーツが実はフランス行政学にあるとする渡邊榮文『行政学のデジャ・ヴュ(10)』等、一部の研究を除いてそれほどには注目を浴びていない。他方で、フランスにおいては我が国の法学的アプローチの研究が注目しているように、公私協働という現象・行政活動が実際に見られる(11)。そうした中で、規制行政機関が官民協働という手段をいかなる判断によって選ぶのか、官僚制としての自律性をどうやって維持していくのか、規制行政機関が「社会管理」をいかなる手法で実現していくのか、さらには翻ってその広範な行政裁量をどのように統制し責任を問うていくのか等(12)、行政学の観点から発掘すべき知見も多いはずである。歴史的には行政法学との合流分流を繰り返してきたとされる(13)フランス行政(学)にここであえて目を向けることは、本研究の関心からすれば有益かつ必要である。

(1)　こうした手法を採る先行研究の一例として、Bardach ほか・序章注(10)書がある。
(2)　Cheit, R.E.(1990). *Setting Safety Standards: Regulation in the Public and Private Sectors*. Univ. of California Pr.
(3)　人が複数の価値のトレードオフの中に置かれたとき、その人が自らの身を置く分野(コミュニティ)における「規範」を適用して正当化しつつジレンマを克服するのが「倫理」の一つの捉え方である。エンジニアの「倫理」については、杉本泰治（二〇〇四）「技術者倫理——だれのための、だれの倫理か」『日本接着学会誌（40⑾）』五〇〇〜五頁や、野城智也＝板倉周一郎＝札野順＝大場恭子（二〇〇五）『実践のための技術倫理——責任あるコーポレート・ガバナンスのために』東京大学出版会等を参照。

（4） 少なくともその外観上の違いが小さくなってきているという変化が認められるとすれば、それは規制空間の「公共性」の高まりと捉えることができよう（さらにその外観と実情の齟齬が大きいのだとすれば、どのようにしてそうした外観を取り繕うのか、なぜそうしなければならなくなっているのかを実態に即して探る必要が出て来よう）。

（5） 被規制者側の応答（Gunningham, N., & Kagan, R.A.（2005）. Regulation and Business Behavior. *Law & Policy*（Vol.27, Issue 2）. pp. 213-8.）によっては、規制行政機関の「戦略」が功を奏さない場合もあり得る（Lane, J.-E.（2009）. Conclusion: State Management: Relevance of Strategic Management. *State Management: An Enquiry into Models of Public Administration and Management.* Routledge. pp. 166-79.）。

（6） Daintith, T.（初出1988）. Legal Measures and Their Analysis. In Baldwin, R., Scott, C., & Hood, C.（eds.）（1998）. *A Reader on Regulation.* Oxford Univ. Pr. pp. 349-73. また、例えばHallほか・序章注（38）書や伊藤正次（一九九八）「『文化理論』と日本の政治行政研究——その限界と可能性」『季刊行政管理研究（第八二号）』七三〜八五頁のように、比較行政学研究では「文化」に着目するものがある。

なお、Makihara, I.（2001）.〈Book Reviews〉Advice and Consent: The Politics of Consultation in Japan（Frank J. Schwartz）. *Social Science Japan Journal: An International Journal of Social Science Research on Japan,* 4（2）, pp. 305-8. では、（利害調整と共に専門性調達の場としての）諮問機関の類型化と比較制度研究の必要性・意義が論じられている。フランスにおける諮問行政（Administration Consultative）の変容とそれに呼応した行政学研究の進展について、第一章注（67）後段を参照。

海事クラスターという強固なコミュニティが存在し、国際規制にも近年大きな動きのある船舶分野（村上裕一（二〇一四）「船舶の国際規制の特徴：他の産業分野との比較研究に向けた論点整理」『日本海洋政策学会誌（第四号）』、一二七〜一三八頁）も、比較対象となり得る。

（7） Lane・序章注(22)論文。共に参照、Vogel・第一章注(136)書、及び、Vogel, D.(1986). *National Styles of Regulation: Environmental Policy in Great Britain and the United States.* Cornel Univ. Pr.。

（8） Martin, D.W.(1987). Déjà Vu: French Antecedents of American Public Administration. *Public Administration Review* (July/August).

（9） ミシェル・クロジエ〔影山喜一訳〕(一九八一)(原書一九七〇)『閉ざされた社会――現代フランス病の考察(*La société bloquée*)』日本経済新聞社。

（10） 渡邊・第一章注(67)書。

（11） 岡村周一＝人見剛編著(二〇一二)『世界の公私協働――制度と理論』日本評論社所収の論文(木村琢磨「フランスにおける公私協働論の潮流」二二五〜二三二頁、亘理格「フランス法における公私協働――行政契約法の基層という視点から」二三三〜四三頁〔第一章注(161)論文〕、及び、人見剛「世界の公私協働の諸相――本書の総括に代えて」二九九〜三一四頁〔「公私協働の最前線の課題(二〇回の連載を振り返って)」『法律時報(八二巻二号)』日本評論社〕)を参照。なお、我が国における建築行政(大臣認定制度等)の手本となったのがフランスであった(第三章第二節第二項(1))。

（12） 試論として、村上・第一章注(130)がある。西尾・序章注(48)論文三三一〜四頁において述べられているが、アメリカ行政学において、Davis, K.C.(1971). *Discretionary Justice: a preliminary inquiry.* Univ. of Illinois Pr. は、こうして広範囲に及び得る行政裁量を「事前に」統制し、国民を恣意的な行政裁量から解放する決め手を準則制定手法の活用に求めている(参照、序章第三節第二項)。

（13） Renaut・第一章注(67)書。

あとがき

本書は、筆者が二〇一二年三月に博士（法学）号を取得した学位論文、及び、二〇一三年に『国家学会雑誌』（第一二六巻第一・二〜一一・一二号）に連載した論説に、それ以降の理論動向や筆者自身の取り組み等を加筆・修整したものである。その間、東京大学行政学研究会と北海道大学政治研究会、同法学会で報告の機会をいただいた。

本書では、いわゆる「ガバメントからガバナンスへ」という大きな流れの中、民間アクターに対して政府の役割が縮小しているようにも見える一方で、官僚（行政）がその活動の自在幅（裁量）をどのように確保し、それを行使しようとしているのかについて検討した。素材とした規制の技術基準の策定・運用の事例には、国際規制の動向やエンジニアの専門技術性、「規制緩和」の潮流等、我が国の官僚の裁量を様々な形で制約する要素が数多く存在するため、「ガバメントからガバナンスへ」のいわば「極限事例」だと言える。その意味において、本事例は行政の動態と官僚の生態を観察する上で極めて興味深く、また有用であった。

筆者は学部学生の頃、後に大学院でご指導いただくことになる城山英明先生の演習に参加し、まず防災行政における官民パートナーシップの研究に取り組んだ。その後、大学院において、安全規制とその技術基準へと興味が広がっていった。こうして筆者のそもそもの関心は主として事例（もしくは行政の「現場」）へと向かっていたが、これを一つのまとまった行政学の研究として理論的に意義付けていく上で、城山先生のご指導は不可欠であった。そうして事例と理論とを往復する中で、本研究はガバナンスや行政指導、行政裁量、「政治」や「権力」と「技術」の相互作用といった理論的関心とも結び付いていき、本書が形作られていった。

大学院では、行政学界において先駆的に、規制行政の「現場」を描き出した『許認可行政と官僚制』の森田朗先生にご指導いただくという好機にも恵まれた。本書では、国際規制や技術開発といった要素も入れ、これまでと違った視点で規制行政を捉えることを試みたつもりである。しかし、そうした意味での規制行政の変化を、より鋭く、理論的に洗練させた形で実証することは、私自身の大きな研究課題として残されている。

さらに、大学院では、分厚く難解な洋書を丁寧に読破することの達成感を得た田辺国昭先生の演習や、事例を大きな歴史的・理論的流れの中で捉える重要性を実感した金井利之先生の演習が懐かしく思い出される。他にも、学部・大学院で学んだ法学・政治学は本書の各所に溶け込んでいる。学位論文審査では、森田、城山両先生に加え、飯田敬輔、水町勇一郎、谷口将紀各先生から大局的・長期的な観点でのコメントをいただいた。

東京大学法学部研究室、及び、特任講師として在籍した同公共政策大学院で時間を共有した皆さん、とりわけ、同じ行政学専攻の辛素喜氏をはじめとする同期の各氏からは、日頃の対話や勉強会を通じて多くのことを学ばせてもらった。また、同門の先輩である坂根徹先生のご紹介により参加させていただいた行政共同研究会では、幹事の松井望、手塚洋輔、稲垣浩、深谷健各先生をはじめとする参加者の皆さんから、研究を進める上での有益な刺激をいただいた。

そうして、二〇一四年四月からは北海道大学でお世話になっている。学部・大学院で行政学、技術政策学、公共経営事例研究といった講義・演習を担当し、行政学の山崎幹根、宮脇淳両先生のほか、政治講座の空井護、辻康夫、遠藤乾、鈴木一人、小浜祥子、中島岳志、前田亮介、吉田徹、権左武志、眞壁仁各先生をはじめとする法学部の皆さん、及び、石井吉春先生をはじめとする同公共政策大学院の皆さんと過ごす中で、これまでの自分の取り組みを私なりに相対化して捉えることが可能になった。また、奥脇直也、牧原出、青木栄一、松浦正浩各先生には、現在に至るまで、海洋政策、戦後行政史、文部科学行政等、様々な研究プロジェクトにおいて、私自身の研究関心の幅をさらに広げる貴重な機会をいただいている。さらに、小磯修二、山口二郎、嶋田暁文各先生が要所でくださるアドバイスは、前向きに行政学研究を進めていく支えとなっている。北海道は、たくさんの魅力を有している一方、地方行財政学の観点からは「課題先進地域」とも言われ、研究対象としてある種の趣を持っている。ここ北海道で、私自身、これまでに学んできたことを総動員して、現実的課題にも向き合っていきたい。

本研究はさらに、多くの実務家の協力によるところも極めて大きい。本書にもある通り、多くのインタビューイーに「生きた情報」を提供していただいたほか、筆者が偶然にも一時期身を置くことになった厚生労働省と内閣官房の同僚(もしくは「戦友」)の皆さんから学び得た多くのことも、本書の各所に溶け込んでいる。行政も全て人間の営みの積み重ね(もしくはそれらの「束」)であるという、当然かつ素朴でありながら行政学研究者として極めて重要なこの感覚は、私自身の教育・研究活動に今後も生き続けるだろう。

なお本書は、平成二一〜四年度　科学研究費補助金(特別研究員奨励費)、及び、平成二五〜八年度　科学研究費補助金(若手研究B)の助成を受けた研究の成果の一部をまとめたものである。本書の出版に当たっては、岩波書店の伊藤耕太郎さんに大変お世話になった。本書における記載の誤りは全て著者の責めに帰するが、本研究の遂行、本書の出版にご指導・ご協力くださった皆様には、改めて、深く御礼申し上げる次第である。

二〇一六年二月

村上裕一

E

F

G

I

J

M

N

P

S

T

V

W

な 行

は 行

ま 行

や 行

ら 行

わ 行

B

C

さ 行

た 行

索　引

（本文に登場する主な語句を抽出した）

あ 行

か 行

村上裕一

1981年愛媛県松山市生まれ.
東京大学法学部(公法コース)卒業, 東京大学大学院法学政治学研究科修了(博士(法学)).
独立行政法人日本学術振興会特別研究員(PD), 東京大学特任講師(大学院公共政策学連携研究部)等を経て, 現在, 北海道大学准教授(大学院公共政策学連携研究部・法学部).

技術基準と官僚制——変容する規制空間の中で

2016年5月18日 第1刷発行

著 者 村上裕一《むらかみゆういち》

発行者 岡本 厚

発行所 株式会社 岩波書店
〒101-8002 東京都千代田区一ツ橋2-5-5
電話案内 03-5210-4000
http://www.iwanami.co.jp/

印刷・理想社 カバー・半七印刷 製本・牧製本

ISBN978-4-00-061121-3 Printed in Japan

縮小都市の政治学

加茂利男
徳久恭子 編

A5判二〇八頁
本体三八〇〇円

政党支持の理論

谷口将紀

A5判二〇六頁
本体四六〇〇円

公企業の成立と展開
——戦時期・戦後復興期の営団・公団・公社——

粂住弘久

A5判二六二頁
本体六三〇〇円

司法官僚 裁判所の権力者たち

新藤宗幸

岩波新書
本体八〇〇円

——岩波書店刊——

定価は表示価格に消費税が加算されます
2016年5月現在